本书获得 2019 年国家社会科学基金项目"德育内容视阈下我国中小学理科课程的百年嬗变研究"（批准号：19BKS175）以及 2022 年贵州省普通本科高校"金师"项目资助

中国中小学理科课程德育内容的百年嬗变

严虹 著

中国社会科学出版社

图书在版编目（CIP）数据

中国中小学理科课程德育内容的百年嬗变 / 严虹著. -- 北京：中国社会科学出版社，2025.1. -- ISBN 978-7-5227-4925-9

Ⅰ. G631

中国国家版本馆 CIP 数据核字第 20251EM695 号

出 版 人	赵剑英
责任编辑	程春雨
责任校对	冯英爽
责任印制	张雪娇

出　　版	中国社会科学出版社
社　　址	北京鼓楼西大街甲 158 号
邮　　编	100720
网　　址	http://www.csspw.cn
发 行 部	010-84083685
门 市 部	010-84029450
经　　销	新华书店及其他书店

印　　刷	北京明恒达印务有限公司
装　　订	廊坊市广阳区广增装订厂
版　　次	2025 年 1 月第 1 版
印　　次	2025 年 1 月第 1 次印刷

开　　本	710×1000　1/16
印　　张	32.75
插　　页	2
字　　数	437 千字
定　　价	198.00 元

凡购买中国社会科学出版社图书，如有质量问题请与本社营销中心联系调换
电话：010-84083683
版权所有　侵权必究

目　录

序　言 ……………………………………………………………… 1

第一章　绪论 ……………………………………………………… 1
　第一节　研究缘起 ………………………………………………… 1
　第二节　文献综述 ………………………………………………… 7
　第三节　研究设计 ………………………………………………… 20
　第四节　研究创新之处 …………………………………………… 44

第二章　中国中小学理科课程德育内容的探索阶段
　　　　　（1919—1948） …………………………………………… 48
　第一节　探索阶段德育背景 ……………………………………… 48
　第二节　探索阶段中小学课程中的德育要求 …………………… 50
　第三节　理科课程中的德育内容 ………………………………… 52
　第四节　理科课程中德育内容的比较分析 ……………………… 86
　第五节　本章小结 ………………………………………………… 90

第三章　中国中小学理科课程德育内容的起步阶段
　　　　　（1949—1955） …………………………………………… 93
　第一节　起步阶段德育背景 ……………………………………… 93

第二节 起步阶段中小学课程中的德育要求 ……………… 95
第三节 理科课程中的德育内容 ………………………… 97
第四节 理科课程中德育内容的比较分析 ………………… 129
第五节 本章小结 …………………………………… 133

第四章 中国中小学理科课程德育内容的初步发展阶段
（1956—1965）…………………………………… 136
第一节 初步发展阶段德育背景 …………………………… 136
第二节 初步发展阶段中小学课程中的德育要求 ………… 138
第三节 理科课程中的德育内容 ………………………… 140
第四节 理科课程中德育内容的比较分析 ………………… 169
第五节 本章小结 …………………………………… 173

第五章 中国中小学理科课程德育内容的发展阶段
（1976—1987）…………………………………… 176
第一节 发展阶段德育背景 ……………………………… 176
第二节 发展阶段中小学课程中的德育要求 ……………… 178
第三节 理科课程中的德育内容 ………………………… 180
第四节 理科课程中德育内容的比较分析 ………………… 209
第五节 本章小结 …………………………………… 213

第六章 中国中小学理科课程德育内容的深化阶段
（1988—2000）…………………………………… 216
第一节 深化阶段德育背景 ……………………………… 216
第二节 深化阶段中小学课程中的德育要求 ……………… 218
第三节 理科课程中的德育内容 ………………………… 220
第四节 理科课程中德育内容的比较分析 ………………… 254
第五节 本章小结 …………………………………… 258

第七章 中国中小学理科课程德育内容的全面深化阶段（2001—2023） ... 261
- 第一节 全面深化阶段德育背景 ... 261
- 第二节 全面深化阶段中小学课程中的德育要求 ... 263
- 第三节 理科课程中的德育内容 ... 265
- 第四节 理科课程中德育内容的比较分析 ... 301
- 第五节 本章小结 ... 305

第八章 中国中小学理科课程德育内容百年嬗变的总体分析 ... 308
- 第一节 文本总体情况 ... 308
- 第二节 编码总体情况 ... 324
- 第三节 显性呈现方面总体情况 ... 343
- 第四节 隐性渗透方面总体情况 ... 405
- 第五节 本章小结 ... 453

第九章 主要研究结论与启示 ... 464
- 第一节 主要研究结论 ... 464
- 第二节 基于主要研究结论的启示 ... 468
- 第三节 研究展望 ... 471

附录 ... 474

参考文献 ... 506

后记 ... 511

序　言

　　学校教育，育人为本；五育并举，德育为先。2017年教育部《中小学德育工作指南》明确指出："课程育人。充分挖掘各门课程蕴含的德育资源，将德育内容有机融入到各门课程教学中。"回溯到1919年中国新民主主义教育开端时期，同样十分重视德育内容的学科渗透。自1922年中华民国政府颁布《学校系统改革令》之后，《新学制课程纲要总说明》（1923）中明确指出"旧制修身科，归入公民科，关于个人修养，仍宜注重，各学科均应兼顾道德教育"。新中国成立初期，1949年《人民日报》发表《普通学校的思想教育》，文中指出：普通学校的思想教育，是把马克思主义的辩证唯物论和唯物史观贯彻到学校各科课程和实际生活的各方面去。1950年在《中学暂行教学计划（草案）》中指出："除各科均应贯彻政治思想教育外，初高中各学年仍设政治科目，以期加强现阶段中学政治思想教育。"

　　党的二十大报告明确指出：办好人民满意的教育，全面贯彻党的教育方针，落实立德树人根本任务，培养德智体美劳全面发展的社会主义建设者和接班人。2022年教育部发布《关于进一步加强新时代中小学思政课建设的意见》，将"提高课程思政水平"作为构建大思政课程体系的主要内容之一。本书在新时代教育背景之下，针对1919—2023

年中小学理科（数学、科学、物理、化学、生物学）课程标准（或教学大纲）文本，进行理科课程德育内容的阶段历史研究和百年历史研究，具有重要的理论意义和实践价值。

本书创立了动态变化与静态比较相结合的德育内容理论分析框架，并且开发理科课程德育内容研究工具，分别从纵向和横向两条主线进行1919—2023年中国中小学理科课程德育内容嬗变的特征研究，其中纵向主线在于百年历史理科课程德育内容的总体分析，横向主线在于百年历史六个阶段（探索阶段、起步阶段、初步发展阶段、发展阶段、深化阶段、全面深化阶段）的研究。既关注学科课程德育内容的共性（显性呈现），又重视理科课程德育内容的个性（隐性渗透）。主要研究思路如图0-1所示。

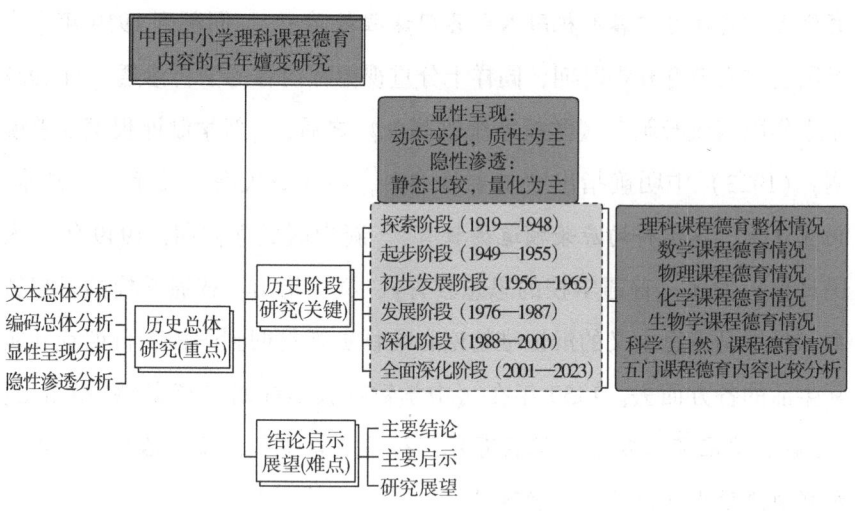

图0-1　本书研究思路

本书有以下主要研究结论。

第一，21世纪以来，我国中小学理科课程对于德育内容重视程度达到前所未有高度。

第二，百年历史中，中小学理科课程德育内容频次在各个历史阶段主要呈现曲折上升的变化特征。

第三，百年历史中，比较五门理科课程，显性呈现方面，数学课程频次普遍较低，自然（科学）课程频次普遍较高；隐性渗透方面，数学、生物学分布极端性较大。

第四，百年历史中，中小学理科课程德育内容呈现各自为政的基本特征。

第五，全面深化阶段，中小学理科课程标准文本"课程内容"部分有着较为集中的德育要求。

第六，全面深化阶段，对初中理科课程尤其是物理、化学、生物学的德育内容重视程度偏低。

第七，全面深化阶段，数学课程有着较为丰富的隐性渗透内容，但显性呈现内容偏低；生物学课程隐性渗透重视程度偏低。

第八，显性呈现方面，当前数学课程中对"生态文明教育"维度重视程度偏低，物理课程中"心理健康教育"维度重视程度偏低。

第九，隐性渗透方面，当前生物学课程各个维度重视程度均偏低，尤其是科学方法、科学探究能力维度。

第十，全面深化阶段，当前理科课程文本中课程实施部分没有过多涉及德育内容要求，这将影响到课程实施过程中对于德育内容的重视。

以上基于实证研究得出的主要研究结论为我国理科课程文本当中德育内容的合理设置提供了一定客观的启示和借鉴。

贵州师范大学

严 虹

2024 年元月

第一章 绪论

第一节 研究缘起

一 研究背景

1919年五四运动以来,中国共产党带领全国各族人民取得新民主主义革命的胜利,实现了民族独立、人民解放;完成了社会主义革命,确立了社会主义基本制度;进行了改革开放这一新的伟大革命,开创、坚持和发展了中国特色社会主义。中国共产党能完成这三件大事,其中一个重要的原因就是我们党高度重视教育,高度重视立德树人。[①] 立德树人是中国共产党的重大教育方针。

立德树人,德育为先。2017年教育部《中小学德育工作指南》(以下简称《工作指南》)中将德育内容细化为理想信念教育、社会主义核心价值观教育、中华优秀传统文化教育、生态文明教育以及心理健康教育五个部分。明确指出"课程育人"是中小学德育工作实施途径之一。"发挥德育课程之外其他课程德育功能。要根据不同年级和不同课程特点,充分挖掘各门课程蕴含的德育资源,将德育内容有机融入到各门课程教学中。"其中指出:"数学、科学、物理、化学、生

---

① 张剑:《立德树人》,教育科学出版社2014年版,第1页。

物等课要加强对学生科学精神、科学方法、科学态度、学科探究能力和逻辑思维能力的培养，促进学生树立勇于创新、求真求实的思想品质。"①

当前中小学开设的基础科学类课程主要包括数学、物理、化学、生物、科学等。各学科教师应更为注重对学生进行辩证唯物主义世界观、方法论的教育，进行科学精神、科学方法和科学态度的教育。

2017年出版的《中小学德育工作指南实施手册》进一步细化了德育工作在科学类课程中的具体要求：

数学课重在引领学生通过学习数学知识，在观察、实验、猜想、证明等活动中发展演绎推理能力，发展观察问题、提出问题、分析问题、解决问题的科学探究能力，养成认真勤奋、独立思考、合作交流、反思质疑的学习习惯，形成爱科学的精神、实事求是的人生态度，提升创新意识和审美意识。

物理课要使学生在学习物理知识的同时，学习唯物主义的物质观、联系发展观、实践观等；在了解现代科技成就的同时，激发爱祖国的情感，养成实事求是、尊重自然规律的科学态度，形成健康的个性品质，如执着的追求、坚强的意志、质疑的习惯等。

化学课是科学教育的重要组成部分。化学课重在从学生实际和社会发展需要出发，引导学生体验科学探究的过程，启迪学生的科学思维，帮助学生形成关心自然、关心社会、爱护环境、珍惜资源、合理使用化学物质的观念，形成科学的自然观和严谨求实的科学态度。

生物课重在引领学生通过对生命规律的探索和学习，理解人与自然和谐发展的意义，提高环境保护意识；培养学生热爱自然、珍爱生命、

---

① 中华人民共和国教育部：《中小学德育工作指南》，2017年8月22日，http：//www.moe.gov.cn/srcsite/A06/s3325/201709/t20170904_ 313128.html，2019年11月13日。

热爱祖国的情感和责任感；培养学生实事求是的科学态度、探索精神和创新意识；让学生逐步养成良好的生活与卫生习惯，形成积极、健康的生活态度。

科学课重在引导学生通过观察、实验、制作等活动，学会科学地看问题、想问题，形成大胆想象、尊重证据、敢于创新的科学态度；引导学生将科学知识应用于日常生活中，养成科学的行为习惯和生活习惯；培养学生爱科学、爱家乡、爱祖国的情感，让他们形成与自然界和谐相处的生活态度，增强其社会责任感。[①]

由此可见，中小学科学类课程由于其自身的自然科学属性，德育内容的呈现和渗透方式必然与人文类课程有着较大的差异。作为对于学生科学思维能力培养有着极其重要作用和价值的理科课程，自身也承载着与人文类、体艺类课程同样重要的德育任务，自然也应该作为德育内容的重要载体之一。

立德树人是中国共产党的重大教育方略，因此，对于德育内容视域下我国中小学理科课程的百年嬗变研究，在当代社会背景下显得尤为重要且必要。

二　研究问题

中小学开设的基础科学类课程主要包括数学、物理、化学、生物、科学等。[②]

1919—2023年，我国中小学理科课程（数学、物理、化学、生物学、科学或自然等）文本资料中所涉及的德育内容纷繁复杂，呈现出不同的阶段特征。本书在中国教育史的大背景下，结合中小学理科课程的

---

① 《中小学德育工作指南实施手册》，教育科学出版社2017年版，第50—51页。
② 《中小学德育工作指南实施手册》，教育科学出版社2017年版，第50页。

自身发展特征，将百年历史划分为以下六个阶段①：

Ⅰ 探索阶段（1919—1948）

Ⅱ 起步阶段（1949—1955）

Ⅲ 初步发展阶段（1956—1965）

Ⅳ 发展阶段（1976—1987）

Ⅴ 深化阶段（1988—2000）

Ⅵ 全面深化阶段（2001—2023）

本书的核心问题是：1919—2023 年中国中小学理科课程中德育内容嬗变的特征研究。

本书研究的具体问题：

第一，探索阶段中国中小学理科课程中德育内容的基本特征。

第二，起步阶段中国中小学理科课程中德育内容的基本特征。

第三，初步发展阶段中国中小学理科课程中德育内容的基本特征。

第四，发展阶段中国中小学理科课程中德育内容的基本特征。

第五，深化阶段中国中小学理科课程中德育内容的基本特征。

第六，全面深化阶段中国中小学理科课程中德育内容的基本特征。

第七，1919—2023 年中国中小学理科课程中德育内容文本情况总体分析。

第八，1919—2023 年中国中小学理科课程中德育内容编码情况总体分析。

第九，1919—2023 年中国中小学理科课程中德育内容显性呈现情况总体分析。

第十，1919—2023 年中国中小学理科课程中德育内容隐性渗透情况

---

① 1966 年 8 月 8 日，中国共产党八届十一中全会通过《关于无产阶级文化大革命的决定》，"文化大革命"对社会主义教育造成全面破坏，使中小学课程进入"全面停滞阶段"（1966—1975 年）。由于历史的特殊性，本阶段不纳入研究范围。

总体分析。

三 研究价值

(一) 研究的理论价值

首先，中小学理科课程德育内容实证研究乃是目前国内德育研究的薄弱环节，对其进行深入研究可以完善当前国内基础教育德育研究体系。

德育是中小学教育中至关重要的环节和内容。在基础教育阶段有直接课程承载德育内容，义务教育阶段设置有《道德与法治》，占6%—8%[①]；高中阶段设置有《思想政治》课程，其中必修课程占7%[②]。从单门课程所占比重之高，可以窥见其重要性。

自欧洲文艺复兴运动以来，自然科学成为人类社会进步的重要标志，理科课程在学校课程设置中越来越被重视，理科的诞生与发展是人类智慧发展的结果，标志着人类真正懂得了思考自然，因此理科的发展也成为人类科学与自然思维发展的关键。教育部颁布的《义务教育课程方案（2022年版）》中，理科课程设置占全部课程的21%—25%；而在《普通高中课程方案（2017年版2020年修订）》中，理科必修课程占全部课程的25%。作为对学生科学思维能力的培养有着重要价值的理科课程，同时也应该作为德育内容的重要载体之一。然而，对于德育内容在其他学科的体现，"普遍认为语文、历史、英语等显性学科比较容易进行学科德育，而数、理、化、生等自然学科属于隐性学科，很难进行德育。具体而言，学校在进行学科德育展示时大都选择文科进行，选择理科的很少，选择艺术学科的也不多"[③]。

---

① 《义务教育课程方案（2022年版）》，北京师范大学出版社2022年版，第9页。
② 《普通高中课程方案（2017年版2020年修订）》，人民教育出版社2020年版，第5页。
③ 张鲁川：《中小学实施学科德育的有效策略初探》，《思想理论教育》2009年第14期。

西方国家将"寓德于教,学科渗透"作为德育的重要方式之一,越来越鼓励将自然科学知识传授与思想道德教育相结合。然而,国内基础教育阶段德育内容的相关研究所占比重较小,其中最受关注的是德育课程自身建设以及中小学校德育工作的实践探索,德育内容在其他学科课程中的研究较弱,尤其是理科课程中的研究最弱,尚未见到较为系统的实证研究。

2020年全国教育工作会议上,时任教育部部长陈宝生指出,"从薄弱处着手落实立德树人根本任务","德育要朝着体系化努力"。可见,中小学理科课程德育内容的实证研究,在当前落实立德树人根本任务的背景下,显得尤为特殊且必要。

其次,创立动态变化与静态比较、质性分析与量化研究相结合的理论分析框架,设计思路亦可以迁移到其他学科的历史研究当中。

本书创立的理论分析框架,根据《工作指南》,包括显性呈现和隐性渗透两个方面(详见第一章第三节"研究设计"当中的"理论分析框架"),在百年嬗变研究中显性呈现以动态变化、质性分析为主;隐性渗透以静态比较、量化研究为主。动态变化设计凸显了德育内容内涵在不同历史时期的嬗变,静态比较设计体现了自然科学课程的基本特征,理论研究框架既有利于纵向历史研究,又有利于横向比较分析。

(二) 研究的实践意义

首先,开展中小学理科课程德育内容的百年嬗变研究,有利于从历史视角审视当前我国理科课程德育内容的特征与不足,从而进行理性修正。

当前国内外相关研究当中尚未见到德育内容视角下理科课程的历史研究,然而,任何社会问题都不是孤立的,而是有其产生的历史背景和发生发展的过程。从百年历史视角纵向审视中小学理科课程中德育内容的变迁，可以明晰其变化发展的规律和特点，深刻认识德育内容的实质。

现实教育是历史的发展，与过去存在着相关或因果关系。通过历史研究，可以借鉴历史经验和教训，理性把握并修正当前我国理科课程中的德育内容，预测未来发展的方向。

其次，首创研究工具"德育内容加权主题追踪图"（Weighted Topic Trace Mapping for Moral Education，WTTM），可以辐射到文科课程德育内容甚至德育课程的实证研究当中。

本书首创研究工具 WTTM（详见第一章第三节"研究设计"当中的"研究方法与工具"），基于理论分析框架，通过编码并统计德育内容在理科课程文本中出现的频次，分别赋予不同权值，以图形方式形象生动地直观展示德育内容显性呈现（或隐性渗透）各个维度在不同学段分布的基本情况，有利于辅助开展德育内容的实证研究。

第二节　文献综述

一　核心概念界定

基于研究问题 1919—2023 年我国中小学理科课程中德育内容嬗变的特征分析，需要进一步界定以下核心概念。

（一）德育内容

德育，政治思想和道德品质的教育。[①] 德育内容包括无产阶级世界观教育、共产主义人生观教育、爱国主义和国际主义教育、集体主义教

[①] 中国社会科学院语言研究所词典编辑室编：《现代汉语词典》（第 6 版），商务印书馆 2012 年版，第 272 页。

育、自觉纪律教育、阶级教育、劳动教育、道德品质教育、共产主义理想教育、革命传统教育、社会主义民主和法制教育、五爱教育、四项基本原则教育、"五讲四美三热爱"教育等内容。① 德育内容具有鲜明的阶级性、历史性和民族文化传统的特点。

2017年教育部《工作指南》明确指出德育内容包括理想信念教育、社会主义核心价值观教育、中华优秀传统文化教育、生态文明教育、心理健康教育，同时指出："要根据不同年级和不同课程特点，充分挖掘各门课程蕴含的德育资源，将德育内容有机融入到各门课程教学中"；"数学、科学、物理、化学、生物等课要加强对学生科学精神、科学方法、科学态度、科学探究能力和逻辑思维能力的培养，促进学生树立勇于创新、求真求实的思想品质"。

理科课程由于其自然科学属性，其德育内容的融入方式势必与文科课程有着较大差异，结合《工作指南》具体内容，本书中的德育内容包括以下两个方面。

第一，显性呈现方面。当前主要包括理想信念教育、社会主义核心价值观教育、中华优秀传统文化教育、生态文明教育、心理健康教育。由于德育内容具有鲜明的历史性特点，百年历程当中不同阶段其外延有所不同。

第二，隐性渗透方面。主要包括科学精神、科学方法、科学态度、科学探究能力和逻辑思维能力。由于自然科学的特殊属性，呈现一定的稳定性特征，百年历程当中不同阶段其外延基本相同。

（二）理科课程

理科，通常是对物理、化学、数学、生物等学科的统称。② 理科亦

---

① 《中国大百科全书·教育》，中国大百科全书出版社1985年版，第3页。
② 中国社会科学院语言研究所词典编辑室编：《现代汉语词典》（第6版），商务印书馆2012年版，第795页。

是自然科学、应用科学以及数理逻辑的统称,与文科相对立。理科课程主要包括:数学、物理学、化学、生物学、地理学、计算机软件应用、技术与设计实践等。

根据教育部《义务教育课程设置实施方案》(2001)、《普通高中课程方案(实验)》(2003)以及《普通高中课程方案(2017年版)》(2017)相关内容,结合本书具体问题,本书选取的中小学理科课程包括:数学、物理、化学、生物、科学(自然)。[①]

二 国内文献综述

本书结合21世纪以来国务院、教育部相关文件以及近十年国内高水平期刊(CSSCI来源期刊)、博士学位论文等相关文献进行收集、整理和分析,发现德育研究主要聚焦于以下方面。

(一) 官方文件中的德育要求

2000年,中共中央办公厅、国务院办公厅发布《关于适应新形势进一步加强和改进中小学德育工作的意见》,其中明确指出:"加强和改进中小学德育工作是教育工作的一项紧迫任务。"同时指出:"中小学思想品德、思想政治课和职业学校德育课的教育教学活动是学校德育工作的主导渠道。德育要寓于各学科教学之中,贯穿于教育教学的各个环节。"[②]

2001年,中共中央印发《公民道德建设实施纲要》,其中明确指出:"爱祖国、爱人民、爱劳动、爱科学、爱社会主义作为公民道德建

---

① 由于地理课程兼顾人文科学和自然科学学科特征,不完全具备自然科学典型特征,故没有将其纳入理科课程体系。
② 中共中央办公厅、国务院办公厅:《中共中央办公厅、国务院办公厅关于适应新形势进一步加强和改进中小学德育工作的意见》,2000年12月14日,http://www.gov.cn/gongbao/content/2001/content_61240.htm.,2021年7月23日。

设的基本要求,是每个公民都应当承担的法律义务和道德责任。"①

同年,教育部印发《基础教育课程改革纲要(试行)》,明确指出:"制定国家课程标准要依据各门课程的特点,结合具体内容,加强德育工作的针对性、实效性和主动性,对学生进行爱国主义、集体主义和社会主义教育,加强中华民族优良传统、革命传统教育和国防教育,加强思想品质和道德教育,引导学生树立正确的世界观、人生观和价值观;要倡导科学精神、科学态度和科学方法,引导学生创新与实践。"②

2004年《中共中央 国务院关于进一步加强和改进未成年人思想道德建设的若干意见》明确指出:"加快中小学思想品德、思想政治课的改进和建设,充分利用和整合各种德育资源,深入研究中小学生思想品德形成的规律和特点,把爱国主义教育、革命传统教育、中华传统美德教育和民主法制教育有机统一于教材之中,并保证占有适当分量,努力构建适应21世纪发展需要的中小学德育课程体系。"③

2005年,教育部印发《教育部关于整体规划大中小学德育体系的意见》,其中准确规范了小学、中学、大学阶段的德育目标和内容;科学设置了小学、中学、大学阶段的德育课程。明确指出:"挖掘各类课程的德育资源,把德育渗透到学生学习的各个环节。"④

2010年,教育部发布《国家中长期教育改革和发展规划纲要

---

① 中共中央、国务院办公厅:《公民道德建设实施纲要》,2001年9月20日,https://wenku.baidu.com/view/92124c60ba4cf7ec4afe04a1b0717fd5360cb297.html,2020年2月6日。

② 中华人民共和国教育部:《基础教育课程改革纲要(试行)》,2001年6月8日,http://www.moe.gov.cn/srcsite/A26/jcj_kcjcgh/200106/t20010608_167343.html,2020年2月6日。

③ 《中共中央 国务院关于进一步加强和改进未成年人思想道德建设的若干意见》,2004年2月6日,http://www.yueyang.gov.cn/yykfq/28453/28486/28489/content_646515.html,2020年2月6日。

④ 中华人民共和国教育部:《教育部关于整体规划大中小学德育体系的意见》,2005年7月19日,http://www.moe.gov.cn/s78/A12/s7060/201007/t20100719_179051.html,2020年2月6日。

(2010—2020)》，其中指出："坚持德育为先。把德育渗透于教育教学的各个环节，贯穿于学校教育、家庭教育和社会教育的各个方面。"①

2014年，教育部发布《教育部关于全面深化课程改革 落实立德树人根本任务的意见》，标志着以落实立德树人为根本任务，我国进入全面深化课程改革的新阶段。

2017年，教育部发布《中小学德育工作指南》，其中明确指出中小学德育总体目标以及分学段（小学低年级、小学中高年级、初中学段、高中学段）目标，同时指出德育内容包括理想信念教育、社会主义核心价值观教育、中华优秀传统文化教育、生态文明教育、心理健康教育。在实施"课程育人"途径中指出："充分发挥课堂教学的主渠道作用，将中小学德育内容细化落实到各学科课程的教学目标之中，融入渗透到教育教学全过程"；"数学、科学、物理、化学、生物等课要加强对学生科学精神、科学方法、科学态度、科学探究能力和逻辑思维能力的培养，促进学生树立勇于创新、求真求实的思想品质"。②

2019年，国务院办公厅发布《国务院办公厅关于新时代推进普通高中育人方式改革的指导意见》，其中指出："要结合实际制定德育工作实施方案，突出思想政治课关键地位，充分发挥各学科德育功能，积极开展党团组织活动和主题教育、仪式教育、实践教育等活动。"③

同年，中共中央、国务院发布《新时代公民道德建设实施纲要》，指出："注重融入贯穿，把公民道德建设的内容和要求体现到各学科教

---

① 中华人民共和国教育部：《国家中长期教育改革和发展规划纲要（2010—2020）》，2010年7月29日，http://www.moe.gov.cn/srcsite/A01/s7048/201007/t20100729_171904.html，2020年2月6日。

② 中华人民共和国教育部：《中小学德育工作指南》，2017年8月22日，http://www.moe.gov.cn/srcsite/A06/s3325/201709/t20170904_313128.html，2019年11月13日。

③ 国务院办公厅：《国务院办公厅关于新时代推进普通高中育人方式改革的指导意见》，2019年6月19日，http://www.gov.cn/zhengce/content/2019-06/19/content_5401568.htm?trs=1，2020年2月7日。

育中,体现到学科体系、教学体系、教材体系、管理体系建设中,使传授知识过程成为道德教化过程。"①

对 21 世纪以来官方文件中有关德育要求的内容进行梳理,可以得出以下结论。

1. 德育工作一直以来皆是学校教育工作的重中之重

学校教育,育人为本;德智体美,德育为先。德育为先、能力为重、全面发展的教育理念得到普遍认同。

2. 德育内容随着时代发展得以不断丰富

2002 年教育部《中小学心理健康教育指导纲要》,2014 年教育部《关于培育和践行社会主义核心价值观 进一步加强中小学德育工作》《完善中华优秀传统文化教育指导纲要》,2019 年中共中央、国务院《新时代爱国主义教育实施纲要》等系列文件的印发,使得中小学德育内容得以不断丰富、具体和可操作化。

3. 提出充分发挥德育课程之外其他课程的德育功能,但是对于理科课程关注较少

2000 年,中共中央办公厅、国务院办公厅《关于适应新形势进一步加强和改进中小学德育工作的意见》中就明确指出"中小学语文、历史、地理、数学、物理、化学、生物、自然等学科要根据各自的特点,结合教学内容对学生进行爱国主义、社会主义、中国近现代史、基本国情、民族团结和辩证唯物主义世界观教育,以及科学精神、科学方法、科学态度的教育";然而,直至 2017 年教育部《中小学德育工作指南》才进一步指出"数学、科学、物理、化学、生物等课要加强对学生科学精神、科学方法、科学态度、科学探究能力和逻辑思维能力的培养,促进学生

---

① 中共中央、国务院:《新时代公民道德建设实施纲要》,2019 年 10 月 27 日,http://www.gov.cn/zhengce/2019-10/27/content_ 5445556.htm,2020 年 2 月 7 日。

树立勇于创新、求真求实的思想品质"，开始对理科课程德育内容渗透有了较为具体的阐述。

（二）其他文献中的德育研究

收集近十年以来与德育研究相关的文献，对其进行整理与分析，发现与本书相关的德育研究主要呈现以下特征。

1. 聚焦基础教育领域的德育内容研究所占比重较小

基于中国知网数据库期刊平台，近十年来（2014—2023）德育内容较高水平研究（以发表在CSSCI期刊为视角），共有1063篇学术论文[①]，主要集中在"教育理论与教育管理"[②]（37.81%）、"高等教育"（28.76%）、"基础教育"[③]（16.04%）等领域。

然而，基础教育作为造就人才和提高国民素质的奠基工程，在世界各国面向21世纪的教育改革中占有重要地位。为深入贯彻落实立德树人的根本任务，必须加强对基础教育阶段德育工作的指导，助推基础教育德育工作高质量研究。

2. 鲜有发现德育内容在学科课程，尤其是理科课程中的相关研究

基础教育领域德育内容的研究，主要集中在以下几个方面。

第一，中小学德育工作实践探索。比如：中小学校德育工作特色与成效介绍[④]、中小学德育工作实施途径探索[⑤]、中小学德育工作存在问题

---

① 数据统计时间：2023年12月31日。检索条件：篇名"德育"；年份"2014—2023年"；来源类别"CSSCI"。
② 不涉及具体学段。
③ 包括"中等教育"（12.19%）以及"初等教育"（3.85%）两部分。
④ 参见《北京市海淀区五一小学"幸福德育"点亮学生幸福人生》，《人民教育》2014年第1期；任国平《明德之道——湖南省长沙市明德中学德育新韵》，《人民教育》2014年第4期。
⑤ 参见韩传信、段多梅《提升高中班主任德育能力的实践方略》，《教师教育研究》2015年第3期；石雨晨等《议题式教学在德育课堂中的应用》，《课程·教材·教法》2023年第5期。

探究①，等等。

第二，中小学德育工作理论研究。比如：中小学德育工作目标、内容、体系、模式、存在问题的理论研究②，教育家德育思想剖析③，等等。

第三，中小学德育课程与教材研究。比如：中小学德育课程自身的建设④、中小学德育课程内容的探讨⑤、中小学德育教材研究⑥、中小学德育课程历史研究⑦，等等。

《教育部关于全面深化课程改革 落实立德树人根本任务的意见》中提及"充分发挥人文学科的独特育人优势，进一步提升数学、科学、技术等课程的育人价值"。《中学教师专业标准（试行)》在"专业能

---

① 参见刘争先《中学德育制度存在的问题及其优化——基于对C市T中学的个案分析》，《基础教育》2014年第12期；汪瑞林《改进中小学德育评价的方向性思考》，《课程·教材·教法》2019年第7期；杨淑英《互联网时代学校德育面临的三大挑战与应对之策——具身德育展望》，《中国特殊教育》2017年第7期。

② 参见孟燕丽、吴丽《中华传统文化与小学德育研究综述》，《教育理论与实践》2017年第11期；李敏、张志坤《公共精神的新德育目标分析及其教学实现——对〈义务教育思想品德课程标准（2011年版）〉中"公共精神"的解读》，《课程·教材·教法》2017年第2期；张波《中学德育有效性弱化的原因分析》，《吉首大学学报》（社会科学版）2014年第12期；张传燧、张志《核心素养培育视域下中小学德育"四生模式"理论》，《教育学科研究》2022年第4期；王薇《德育场视域下的中小学德育工作体系构建研究》，《教育科学研究》2021年第6期。

③ 参见杨俊铨、刘婉《蔡元培的中学德育探索与启示》，《广西社会科学》2019年第8期。

④ 参见冯永刚《中小学德育课程建设的回顾与前瞻》，《教育研究》2021年第12期；赵朔《"礼文化"德育课程的探究与实践》，《中国教育学刊》2023年第2期。

⑤ 参见王雅丽、鞠玉翠《社会主义核心价值观融入中小学德育课程的隐性视角探索》，《中国电化教育》2021年第3期；郭艳花等《将乡音情怀引入德育的思考》，《教育理论与实践》2018年第14期。

⑥ 参见刘芳《清末民初小学德育教材故事素材分析》，《编辑学刊》2017年第1期；孙彩萍《小学德育教材中儿童境遇的转变及其伦理困境》，《华中师范大学学报》（人文社会科学版）2016年第5期；闫闯、郑航《小学德育教科书中传统文化教育的嬗变——以四套人教版小学德育教科书为文本》，《课程·教材·教法》2015年第10期。

⑦ 参见孙婧、张蕴甜《新中国70年德育课程价值取向的演变——基于7套人教版初中德育教科书的文本分析》，《教育研究与实验》2019年第6期；袁梅、原子茜《新中国中小学德育课程变迁：历程、特点与趋势——基于政策工具的视角》，《教育学术月刊》2020年第2期。

力"维度中,提出"注重结合学科教学进行育人活动"。这表明学科德育已经被纳入教师专业发展标准体系。

学科德育的力量十分强大。然而,我国中小学学科德育存在诸多亟待解决的问题,难以发挥学科德育的实效性,德育内容在其他学科课程中的相关研究只占较少部分,且相当一部分集中在语文①、历史②、英语③、音乐④等学科课程中,鲜少见到在理科课程中的相关研究。"目前,教师普遍认为语文、政治、历史、英语等显性学科比较容易进行学科德育,而数、理、化、生等自然学科属于隐性学科,很难进行德育。"⑤ 原因或许从以上文献中可以窥见一斑。

对于理科的学科德育,目前教师的渗透方式不多,主要集中在相关学科科学史和科学家的介绍方面,让学生领悟科学的发展历程和科学家严谨、刻苦和求真求实的治学精神。显然这是将理科课程德育内容狭义化。关于理科课程德育研究多是以课堂教学为例,比如,数学学科以历史视角对于学科德育进行回顾与展望。⑥ 又如,结合科学学科中德育工作的现状,研究者寻求在科学教学中有效落实德育目标的方法:挖掘科学教材中的德育点,德育目标在科学教学中具体化,在丰富多彩的

---

① 参见洪云《小学语文教学中的德育取向与实现路径》,《教育科学》2019年第2期;夏惠贤、李国栋《从立德树人看小学语文教科书德育内容的改进——基于苏教版与人教版的比较研究》,《全球教育展望》2016年第4期;宋晓琴《让德育教育渗透到初中语文教学中》,《吉首大学学报》(社会科学版)2017年第6期;王加蓉《春风化雨,润物无声——高中语文教学中的德育渗透》,《吉首大学学报》(社会科学版)2014年第12期。

② 参见刘波《历史学科教学中的德育渗透探究》,《中国教育学刊》2020年第S2期;杜文星《高中历史中的德育融合思考——评〈文化德育之光〉》,《中国教育学刊》2020年第2期。

③ 参见王鸣妹《新课标九年级英语教材渗透德育的策略》,《教育理论与实践》2014年第14期。

④ 参见李丽珍《德育在小学音乐教学中的有效渗透》,《中国教育学刊》2020年第8期;赵晨松《应在音乐教育中进行德育渗透》,《中国教育学刊》2016年第7期。

⑤ 张鲁川:《中小学实施学科德育的有效策略初探》,《思想理论教育》2019年第14期。

⑥ 参见姜浩哲等《新中国成立70年数学学科德育的回顾与展望》,《课程·教材·教法》2019年第12期。

科技活动中践行德育目标,等等。① 对于高中物理学科而言,教师要善于运用"物理学科文化"感染学生,用"物理学科美"陶冶学生,用"物理学科史"激励学生,用正确的"物理学科观"指导学生,用真实的"物理学科模范"鼓舞学生,用优良的"物理课堂文化"影响学生,从而更好地把德育融入物理教学当中。② 目前有限的高水平相关研究多是以理科课堂教学为例,对于课程本身的德育内容研究未能触及。

3. 鲜有自新民主主义革命以来德育内容的百年嬗变研究

中小学德育内容历史视角的高水平研究,一方面是针对德育内容自身历史嬗变的研究,较多集中在新中国成立以来以及改革开放以来的嬗变和发展研究方面。比如新中国成立70年以来德育理论③、内容④、评价⑤的回顾与展望,又如新中国成立70年以来德育课程的演变⑥,再如改革开放以来德育理论研究⑦。另一方面是分散到具体某个历史阶段的德育研究,比如近年来的德育热点研究⑧。

---

① 参见王红《在小学科学教学中实施德育》,《中国教育学刊》2018年第12期。
② 参见代保新、丁岚《高中物理教学应加强德育渗透》,《中国教育学刊》2019年第4期。
③ 参见杜时忠等《德育研究70年:回顾与前瞻》,《教育研究》2019年第10期;叶飞《德育理论的中国探索与转型之路(1949—2019)》,《南京师大学报》(社会科学版)2019年第7期;龙宝新《新中国成立70年来德育理论发展面临的挑战与走向》,《苏州大学学报》(教育科学版)2019年第6期。
④ 参见徐国亮、刘松《新中国成立70年中华优秀传统文化融入大学德育的历史阶段划分》,《四川大学学报》(哲学社会科学版)2019年第9期。
⑤ 参见唐汉卫、刘金松《高考中的德育评价:新中国成立70年的回顾与展望》,《中国教育学刊》2019年第10期。
⑥ 参见孙婧、张蕴甜《新中国70年德育课程价值取向的演变——基于7套人教版初中德育教科书的文本分析》,《教育研究与实验》2019年第6期;彭泽平等《新中国中小学德育课程改革70年:历程、经验与展望》,《教育学术月刊》2019年第11期。
⑦ 参见张忠华、叶雨涵《改革开放四十年我国德育理论研究主题嬗变》,《高校教育管理》2018年第11期;周小李《改革开放40年德育本质研究回望》,《高等教育研究》2018年第10期;咸万登等《改革开放40年德育理论研究的主题及进展》,《教育研究》2018年第10期。
⑧ 参见冯永刚、彭兰香《近十五年我国德育研究热点及前沿趋势探微——基于文献计量学和学科知识图谱的可视化分析》,《山东师范大学学报》(人文社会科学版)2018年第9期。

鲜少见到课程建设的百年变迁研究，比如德育学科教学论百年发展史探究①，尚未见到德育内容视角下的中小学理科课程百年嬗变研究。

三　国外文献综述

美国著名实用主义教育家约翰·杜威（John Dewey）主张将德育与所有课程结合起来，"如果知识的方法和题材与道德发展没有密切的、有机的联系，就不得不求助于特定修身课和特定的训练方式：知识没有和寻常的行为动机和人生观融为一体，而道德就变成道德说教"；"一切能发展有效地参与社会生活的能力的教育，都是道德的教育"。② 20 世纪 90 年代以来，品格教育成为美国学校道德教育的主流，提出的品格教育策略之一是"经由课程传授价值，运用丰富伦理内涵的学术课程（如文学、历史、科学）、出色的计划（如直面历史和我们、儿童核心伦理课程），以此作为教学价值和测查道德问题的载体"③。美国品格教育代表人物托马斯·里克纳（Thomas Lickona）认为各科教学对道德教育潜力极大，要发挥间接德育课程的作用，如：数学和科学课中科学家的生平业绩、生活和治学态度，语文课中文学领域榜样人物的道德作用，历史课中历史伟人的德行与自律精神，在体育与健康课上展示适度的自我控制对个人健康和品行的重要性等。④

美国学校非常注重思想道德教育的"载道作用"，普遍推行"寓德于教"的方法，把所有课程都作为思想道德教育的阵地，将德育

---

① 参见孟庆男、任翠《中学德育学科教学论百年发展史探究》，《课程·教材·教法》2017 年第 12 期。

② ［美］约翰·杜威：《民主主义与教育》，王承绪译，人民教育出版社 1990 年版，第 377 页。

③ 戚万学、赵文静：《何谓有效的品格教育？——美国 CEP 及其教育的基本原则》，《外国教育研究》2001 年第 2 期。

④ 参见袁桂林《当代西方道德教育理论》，福建教育出版社 1995 年版，第 254 页。

融入各种专业课，把学术伦理作为道德教育的重要内容。除了独立的公民道德课程，还有间接的学校道德教育，即主要通过专业课的教学过程渗透公民道德教育；通过课外、校外活动来进行道德教育；利用社会文化机构和大众传媒，以及通过隐蔽课程对学生进行道德教育等。①

英国学校德育的特点之一在于直接方式与间接方式相结合。在英国的学校中，既开设了与德育内容直接相关的宗教教育，个人、社会和健康教育以及公民教育，通过教师的传授促进学生价值观的形成与发展；又要求将德育内容渗透到各科之中，并通过学生的校外活动等对学生进行德育引导。两者互相补充，互相结合。② 英国学校隐性德育的主要途径之一为课堂教学渗透。英国课程委员会的文件曾经指出："应试图引导学校对于精神和道德发展的理解，并阐明这些标准并不仅仅是用于宗教教育和集会，而且还有课程的每一领域以及学校生活的所有方面。"因此，英国学校很注重在文学、艺术、历史、健康教育、体育等课程中渗透德育。③

澳大利亚中小学对学生进行德育的一条主要途径，是在课堂教学中引导学生懂得民主、平等与合作。国家政府制定了学校价值教育的国家框架（National Framework for Values Education in Australian Schools）并付诸实施，使价值教育成为学校工作的核心。道德教育、思想教育、公民教育等都是价值教育的主要表现形式。澳大利亚在国家层面制定价值教育课程目标，旨在培养青少年学生形成正确的价值观念、有效

---

① C. Riborg Mann, "Physics in the University's Courses", *Educational Review*, No. 34, 1910, pp. 479 – 480; Jesse Macys, "Scientific Spirit in Politics", *American Political Science Review*, No. 11, 1917, p. 6.

② DFEE&QCA, *The National Curriculum for England: Safement of Values by the National Forum for the Values in Education and the Community*, London: Crown Press, 1999, pp. 2 – 4.

③ 林亚芳：《当代英国学校德育述评》，《思想理论教育导刊》2003 年第 9 期。

第一章 绪论

的价值判断能力和丰富的价值情感信念,从而体验和创造美好幸福的生活。①

新加坡学校的公民道德教育是在小学、中学和大学全方位展开的,从小学到大学,针对不同的对象,注意德育内容的循序渐进,课程由浅入深。2011年,新加坡教育部提出要建立"以学生为本"(Student-centric)、"以价值观为导向"(Values-driven)的教育体系;品格与公民教育(Character and Citizenship Education,CCE)一直被作为整个新加坡教育体系的核心之一。2014年,新加坡教育部开始推行品格与公民课程改革,分别颁布中学和小学的CCE课程标准,继而于2016年颁布大学预科的CCE课程标准。至此,三份课程标准共同呈现出一个贯穿大中小学并逐层衔接、循序渐进的德育课程体系。②

日本高中学校道德教育是分散在各门课程中进行的。高中的道德教育要通过学校整体活动来进行,要启发学生自己探究,努力进行自我实现,自觉认识到自己已是国家、社会的成员。③ 日本《学习指导纲要》总则指出:学校的道德教育要通过学校全部教育活动来进行。日本文部省对各个学科制定了具体的道德教育目标,将教育目标和道德教育联系

---

① M. Freakley, et al., *Values Education in Schools: A Resource Book for Student Inquiry*, Camber well: Australian Council for Educational Research Press, 2008, pp. 12 – 23; Australian Government Department of Education, *Giving Voice to the Impacts of Values Education: the Final Report of the Values in Action Schools Project*, Carlton: Education Services Australia Ltd., 2010, pp. 23 – 35.

② Ministry of Education Singapore, "Student – Centric, Values – Driven Education: Nurturing an Inclusive and Stronger Singapore", 2012 – 03 – 08, https://www.moe.gov.sg/news/speeches/fy – 2012 – committee – of – supply – debate – 1st – reply – by – mr – heng – swee – keat – minister – for – education – on – student – centric – values – driven – education – nurturing – an – inclusive – and – stronger – singapore; Ministry of Education, "Singapore: Our Education System", 2017 – 10 – 21, http://www.moe.gov.sg/education/; Ministry of Education Singapore, *Character and Citizenship Education Syllabus Primary*, Singapore: Student Development Curriculum Division, 2014, p. 123.

③ 苏振芳编:《当代国外思想政治教育比较》,社会科学文献出版社2006年版,第358—363页。

· 19 ·

在了一起。"在国语科培养尊重国语的态度,文学性教材也要挖掘道德教育价值;数理学科则通过归纳推理等数学能力的培养,形成科学、合理的生活态度,提高道德判断能力;音乐和图画科,一方面培养学生欣赏美和创造美的情操,另一方面,艺术家们坚忍不拔的奋斗精神及对生活、对艺术的执着追求,会引起学生的崇敬和模仿,发挥出比抽象的说教大得多的道德力量。"①

由此可见,课堂教学一直是德育的主平台,不少国家在开设德育课程的同时,非常强调"寓德于教,学科渗透",不仅重视人文课程对德育的渗透,而且越来越鼓励自然科学知识传授与德育相结合。

综上所述,古今中外各国教育都将德育置于首要地位,"育德于教,学科渗透"是德育的有效途径,但对理科课程中德育内容进行高水平的专项研究仍是薄弱环节。因而从德育内容视域对我国中小学理科课程百年嬗变开展研究,既可以从历史视角综合近百年的分散研究成果,形成较为完整的总体认识;也可以通过理科课程德育内容嬗变的系统研究,从课程变迁与发展的视角,准确把握和深入挖掘理科课程中蕴含的德育资源,将德育内容有机融入相应课程,渗透在各学科教学过程之中,促进学生全面发展是本书要达到的最终目标。

第三节 研究设计

一 研究理论基础

在教育发展史上,德育作为课程存在的合理性一直存在着争议,尤其是近代以来,一般被人们称为直接法和间接法之争。直接法强调

---

① 《日本德育课程略观》,《思想理论教育》2009年第10期。

通过单独设立课程进行道德教育，间接法主张在各门学科教学中渗透道德教育，没有必要单独开设道德课程。这两种认识在不同时期各个国家有着不同的表现，并于今天走向了融合。① 20 世纪 20 年代美国心理学家哈特肖恩（Hartshorn）在美国品德教育研究会的资助下进行了一项调查研究，针对 11000 多名 8—16 岁儿童有关诚实、义务、利他主义和自制等内容进行调查，得出结论：儿童掌握的道德规范和美德概念与他的实际行为无关，甚至过多讲授、灌输有关诚实、利他主义的概念不仅无益反而可能会有害。② 这一实证研究成为间接法存在的重要证据之一。

隐性德育在我国自古及今都存在，但隐性德育理念为西方首创、确立和倡行，并不断创新和发展，积累了丰富的成功经验。西方隐性德育理念有着优秀的历史积淀和丰富的理论基础。追本溯源，这一理念创始于古希腊时期。苏格拉底主张通过对话、讨论、论辩和参加活动的方式来培养儿童道德认知，通过实践养成道德行为习惯；亚里士多德也强调，需要在社会实践活动中培养人们的德性，并使之固化于自我心灵，成为自觉自动的习惯。③

早在 1968 年，美国教育社会学家杰克逊（Jackson）的专著《班级生活》一书中关于学校的"潜在课程"以及美国学者奥渥勒（Oliver）提出的"隐蔽性课程"的研究中就包含了隐性德育的思想，通过几十年的实践，西方发达国家在隐性德育方面形成了比较系统和成熟的做法。④ 美国著名心理学家和教育家科尔伯格（Kohlberg）在杜

---

① 吴维屏：《德育课程厘定——以国外德育课程理论与实践为视角》，《外国中小学教育》2018 年第 10 期。
② 檀传宝：《简论"德育课程"的问题与特点》，《思想政治教学》2003 年第 10 期。
③ 参见郑永廷《论当代西方国家思想道德教育方法》，《学术研究》2000 年第 3 期。
④ 参见刘伟《西方发达国家隐性德育的基本特征及其启示》，《教育科学研究》2012 年第 10 期。

威及瑞士心理学家皮亚杰思想的深刻影响下，提出了"公正团体法"及"道德发展阶段理论"，强调潜移默化、自我自动接受教育的渗透式"隐性课程"对于德育具有重大意义。科尔伯格的德育理论作为西方隐性德育理论的重要代表，促进了西方传统德育在新世界形势下的改革。①

加拿大教育学家克里夫·贝克（Clive Beck）把传统意义上的德育课程分为三种，即偶发性课程、整合课程和单独价值教育课。偶发性课程是指教师和学校管理者对于在教授其他学科或管理学校中偶然出现的价值问题做及时处理；整合课程是指把有关价值课程的单元或内容融合到现有的学校课程之中，但不包括专门价值教育课；单独价值教育课是指把价值教育作为学校的一门正式学科，在固定时间里专门进行价值教学。这三种课程应尽可能同时使用。②

二　理论分析框架

（一）理论分析框架简介

理科课程由于其自然科学属性，其德育内容的融入方式势必与文科课程有着较大差异，结合《工作指南》具体内容，本书中的德育内容包括以下两个方面。

第一，显性呈现方面。德育内容具有鲜明的历史性特点，百年历程当中不同阶段其外延有所不同。各个历史阶段显性呈现理论分析框架指标体系见表1-1。

---

① 参见唐德先、栾宇《西方隐性德育理念对我国研究生思想政治教育的借鉴意义》，《研究生教育研究》2012年第2期。

② 佘双好：《西方德育课程思想演变的基本理路》，《伦理学研究》2003年第4期。

表1-1 中小学理科课程德育内容总体理论分析框架及编码
（显性呈现方面）①

历史阶段	指标体系	对应编码
探索阶段(1919—1948)	国家民族意识	Ⅰ
	国民公德教育	Ⅱ
	个人修养教育	Ⅲ
起步阶段(1949—1955)	政治思想教育	Ⅰ
	国民公德教育	Ⅱ
	个人品德教育	Ⅲ
初步发展阶段(1956—1965)	思想政治教育	Ⅰ
	社会公德教育	Ⅱ
	个人品德教育	Ⅲ
	劳动教育	Ⅳ
发展阶段(1976—1987)	思想政治教育	Ⅰ
	社会公德教育	Ⅱ
	个人品德教育	Ⅲ
	法制教育	Ⅳ
深化阶段(1988—2000)	思想政治教育	Ⅰ
	社会公德教育	Ⅱ
	个人品德教育	Ⅲ
	纪律法制教育	Ⅳ
	心理健康教育	Ⅴ
全面深化阶段(2001—2023)	理想信念教育	Ⅰ
	社会主义核心价值观教育	Ⅱ

① 各个历史阶段显性呈现方面指标体系具体内容阐释详见附录一。

续表

历史阶段	指标体系	对应编码
全面深化阶段 (2001—2023)	中华优秀传统文化教育	Ⅲ
	生态文明教育	Ⅳ
	心理健康教育	Ⅴ

资料来源：各个历史阶段德育内容显性呈现理论分析框架维度主要来自对应历史阶段国家层面主要德育政策，详见附录一。

第二，隐性渗透方面。自然科学的特殊属性使其呈现相对的稳定性，百年历程当中不同阶段其外延基本相同。各个历史阶段隐性渗透理论分析框架指标体系见表1-2。

表1-2　　中小学理科课程德育内容总体理论分析框架及编码
（隐性渗透方面）①

历史阶段	指标体系	对应编码
各个历史阶段	科学精神	A
	科学方法	B
	科学态度	C
	科学探究能力	D
	逻辑思维能力	E

资料来源：各个历史阶段德育内容隐性渗透理论分析框架维度主要来自2017年教育部颁布的《中小学德育工作指南》。

注：

1. 由于德育内容的复杂性特征，某一待编码内容可能同时属于2个或以上指标体系；由于德育内容的阶段性特征，显性呈现方面指标体系在不同历史阶段可能呈现动态变化；由于自然科学的特殊属性，隐性渗透方面指标体系在不同历史阶段呈现相对稳定的特征。

2. 显性呈现、隐性渗透方面的具体内容阐释详见附录部分。

同时，本书理科课程德育内容按照图1-1历史框架进行文本分析：

---

① 各个历史阶段隐性渗透方面指标体系具体内容阐释详见附录二。

中小学理科课程文本中的德育内容							
显性呈现方面：动态变化，质性为主；隐性渗透方面：静态比较，量化为主							
探索阶段 （1919— 1948）	起步阶段 （1949— 1955）	初步发展阶段 （1956— 1965）	"文化大革命" （1966— 1975）	发展阶段 （1976— 1987）	深化阶段 （1988— 2000）	全面深化阶段 （2001— 2023）	

图 1-1 中小学理科课程德育内容分析历史框架

注：

1. 理论分析框架通常以静态为主，便于横向研究的一致性和可比性。然而，德育内容在理科课程显性呈现的百年历程中，由于历史、社会、经济、教育等诸多方面的因素影响，呈现出较为明显的阶段性特征；隐性渗透则由于自然科学自身的特性，较为稳定。因此，结合本书的实际情况，分析框架的显性呈现方面主要采取动态变化、质性研究；隐性渗透方面则主要采取静态比较、量化分析。两者相辅相成，扬长避短。

2. 1966 年 8 月 8 日，中国共产党八届十一中全会通过《关于无产阶级文化大革命的决定》，"文化大革命"对社会主义教育造成全面破坏，使中小学课程进入"全面停滞阶段"（1966—1975）。由于历史的特殊性，本阶段不纳入本书研究范围。

（二）信度和效度说明

信度（Reliability）是指使用某研究框架所获得结果的一致程度或准确程度。当使用统一研究框架重复测量某一研究对象时所得结果的一致程度越高，则该工作的信度就越高。

笔者作为主要评判员，1 名数学教育专业博士生和 2 名数学教育专业硕士生作为助理评判员。

显性呈现方面，六个历史阶段当中，每个历史阶段都分别选择数学、物理、化学、生物学、自然（或小学科学）各 10 条共 50 条内容条目，根据对应历史阶段的理论分析框架进行独立编码。通过内容分析信度的计算公式，先根据平均同意度值的公式分别计算得到探索阶段、起步阶段、初步发展阶段、发展阶段、深化阶段、全面深化阶段为：$K_1 = 0.92$，$K_2 = 0.89$，$K_3 = 0.91$，$K_4 = 0.91$，$K_5 = 0.81$，$K_6 = 0.75$；然后通过内容分析信度的计算公式，计算得出六个历史阶段显性呈现的信度分别为：$R_{显性探索} = 0.98$，$R_{显性起步} = 0.97$，$R_{显性初步发展} = 0.98$，$R_{显性发展} = 0.98$，$R_{显性深化} = 0.94$，$R_{显性全面深化} = 0.92$。通过一致性程度检验。

隐性渗透方面，由于隐性渗透理论分析框架在各个历史阶段一致，选择全面深化阶段、深化阶段为例，分别选择数学、物理、化学、生物学、自然（或小学科学）各10条共100条内容条目，根据理论分析框架进行独立编码。首先得到平均同意度值为 $K_{隐性}=0.82$，从而得到隐性渗透的信度为 $R_{隐性}=0.95$。通过一致性程度检验。

效度（Validity）体现了某研究框架所获得结果的有效性程度，即能真正反映所期望研究对象的程度。

本书的理论分析框架基础均来自不同历史时期国家层面发布的中小学德育文件以及课程文件，比如全面深化时期主要参考2017年教育部印发的《中小学德育工作指南》，从中析出德育内容理论分析框架（显性呈现、隐性渗透），各个历史阶段所有理论分析框架建立在大量前期工作（如文献查阅、工作经验、综合判断等）基础之上，组织相关专家进行讨论。由此，国家层面反映中小学德育、课程政策相关文件的内容效度也直接保证了本书理论分析框架的效度。

三 研究对象

本书对象为1919—2023年中小学理科课程（教学大纲或课程标准）文本中的德育内容。

研究文本基本情况见表1-3。

表1-3　　　　　　本书课程文本数量统计情况

文本	探索阶段（1919—1948）	起步阶段（1949—1955）	初步发展阶段（1956—1965）	发展阶段（1976—1987）	深化阶段（1988—2000）	全面深化阶段（2001—2023）	合计
课程计划	24	9	13	6	9	5	66
数学	18	7	5	6	9	6	51
物理	15	3	2	3	6	6	35
化学	15	4	2	4	6	6	37
生物学	24	4	3	7	7	6	51

续表

文本	探索阶段（1919—1948）	起步阶段（1949—1955）	初步发展阶段（1956—1965）	发展阶段（1976—1987）	深化阶段（1988—2000）	全面深化阶段（2001—2023）	合计
自然①	9	1	2	3	2	3	20
合计	105	28	27	29	39	32	260

资料来源：本表数据主要根据人民教育出版社出版《20世纪中国中小学课程标准·教学大纲汇编》[课程（教学）计划卷]（数学卷）（物理卷）（化学卷）（生物学卷）（自然社会常识卫生卷）以及21世纪以来教育部公布官方课程文件进行整理统计，下同。

其中，研究文本具体情况见表1-4至表1-9。

表1-4　1919—2023年中小学课程（教学）计划文本

历史阶段	颁布年份	教学大纲（课程标准）
探索阶段（1919—1948）	1919	《女子中学课程及女子师范学科文》
	1922	《学校系统改革令》
	1923	《新学制课程纲要总说明》
	1923	《高级中学课程总纲》
	1929	《小学课程暂行标准总说明》
	1929	《初级中学暂行课程标准说明》
	1929	《高级中学普通科暂行课程标准说明》
	1932	《小学课程标准总纲》
	1932	《初级高级中学课程标准总纲》
	1936	《小学课程标准总纲》
	1936	《修正初级中学课程标准》
	1936	《初中课程标准变更之概况》
	1936	《修正高级中学课程标准》
	1936	《高中课程标准变更之概况》

---

① 全面深化阶段为小学科学。

续表

历史阶段	颁布年份	教学大纲（课程标准）
探索阶段 （1919—1948）	1940	《中学课程标准编订之经过》
	1940	《初级中学课程标准》
	1940	《初中课程标准变更之概况》
	1940	《高级中学课程标准》
	1940	《高中课程标准变更之概况》
	1941	《六年制中学各科课程标准草案》
	1942	《小学课程标准第二次修订经过》
	1942	《小学课程标准总纲》
	1948	《小学课程标准总纲》
	1948	《中学课程标准总纲》
起步阶段 （1949—1955）	1950	《颁发中学暂行教学计划（草案）及中等学校暂行校历（草案）》
	1952	《小学暂行规程（草案）》
	1952	《中学暂行规程（草案）》
	1953	《小学（四二制）教学计划（草案）》
	1953	颁发"中学教学计划"及"1953年8月至1954年7月试行中学教学计划（修订草案）的调整办法"
	1954	《关于颁发小学"四二制"教学计划（修订草案）的通知》
	1954	《关于中学部分学科的设置、授课时数的变更及政治教材的通知》
	1955	《关于颁发"小学教学计划"及"关于小学课外活动的规定"的命令》
	1955	《关于制发1955—1956学年度中学授课时数表的通知》
初步发展阶段 （1956—1965）	1956	《关于颁发小学校历的规定的通知》
	1956	《关于颁布中学校历的命令》
	1956	《关于制发1956—1957学年度中学授课时数表的通知》

第一章　绪论

续表

历史阶段	颁布年份	教学大纲（课程标准）
初步发展阶段（1956—1965）	1956	《关于1956—1957学年度中、小学实施基本生产技术教育的通知》
	1957	《公布"1957—1958学年度小学教学计划"》
	1957	《关于1957—1958学年度中学教学计划的通知》
	1957	《关于1957—1958学年度中学教学计划的补充通知》
	1958	《关于1958—1959学年度中学教学计划的通知》
	1958	《关于1958—1959学年度中学教学计划的补充通知》
	1959	《国务院关于全日制学校的教学、劳动和生活安排的规定》
	1963	《中共中央关于讨论试行全日制中小学工作条例草案和对当前中小学教育工作几个问题的指示》
	1963	《关于实行全日制中小学新教学计划（草案）的通知》
	1964	《关于调整和精简中小学课程的通知》
发展阶段（1976—1987）	1978	《关于试行全日制中学暂行工作条例（试行草案）、全日制小学暂行工作条例（试行草案）的通知》
	1978	《颁发〈全日制十年制中小学教学计划试行草案〉的通知》
	1981	《关于在城市试行六年制小学问题的意见》
	1981	《关于颁发〈全日制五年制小学教学计划（修订草案）〉的通知》
	1981	《颁发〈全日制六年制重点中学教学计划试行草案〉〈全日制五年制中学教学计划试行草案的修订意见〉的通知》
	1984	《关于全日制六年制小学教学计划的安排意见》
	1988	关于印发《义务教育全日制小学、初级中学教学计划（试行草案）》和二十四个学科教学大纲（初审稿）的通知
	1990	《关于印发〈现行普通高中教学计划的调整意见〉的通知》
	1991	《印发〈关于实施《现行普通高中教学计划的调整意见》和普通高中毕业会考制度的意见〉等两个文件的通知》

续表

历史阶段	颁布年份	教学大纲（课程标准）
深化阶段（1988—2000）	1992	《关于印发〈九年义务教育全日制小学、初级中学课程计划（试行）〉和24个学科教学大纲（试用）的通知》
	1992	《关于组织实施〈九年义务教育全日制小学、初级中学课程方案（试行）〉的意见》
	1994	《关于印发〈实行新工时制对全日制小学、初级中学课程（教学）计划进行调整的意见〉和〈实行新工时制对高中教学计划进行调整的意见〉的通知》
	1995	《关于印发〈关于实行每周40小时工作制后调整全日制中小学课程（教学）计划的意见〉的通知》
	1996	《关于印发〈全日制普通高级中学课程计划（试验）〉的通知》
	2000	《关于印发〈全日制普通高级中学课程计划（试验修订稿）〉的通知》
全面深化阶段 2001—2023	2001	《义务教育课程设置实验方案》
	2003	《普通高中课程方案（实验）》
	2017	《普通高中课程方案（2017年版）》
全面深化阶段（2001—2023）	2020	《普通高中课程方案（2017年版2020年修订)》
	2022	《义务教育课程方案（2022年版）》

数据来源：2000年及以前文本数据来自课程教材研究所《20世纪中国中小学课程标准·教学大纲汇编（课程（教学）计划卷）》，人民教育出版社2001年版。2001年及以后数据来自教育部公布的中小学课程计划文本。

表1-5 1919—2023年中小学数学教学大纲（课程标准）文本

历史阶段	颁布年份	教学大纲（课程标准）
探索阶段（1919—1948）	1923	《新学制课程标准纲要小学算术课程纲要》

第一章 绪论

续表

历史阶段	颁布年份	教学大纲（课程标准）
探索阶段 (1919—1948)	1923	《新学制课程标准纲要》①
	1929	《小学课程暂行标准小学算术》
	1929	《初级中学算学暂行课程标准》
	1929	《高级中学普通科算学暂行课程标准》
	1932	《小学各科课程标准算术》
	1932	《初级中学算学课程标准》
	1932	《高级中学算学课程标准》
	1936	《小学算术课程标准》
	1936	《初级中学算学课程标准》
	1936	《高级中学算学课程标准》
	1941	《小学算术科课程标准》
	1941	《修订初级中学数学课程标准》
	1941	《修订高级中学数学课程标准》
	1941	《六年制中学数学课程标准草案》
	1948	《算术课程标准》
	1948	《修订初级中学数学课程标准》
	1948	《修订高级中学数学课程标准》
起步阶段 (1949—1955)	1950	《小学算术课程暂行标准（草案）》
	1950	《供普通中学教学参考适用数学精简纲要（草案）》
	1951	《中学数学科课程标准草案》

---

① 包括：初级中学算学课程纲要、高级中学第二组必修的三角课程纲要、高级中学第二组必修的几何课程纲要、高级中学第二组必修的高中代数课程纲要、高级中学第二组必修的解析几何大意课程纲要。

续表

历史阶段	颁布年份	教学大纲（课程标准）
起步阶段 （1949—1955）	1952	《小学算术教学大纲（草案）》
	1952	《小学珠算教学大纲（草案）》
	1952	《中学数学教学大纲（草案）》
	1954	《中学数学教学大纲（修订草案）》
初步发展阶段 （1956—1965）	1956	《小学算术教学大纲（修订草案）》
	1956	《中学数学教学大纲（修订草案）（1956—1957学年度）》
	1956	《高级中学制图教学大纲（草案）》
	1963	《全日制小学算术教学大纲（草案）》
	1963	《全日制中学数学教学大纲（草案）》
发展阶段 （1976—1987）	1978	《全日制十年制学校小学数学教学大纲（试行草案）》
	1978	《全日制十年制学校中学数学教学大纲（试行草案）》
	1980	《全日制十年制学校中学数学教学大纲（试行草案）》
	1982	《全日制六年制重点中学数学教学大纲（征求意见稿）》
	1986	《全日制小学数学教学大纲》
	1986	《全日制中学数学教学大纲》
深化阶段 （1988—2000）	1988	《九年制义务教育全日制小学数学教学大纲（初审稿）》
	1988	《九年制义务教育全日制初级中学数学教学大纲（初审稿）》
	1990	《全日制中学数学教学大纲（修订本）》
	1992	《九年义务教育全日制小学数学教学大纲（试用）》
	1992	《九年义务教育全日制初级中学数学教学大纲（试用）》

历史阶段	颁布年份	教学大纲（课程标准）
深化阶段 （1988—2000）	1996	《全日制普通高级中学数学教学大纲（供试验用)》
	2000	《九年义务教育全日制小学数学教学大纲（试用修订版)》
	2000	《九年义务教育全日制初级中学数学教学大纲（试用修订版)》
	2000	《全日制普通高级中学数学教学大纲（试验修订版)》
全面深化阶段 （2001—2023）	2001	《全日制义务教育数学课程标准（实验稿）》
	2003	《普通高中数学课程标准（实验）》
	2012	《义务教育数学课程标准（2011年版）》
	2018	《普通高中数学课程标准（2017年版）》
	2020	《普通高中数学课程标准（2017年版2020年修订)》
	2022	《义务教育数学课程标准（2022年版)》

数据来源：2000年及以前文本数据来自课程教材研究所《20世纪中国中小学课程标准·教学大纲汇编（数学卷)》，人民教育出版社2001年版。2001年及以后数据来自教育部公布的中小学数学课程标准文本。

表1-6　1919—2023年中小学物理教学大纲（课程标准）文本

历史阶段	颁布年份	教学大纲(课程标准)
探索阶段 （1919—1948）	1923	《初级中学自然课程纲要》
	1923	《高级中学公共必修的科学概论课程纲要》
	1923	《高级中学第二组必修的物理学课程纲要》
	1929	《初级中学自然科暂行课程标准(混合的)》
	1929	《初级中学理化暂行标准》
	1929	《高级中学普通科物理暂行课程标准》
	1932	《初级中学物理课程标准》
	1932	《高级中学物理课程标准》

续表

历史阶段	颁布年份	教学大纲(课程标准)
探索阶段 (1919—1948)	1936	《初级中学物理课程标准》
	1936	《高级中学物理课程标准》
	1941	《修正初级中学物理课程标准》
	1941	《修正高级中学物理课程标准》
	1941	《六年制中学物理课程标准草案》
	1948	《修订初级中学物化课程标准》
	1948	《修订高级中学物理课程标准》
起步阶段 (1949—1955)	1950	《供普通中学教学参考适用物理精简纲要(草案)》
	1952	《中学物理科课程标准草案》
	1952	《中央人民政府教育部编订中学物理教学大纲(草案)》
初步发展阶段 (1956—1965)	1956	《中学物理教学大纲(修订草案)》
	1963	《全日制中学物理教学大纲(草案)》
发展阶段 (1976—1987)	1978	《全日制十年制学校中学物理教学大纲(试行草案)》
	1983	《高中物理教学纲要(草案)》
	1986	《全日制中学物理教学大纲》
深化阶段 (1988—2000)	1988	《九年制义务教育 全日制初级中学物理教学大纲(初审稿)》
	1990	《全日制中学 物理教学大纲(修订本)》
	1992	《九年义务教育全日制初级中学物理教学大纲(试用)》
	1996	全日制普通高级中学物理教学大纲(供试验用)
	2000	《全日制普通高级中学物理教学大纲(试验修订版)》
	2000	《九年义务教育全日制初级中学物理教学大纲(试用修订版)》

续表

历史阶段	颁布年份	教学大纲(课程标准)
全面深化阶段 (2001—2023)	2001	《全日制义务教育物理课程标准(实验稿)》
	2003	《普通高中物理课程标准(实验)》
	2012	《义务教育物理课程标准(2011年版)》
	2018	《普通高中物理课程标准(2017年版)》
	2020	《普通高中物理课程标准(2017年版2020年修订)》
	2022	《义务教育物理课程标准(2022年版)》

数据来源：2000年及以前文本数据来自课程教材研究所《20世纪中国中小学课程标准·教学大纲汇编（物理卷）》，人民教育出版社2001年版。2001年及以后数据来自教育部公布的中小学物理课程标准文本。

表1-7　1919—2023年中小学化学教学大纲（课程标准）文本

历史阶段	颁布年份	教学大纲（课程标准）
探索阶段 (1919—1948)	1923	《新学制课程纲要初级中学自然课程纲要》
	1923	《新学制课程纲要高级中学公共必修的科学概论课程纲要》
	1923	《新学制课程纲要高级中学第二组必修的化学课程纲要》
	1929	《初级中学自然科暂行课程标准（混合的)》
	1929	《初级中学理化暂行课程标准（分科的，其三)》
	1929	《高级中学普通科化学暂行课程标准》
	1932	《初级中学化学课程标准》
	1932	《高级中学化学课程标准》
	1936	《初级中学化学课程标准》
	1936	《高级中学化学课程标准》
	1941	《修正初级中学化学课程标准》
	1941	《修正高级中学化学课程标准》

续表

历史阶段	颁布年份	教学大纲（课程标准）
探索阶段 （1919—1948）	1941	《六年制中学化学课程标准草案》
	1948	《修订初级中学理化课程标准》
	1948	《修订高级中学化学课程标准》
（起步阶段 1949—1955）	1950	《化学精简纲要（草案）》
	1951	《普通中学化学科课程标准草案》
	1952	《中学化学科课程标准草案》
	1954	《中学化学教学大纲（草案）》
初步发展阶段 （1956—1965）	1956	《中学化学教学大纲（修订草案）》
	1963	《全日制中学化学教学大纲（草案）》
发展阶段 （1976—1987）	1978	《全日制十年制学校中学化学教学大纲（试行草案）》
	1980	《全日制十年制学校中学化学教学大纲（试行草案）》
	1983	《高中化学教学纲要（草案）》
	1986	《全日制中学化学教学大纲》
深化阶段 （1988—2000）	1988	《九年制义务教育全日制初级中学化学教学大纲（初审稿）》
	1990	《全日制中学化学教学大纲（修订本）》
	1992	《九年义务教育全日制初级中学 化学教学大纲（试用）》
	1996	《全日制普通高级中学化学教学大纲（供试验用）》
	2000	《全日制普通高级中学化学教学大纲（试验修订版）》
	2000	《九年义务教育全日制初级中学化学教学大纲（试用修订版）》
全面深化阶段 （2001—2023）	2001	《全日制义务教育化学课程标准（实验稿）》
	2003	《普通高中化学课程标准（实验）》
	2012	《义务教育化学课程标准（2011年版）》

续表

历史阶段	颁布年份	教学大纲（课程标准）
全面深化阶段 （2001—2023）	2018	《普通高中化学课程标准（2017年版）》
	2020	《普通高中化学课程标准（2017年版2020年修订）》
	2022	《义务教育化学课程标准（2022年版）》

数据来源：2000年及以前文本数据来自课程教材研究所《20世纪中国中小学课程标准·教学大纲汇编（化学卷）》，人民教育出版社2001年版。2001年及以后数据来自教育部公布的中小学化学课程标准文本。

表1-8　1919—2023年中小学生物教学大纲（课程标准）文本

历史阶段	颁布年份	教学大纲（课程标准）
探索阶段 （1919—1948）	1923	《新学制课程纲要初级中学自然课程纲要》
	1923	《新学制课程纲要高级中学第二组必修的生物学课程纲要》
	1929	《初级中学自然科暂行课程标准（混合的）》
	1929	《初级中学植物学暂行课程标准（分科的，其一）》
	1929	《初级中学动物学暂行课程标准（分科的，其二）》
	1929	《初级中学生理卫生暂行课程标准》
	1929	《高级中学普通科生物学暂行课程标准》
	1932	《初级中学植物学课程标准》
	1932	《初级中学动物学课程标准》
	1932	《初级中学卫生课程标准》
	1932	《高级中学卫生课程标准》
	1932	《高级中学生物学课程标准》
	1936	《初级中学植物学课程标准》
	1936	《初级中学动物学课程标准》
	1936	《初级中学生理卫生课程标准》

续表

历史阶段	颁布年份	教学大纲（课程标准）
探索阶段 （1919—1948）	1936	《高级中学生物学课程标准》
	1941	《初级中学博物课程标准》
	1941	《修正初级中学生理及卫生课程标准》
	1941	《修正高级中学生物课程标准》
	1941	《六年制中学博物课程标准草案》
	1941	《六年制中学生理及卫生课程标准草案》
	1948	《修订初级中学博物课程标准》
	1948	《修订初级中学生理及卫生课程标准》
	1948	《修订高级中学生物课程标准》
起步阶段 （1949—1955）	1951	《初中自然课程标准草案（包括植物学、动物学、生理卫生学）》
	1951	《高中达尔文学说基础课程标准草案》
	1951	《中学生物科课程标准草案（植物学、动物学、生理卫生学、达尔文主义基础）》
	1952	《中学生物教学大纲（草案）》
初步发展阶段 （1956—1965）	1956	《初级中学实验园地实习教学大纲（草案）》
	1956	《中学生物学教学大纲（修订草案）》
	1963	《全日制中学生物教学大纲（草案）》
发展阶段 （1976—1987）	1978	《全日制十年制学校中学生物教学大纲（试行草案）》
	1978	《全日制十年制学校中学生理卫生教学大纲（试行草案）》
	1980	《全日制十年制学校中学生物教学大纲（试行草案）》
	1980	《全日制十年制学校中学生理卫生教学大纲（试行草案）》
	1984	《高中生物教学纲要（草案）》

续表

历史阶段	颁布年份	教学大纲（课程标准）
发展阶段 （1976—1987）	1986	《全日制中学生物学教学大纲》
	1986	《全日制中学生理卫生教学大纲》
深化阶段 （1988—2000）	1988	《九年制义务教育全日制初级中学生物学教学大纲（初审稿）》
	1990	《全日制中学生物学教学大纲（修订本）》
	1990	《全日制中学生理卫生教学大纲（修订本）》
	1992	《九年义务教育全日制初级中学生物教学大纲（试用）》
	1996	《全日制普通高级中学生物教学大纲（供试验用）》
	2000	《九年义务教育全日制初级中学生物教学大纲（试用修订版）》
	2000	《全日制普通高级中学生物教学大纲（试验修订版）》
全面深化阶段 （2001—2023）	2001	《全日制义务教育生物课程标准（实验稿）》
	2003	《普通高中生物课程标准（实验）》
	2012	《义务教育生物学课程标准（2011年版）》
	2018	《普通高中生物学课程标准（2017年版）》
	2020	《普通高中生物学课程标准（2017年版2020年修订）》
	2022	《义务教育生物学课程标准（2022年版）》

数据来源：2000年及以前文本数据来自课程教材研究所《20世纪中国中小学课程标准·教学大纲汇编（生物卷）》，人民教育出版社2001年版。2001年及以后数据来自教育部公布的中小学生物学课程标准文本。

表1-9 1919—2023年小学自然（科学）教学大纲（课程标准）文本

历史阶段	颁布年份	教学大纲（课程标准）
探索阶段 （1919—1948）	1923	《新学制课程标准纲要 小学自然（包括自然园艺）课程纲要》
	1923	《新学制课程标准纲要 小学卫生课程纲要》
	1929	《小学课程暂行标准 小学自然》

续表

历史阶段	颁布年份	教学大纲（课程标准）
探索阶段 （1919—1948）	1932	《小学课程标准自然》
	1932	《小学课程标准卫生》
	1936	《小学高年级自然课程标准》
	1942	《小学高级自然科课程标准》
	1942	《小学卫生训练标准》
	1948	《高年级自然课程标准》
起步阶段 （1949—1955）	1950	《小学高年级自然课程暂行标准初稿》
初步发展阶段 （1956—1965）	1956	《小学自然教学大纲（草案）》
	1963	《全日制小学自然教学大纲（草案）》
发展阶段 （1976—1987）	1977	《全日制十年制学校小学自然常识教学大纲（试行草案）》
	1978	《全日制十年制学校小学自然常识教学大纲（试行草案）》
	1986	《全日制小学自然教学大纲》
深化阶段 （1988—2000）	1988	《九年制义务教育全日制小学自然教学大纲（初审稿）》
	1992	《九年义务教育全日制小学自然教学大纲（试用）》
全面深化阶段 （2001—2023）	2001	《全日制义务教育科学课程标准（3—6年级）（实验稿）》
	2017	《义务教育小学科学课程标准》
	2022	《义务教育科学课程标准（2022年版）》

数据来源：2000年及以前文本数据来自课程教材研究所《20世纪中国中小学课程标准·教学大纲汇编（自然·社会常识·卫生）》，人民教育出版社2001年版。2001年及以后数据来自教育部公布的中小学自然（科学）课程标准文本。

注：1923年、1932年、1942年卫生课程单列，其余年份融入自然课程。

四 研究方法与工具

（一）主要研究方法

本书涉及的主要研究方法如下。

1. 历史研究法

通过收集1919—2023年中小学理科课程标准文本中德育内容发生、发展和演变的历史事实，加以系统客观的分析研究，从而揭示其发展规律。

2. 比较研究法

一方面对同一阶段不同学科（数学、科学/自然、物理、化学、生物学）课程标准文本中德育内容进行比较分析；另一方面重点对在我国"一纲多本"背景下，当前理科课程标准与不同版本教科书德育内容的一致性进行比较分析。

3. 理论研究法

在已有的中小学理科课程文本以及德育理论资料的基础上，通过实证研究，力求总结概括出我国百年间理科课程德育内容践行的理论分析框架。

4. 混合研究法

根据理科课程德育内容理论分析框架，显性呈现方面主要采用质性方法研究其动态变化，隐性渗透方面主要采用量化方法研究其静态比较，两种方法相辅相成。

（二）主要研究工具

首创"德育内容加权追踪图"（Weighted Topic Trace Mapping for Moral Education，TMME）作为研究工具，使得德育内容在理科课程各个阶段设置情况可读性增强，更为直观。例如，以当前人教版义务教育阶段数学教科书文本为例，绘制TMME，如图1-2所示。

通过编码并统计德育内容在理科课程各个阶段显性呈现（或隐性渗透）各个指标出现频次，计算相对频次，分别赋予权重，○、◯、⦿、●表示相对频次由小到大赋值之后对应的图释，由此，可以图表形式直观地分析解读德育内容在各个年级的呈现（或渗透）情况。

显性呈现	理念目标		课程内容		实施建议		其他	
	义务教育	普通高中	义务教育	普通高中	义务教育	普通高中	义务教育	普通高中
理想信念教育	●	○	○	●	◉	●	●	●
社会主义核心价值观教育	◌	○	◉	●	◉	●	●	◌
中华优秀传统文化教育	●	●	●	●	●	●	●	●
生态文明教育			○	○	○		○	●
心理健康教育					●			

图 1-2　TMME 显性呈现方面示例（以全面深化阶段数学课程为例）

五　主要研究思路

本书主要分为四个部分。

第一部分，绪论（第一章）。本部分主要采用文献研究法，分别从研究背景、文献综述、研究设计以及研究创新之处进行阐述，为研究主体部分进行前期准备。

第二部分，德育内容视域下中国中小学理科课程的历史阶段［第二章探索阶段（1919—1948），第三章起步阶段（1949—1955），第四章初步发展阶段（1956—1965），第五章发展阶段（1976—1987），第六章深化阶段（1988—2000），第七章全面深化阶段（2001—2023）］。此部分为本书主体部分之一，主要采用历史研究法、比较研究法，将新民主主义革命以来百年历史划分为六个阶段，分别以不同历史阶段德育内容理论分析框架为基础，进行中小学理科课程德育内容研究。

第三部分，德育内容视域下中国中小学理科课程百年嬗变的总体分析（第八章）。此部分为本书主体部分之一，主要采用理论研究法、混合研究法，在第二部分的基础上，分别从文本整体情况、编码整体情况、显性呈现方面、隐性渗透方面进行六个历史阶段百年嬗变的特征分析。

第四部分，主要研究启示与展望（第九章）。本部分主要采用混合研究法，在已有的基础上得出研究主要结论及其启示，继而提出研究展望。

本书主要分析思路如图 1-3 所示。

主要结构	包含章节	研究方法	主要内容
第一部分 第一章 绪论	第一节 研究缘起	文献研究法	研究背景、研究问题、研究价值
	第二节 文献综述	文献研究法	核心概念界定、国内文献综述、国外文献综述
	第三节 研究设计	—	研究理论基础、理论分析框架、研究对象、研究方法工具、研究思路
	第四节 研究创新之处	—	研究主要创新之处
第二部分 德育内容视域下中国中小学理科课程的历史阶段研究	第二章 探索阶段(1919—1948)	历史研究法 比较研究法	数学、物理、化学、生物学、自然课程标准文本中的德育内容研究
	第三章 起步阶段(1949—1955)		
	第四章 初步发展阶段(1956—1965)		
	第五章 发展阶段(1976—1987)		
	第六章 深化阶段(1988—2000)		
	第七章 全面深化阶段(2001—2023)		
第三部分 第八章 德育内容视域下中国中小学理科课程百年嬗变的总体分析	第一节 文本整体情况	理论研究法 混合研究法	德育内容文本整体情况
	第二节 编码整体情况		德育内容编码整体情况
	第三节 显性呈现方面		显性呈现各个维度情况
	第四节 隐性渗透方面		隐性渗透各个维度情况
	第五节 本章小结		
第四部分 第九章 主要研究结论与启示	第一节 主要研究结论	混合研究法	主要研究结论
	第二节 基于主要研究结论的启示		主要研究启示
	第三节 研究展望		研究展望

图 1-3 本书主要研究思路

第四节 研究创新之处

本书致力于进行百年间中国中小学理科课程中德育内容嬗变的特征分析。首先针对百年间六个历史阶段进行各个阶段德育内容研究；然后在此基础上进行百年嬗变的特征分析。主要创新之处包括以下几点。

第一，研究视角的创新，德育内容视域下我国中小学理科课程百年历史研究，目前几乎未见相关内容的系统研究。

一方面，纵观近十年来国内外相关研究发现（详见文献综述部分），中小学课程德育内容研究主要集中在当代研究，有部分零星的古代、近现代研究，但都是针对某一个时间点（或时间段）的静态研究，鲜有对百年嬗变历史的系统研究。

另一方面，2017年教育部《中小学德育工作指南》明确指出，课程育人。充分挖掘各门课程蕴含的德育资源，将德育内容有机融入各门课程教学中。中小学理科课程由于其自身的自然科学属性，德育内容的呈现和渗透方式必然与文科有着较大的不同。然而，德育内容在其他学科课程中的相关研究只占极少部分，且几乎集中在与其直接相关的政治、语文、历史等学科课程中，鲜少见到在理科课程中的系统研究。

因此，研究视角选定为中小学理科课程德育内容的百年历史研究，不管是从百年历史方面，还是从中小学理科中的德育内容研究方面，目前几乎未见相关内容的系统研究，在国内尚属相关研究空白之地。

第二，研究内容的创新。基于纵横两条主线进行中小学理科课程德育内容实证研究，乃是当前国内外相关研究的薄弱环节。

2019年全国教育工作会议上，时任教育部部长陈宝生指出，"从薄弱处着手落实立德树人根本任务"，"德育要朝着体系化努力"。因此，中小学理科课程落实德育任务的实证研究，在当前落实立德树人根本任务的背景下，显得尤为特殊且必要。纵观近十年来国内外相关研究发现，德育作为教育的核心内容，已成为国内外学界的研究热点问题。然而，基础教育阶段相关研究更多地聚焦于德育课程自身的理论和实践探索，有部分研究着眼于德育内容在文科类学科（比如语文、历史、地理等学科）方面的课程分析与教学思考，鲜有研究着力于德育内容在理科类学科（比如数学、科学、物理、化学、生物学等学科）方面的课程分析与教学思考，尤其是课程文本分析方面没有见到相关研究。

本书将纵向研究主线（百年历史中六个阶段的阶段研究以及百年嬗变历史的特征研究）与横向研究主线（每个历史阶段德育内容显性呈现与隐性渗透方面研究）相结合进行中小学理科课程德育内容实证研究，建立本书理论模型，如图1-4所示。本书内容弥补了当前国内外相关研究的薄弱环节，属于研究内容的创新。

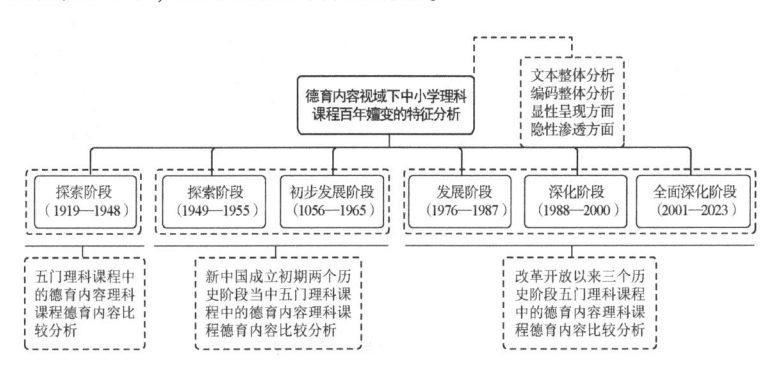

图1-4 本书理论研究模型

第三，研究框架的创新，理论分析框架动态变化与静态比较结合，质性研究与量化研究结合。

理论分析框架通常以静态为主，便于横向研究的一致性和可比性。然而，德育内容在理科课程显性呈现的百年历程中，由于历史、社会、经济、教育等诸多方面的因素影响，呈现出较为明显的阶段性特征；隐性渗透则由于自然科学自身的特性，相对稳定。因此，结合本书的实际情况，理论分析框架的显性呈现方面主要采取动态变化、质性研究；隐性渗透方面则主要采取静态比较、量化分析。两者相辅相成，扬长避短。

因此，本书理论分析框架采取德育内容显性呈现方面历史阶段动态变化，但是"动中有静"，主要维度（思想政治教育、社会公德教育、个人品德教育）在各个历史阶段基本不变，其他维度根据历史阶段特征进行变化，使得历史研究更具可比性。德育内容隐性渗透方面静态比较（科学精神、科学方法、科学态度、科学探究能力、逻辑思维能力）如图1-5所示。

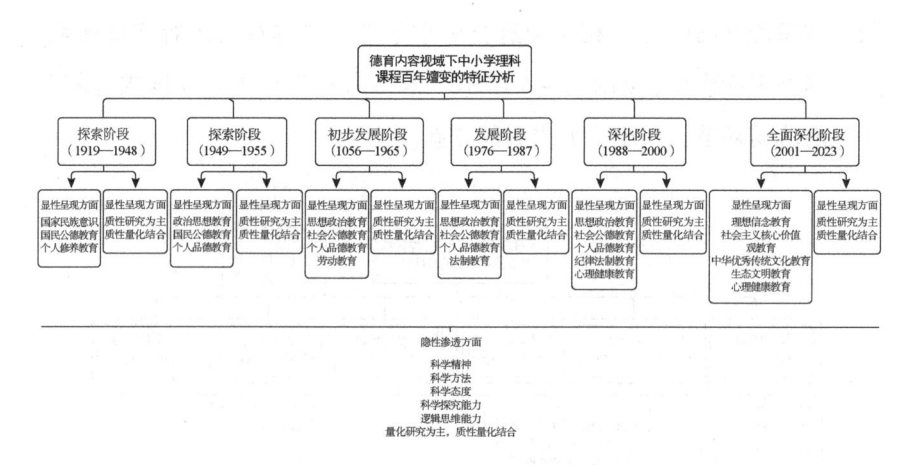

图1-5 本书理论分析框架

第四，研究工具的创新：首创"德育内容加权追踪图"，使德育内容课程设置情况更为直观化。

本书首创"德育内容加权追踪图"（Weighted Topic Trace Mapping for Moral Education，TMME）作为研究工具，其在美国施密特（Schmidt）团队开发的TIMSS经典课程分析工具"主题追踪图"（仅限知识主题）基础上，分别针对两大缺陷"绘制过程具有一定主观性"以及"主题仅呈现有无情况"进行改进,一方面,绘制过程严格依托于课程文本德育内容主题,将其进行编码并统计;另一方面,通过计算相对频次,论证之后分别赋予权重用图释 ◌、○、◉、● 对应表示,使得德育内容在理科课程中的设置情况可读性增强,更为直观化。如图1-6所示。

显性呈现	1年级	2年级	3年级	4年级	5年级	6年级	7年级	8年级	9年级
理想信念教育			◌						
社会主义核心价值观教育	○	◉	◉	●	◉	◉	◉	◉	◉
中华优秀传统文化教育	○	●	◉	●	◉	◉	◉	◉	○
生态文明教育	○	○	◉	○	◉	●	◉	○	◌
心理健康教育	●	○	○	○	○	◉	◉	◉	○

图1-6 TMME 显性呈现样图(以人民教育出版社 2011 年版数学教科书为例)

第二章　中国中小学理科课程德育内容的探索阶段（1919—1948）

第一节　探索阶段德育背景

新文化运动时期是中国现代教育的重要转折时期。1919年五四运动的爆发，标志着新文化运动的高潮，促成了现代意识的觉醒和空前的思想解放。五四运动作为旧民主主义革命和新民主主义革命的分水岭，对于中国教育的发展有着深远的影响。"五四"时期的教育改革运动，具有崭新的面貌，在中国的教育史上第一次产生了工人阶级自己的教育。马克思主义教育思想的传播，无产阶级新教育的产生，成了这个时期教育发展的划时代的里程碑。中国的新民主主义教育由此开端。

1919年4月，民国政府教育部教育审查会审议教育上的重大事项，提出以"养成健全人格，发展共和精神"作为中华民国教育的新宗旨，并说明：所谓健全人格者，一要以私德为立身之本，以公德为服务国家社会之本；二要有人生所必需之知识、技能；三要有强健活泼之体格；四要有优美和乐之感情。所谓共和精神者，一要发挥平民主义，俾人人知民治为立国之本；二要养成公民自治习惯，俾人人能负社会国家之责任。[①]

[①] 参见郑航《中国近代德育课程史》，人民教育出版社2004年版，第162页。

第二章　中国中小学理科课程德育内容的探索阶段（1919—1948）

在此背景之下，随着教育领域中学习榜样的变化，德育课程发生了根本性转变：专门的德育课程被取消，道德教育被渗透到以公民科（社会科）为主要科目的各科教学和诸种课外训练之中。

1927年四一二反革命政变后，国民党成立南京国民政府。在抗日战争之前，为推进和巩固五四新教育所取得的成果，教育界人士在国民政府统治区域做了大量的工作，使教育和各项规章制度臻于完备，奠定了我国现代教育的基本模式，教育改革也进一步深化。在抗日战争期间，国民政府采取了一系列紧急应变措施，如：高等学校内迁；设立国立中学，收容流亡青年；尽力维持学校正常的教学秩序；等等。

同年，国民党对中国共产党实行屠杀政策。中国共产党被迫起义，并逐渐把革命重点转变为建立农村革命根据地。在根据地，建立了为工农服务的新教育，新民主主义教育发展进入了一个新的历史阶段，奠定了以后革命根据地教育的基本方针和模式。在抗日战争期间，中国共产党在抗日民主革命根据地进行了干部教育和民众教育，并形成了新民主主义教育方针、政策。1946年，国民党政权发动全面内战，随着人民解放军在战场上取得节节胜利，解放区的教育开始由战时教育向正规教育转变，新民主主义教育发展到了成熟期，并且为新中国教育事业奠定了基础。

在此期间，中国社会的教育形态，除了自办的各类各级教育之外，还存在由教会人士创办的教会学校和日本殖民主义者所办的各类教育机构。五四运动之后，从北洋政府到国民政府的教育行政机关相继颁布了对教会学校的管理条例，把教会教育纳入中国政府的管理体制之中，各级各类教会学校走上了中国化、世俗化的道路。对于日伪奴化教育，中国人民顽强地进行了长期的反帝斗争，直到取得抗日战争的胜利。

综上所述，从1919年五四运动以来直至新中国成立，由于当时国内错综复杂的历史、政治、文化背景，中国教育经历了五四时期的教育改革、第二次国内革命战争时期的教育、教会教育、抗日战争到新中国成立时期的教育的变化和发展，此阶段中小学教育中的德育内容呈现出比较明显的探索特征。

第二节 探索阶段中小学课程中的德育要求

探索阶段（1919—1948）官方共颁布中小学课程（教学）计划24份。其中，《女子中学课程及女子师范学科文》（1919）中对于女子中学课程，有直接的德育课程——修身，而理科课程包括数学、博物、物理、化学。

自1922年国民政府颁布《学校系统改革令》之后，《新学制课程纲要总说明》（1923）中，小学、初级中学阶段直接德育课程为公民，高级中学阶段包括人生哲学、社会问题；而小学理科课程包括算术、自然，初级中学包括算学科、自然科，高级中学包括科学概论、三角、高中几何、高中代数、解析几何大意、物理学、化学、生物学，其中指出"旧制修身科，归入公民科，关于个人修养，仍宜注重，各学科均应兼顾道德教育"。

《小学课程暂行标准总说明》（1929）中，德育课程为党义[①]，理科课程包括自然、算术。根据三民主义，加入关于三民主义化的材料，删除违反三民主义的一切。同年，《初级中学暂行课程标准说明》中，德育课程为党义、党童军[②]，理科课程包括算学、自然科；《高级中学普通科暂行课程标准说明》中，德育课程为党义[③]，理科课程包括数学、物理、化学、生物学。

[①] 党义名称和时间都是假定的，由国民政府中央党部训练部支持。
[②] 党义及党童军课程标准，由国民政府中央党部规定。
[③] 党义课程标准，由国民政府中央党部规定。

第二章 中国中小学理科课程德育内容的探索阶段（1919—1948）

之后，1932年颁布的《小学课程标准总纲》中，在"小学教育总目标"当中，指出"小学应根据三民主义，遵照中华民国教育宗旨及其实施方针，发展儿童身心，培养国民道德基础及生活所必需的基本知识和技能，以养成知理知义爱国爱群的国民"①。同年，《初级、高级中学课程标准总纲》中，初级中学理科课程包括算学、自然（分科制，包括植物、动物、化学、物理）；高级中学包括算学、生物学、化学、物理。

1936年颁布的《小学课程标准总纲》中，在"小学教育总目标"当中，指出"小学应遵照小学规程第二条之规定，以发展儿童身心，并培养儿童民族意识，国民道德基础及生活所必需的基本知识技能为主旨"②。同年，《修正初级中学课程标准》中，理科课程包括算学、自然（分科制，包括生理卫生、植物、动物、化学、物理）；《修正高级中学课程标准》中，理科课程包括算学、生物学、化学、物理。

1940年，颁布《初级中学课程标准》《高级中学课程标准》，其中，初级中学理科课程包括算学、自然科学（包括博物、生理卫生、化学、物理）；高级中学包括数学、生物、化学、物理。1942年颁布的《小学课程标准总纲》在"目标"当中，指出"小学课程应遵照小学法第一条之规定，注重发展儿童身心，培养国民道德、民族意识及生活所必需之基本知识技能，以期养成修己、善群、爱国之公民为目的"③。

综上所述，本阶段中小学课程中的德育内容，除了在德育课程（修身科、公民科、党义等）当中直接体现，也要求在"各学科中兼顾道德教育"。涉及内容包括显性呈现方面：国民道德基础、知理知义爱国爱

---

① 课程教材研究所编：《20世纪中国中小学课程标准·教学大纲汇编 课程（教学）计划卷》，人民教育出版社2001年版，第123页。
② 课程教材研究所编：《20世纪中国中小学课程标准·教学大纲汇编 课程（教学）计划卷》，人民教育出版社2001年版，第132页。
③ 课程教材研究所编：《20世纪中国中小学课程标准·教学大纲汇编 课程（教学）计划卷》，人民教育出版社2001年版，第178页。

群、民族意识、良好的品性、互助团结的精神、公德和私德、民权思想；隐性渗透方面：科学的思想。

根据本阶段德育要求历史背景以及课程计划，针对理科课程德育内容逐条进行分析，首先将其分为显性呈现和隐性渗透两个方面进行分类；其次根据本阶段中小学课程中的德育要求，结合理科课程自身特点，初步建立理论编码框架，见表2-1。

表2-1 探索阶段中小学理科课程德育内容理论分析框架及对应编码

显性呈现		隐性渗透	
指标体系	对应编码	指标体系	对应编码
国家民族意识	Ⅰ	科学精神	A
公民公德教育	Ⅱ	科学方法	B
个人修养教育	Ⅲ	科学态度	C
—		科学探究能力	D
		逻辑思维能力	E

资料来源：显性呈现方面，主要根据《青年训育大纲》（1938）、《训育纲要》（1939）、《小学训育标准》（1941）等民国时期德育相关政策制定，具体内容详见附录一"探索阶段理科课程德育内容显性呈现方面内容阐释"；隐性渗透方面，具体内容详见附录二"理科课程德育内容隐性渗透方面内容阐释"。

第三节 理科课程中的德育内容

一 理科课程德育内容整体情况概述

综合探索阶段中小学理科课程标准文本，分别得到各个学段理科课程德育内容频次以及编码频次，如图2-1至图2-4所示。

第二章　中国中小学理科课程德育内容的探索阶段（1919—1948）

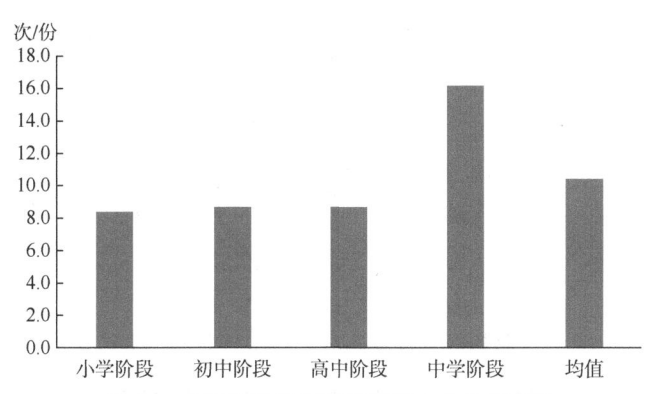

图 2-1　探索阶段理科课程德育内容频次①

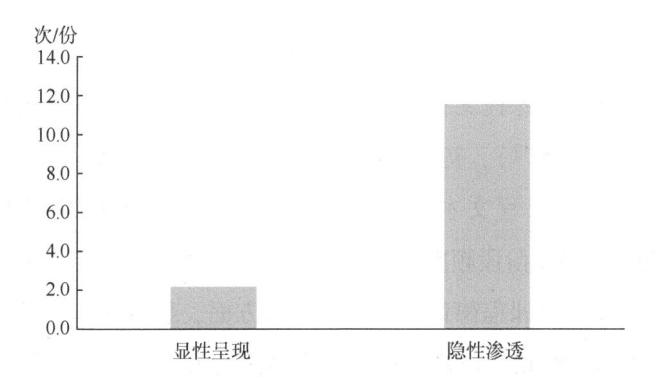

图 2-2　探索阶段理科课程德育内容编码频次

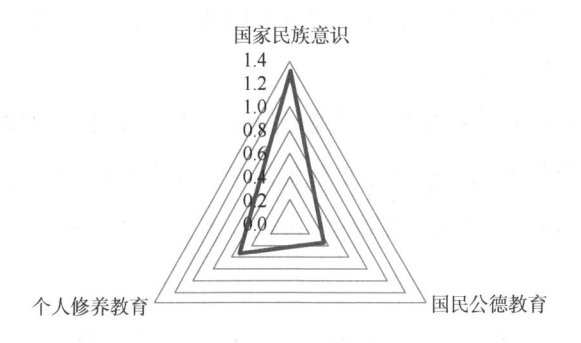

图 2-3　探索阶段理科课程显性呈现频次

---

① 中学阶段数据是指从课程标准文本中无法直接划分初中和高中两部分的文本数据，比如，1941 年《六年制中学数学课程标准草案》，下同。

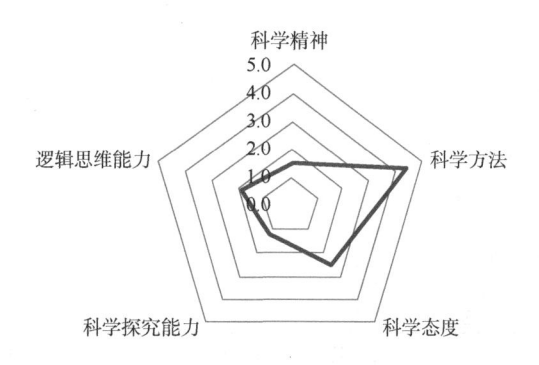

图 2-4　探索阶段理科课程隐性渗透频次

由此可见：

第一，在理科课程德育内容出现频次方面，小学阶段①德育内容频次最低（8.4 次/份②），初中、高中③阶段频次比较接近，而中学阶段频次高于其他阶段课程文本（16.3 次/份）。小学—初中阶段频次相差 -0.3，初中—高中阶段频次相差 0.0，而小学—中学阶段频次相差 -7.9。

第二，在理科课程德育内容编码频次方面，显性呈现、隐性渗透编码总和为 13.8 次/份，略高于德育内容频次均值（10.7 次/份），一定程度上说明该阶段课程文本德育内容编码情况比较单一，或者单纯显性呈现，或者单纯隐性渗透。显性呈现编码频次低于隐性渗透编码频次，两者相差 -9.4 次/份。

第三，在理科课程显性呈现编码频次方面，"国民公德教育""个人修养教育"维度频次比较接近且较低，前者与其中物理、化学课程频次较低有关，后者与其中数学课程频次较低有关；"国家民族意识"维度

---

① 取该阶段所有具有课程标准文本的学科均值，下同。小学阶段取小学数学、自然课程德育内容频次均值。

② 基于文本比较研究的可行性，本书中频次统计采用相对频次，即先计算该阶段某学科每份课程标准德育内容出现频次均值，再计算五个学科均值。下同。

③ 初中、高中，以及整个中学阶段理科课程皆为相应阶段数学、物理、化学、生物学德育内容频次均值。

第二章　中国中小学理科课程德育内容的探索阶段（1919—1948）

频次最高。显性呈现方面各个维度的分布比较均衡（47.6%）。①

第四，在理科课程隐性渗透编码频次方面，"科学探究能力""科学精神""逻辑思维能力"维度频次比较接近且较低，其中，"科学探究能力"与生物学、化学课程频次较低有关，"科学精神"与物理课程频次较低有关，"逻辑思维能力"则与化学课程频次较低有关；"科学方法"维度频次最高。隐性渗透方面各个维度的分布比较均衡（27.9%）。

综合五门理科课程在不同阶段的分布及关注情况，绘制理科整体课程德育内容加权追踪图，如图2-5、图2-6所示。②

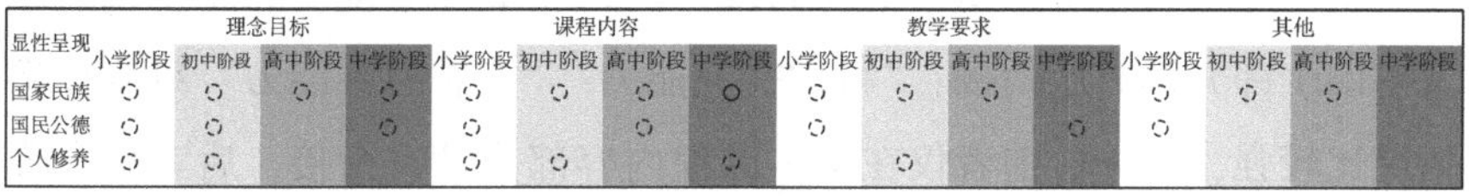

图2-5　探索阶段理科课程TMME（显性呈现）

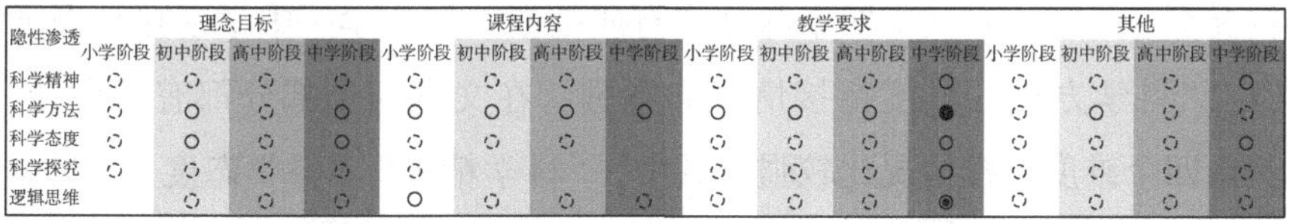

图2-6　探索阶段理科课程TMME（隐性渗透）

由此可以得出以下结论。

首先，在显性呈现方面，就分布情况而言，"国家民族意识"维度分布非常广，在课程标准文本四个部分均有所涉及；"国民公德教育""个人修养教育"维度分布范围比较窄，其中，前者集中分布在文本理念目标部分，后者集中分布在文本课程内容部分。

就小学—初中阶段衔接情况而言，"国家民族意识"维度衔接情况非常强，在文本涉及部分均有所衔接；"个人修养教育"维度衔接情况

---

① 各个维度分布情况使用其中占比最大与占比最小的差额来考察。其中，将其划分为四档，分别是非常均衡（0%—24%），比较均衡（25%—49%），比较不均衡（50%—74%），非常不均衡（75%—100%）。下同。

② 关于中小学理科课程TMME图的绘制步骤以及分析指标详见附录八。下同。

比较强，仅在涉及文本教学要求部分没有衔接；"国民公德教育"维度衔接情况非常弱，仅在文本理念目标部分有所衔接。就初中—高中衔接情况而言，"国家民族意识"维度衔接情况非常强，在文本涉及部分均有所衔接；其余维度衔接情况非常弱，没有相关内容衔接。就小学—中学衔接情况而言，三个维度衔接情况皆比较弱。

就关注程度而言，各个维度的关注程度都非常低，没有比较关注的部分。

其次，隐性渗透方面，就分布情况而言，各个维度分布都非常广，在课程标准文本四个部分均有所涉及。

就小学—初中阶段衔接情况而言，前三个维度衔接情况非常强，在文本四个部分都有所衔接；"科学探究能力""逻辑思维能力"维度衔接情况比较强，其中，前者仅在文本课程内容部分没有衔接，后者仅在文本理念目标部分没有衔接。就初中—高中衔接情况而言，各个维度衔接情况都非常强，在文本四个部分都有所衔接。就小学—中学衔接情况而言，"科学方法"维度衔接情况非常强，在文本四个部分都有所衔接；其余四个维度衔接情况比较强，其中，"科学精神""科学态度""科学探究能力"维度仅在文本课程内容部分没有衔接，"逻辑思维能力"维度仅在文本理念目标部分没有衔接。

就受关注程度而言，各个维度的受关注程度均非常低，其中，"科学方法""逻辑思维能力"维度仅在文本教学要求部分中学阶段比较受关注。

二 数学课程中的德育内容

探索阶段（1919—1948）官方共颁布中小学数学课程标准（教学大纲）18份。其中小学阶段6份，初中阶段5份，高中阶段5份，中学阶段2份。

探索阶段数学课程德育内容频次统计情况详见附录五。[①]

[①] 1. 囿于篇幅，各个历史阶段中小学理科课程德育内容统计表、德育内容编码表均未在本书附录中呈现。2.《新学制课程标准纲要》文本拆分为初级中学和高级中学两个部分。3. 将中小学数学课程标准（教学大纲）按照文本结构分为理念目标（包括课程说明等，下同）、课程内容、教学要求和其他四个部分。4. 以文本中每条内容条目为基本单位进行统计。下同。

第二章 中国中小学理科课程德育内容的探索阶段（1919—1948）

根据探索阶段数学课程德育内容频次统计表，绘制出探索阶段数学课程标准（教学大纲）文本（均值）德育内容频次图、分布图，如图 2-7、图 2-8 所示。

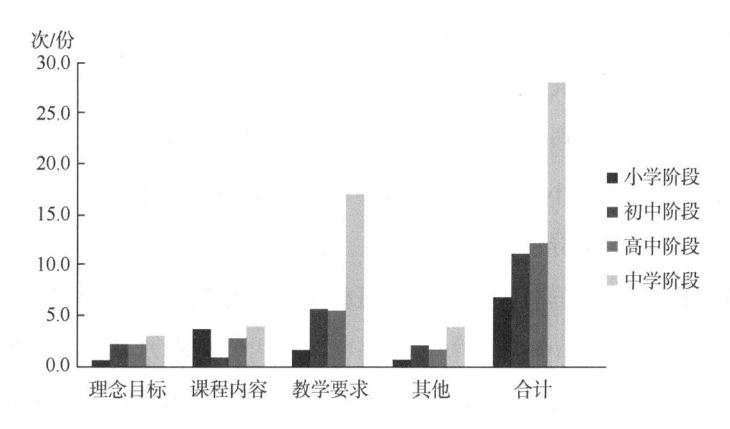

图 2-7 探索阶段数学课程德育内容频次

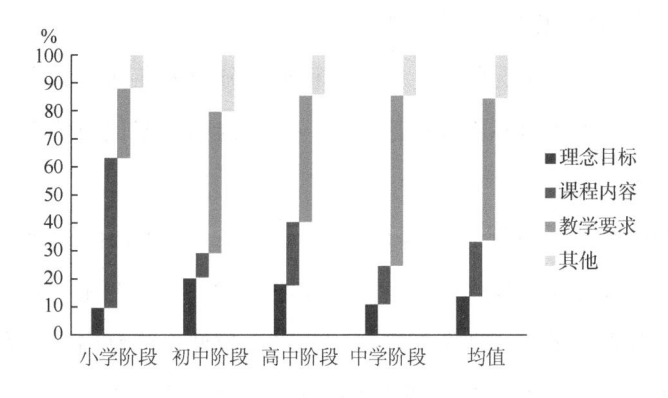

图 2-8 探索阶段数学课程德育内容分布

可以看出：

首先，就整体而言，数学课程小学、初中、高中、中学阶段德育内容频次逐级递增。小学阶段频次最低（6.9 次/份），初中、高中阶段频次比较接近，中学阶段最高（28.0 次/份）。

小学、初中阶段德育内容频次相差 -4.3 次/份；初中、高中阶段

· 57 ·

德育内容频次相差 -0.9 次/份；小学、中学阶段德育内容频次相差 -21.1 次/份。

其次，就课程文本四个部分而言，中学阶段在文本四个部分德育内容频次均为最高；小学阶段在文本理念目标、教学要求、其他部分均为最低；初中阶段在文本课程内容部分最低。

小学、初中阶段德育内容频次在文本教学要求部分差异较大，在其他部分差异较小，小学仅在课程内容部分频次高于初中阶段；小学—初中德育内容频次差异性指数①为 9.7。初中、高中阶段德育内容频次在文本课程内容部分差异较大，在理念目标部分差异较小，初中仅在课程内容部分频次低于高中阶段；初中—高中德育内容频次差异性指数为 2.5。小学、中学阶段德育内容频次在文本教学要求部分差异最大，在课程内容部分差异最小，小学文本在各个部分频次皆低于中学阶段；小学、中学阶段德育内容频次差异性指数为 21.1。

最后，就分布情况而言，数学课程整体分布上在文本教学要求部分占比最高，在理念目标部分占比最低，德育内容分布比较均衡，均衡性指数②为 36.7%。

小学阶段在文本课程内容部分占比最高，在理念目标部分占比最低，德育内容分布比较均衡，均衡性指数为 43.5%。初中阶段在文本教学要求部分占比最高，在课程内容部分占比最低，德育内容分布比较均衡，均衡性指数为 42.0%。高中阶段在文本教学要求部分占比最高，在

---

① 为了更好地分析某门课程德育内容不同学段的频次差异性情况，引入"差异性指数"指标，即两个学段在课程标准文本四个不同部分频次差额的绝对值的和。数值越高，代表该门课程两个学段差异性程度越高；反之亦然。下同。

② 为了更好地分析某门课程德育内容分布均衡性情况，引入"均衡性指数"指标，即课程在某个学段课程标准文本四个部分占比最高与最低的差额。数值越高，代表该门课程在这个学段分布均衡性程度越低；反之亦然。其中，将其划分为四档，分别是非常均衡（0—24.9%），比较均衡（25%—49.9%），比较不均衡（50.0%—74.9%），非常不均衡（75.0%—100.0%）。下同。

第二章 中国中小学理科课程德育内容的探索阶段（1919—1948）

其他部分占比最低，德育内容分布比较均衡，均衡性指数为31.2%。中学阶段在文本教学要求部分占比最高，在文本理念目标部分占比最低，德育内容分布比较不均衡，均衡性指数为50.0%。

在中小学数学课程德育内容统计表的基础上，根据探索阶段理论分析框架进行内容分析进而编码，得到德育内容编码表，在此基础上得到探索阶段数学课程德育内容编码统计表，详见附录六。

基于德育内容编码统计表进行统计，可以得到图2-9、图2-10、图2-11。

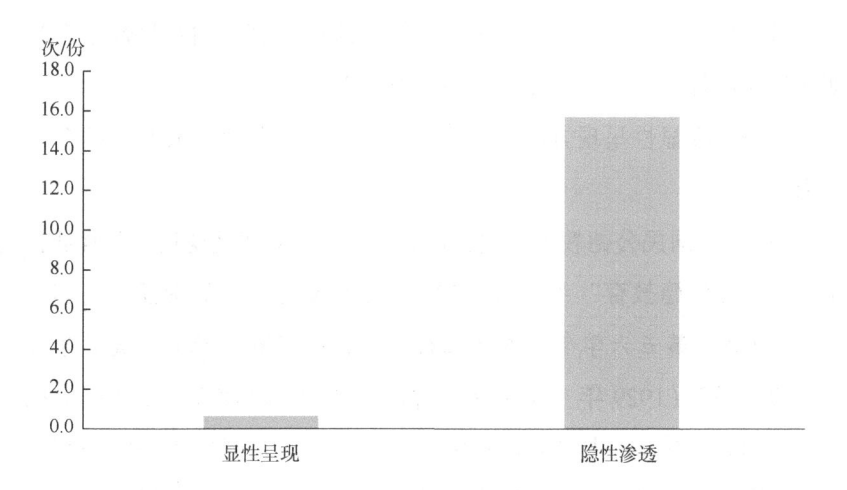

图2-9 探索阶段数学课程德育内容编码频次

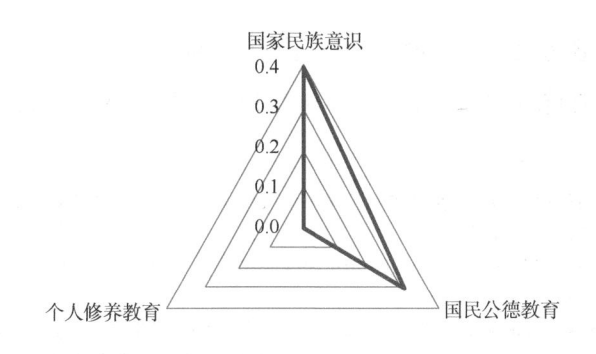

图2-10 数学课程显性呈现频次

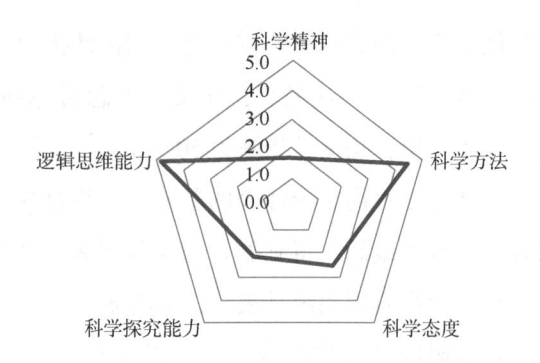

图2-11 数学课程隐性渗透频次

可以发现,就整体而言,本阶段数学课程中德育内容显性呈现频次明显低于隐性渗透,两者相差-15.0次/份。

首先,在显性呈现方面,课程标准文本中没有"个人修养教育"维度内容。

另外,"国民公德教育""国家民族意识"维度呈现频次非常低,其中,"国民公德教育"维度(0.3)主要涉及对社会的责任等内容,比如:"取材:第五六学年以衣食住行和学校、家庭、社会、国际等经济问题为范围"(1929年《小学课程暂行标准 小学算术》)[①];"国家民族意识"维度(0.4)主要涉及对国家的责任、对世界的责任等内容,比如:"多解实际问题,尤须适合国情"(1941年《修正初级中学数学课程标准》)[②]。

显性呈现方面各个维度的分布比较不均衡(57.1%)。[③]

首次,在隐性渗透方面,"科学精神""科学探究能力""科学态

[①] 课程教材研究所编:《20世纪中国中小学课程标准·教学大纲汇编 数学卷》,人民教育出版社2001年版,第20页。
[②] 课程教材研究所编:《20世纪中国中小学课程标准·教学大纲汇编 数学卷》,人民教育出版社2001年版,第256页。
[③] 各个维度分布情况使用其中占比最大与占比最小的差额来考察。其中,将其划分为四档,分别是:非常均衡(0%—24%),比较均衡(25%—49%),比较不均衡(50%—74%),非常不均衡(75%—100%)。下同。

第二章　中国中小学理科课程德育内容的探索阶段（1919—1948）

度"维度渗透频次非常低,其中,"科学精神"维度（1.6）主要涉及实证精神、探讨精神、协作精神等内容,比如:"物价涨落的调查和计算（课外作业）"(1932年《小学各科课程标准　算术》)①;"科学探究能力"维度（2.2）主要涉及解决问题能力、探讨能力等内容,比如:"混合教学,是把各分科的原理和方法,合而为一,解决某问题,或每个问题"（1929年《初级中学算学暂行课程标准》)②;"科学态度"维度（2.6）主要涉及尊重客观、善于思考、探究兴趣、合作分享等内容,比如:"与其教材过多,徒使学生食而不化,不如注重基本训练,养成其自动研究之能力。但每遇问题有不能彻底搜讨时,应提出注意,以启发学生向上研究之志趣"（1932年《高级中学算学课程标准》)③。

"科学方法""逻辑思维方法"维度渗透频次很低,其中,"科学方法"维度（4.4）主要涉及归纳法和演绎法、观察法等普适性科学方法以及数形结合、函数观念、方程观念等数学学科研究方法,比如:"新的方法原理,应从实在的需要出发,先使儿童明白方法的功用,用归纳法一步一步的进行,切记用演绎法推求"（1929年《小学课程暂行标准　小学算术》)④;"函数观念,宜从实例入手,并与变数法与比例联络教授"（1932年《初级中学算学课程标准》)⑤。"逻辑思维能力"维度（4.8）主要涉及归纳和演绎、推理等内容,比如:"方法原理的教学,宜用归纳的建造,不宜用演绎的推广"（1923年《新学制课程标准纲要

---

① 课程教材研究所编:《20世纪中国中小学课程标准·教学大纲汇编　数学卷》,人民教育出版社2001年版,第24页。
② 课程教材研究所编:《20世纪中国中小学课程标准·教学大纲汇编　数学卷》,人民教育出版社2001年版,第221页。
③ 课程教材研究所编:《20世纪中国中小学课程标准·教学大纲汇编　数学卷》,人民教育出版社2001年版,第236页。
④ 课程教材研究所编:《20世纪中国中小学课程标准·教学大纲汇编　数学卷》,人民教育出版社2001年版,第20页。
⑤ 课程教材研究所编:《20世纪中国中小学课程标准·教学大纲汇编　数学卷》,人民教育出版社2001年版,第231页。

小学算术课程纲要》）[1]，其中归纳和演绎都属于逻辑思维能力；"使学生能依据数理关系，推求事物当然的结果"（1923年《新学制课程标准纲要·初级中学算学课程纲要》）[2]。

隐性渗透方面各个维度的分布非常均衡（20.5%）。

根据数学课程德育内容编码统计表，分别绘制出探索阶段数学课程TMME显性呈现和隐性渗透情况，如图2-12、图2-13所示。[3]

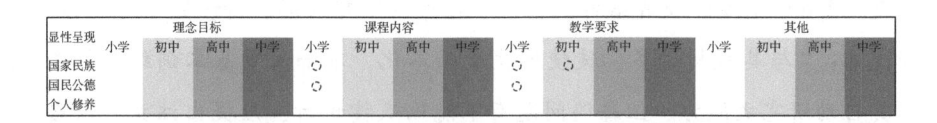

图2-12 探索阶段数学课程TMME（显性呈现）

图2-13 探索阶段数学课程TMME（隐性渗透）

注：关于理科学科课程TMME绘制步骤及指标解读，详见附录七。下同。

不难看出：

首先，在显性呈现方面，就分布情况而言，各个维度分布均范围非常窄，其中，"国家民族意识""国民公德教育"维度仅在课程标准文本课程内容、教学要求部分有所分布；"个人修养教育"维度则没有相关内容分布。

---

[1] 课程教材研究所编：《20世纪中国中小学课程标准·教学大纲汇编 数学卷》，人民教育出版社2001年版，第15页。

[2] 课程教材研究所编：《20世纪中国中小学课程标准·教学大纲汇编 数学卷》，人民教育出版社2001年版，第212页。

[3] 关于中小学理科学科课程（数学、物理、化学、生物学、自然）TMME图的绘制步骤以及分析指标详见附录七。下同。

第二章　中国中小学理科课程德育内容的探索阶段（1919—1948）

就小学—初中衔接情况而言，"国家民族意识"维度衔接程度比较弱，仅在文本教学要求部分有所衔接；"国民公德教育"维度衔接程度非常弱，涉及文本部分没有衔接内容。就初中—高中衔接情况而言，"国家民族意识"维度衔接程度非常弱，涉及文本部分没有衔接内容，其余维度则没有内容分布。就小学—中学衔接情况而言，"国家民族意识""国民公德教育"维度衔接程度非常弱，涉及文本部分没有衔接内容。

就受关注程度而言，各个维度的受关注程度均非常低，没有比较关注内容。

其次，在隐性渗透方面，就分布情况而言，"科学方法""科学态度""逻辑思维能力"维度分布非常广，在课程标准文本四个部分均有所分布；"科学精神""科学探究能力"维度分布比较广，其中，"科学探究能力"维度集中分布在文本教学要求、其他部分。

就小学—初中阶段衔接情况而言，"科学探究能力"维度衔接程度比较强，仅在文本课程内容部分没有衔接；"科学方法""科学态度""逻辑思维能力"维度衔接程度比较弱，其中，"科学方法""逻辑思维能力"维度仅在文本课程内容、教学要求部分有所衔接，"理念目标"维度仅在文本理念目标、课程内容部分有所衔接；"科学精神"维度衔接程度非常弱，仅在文本课程内容部分有所衔接。就初中—高中阶段衔接情况而言，除了"科学探究能力"维度之外，其余维度衔接程度均非常强，在文本四个部分均有所衔接；"科学探究能力"维度衔接程度比较强，仅在文本理念目标部分有所衔接。

就小学—中学阶段衔接情况而言，"逻辑思维能力"维度衔接程度比较强，仅在文本理念目标部分没有衔接；"科学方法""科学探究能力"维度衔接程度比较弱，前者仅在文本课程内容、教学要求部分有所衔接，后者仅在文本教学要求、其他部分有所衔接；"科学精神"

"科学态度"维度衔接程度非常弱,其中,"科学态度"维度仅在文本理念目标部分有所衔接,"科学精神"维度没有内容衔接。

就受关注程度而言,"科学方法""逻辑思维能力"维度的受关注程度比较弱,其中,前者主要在文本教学要求部分比较受关注,后者主要在文本课程内容、教学要求部分比较受关注;其余维度的受关注程度则非常低,其中,"科学精神""科学态度"维度仅在中学阶段文本教学要求与其他部分比较受关注,"科学探究能力"维度仅在文本教学要求部分中学阶段比较受关注。

三 物理课程中的德育内容

探索阶段(1919—1948)官方共颁布中学物理课程标准(教学大纲)15份。其中初中阶段7份,高中阶段7份,六年制中学阶段1份。

根据探索阶段物理课程德育内容频次统计表,绘制出探索阶段物理课程标准(教学大纲)文本(均值)德育内容频次图、分布图,如图2-14、图2-15所示。

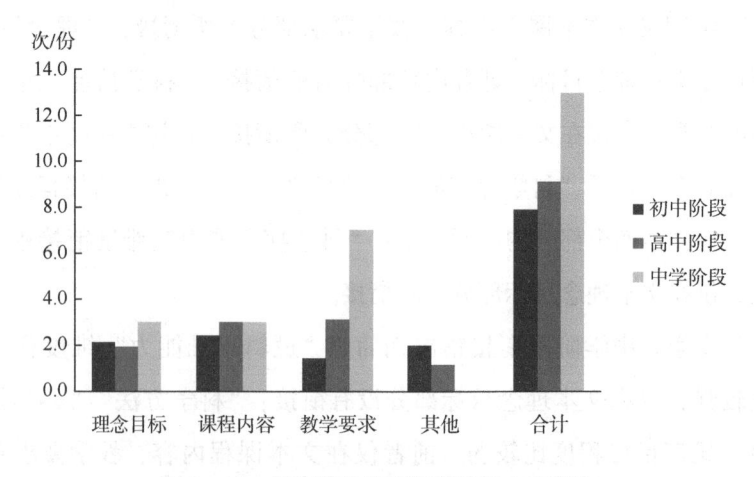

图2-14 探索阶段物理课程德育内容频次

第二章 中国中小学理科课程德育内容的探索阶段（1919—1948）

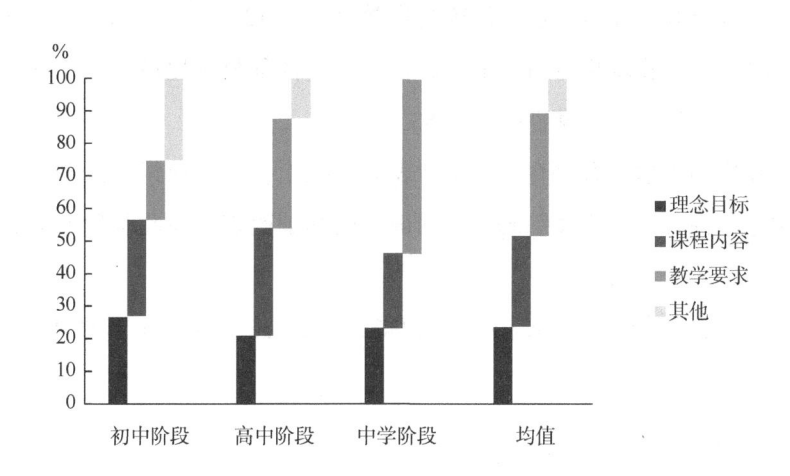

图 2-15 探索阶段物理课程德育内容分布

注：物理课程标准文本包含初中、高中以及中学（无法明确分初高中三个阶段，下同。）

可以看出：就整体而言，物理课程初中、高中阶段德育内容频次比较接近，略低于中学阶段频次（13.0 次/份）。初中、高中阶段德育内容频次相差 -1.2 次/份。

首先，就课程文本四个部分而言，出现频次都比较接近。其中，中学阶段在文本前三个部分频次皆为各个学段中最高，而在其他部分频次最低；初中阶段在课程内容、教学要求部分频次最低，而在其他部分频次最高。

初中阶段在理念目标、其他部分德育内容频次高于高中阶段，其他部分则相反。初中—高中德育内容频次差异性指数为 3.4。

其次，就分布情况而言，物理课程整体分布上，教学要求部分占比最高，其他部分占比最低，德育内容分布比较均衡，均衡性指数为 28.3%。

其中，初中阶段在课程内容部分占比最高，在教学要求部分占比最低；高中阶段在教学要求部分占比最高，在其他部分占比最低；初中、高中阶段分布都非常均衡,均衡性指数分别为 12.7%、22.0%。中学阶段在文本教学要求部分占比最高,在文本其他部分占比最低,德育内容分布比较不均衡,均衡性指数为 53.8%。

在中学物理课程德育内容统计表的基础上,根据探索阶段理论分析框架进行内容分析进而编码,得到德育内容编码表,在此基础上得到德育内容编码统计表。

基于德育内容编码统计表,可以得到图 2-16、图 2-17、图 2-18。

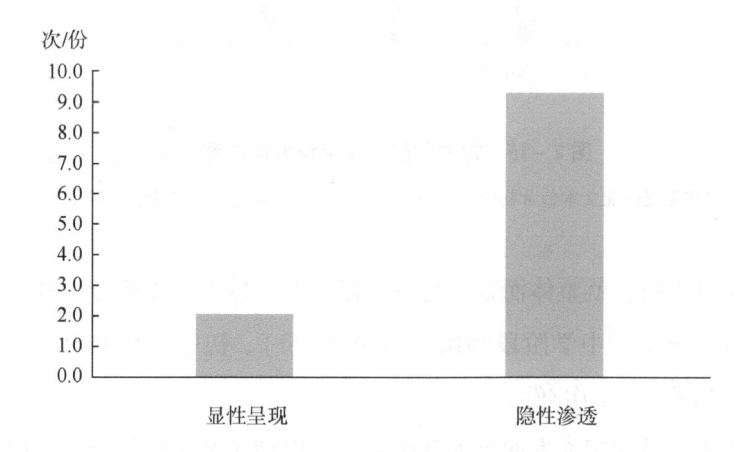

图 2-16 探索阶段物理课程德育内容编码频次

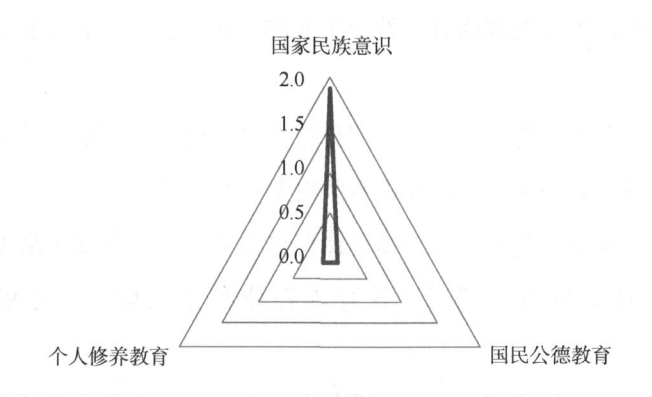

图 2-17 物理课程显性呈现频次

第二章　中国中小学理科课程德育内容的探索阶段（1919—1948）

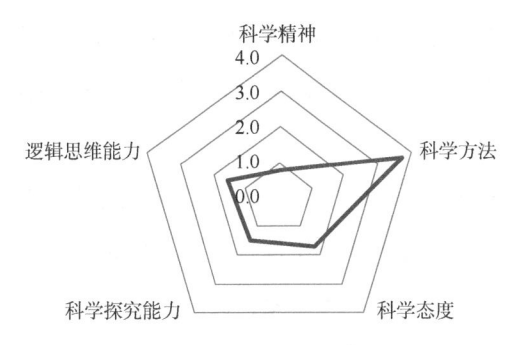

图 2-18　物理课程隐性渗透频次

就整体而言，本阶段物理课程中德育内容显性呈现频次低于隐性渗透频次，相差 -7.2 次/份。

首先，在显性呈现方面，课程标准文本中各个维度呈现频次都非常低。其中，"国民公德教育"维度（0.1）主要涉及解决相关民生问题、对社会的责任等内容，比如："物理学的目的和旨趣——利用科学方法以支配自然界，解决民生问题，增进人类的幸福"[1929 年《初级中学理化暂行标准（分科的，其三）》][1]；"个人修养教育"维度（0.1）主要涉及对于自己的责任等内容，比如："使受自然科学的陶冶，能领悟精勤，诚实，敏捷，组织等诸美德，是成功事业的基础"[1929 年《初级中学理化暂行标准（分科的，其三）》][2]。"国家民族意识"维度（1.9）主要涉及通过相关民族传统物品的学习培养学生对国家民族的责任等内容，比如："务将教材具体化，以使其学生日常生活相接近，与国防生产有关联"（1941 年《修正初级中学物理课程标准》）[3]。

显性呈现方面各个维度的分布非常不均衡（85.7%）。

---

[1] 课程教材研究所编：《20 世纪中国中小学课程标准·教学大纲汇编　物理卷》，人民教育出版社 2001 年版，第 20 页。

[2] 课程教材研究所编：《20 世纪中国中小学课程标准·教学大纲汇编　物理卷》，人民教育出版社 2001 年版，第 16 页。

[3] 课程教材研究所编：《20 世纪中国中小学课程标准·教学大纲汇编　物理卷》，人民教育出版社 2001 年版，第 48 页。

其次，在隐性渗透方面，课程标准文本中各个维度渗透频次都非常低。其中，"科学精神"维度（0.8）主要涉及求真求实精神、协作精神等内容。

"科学探究精神""逻辑思维能力""科学态度"维度渗透频次比较接近。其中，"科学探究精神"维度（1.5）主要涉及培养学生解决问题的能力，比如："应多备简单之问题，使学生于课外自动的寻求其答案"（1932年《初级中学物理课程标准》）①；"逻辑思维能力"维度（1.6）主要涉及演绎、抽象、比较、推理等思维能力，比如："论理上的——比较，归纳，演绎""实施上的——观察，试验，推理，假设，验证"（1923年《高级中学公共必修的科学概论课程纲要》）②；"科学态度"维度（1.7）主要涉及探究兴趣、实事求是、合作分享等内容，比如："以引起其研究工程农业医学及自然科学之兴趣"（1929年《高级中学普通科物理暂行课程标准》）③。

"科学方法"维度（3.7）主要涉及比较、归纳、演绎、观察、实验等多种科学方法，比如："科学方法。论理上的——比较，归纳，演绎。实施上的——观察，试验，推理，假设，验证"（1923年《高级中学公共必修的科学概论课程纲要》）④。

隐性渗透方面各个维度的分布比较均衡（31.2%）。

通过物理课程德育内容编码统计表，分别绘制出探索阶段物理课程TMME显性呈现和隐性渗透情况，如图2-19、图2-20所示。

---

① 课程教材研究所编：《20世纪中国中小学课程标准·教学大纲汇编 物理卷》，人民教育出版社2001年版，第30页。

② 课程教材研究所编：《20世纪中国中小学课程标准·教学大纲汇编 物理卷》，人民教育出版社2001年版，第7页。

③ 课程教材研究所编：《20世纪中国中小学课程标准·教学大纲汇编 物理卷》，人民教育出版社2001年版，第24页。

④ 课程教材研究所编：《20世纪中国中小学课程标准·教学大纲汇编 物理卷》，人民教育出版社2001年版，第7页。

第二章 中国中小学理科课程德育内容的探索阶段（1919—1948）

显性呈现	理念目标			课程内容			教学要求			其他		
	初中阶段	高中阶段	中学阶段	初中阶段	高中阶段	中学阶段	初中阶段	高中阶段	中学阶段	初中阶段	高中阶段	中学阶段
国家民族意识	○	○		○		●						
国民公德教育	○			○								
个人修养教育	○											

图 2-19　探索阶段物理课程 TMME（显性呈现）

隐性渗透	理念目标			课程内容			教学要求			其他		
	初中阶段	高中阶段	中学阶段	初中阶段	高中阶段	中学阶段	初中阶段	高中阶段	中学阶段	初中阶段	高中阶段	中学阶段
科学精神	○					○						
科学方法	○	○	●	○	○	○	○	○	●	○	○	
科学态度	○		○	○		○	○	○	●	○		
科学探究能力	○	○				○	○	○	●			
逻辑思维能力	○				○		○		○			

图 2-20　探索阶段物理课程 TMME（隐性渗透）

不难看出：

首先，在显性呈现方面，就分布情况而言，"国家民族意识"维度分布比较广，在课程标准文本四个部分均有所分布；"国民公德教育""个人修养教育"维度分布范围非常窄，其中，前者仅在初中阶段文本理念目标、课程内容部分有所分布；后者仅在初中阶段文本理念目标部分有所分布。

就初中—高中衔接情况而言，"国家民族意识"维度衔接程度非常强，在涉及文本部分均有所衔接；"国民公德教育""个人修养教育"维度衔接情况非常弱，没有文本部分涉及衔接。

就受关注程度而言，各个维度受关注程度均非常弱，其中，"国家民族意识"维度仅在中学阶段文本课程内容部分比较受关注；"国民公德教育""个人修养教育"维度没有比较受关注的内容。

其次，在隐性渗透方面，就分布情况而言，"科学方法"维度分布范围非常广，仅在中学阶段其他部分没有分布；其余四个维度分布范围都比较广，其中，"科学态度"维度集中分布在文本前三个部分，"科学精神""科学探究能力"维度集中分布在文本理念目标、教学要求部分，"逻辑思维能力"维度集中分布在文本课程内容、教学要求部分。

就初中—高中衔接情况而言，"科学方法"维度衔接程度非常强，

· 69 ·

在文本涉及部分均有所衔接；"科学态度"维度衔接程度比较强，仅在文本其他部分没有衔接。"科学精神""逻辑思维能力"维度衔接程度比较弱，其中，前者仅在文本理念目标、教学要求部分有所衔接，后者仅在文本课程内容、教学要求部分有所衔接；"科学探究能力"维度衔接程度非常弱，仅在文本教学要求部分有所衔接。

就受关注程度而言，各个维度受关注程度都非常弱，其中，"科学方法"维度仅在中学阶段文本理念目标、教学要求部分比较受关注；后三个维度仅在中学阶段文本教学要求部分比较受关注；"科学精神"维度没有部分比较受关注。

四 化学课程中的德育内容

探索阶段（1919—1948）官方共颁布中学化学课程标准（教学大纲）15份。其中初中阶段7份，高中阶段7份，六年制中学阶段1份。[①]

根据探索阶段化学课程德育内容频次统计表，绘制出探索阶段化学课程标准（教学大纲）文本（均值）德育内容频次图、分布图，如图2-21、图2-22所示：

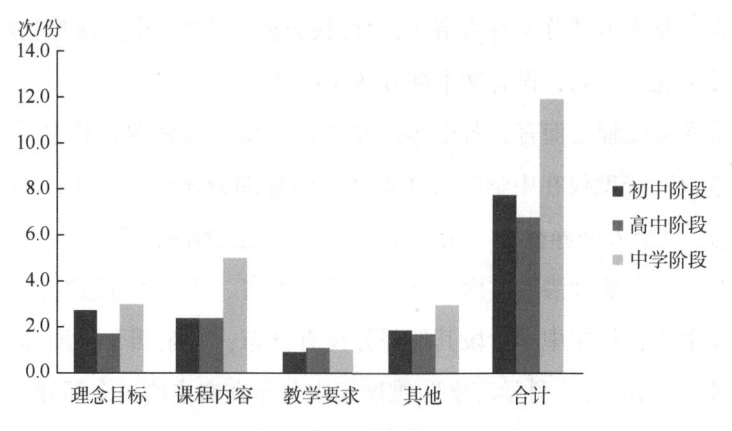

图2-21 探索阶段化学课程德育内容频次

① 其中自然科、科学科文本中的课程内容以化学为研究对象。

第二章　中国中小学理科课程德育内容的探索阶段（1919—1948）

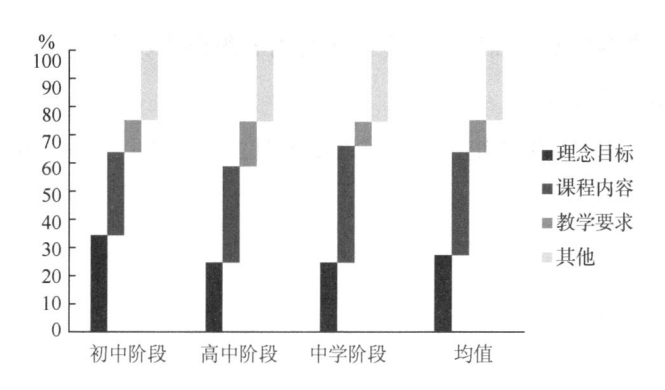

图 2-22　探索阶段化学课程德育内容分布

可以看出：

首先，就整体而言，化学课程中学阶段德育内容频次最高（12.0次/份），初中、高中阶段频次比较接近且较低。初中、高中阶段德育内容频次相差 1.0 次/份。

其次，就课程文本四个部分而言，高中阶段在教学要求部分频次略高于其他学段，而在其他三个部分皆低于其他学段；中学阶段则在教学要求部分以外的其他部分频次皆为最高。

初中阶段德育内容频次仅在教学要求部分略低于高中阶段，其他部分则皆高于高中阶段；初中—高中阶段德育内容频次差异性指数为 1.4。

最后，就分布情况而言，整体分布上在文本课程内容部分占比最高，理念目标、其他部分占比比较相近，教学要求部分占比最低，德育内容分布非常均衡，均衡性指数为 24.8%。

其中，初中阶段在文本理念目标部分占比最高，在教学要求部分占比最低；高中阶段在课程内容部分占比最高，在教学要求部分占比最低；初中、高中阶段分布都比较均衡，均衡性指数分别为 23.1%、17.6%。高中阶段在文本课程内容部分占比最高，在教学要求部分占比最低，分布比较均衡，均衡性指数为 33.4%。

在中学化学课程德育内容统计表的基础上，根据探索阶段理论分析框架进行内容分析进而编码，得到德育内容编码表，在此基础上得到德育内容编码统计表。

基于德育内容编码统计表，可以得到图2-23、图2-24、图2-25。

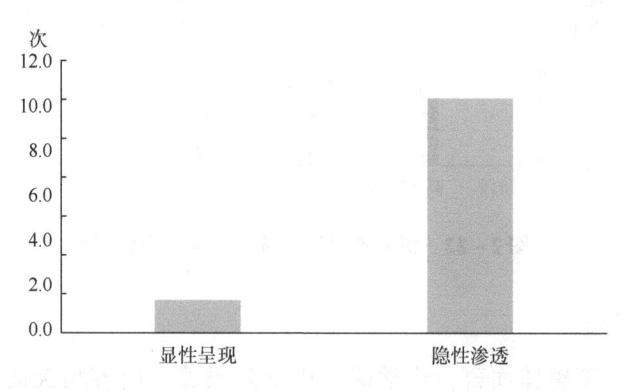

图2-23 探索阶段化学课程德育内容编码频次

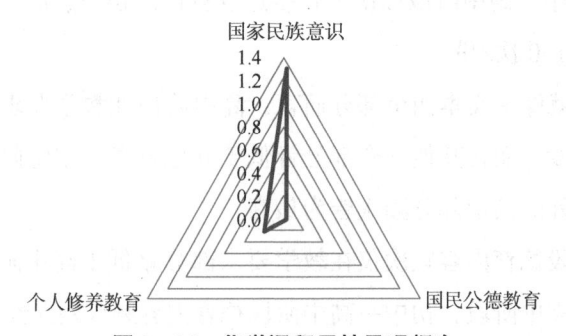

图2-24 化学课程显性呈现频次

可以发现：

首先，就整体而言，本阶段化学课程中德育内容显性呈现频次低于隐性渗透频次，相差-9.0次/份。

其次，在显性呈现方面，"国民公德教育"维度没有相关内容呈现。"个人修养教育""国家民族意识"教育维度呈现频次非常低，其中"个人修养教育"维度（0.2）主要涉及国民道德私德要求中精勤、诚实、敏捷、组织等诸美德，比如："使受自然科学的陶冶，能领悟精勤，诚实，敏捷，组织等诸美德，是成功事业的基础"［1929年《初级中学

第二章 中国中小学理科课程德育内容的探索阶段（1919—1948）

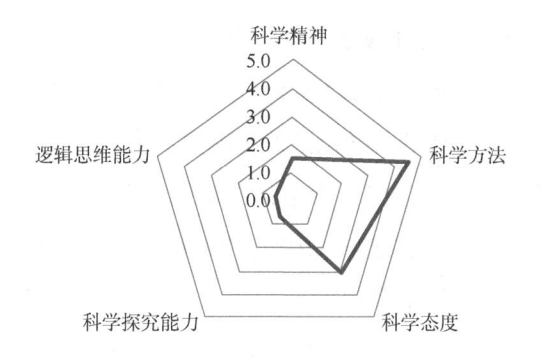

图 2-25 化学课程隐性渗透频次

理化暂行标准（分科的，其三）》][1]。"国家民族意识"维度（1.3）主要涉及通过了解国防与化学的关系，以及中华民族相关化学物品的学习，进而增强对国家民族的责任，形成国家意识和民族意识，比如："了解人类征服自然之事实及世界物质文明之来源"（涉及对世界的责任内容）（1948年《修订初级中学理化课程标准》)[2]。

显性呈现方面各个维度的分布非常不均衡（86.7%）。

最后，在隐性渗透方面，除了"科学方法"维度以外，其余四个维度渗透频次都非常低。其中，"逻辑思维能力""科学探究内容"维度渗透频次比较相近，前者（0.6）主要围绕分类、比较、归纳等能力展开；后者（0.7）主要围绕提出、解决问题能力展开。

"科学精神"维度（1.5）主要涉及协作精神、实践精神等内容，比如："养成存疑，致思，忍耐，致密及追求结果之研究精神"（1948年《修订初级中学理化课程标准》)[3]。"科学态度"维度（3.1）主要涉及

---

[1] 课程教材研究所编：《20世纪中国中小学课程标准·教学大纲汇编 化学卷》，人民教育出版社2001年版，第19页。

[2] 课程教材研究所编：《20世纪中国中小学课程标准·教学大纲汇编 化学卷》，人民教育出版社2001年版，第87页。

[3] 课程教材研究所编：《20世纪中国中小学课程标准·教学大纲汇编 化学卷》，人民教育出版社2001年版，第87页。

好奇心、探究兴趣、尊重实践、善于思考、合作分享等内容，比如："略阐科学上重要概念，以引起学生研究趣味"（1923年《新学制课程纲要高级中学公共必修的科学概论课程纲要》）①。

"科学方法"维度（4.5）渗透频次很低，主要涉及观察、实验、归纳、分类等多种化学科学方法，比如："训练观察、考查与思想之能力"（1932年《初级中学化学课程标准》）②；"化学试验法""多注意归纳法"（1929年《高级中学普通科化学暂行课程标准》）③。

隐性渗透方面各个维度的分布比较均衡（37.5%）。

通过化学课程中德育内容编码统计表，分别绘制出探索阶段化学课程 TMME 显性呈现和隐性渗透情况，如图 2-26、图 2-27 所示。

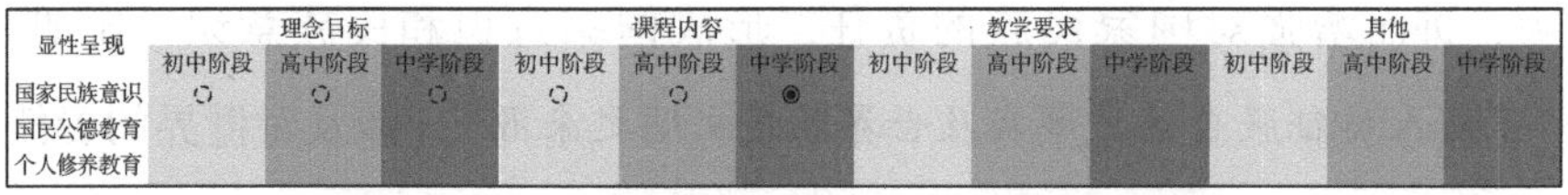

图 2-26　探索阶段化学课程 TMME（显性呈现）

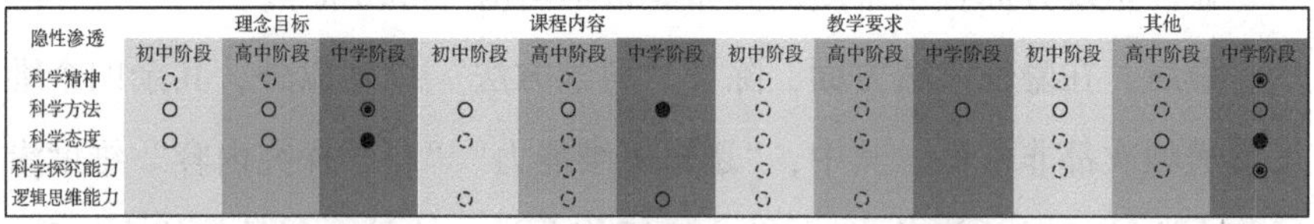

图 2-27　探索阶段化学课程 TMME（隐性渗透）

不难看出：

首先，在显性呈现方面，就分布情况而言，"国家民族意识"维度分布范围比较窄，仅在课程标准文本理念目标、课程内容部分有所分

---

①　课程教材研究所编：《20世纪中国中小学课程标准·教学大纲汇编　化学卷》，人民教育出版社2001年版，第10页。

②　课程教材研究所编：《20世纪中国中小学课程标准·教学大纲汇编　化学卷》，人民教育出版社2001年版，第31页。

③　课程教材研究所编：《20世纪中国中小学课程标准·教学大纲汇编　化学卷》，人民教育出版社2001年版，第28、30页。

布;"个人修养教育"维度分布范围非常窄,仅在初中阶段理念目标部分有所分布;"国民公德教育"维度则没有相关内容分布。

就初中—高中衔接情况而言,"国家民族意识"维度衔接程度非常强,在文本涉及部分均有所衔接;"个人修养教育"维度衔接程度非常弱,没有内容衔接。

就受关注程度而言,各个维度受关注程度都非常低,其中,"国家民族意识"维度仅在中学阶段文本课程内容部分比较受关注,"个人修养教育"维度没有比较受关注的内容。

其次,在隐性渗透方面,就分布情况而言,"科学方法""科学态度"维度分布范围非常广,在课程标准文本各个部分均有所分布;"科学精神"维度分布范围比较广,集中分布在文本理念目标、教学要求、其他三个部分;"科学探究能力""逻辑思维能力"维度分布范围比较窄,其中,前者集中分布在文本其他部分,后者集中分布在文本课程内容、教学要求部分。

就初中—高中衔接情况而言,"科学方法""科学态度""逻辑思维能力"维度衔接程度非常强,在文本涉及部分均有所衔接;"科学精神"维度衔接程度比较强,仅在文本课程内容部分没有衔接;"科学探究能力"维度衔接程度比较弱,仅在文本其他部分有所衔接。

就受关注程度而言,各个维度受关注程度都非常低,其中,"科学方法"维度在中学阶段文本理念目标、课程内容部分比较受关注,"科学态度"维度在文本理念目标、其他部分比较受关注;"科学精神""科学探究能力"维度仅在中学阶段其他部分比较受关注,"逻辑思维能力"维度没有比较受关注的内容。

五 生物学课程中的德育内容

探索阶段(1919—1948)官方共颁布中学生物学课程标准(教学大

纲）24份。其中初中阶段15份，高中阶段7份，六年制中学阶段2份。[①]

根据探索阶段生物学课程德育内容频次统计表，绘制出探索阶段生物学课程标准（教学大纲）文本（均值）德育内容频次图、分布图，如图2-28、图2-29所示：

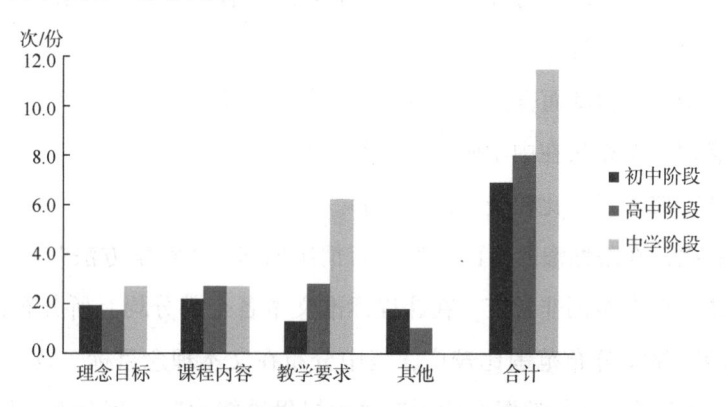

图2-28 探索阶段生物学课程德育内容频次

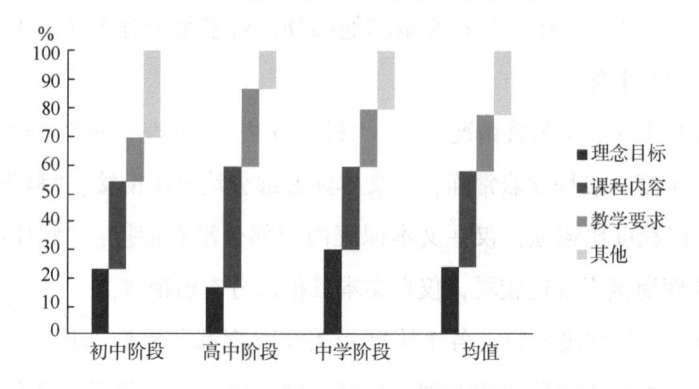

图2-29 探索阶段生物学课程德育内容分布

可以看出：

首先，就整体而言，生物学课程中学阶段频次最高（10.0次/份），初中阶段德育内容频次略高于高中阶段，初中、高中相"低于""-1.1次/份"。

---

① 其中自然科、科学科文本中的课程内容以生物学为研究对象。

第二章　中国中小学理科课程德育内容的探索阶段（1919—1948）

其次，就课程文本四个部分而言，高中阶段在课程内容、教学要求部分皆高于其他学段，而在理念目标、其他部分则低于其他学段。

初中德育内容频次在理念目标、其他部分略高于高中阶段，而在课程内容、教学要求部分略低于高中阶段。初中—高中德育内容频次差异性指数为3.9。

最后，就分布情况而言，生物学课程整体分布上文本课程内容占比最高，其余三个部分占比比较接近，德育内容分布非常均衡，均衡性指数为14.6%。

其中，初中阶段在文本课程内容、其他部分占比较高，在教学要求部分占比最低，德育内容分布非常均衡，均衡性指数为16.9%；高中阶段在文本课程内容部分占比最高，在其他、理念目标部分占比较低，德育内容分布比较均衡，均衡性指数为30.8%。中学阶段在文本前两个部分占比较高，在文本后两个部分占比较低，德育内容分布非常均衡，均衡性指数为10.0%。

在中学生物学课程德育内容统计表的基础上，根据探索阶段理论分析框架进行内容分析进而编码，得到德育内容编码表，在此基础上得到德育内容编码统计表。

基于德育内容编码统计表，可以得到图2-30、图2-31、图2-32。

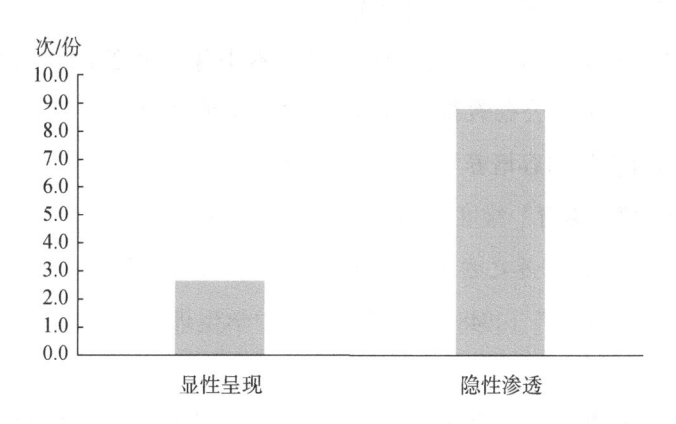

图2-30　探索阶段生物学课程德育内容编码频次

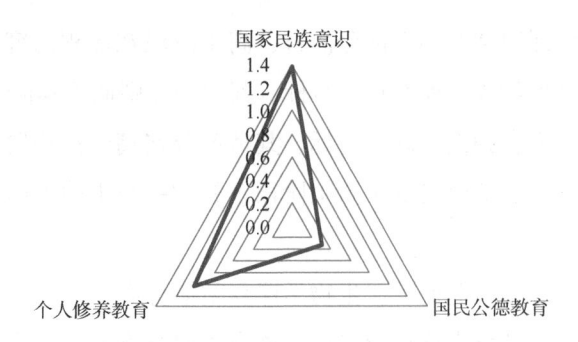

图 2-31 生物学课程显性呈现频次

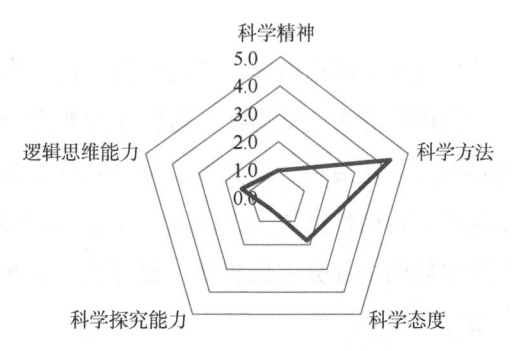

图 2-32 生物学课程隐性渗透频次

可以发现：

首先，就整体而言，本阶段生物学课程中德育内容显性呈现频次低于隐性渗透频次，相差 -6.1 次/份。

其次，在显性呈现方面，课程标准文本中各个维度呈现频次都非常低。其中，"国民公德教育"维度（0.3）主要通过公共卫生、社会健康、团队合作等内容培养学生对社会的责任感。

"个人修养教育"维度（1.0）主要涉及个人责任中的身体、品性等内容，比如："个人修养之方法——如精神愉快，思想缜密，志趣高潮，动作敏捷，做事有恒等"（1948 年《修订初级中学生理及卫生课程标准》）[①]。

[①] 课程教材研究所编：《20 世纪中国中小学课程标准·教学大纲汇编 生物卷》，人民教育出版社 2001 年版，第 99 页。

第二章 中国中小学理科课程德育内容的探索阶段（1919—1948）

"国家民族意识"维度（1.4）主要涉及从本国特有生物等方面培养学生的国家民族意识，比如："使学生了解生物与民生、民族之关系及演进之现象"（1941年《修正高级中学生物课程标准》）①。

显性呈现方面各个维度的分布比较均衡（40.8%）。

最后，在隐性渗透方面，除了"科学方法"，其余四个维度渗透频次非常低。其中，"科学探究能力"维度（0.4）主要围绕提出、解决问题能力展开；"科学精神"维度（1.0）主要围绕实践精神、合作精神展开；"逻辑思维能力"维度（1.3）频次主要涉及归纳、比较、推理等内容；"科学态度"维度（1.8）主要围绕合作分享、探究兴趣展开。

"科学方法"维度（4.3）渗透频次很低。课程中既有宏观科学方法的要求，又有具体科学方法的阐述。比如："比较为科学方法之一种，促使学生对于所学融会贯通"（1932年《初级中学生物学课程标准》）②；"分类之必要及其方法"（1929年《高级中学普通科生物学暂行课程标准》）③等内容涉及科学方法之观察、实验、比较、分类等多种生物学研究方法。

隐性渗透方面各个维度的分布比较均衡（44.4%）。

通过生物学课程中德育内容编码统计表，分别绘制出探索阶段生物学课程TMME显性呈现和隐性渗透情况，如图2-33、图2-34所示。

显性呈现	理念目标			课程内容			教学要求			其他		
	初中阶段	高中阶段	中学阶段	初中阶段	高中阶段	中学阶段	初中阶段	高中阶段	中学阶段	初中阶段	高中阶段	中学阶段
国家民族意识	○	○	●	○	○	○	○	○	○			
国民公德教育		○	○		○	○		○	○			
个人修养教育	○	○	○		○	○		○	○			

图2-33 探索阶段生物学课程TMME（显性呈现）

---

① 课程教材研究所编：《20世纪中国中小学课程标准·教学大纲汇编 生物卷》，人民教育出版社2001年版，第73页。

② 课程教材研究所编：《20世纪中国中小学课程标准·教学大纲汇编 生物卷》，人民教育出版社2001年版，第34页。

③ 课程教材研究所编：《20世纪中国中小学课程标准·教学大纲汇编 生物卷》，人民教育出版社2001年版，第24页。

隐性渗透	理念目标			课程内容			教学要求			其他		
	初中阶段	高中阶段	中学阶段	初中阶段	高中阶段	中学阶段	初中阶段	高中阶段	中学阶段	初中阶段	高中阶段	中学阶段
科学精神	○	○	○	○	○	○	○	○	○			
科学方法	○	○	○	○	○	○	○	○	○	○	○	○
科学态度	○	○	○	○	○	○	○	○	○			
科学探究能力							○	○	○			
逻辑思维能力	○	○	○			○	○	○	○		○	○

图 2-34　探索阶段生物学课程 TMME（隐性渗透）

不难看出：

首先，在显性呈现方面，就分布情况而言，"国家民族意识""个人修养教育"维度分布范围比较广，主要分布在课程标准文本理念目标、课程内容部分；"国民公德教育"维度分布范围比较窄，主要分布在文本理念目标、教学要求部分。

就初中—高中衔接情况而言，"国家民族意识""个人修养教育"维度衔接程度比较弱，其中，前者仅在文本理念目标、课程内容部分有所衔接，后者仅在文本理念目标、教学要求部分有所衔接。"国民公德教育"维度衔接程度非常弱，涉及文本部分没有衔接内容。

就受关注程度而言，各个维度受关注程度都非常低，仅"国家民族意识"维度在中学阶段理念目标部分比较受关注。

其次，在隐性渗透方面，就分布情况而言，"科学方法"维度分布范围非常广，在文本四个部分各个阶段均有所分布；"科学态度""逻辑思维能力""科学精神"维度分布范围比较广；"科学探究能力"维度分布范围比较窄，仅集中分布在文本教学要求部分。

就初中—高中衔接情况而言，"科学方法""逻辑思维能力"维度衔接程度非常强，在文本涉及部分均有所衔接；"科学态度"维度衔接程度比较强，仅在文本其他部分没有衔接；"科学精神""科学探究能力"维度衔接程度比较弱，其中，前者仅在理念目标、教学要求部分有所衔接，后者仅在教学要求部分有所衔接。

就受关注程度而言，各个维度受关注程度都非常低，没有比较受关注的文本部分和学段。

第二章 中国中小学理科课程德育内容的探索阶段（1919—1948）

六 自然课程中的德育内容

探索阶段（1919—1948）官方共颁布小学自然（含卫生）课程标准（教学大纲）9份。[①]

根据探索阶段自然课程德育内容频次统计表，绘制出探索阶段自然课程标准（教学大纲）文本（均值）德育内容频次图、分布图，如图2-35、图2-36所示：

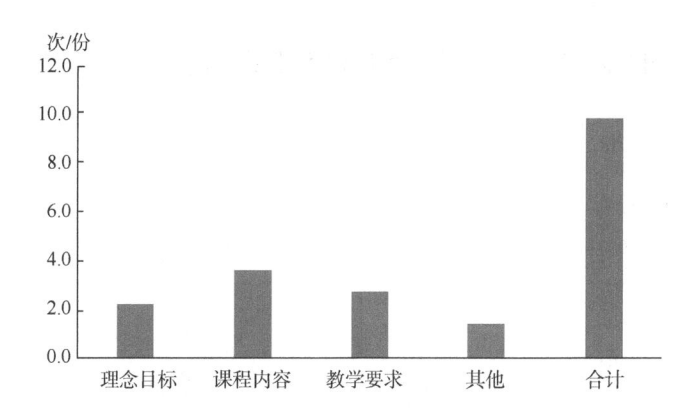

图2-35 探索阶段自然（卫生）课程德育内容频次

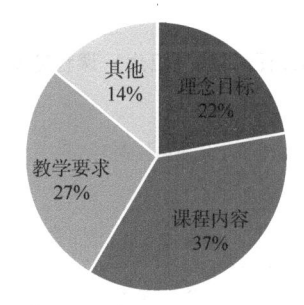

图2-36 探索阶段自然（卫生）课程德育内容分布

可以看出：

首先，就整体而言，小学自然课程德育内容频次为9.9次/份。

---

① 1923年、1932年、1942年卫生课程单列，其余年份融入自然课程当中。

其次，就课程文本四个部分而言，课程内容部分德育内容频次较高，其次是教学要求、理念目标部分，其他部分频次最低。

最后，就分布情况而言，整体分布上，课程内容部分占比最高，其他部分占比最低，德育内容分布非常均衡，均衡性指数为22.3%。

在小学自然课程德育内容统计表的基础上，根据起步阶段理论分析框架进行内容分析进而编码，得到德育内容编码表，在此基础上得到德育内容编码统计表。

基于德育内容编码统计表，可以得到图2-37、图2-38、图2-39。

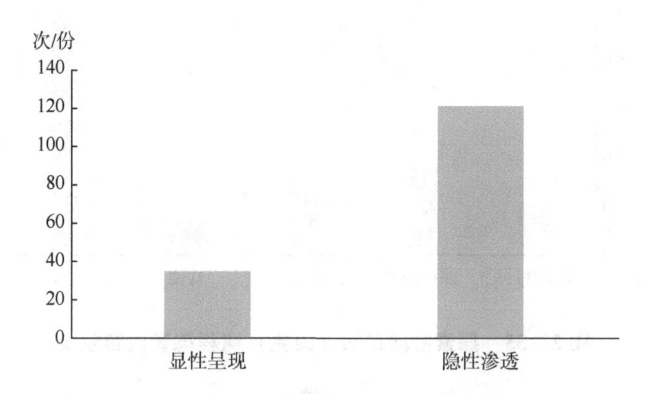

图2-37 探索阶段自然（卫生）课程德育内容编码频次

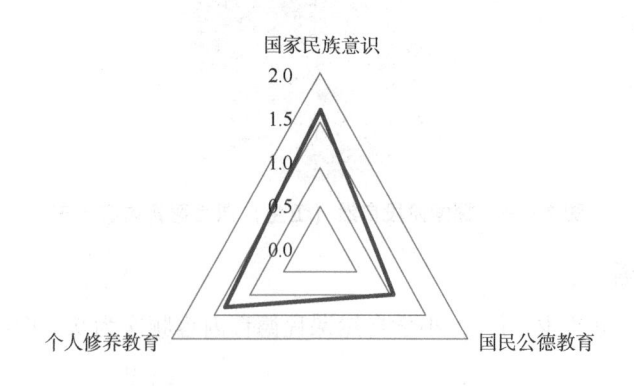

图2-38 自然（卫生）课程显性呈现频次

第二章　中国中小学理科课程德育内容的探索阶段（1919—1948）

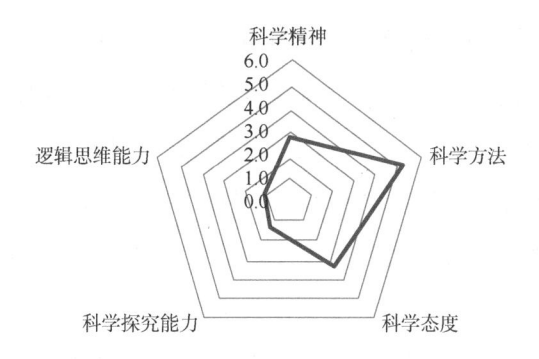

图 2-39　自然（卫生）课程隐性渗透频次

可以发现：

首先，就整体而言，本阶段自然（卫生）课程中德育内容显性呈现频次低于隐性渗透频次，两者相差 -9.7 次/份。

其次，在显性呈现方面，各个维度呈现频次都非常低。其中，"国民公德教育"维度（1.0）主要涉及团队合作、社会环境健康等内容，比如："如特别设备教室，教室内的桌椅的形式和排列，应注意便于听讲，笔记，和分组试验"（1929年《小学课程暂行标准小学自然》）①。

"个人修养教育"维度（1.3）主要涉及身体健康等对自己的责任内容，比如："使知增进个人健康，防免疫病传染的方法，和公共卫生的要领"（1923年《新学制课程标准纲要　小学卫生课程纲要》）②。

"国家民族意识"维度（1.6）主要涉及对中国古代物品的认识培养学生对国家的责任等内容，比如："游戏器具：皮球，木马，秋千，毽子，不倒翁的简易物理的研究"（1929年《小学课程暂行标准　小学自然》）③。

---

① 课程教材研究所编：《20世纪中国中小学课程标准·教学大纲汇编　自然·社会·常识·卫生卷》，人民教育出版社2001年版，第13页。
② 课程教材研究所编：《20世纪中国中小学课程标准·教学大纲汇编　自然·社会·常识·卫生卷》，人民教育出版社2001年版，第217页。
③ 课程教材研究所编：《20世纪中国中小学课程标准·教学大纲汇编　自然·社会·常识·卫生卷》，人民教育出版社2001年版，第11页。

显性呈现方面各个维度的分布非常均衡（15.4%）。

最后，在隐性渗透方面，"科学方法"维度之外的其余四个维度渗透频次都非常低。其中，在"科学探究能力""逻辑思维能力"维度介于1—2次。其中，"科学探究能力"维度主要围绕调查研究、解决问题能力展开；"逻辑思维能力"维度主要围绕分类比较逻辑思维展开。"科学精神""科学态度"维度，主要涉及理性精神、实证精神、实践精神、协作精神等科学精神的要求以及尊重实践、探究兴趣、合作分享等科学态度的要求。

在"科学方法"维度渗透频次平均每份文本出现5.1次。其中有对科学方法的总体要求，"指导儿童探求科学知识的基本方法"（1942年《小学高级自然科课程标准》）[1]；又有对科学方法的具体要求，"可以衣，食，住和用具等做出发点。注重观察，调查，记载，征验"（1923年《新学制课程标准纲要 小学自然（包括自然园艺）课程纲要》）[2]，"儿童环境所接触的气候，天象，地文，生物特征，……的调查，观察，识别，比较，记载，发表，参考图书，解答问题等"[1929年《小学课程暂行标准 小学自然》][3]。诸如此类的内容涉及科学方法之观察、实验、比较、分类等多种生物学科学方法隐性渗透方面各个维度的分布比较均衡（29.7%）。

通过自然（卫生）课程中德育内容编码统计表，分别绘制出探索阶段自然课程 TMME 显性呈现和隐性渗透情况，如图2-40、图2-41所示。

---

[1] 课程教材研究所编：《20世纪中国中小学课程标准·教学大纲汇编 自然·社会·常识·卫生卷》，人民教育出版社2001年版，第25页。
[2] 课程教材研究所编：《20世纪中国中小学课程标准·教学大纲汇编 自然·社会·常识·卫生卷》，人民教育出版社2001年版，第8页。
[3] 课程教材研究所编：《20世纪中国中小学课程标准·教学大纲汇编 自然·社会·常识·卫生卷》，人民教育出版社2001年版，第9页。

第二章　中国中小学理科课程德育内容的探索阶段（1919—1948）

	小学阶段			
显性呈现	理念目标	课程内容	教学要求	其他
国家民族意识	○	○	○	○
国民公德教育	○		○	○
个人修养教育	○	○		

图2-40　探索阶段自然（卫生）课程TMME（显性呈现）

	小学阶段			
隐性渗透	理念目标	课程内容	教学要求	其他
科学精神	○	○	○	○
科学方法	○	●	○	○
科学态度	○	○	○	○
科学探究能力	○		○	○
逻辑思维能力		○		○

图2-41　探索阶段自然（卫生）课程TMME（隐性渗透）

不难看出：

首先，在显性呈现方面，就分布情况而言，"国家民族意识"维度分布范围非常广，在课程标准文本四个部分都有所分布；"国民公德教育"维度分布范围比较广，仅在文本课程内容部分没有分布；"个人修养教育"维度分布范围比较窄，仅在文本前两个部分有所分布。

就受关注程度而言，各个维度的受关注程度都非常低，没有比较受关注的部分。

其次，在隐性渗透方面，就分布情况而言，前三个维度分布范围都非常广，在课程标准文本四个部分都有所分布；"科学探究能力"维度分布范围比较广，仅在文本课程内容部分没有分布；"逻辑思维能力"维度分布范围比较窄，仅在文本课程内容、其他部分有所分布。

就受关注程度而言，除了"科学方法"维度之外，其余四个维度的受关注程度都非常低，没有比较受关注的部分。"科学方法"维度仅在文本课程内容部分比较受关注。

第四节　理科课程中德育内容的比较分析

探索阶段中小学理科课程中德育内容呈现特征各有不同。图 2–42 中可见不同阶段（小学、初中、高中、中学）各门理科课程德育内容频次，图 2–43 中可见不同文本部分（课程目标、课程内容、教学要求、其他）各门理科课程德育内容分布。

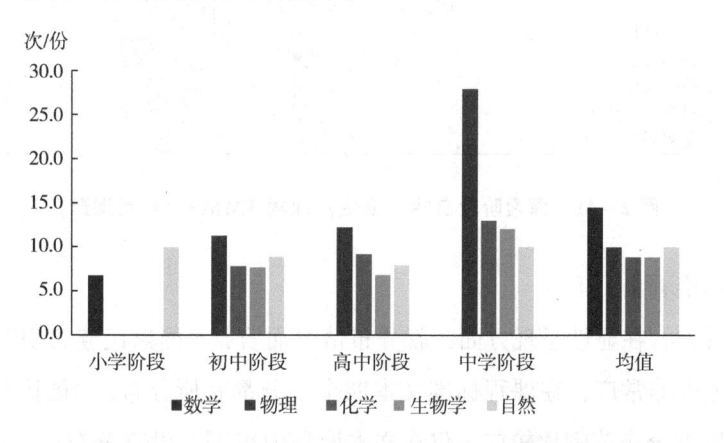

图 2–42　探索阶段理科课程德育内容频次

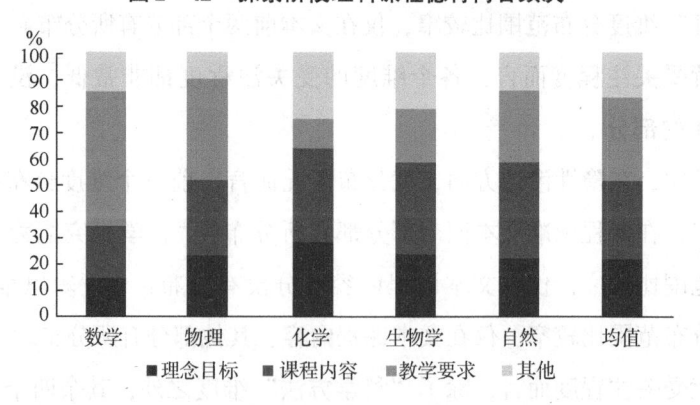

图 2–43　探索阶段理科课程德育内容分布

可以看出：

首先，从整体上看，五门课程中数学课程德育内容频次最高（14.6

第二章 中国中小学理科课程德育内容的探索阶段（1919—1948）

次/份），物理、自然课程频次比较接近，化学、生物学课程频次比较接近。五门理科课程德育内容频次均值从高到低[①]依次为：数学，物理，自然，化学，生物学。探索阶段中小学理科课程德育内容频次学科差异性指数为 5.7。

其次，从学段上看，小学数学、自然课程当中，数学课程德育内容频次 6.9 次/份，低于自然课程；初中数学课程德育内容频次最高，物理、化学课程频次比较接近且较低；高中数学课程德育内容频次最高，化学课程德育内容频次最低；中学数学课程德育内容频次最高（28.0 次/份），且明显高于物理、化学、生物学课程。四个学段学科差异性指数分别是 3.0，3.4，5.4，18.0。

其中，数学、物理课程初中阶段德育内容频次略低于高中，化学、生物学课程则正好相反。

最后，从分布上看，理科课程在课程标准文本教学要求部分占比最高，在其他部分占比最低，分布非常均衡（16.4%）。

其中，化学、生物学、自然课程德育内容分布非常均衡；数学、物理课程德育内容分布比较均衡。五门理科课程德育内容分布均衡性指数从低到高依次为：生物学，自然，化学，物理，数学。

综上所述，数学课程德育内容频次明显高于其他理科课程；数学课程德育内容频次仅在小学阶段低于自然课程，在初中、高中、中学阶段都高于其他理科课程，且在中学阶段明显高于其他理科课程；同时，数学课程均衡性指数高于其他理科课程。

将理科课程中的德育内容逐条进行编码并统计之后，可以得出各个学科德育内容编码频次图，由于每条德育内容中往往涉及不止一个二级编码内容，因此各门课程合计编码频次高于内容频次。如图 2-44、图 2-45、图 2-46 所示。

[①] 其中可能包含德育内容频次相同的情况。下同。

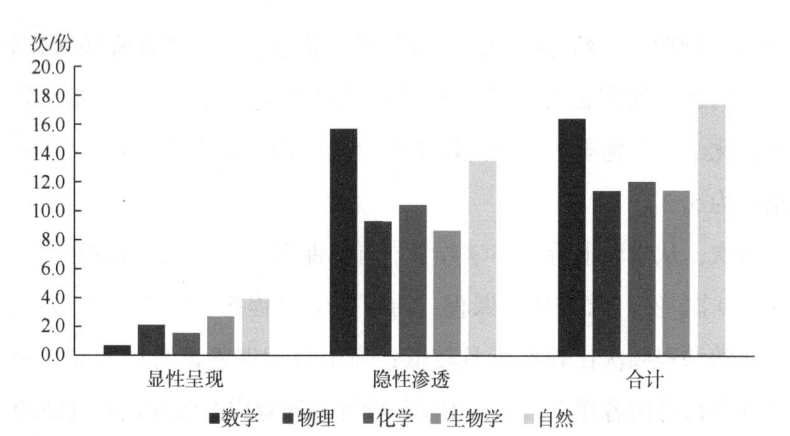

图 2-44 探索阶段理科课程德育内容编码频次

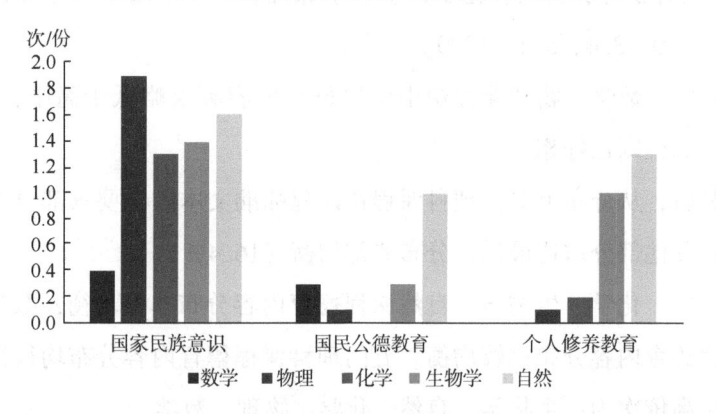

图 2-45 理科课程显性呈现频次

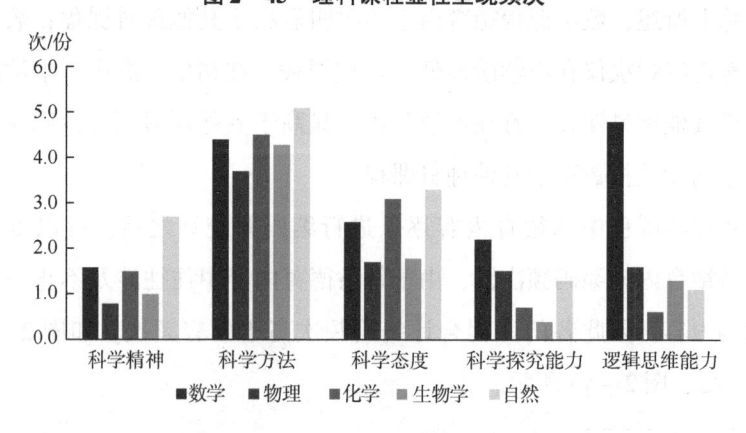

图 2-46 理科课程隐性渗透频次

第二章　中国中小学理科课程德育内容的探索阶段（1919—1948）

可以看出：

首先，就整体而言，自然、数学课程德育内容编码频次明显高于其他理科课程，物理、化学、生物学课程编码频次比较接近。五门课程德育内容编码频次合计从高到低依次为：自然、数学、化学、生物学、物理。显性呈现方面，五门课程从高到低依次为：自然，生物学，物理，化学，数学；隐性渗透方面，数学、自然课程频次高于其他理科课程，五门课程从高到低依次为：数学，自然，化学，物理，生物学。

就显性呈现、隐性渗透差异性而言，五门理科课程的隐性渗透频次都高于显性呈现频次。其中，数学课程差异性最大（15.0），生物学课程差异性最小（6.1）；五门理科课程差异性从大到小依次为：数学，自然，化学，物理，生物学。

其次，就显性呈现方面而言，五门课程在"国家民族意识"维度频次较高，在"国民公德教育"维度频次较低。其中，数学课程在"国家民族意识""个人修养教育"维度均低于其他理科课程；物理课程在"国家民族意识"维度高于其他理科课程；化学课程在"国民公德教育"维度低于其他理科课程；自然课程在"国民公德教育""个人修养教育"维度高于其他理科课程。

显性呈现方面各个维度学科差异性指数[①]比较接近且较小，从小到大依次为：国民公德教育，个人修养教育，国家民族意识。

最近，就隐性渗透方面而言，五门课程在"科学方法"维度频次较高，其次是"科学态度"维度。

其中，数学课程在"科学探究能力"维度频次高于其他理科课程，在"逻辑思维能力"维度高于其他理科课程；物理课程在"科学精神"

[①] 为深入分析理科课程在显性呈现（或隐性渗透）方面各个维度的学科分布差异情况，引入维度学科差异性指数，即在某个维度中，频次最高理科课程与频次最低理科课程的频次之差。学科差异性指数越大，说明此维度理科课程分布差异性越大；指数越小，说明此维度理科课程分布差异性越小。下同。

"科学方法""科学态度"维度低于其他理科课程；化学课程在"逻辑思维能力"维度低于其他理科课程；生物学在"科学探究能力"维度低于其他理科课程；自然课程在"科学精神""科学方法""科学态度"维度高于其他理科课程。

隐性渗透方面各个维度学科差异性指数在"逻辑思维能力"维度差异大于其他理科课程，其余课程差异比较接近且较小，从小到大依次为：科学方法，科学态度，科学探究能力，科学精神，逻辑思维能力。

综上所述，自然、数学课程德育内容编码频次高于其他理科课程；理科课程隐性渗透频次都高于显性呈现频次。在显性呈现方面，集中分布在"国家民族意识"维度，且物理课程频次高于其他理科课程；自然课程在"国民公德教育""个人修养教育"维度频次高于其他理科课程。在隐性渗透方面，集中分布在"科学方法"维度，自然课程在前三个维度频次高于其他理科课程；数学课程在后两个维度频次高于其他理科课程。

第五节 本章小结

第一，在德育内容整体频次方面，仅数学课程德育内容频次高于10次/份；其他四门理科课程频次比较接近。除了小学阶段数学课程频次略低于自然课程，其他学段数学课程频次皆高于其他理科课程；化学课程在初中、高中学段频次皆为最低。理科课程在文本分布方面非常均衡；数学课程分布均衡性指数高于其他理科课程，生物学课程分布均衡性指数低于其他理科课程；数学、物理在文本教学要求部分占比最高；化学、生物学、自然在文本课程内容部分占比最高。

第二，在德育内容编码频次方面，显性呈现频次自然课程略高于其他理科课程，数学课程略低于其他理科课程；隐性渗透频次数学课程略

第二章 中国中小学理科课程德育内容的探索阶段（1919—1948）

高于其他理科课程，生物学课程略低于其他理科课程。编码频次总和自然课程略高于其他理科课程；各门课程德育内容编码显性呈现频次皆低于隐性渗透频次，其中数学课程差额最大，生物学课程差额最小。

第三，在德育内容显性呈现方面，自然课程在"国民公德教育""个人修养教育"维度频次略高于其他理科课程；数学课程在"国家民族意识""个人修养教育"维度频次略低于其他理科课程。各个维度学科差异性指数比较接近且较小，皆在0—5的范围内。

第四，在德育内容隐性渗透方面，自然课程在"科学精神""科学方法""科学态度"维度频次略高于其他理科课程；物理课程则在这三个维度中略低于其他理科课程。各个维度学科差异性指数比较接近且较小，皆在0—5的范围内。

第五，在德育内容TMME图方面，

显性呈现方面，理科课程均值在"国家民族意识"维度分布非常广，仅在文本教学要求、其他部分中学阶段没有分布；"国民公德教育""个人修养教育"维度分布比较窄。就小学—初中学段而言，国家民族意识衔接非常强；"个人修养教育"衔接比较强，仅在教学要求部分没有衔接；"国民公德教育"衔接非常弱。就初中—高中学段而言，"国家民族意识"衔接非常强；其他维度衔接非常弱，没有相邻学段衔接。就小学—中学学段而言，各个维度衔接皆比较弱。各个维度受关注程度皆非常弱，没有比较受关注的学段。

隐性渗透方面，理科课程各个维度分布范围皆非常广。就小学—初中学段而言，前三个维度衔接非常强，在相邻学段皆有所衔接；后两个维度衔接比较强。就初中—高中学段而言，各个维度衔接皆非常强，在相邻学段皆有所衔接。就小学—中学学段而言，"科学方法"维度衔接非常强；其他维度衔接皆比较强。各个维度受关注程度皆非常弱，其中，"科学方法""逻辑思维能力"仅在文本教学要求部分中学阶段比较受关注；其他维度皆没有比较受关注的学段。

总而言之，就探索阶段而言，各门理科课程德育内容频次比较接近且较小，数学略大于其他理科课程。数学课程在德育内容编码两个方面极端性较大。在显性呈现方面，自然受重视程度较高，数学受重视程度较低；在隐性渗透方面，自然受重视程度较高，物理受重视程度较低。

各门理科课程德育内容频次比较接近且较小，仅数学课程为14.6，其他课程皆在0—10的范围内。数学课程在显性呈现方面频次最低，而在隐性渗透方面频次最高。在显性呈现方面，自然在"国民公德教育""个人修养教育"维度频次略高于其他理科课程，数学在"国民公德教育""个人修养教育"维度频次略低于其他理科课程；在隐性渗透方面，自然在"科学精神""科学方法""科学态度"维度频次最高，物理则正好相反。各个维度学科差异性指数比较接近且较小。

第三章 中国中小学理科课程德育内容的起步阶段（1949—1955）

第一节 起步阶段德育背景

在新中国成立后，根据《共同纲领》和第一次全国教育工作会议的精神，明确了新教育建设应遵循的三项指导原则：以老解放区新教育经验为基础，吸收旧教育中某些有用的经验，特别是借助苏联教育建设的先进经验，确立了新民主主义的教育方针和政策，至1955年年底在全国范围内基本完成了改造旧教育的任务，为由新民主主义教育向社会主义教育的转变奠定了良好的基础。

1949年《共同纲领》中明确指出"中华人民共和国的文化教育为新民主主义的，即民族的、科学的、大众的文化教育"；同时提倡全体国民的公德为"爱祖国、爱人民、爱劳动、爱科学、爱护公共财物"。[①]同年12月，教育部在北京召开第一次全国教育工作会议，讨论新中国的教育方针和有准备有步骤地进行教育改革的问题。时任教育部部长马叙伦阐述了新民主主义教育总方针：新中国的教育应该是反映新中国的政治经济，作为巩固和发展人民民主专政的一种斗争工具的新教

---

① 何东昌主编：《中华人民共和国重要教育文献（1949—1975）》，海南出版社1998年版，第1页。

育。同月,《人民日报》发表徐特立的文章《普通学校的思想教育》。文中指出,普通学校的思想教育,是把马克思主义的辩证唯物论和唯物史观,贯彻到学校各科课程和实际生活的各方面,以培养学生能够独立地运用马克思主义的宇宙观去处理他们学习及日常生活中的一切问题。

1950年教育部颁布《关于加强对学校政治思想教育的领导的指示》,指出:"对旧教育的改革,拖延改革固然是不对的,性急粗暴草率从事也是不对的,应该是有计划有步骤而且谨慎地进行。"[①] 1954年,钱俊瑞在《关于加强政治思想教育问题》一文中提出政治思想教育的内容和重点在于"大力加强劳动教育";"继续加强爱国主义与国际主义教育";"集体主义教育和纪律教育"[②]。

1955年教育部先后颁布《小学生守则》和《中学生守则》,其中蕴含了国家层面对于中小学生德育内容的要求。其中,对于小学生德育要求涉及以下内容:"一、努力做个好学生,做到身体好,功课好,品行好。准备为祖国服务,为人民服务。""二、尊敬国旗。敬爱人民领袖。""十一、尊敬校长教师。""十二、和同学友爱团结,互相帮助。""十四、敬爱父母。爱护兄弟姐妹。帮助父母做自己能做的事。""十五、尊敬老人。""十六、对人要有礼貌。""十八、爱护公共财物。不弄坏弄脏桌椅、门窗、墙壁、地面或者别的东西。"[③] 对于中学生德育要求涉及以下内容:"一、努力学习,做到身体好、功课好、品行好,准备为祖国为人民服务。""二、尊敬国旗,热爱祖国和人民领袖。""九、尊敬校

[①] 何东昌主编:《中华人民共和国重要教育文献(1949—1975)》,海南出版社1998年版,第63页。

[②] 何东昌主编:《中华人民共和国重要教育文献(1949—1975)》,海南出版社1998年版,第288—289页。

[③] 何东昌主编:《中华人民共和国重要教育文献(1949—1975)》,海南出版社1998年版,第416—417页。

第三章 中国中小学理科课程德育内容的起步阶段（1949—1955）

长、教师，上课下课要起立致敬。""十、对同学要真诚友爱、互助团结。""十一、敬爱父母，爱护兄弟姐妹，帮助家里做事。""十二、尊敬长辈，尊敬老人，爱护小孩，关怀体弱有病的人。""十三、对人要诚恳、谦逊、有礼貌。不说谎，不骂人，不打架。""十六、遵守公共秩序，爱护公共财物。"[①]

从中可以看出，本阶段对于中小学生的德育要求，既有全体国民关于"五爱"的公德要求，又有加强政治思想教育（爱国主义教育、集体主义教育、纪律教育）的要求，还有部分关于中华优秀传统文化教育（尊敬师长、团结互助、尊老爱幼等）的要求。

第二节　起步阶段中小学课程中的德育要求

新中国成立初期，随着教育建设的开展，教育部对原有学制、课程和教材进行了一系列改革，并着手进行规章制度的建设，正常的教学秩序逐渐建立起来。

起步阶段（1949—1955）官方共颁布中小学课程（教学）计划9份。其中，《中学暂行教学计划（草案）》（1950）中对于中学课程有直接的德育课程——政治，而理科课程包括数学、自然、生物、化学、物理。

在《中学暂行教学计划（草案）》（1950）中指出："政治：除各科均应贯彻政治思想教育外，初高中各学年仍设政治科目，以期加强现阶段中学政治思想教育。"[②]

[①] 何东昌主编：《中华人民共和国重要教育文献（1949—1975）》，海南出版社1998年版，第460页。

[②] 课程教材研究所编：《20世纪中国中小学课程标准·教学大纲汇编　课程（教学）计划卷》，人民教育出版社2001年版，第196—197页。

之后，在《小学暂行规程（草案）》（1952）规定的小学教育宗旨和目标中，均涉及德育要求。"小学教育的宗旨是：根据新民主主义的教育方针和理论与实际一致的教育方法，给儿童以全面的基础教育，使他们成为新民主主义社会热爱祖国和人民的、自觉的、积极的成员"；"其主要目标如下：德育方面：使儿童具有爱国思想、国民公德和诚实、勇敢、团结、互助、遵守纪律等优良品质"。[①] 同年颁布的《中学暂行规程（草案）》（1952）规定的中学教育任务和目标，亦涉及德育要求。"中学教育的任务，是用马克思列宁主义的理论与中国革命实践相结合的毛泽东思想和普通文化知识教育青年一代，使他们的身心获得全面的发展，以便为深入高等学校或参加建设工作打好基础"；"其主要目标如下：使学生能正确运用本国语文，得到现代科学的基础知识和技能，养成科学的世界观。发展学生为祖国效忠、为人民服务的思想，养成其爱祖国、爱人民、爱劳动、爱科学、爱护公共财物的国民公德和刚毅勇敢、自觉遵守纪律的优良品质"。[②]

综上所述，本阶段中小学课程中的德育内容，除了在德育课程（政治）当中直接体现，也要求在"各学科中贯彻政治思想教育"。涉及内容主要包括显性呈现方面：使儿童具有爱国思想、国民公德和诚实、勇敢、团结、互助、遵守纪律等优良品质；发展学生为祖国效忠、为人民服务的思想，养成其爱祖国、爱人民、爱劳动、爱科学、爱护公共财物的国民公德和刚毅勇敢、自觉遵守纪律的优良品质。隐性渗透方面：科学的世界观。

[①] 课程教材研究所编：《20世纪中国中小学课程标准·教学大纲汇编 课程（教学）计划卷》，人民教育出版2001年版，第200页。

[②] 课程教材研究所编：《20世纪中国中小学课程标准·教学大纲汇编 课程（教学）计划卷》，人民教育出版2001年版，第206页。

第三章　中国中小学理科课程德育内容的起步阶段（1949—1955）

根据本阶段德育要求教育背景以及课程计划，针对理科课程德育内容逐条进行分析，首先将其分为显性呈现和隐性渗透两个方面进行分类，其次根据本阶段中小学课程中的德育要求，结合理科课程自身特点，初步建立理论编码框架，见表3-1。

表3-1　起步阶段中小学理科课程德育内容理论分析框架及对应编码

显性呈现		隐性渗透	
指标体系	对应编码	指标体系	对应编码
政治思想教育	Ⅰ	科学精神	A
国民公德教育	Ⅱ	科学方法	B
个人品德教育	Ⅲ	科学态度	C
		科学探究能力	D
		逻辑思维能力	E

资料来源：显性呈现方面，主要根据《中央人民政治协商会议共同纲领》（1949）、《教育部关于加强学校政治思想教育的领导的指示》（1950）、《中共中央关于加强理论教育的决定（草案）》（1951）、《小学暂行规程（草案）》《中学暂行规程（草案）》（1952）、《小学生守则》《中学生守则》（1955）等德育相关政策制定。具体内容详见附录一"起步发展阶段理科课程德育内容显性呈现方面内容阐释"。隐性渗透方面具体内容详见附录二"理科课程德育内容隐性渗透方面内容阐释"。

第三节　理科课程中的德育内容

一　理科课程德育内容整体情况概述

综合起步阶段中小学理科课程标准文本，分别得到各个学段理科课程德育内容频次图以及编码频次图，如图3-1至图3-4所示。

中国中小学理科课程德育内容的百年嬗变

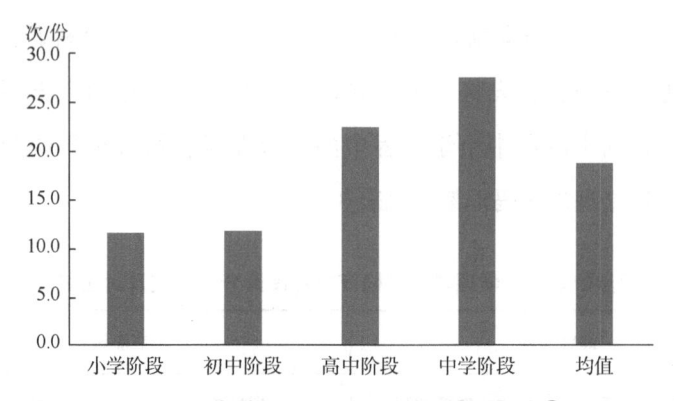

图 3-1 起步阶段理科课程德育内容频次①

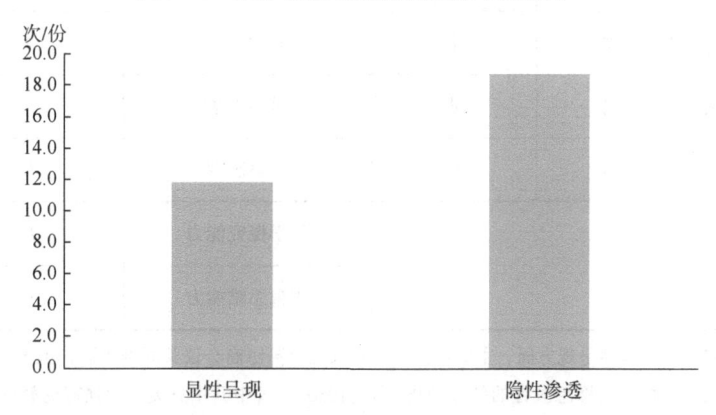

图 3-2 起步阶段理科课程德育内容编码频次

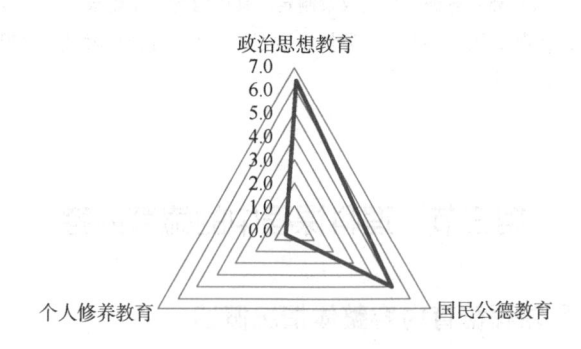

图 3-3 起步阶段理科课程显性呈现频次

---

① 中学阶段数据是指从课程标准文本中无法直接划分初中和高中两部分的文本数据,下同。

第三章 中国中小学理科课程德育内容的起步阶段（1949—1955）

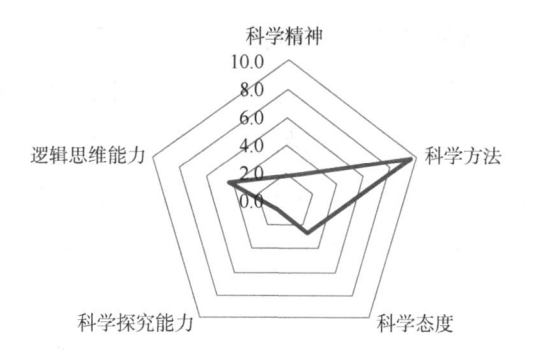

图3-4 起步阶段理科课程隐性渗透频次

由此可见：

第一，在理科课程德育内容出现频次方面，小学①、初中②阶段频次比较接近且较低，小学阶段与小学数学课程频次较低有关，初中阶段与初中生物学课程频次较低有关；中学③阶段频次略高于高中阶段频次。小学—初中阶段频次相差-0.3，初中—高中阶段频次相差-10.7，而小学—中学阶段频次相差-16.2。

第二，在理科课程德育内容编码频次方面，显性呈现、隐性渗透编码总和为30.4次/份，高于德育内容频次均值（19.0次/份），在一定程度上说明该阶段课程文本德育内容编码情况比较丰富，同一内容条目两次以上编码的情况较多。显性呈现编码频次低于隐性渗透编码频次，两者相差-6.8次/份。

第三，在理科课程显性呈现编码频次方面，"个人品德教育"维度频次较其他维度低，这与各门课程皆在此维度频次最低有关；"政治思想教育"维度频次最高，这与生物学课程在此频次维度明显较高有关。显性呈现方面各个维度的分布比较不均衡（50.0%）。

---

① 小学阶段取小学数学、自然课程均值。
② 初中、高中阶段取初中、高中物理、化学、生物学课程均值。
③ 中学阶段取数学、物理、化学、生物学课程均值。

第四，在理科课程隐性渗透编码频次方面，"科学探究能力"维度频次最低，这与物理、化学、生物学、自然课程在此维度频次皆最低有关；"科学方法"维度频次最高，这与物理、化学、生物学、自然课程在此维度频次皆最高有关。隐性渗透方面各个维度的分布比较均衡（46.0%）。

综合五门理科课程在不同阶段的分布及受关注情况，绘制理科课程德育内容加权追踪图，如图 3-5、图 3-6 所示。

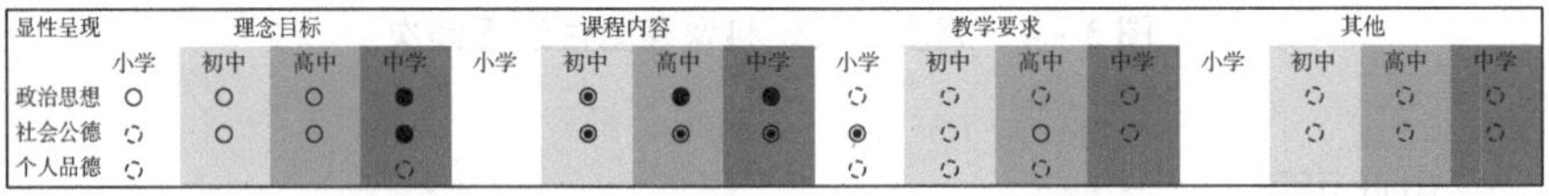

图 3-5 起步阶段理科课程 TMME（显性呈现）

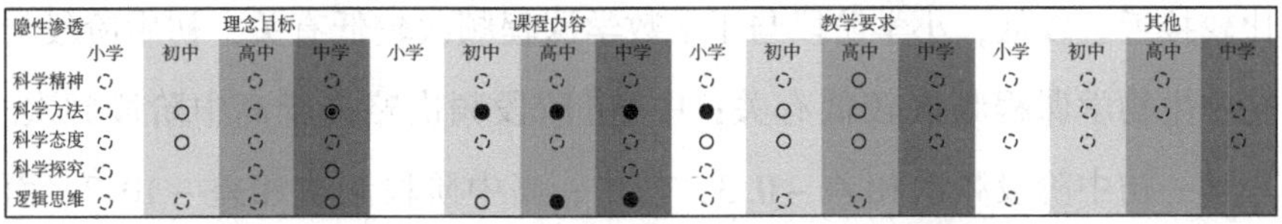

图 3-6 起步阶段理科课程 TMME（隐性渗透）

不难看出：

首先，在显性呈现方面，就分布情况而言，"政治思想教育""社会公德教育"维度分布范围非常广，仅在课程标准文本课程内容、其他部分小学阶段没有分布；"个人品德教育"维度分布范围比较窄，仅在文本理念目标、教学要求部分有所分布。

就小学—初中阶段衔接情况而言，各个维度衔接程度均比较弱，其中，"政治思想教育""社会公德教育"维度仅在文本理念目标、教学要求部分有所衔接；"个人品德教育"维度仅在文本教学要求部分有所衔接。就初中—高中阶段衔接情况而言，各个维度衔接程度均非常强，在文本涉及部分均有所衔接。就小学—中学阶段衔接情况而言，各个维度衔接程度均比较弱。

就受关注程度而言,"社会公德教育"维度的受关注程度比较低,其中在文本课程内容部分比较受关注;"政治思想教育""个人品德教育"维度受关注程度非常低。

其次,在隐性渗透方面,就分布情况而言,"科学精神""科学方法""科学态度"维度分布范围非常广,在课程标准文本四个部分均有所分布;"逻辑思维能力"维度分布范围比较广,集中分布在文本前三个部分;"科学探究能力"维度分布范围比较窄,集中分布在文本理念目标部分。

就小学—初中阶段衔接情况而言,"科学态度"维度衔接程度比较强,仅在文本课程内容部分没有衔接;"科学精神""科学方法""逻辑思维能力"维度衔接程度比较弱,"科学精神"维度仅在文本理念目标、教学要求部分没有衔接;"科学探究能力"维度衔接程度非常弱,在文本涉及部分没有阶段衔接。就初中—高中阶段而言,"科学方法""逻辑思维能力"维度衔接程度非常强,在文本涉及部分均有所衔接;"科学精神""科学态度"维度衔接程度比较强,前者仅在文本理念目标部分,后者仅在文本其他部分没有衔接;"科学探究能力"维度衔接程度非常弱,在文本涉及部分没有阶段衔接。就小学—中学阶段而言,仅"科学态度"维度衔接程度比较强,在课程内容部分没有衔接;仅"逻辑思维能力"维度衔接程度非常弱,仅在理念目标部分有所衔接;其他三个维度衔接情况皆比较弱。

就受关注程度而言,"科学方法"维度的受关注程度比较低,主要在文本课程内容部分比较受关注;其余维度的受关注程度非常低,其中,"逻辑思维能力"维度仅在文本课程内容部分比较受关注,其余维度没有比较受关注的部分。

二 数学课程中的德育内容

起步阶段(1949—1955)官方共颁布中小学数学课程标准(教学大

纲）7份。其中小学阶段3份，中学阶段4份。

起步阶段数学课程德育内容频次统计表详见附录五。

根据起步阶段数学课程德育内容频次统计表，绘制出起步阶段数学课程标准（教学大纲）文本（均值）德育内容频次图、分布图，如图3-7、图3-8所示。

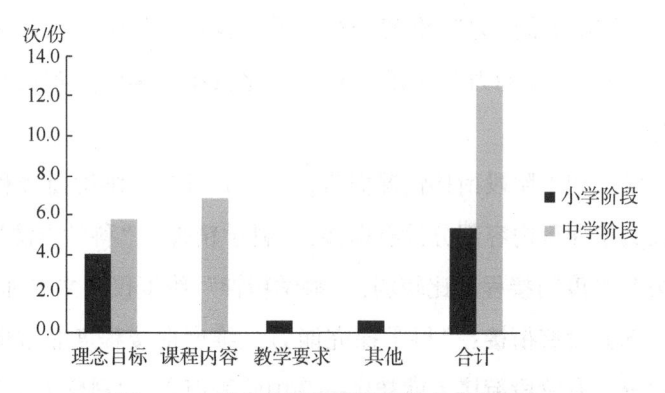

图3-7 起步阶段数学课程德育内容频次

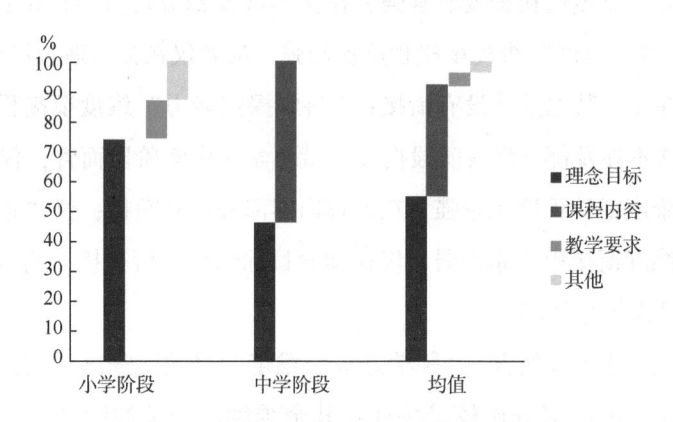

图3-8 起步阶段数学课程德育内容分布

可以看出：

首先，就整体而言，数学课程德育内容频次小学阶段频次较低（5.4次/份），中学阶段频率较高（12.6次/份）。小学—中学德育内容频次相差-7.2次/份。

第三章　中国中小学理科课程德育内容的起步阶段（1949—1955）

其次，就课程文本四个部分而言，主要集中在课程标准文本理念目标部分。

小学阶段在教学要求、其他部分频次略高于中学阶段，而在理念目标、课程内容部分则相反。小学—中学德育内容频次文本差异性指数为 10.0。

最后，就分布情况而言，数学课程整体分布上，理念目标部分占比最高，教学要求、其他部分占比最低，德育内容分布比较均衡，均衡性指数为 49.4%。

小学阶段在理念目标部分占比最高，在课程内容部分占比最低，德育内容分布比较不均衡，均衡性指数为 74.1%。中学阶段在课程内容部分占比最高，没有内容分布在教学要求、其他部分，德育内容分布比较不均衡，均衡性指数为 54.0%。

在中小学数学课程德育内容统计表的基础上，根据发展阶段理论分析框架进行内容分析进而编码，得到德育内容编码表，在此基础上得到德育内容编码统计表，详见附录六。

基于德育内容编码统计表进行统计，可以得到图 3-9、图 3-10、图 3-11。

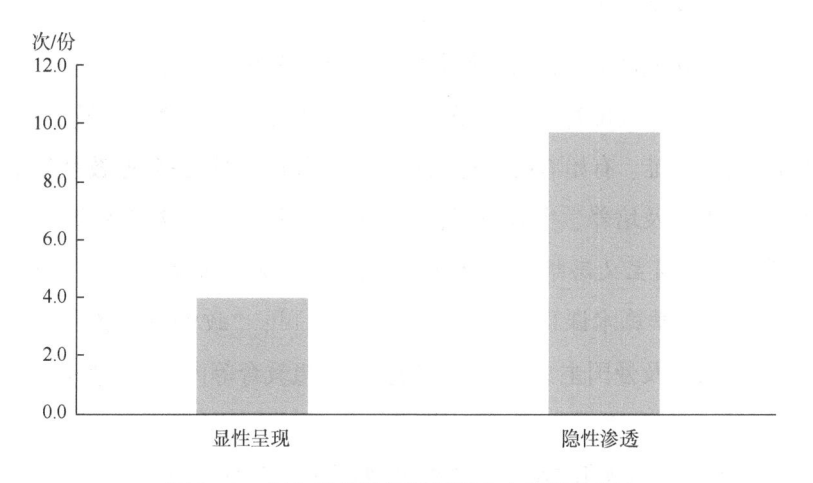

图 3-9　起步阶段数学课程德育内容编码频次

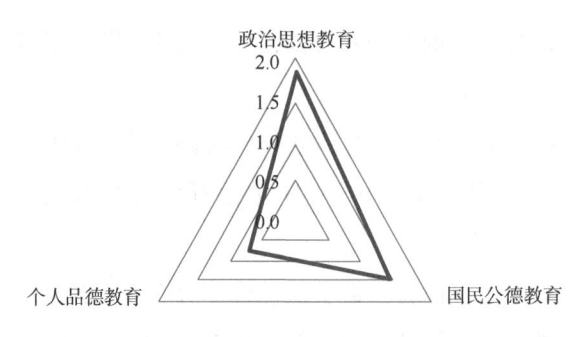

图 3-10 数学课程显性呈现频次

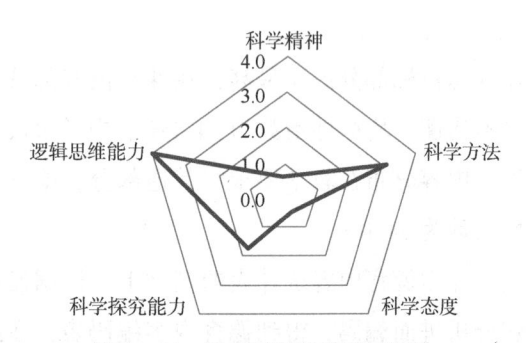

图 3-11 数学课程隐性渗透频次

可以发现：

首先，就整体而言，本阶段数学课程中德育内容显性呈现频次略低于隐性渗透频次，两者相差 -5.7 次/份。

其次，在显性呈现方面，各个维度呈现频次都非常低，其中，"个人品德教育"维度（0.7）主要涉及在算术教学中，还应培养儿童善于钻研、创造、克服困难、有始有终等意志和性格等内容；"国民公德教育"维度（1.4）主要涉及培养学生爱祖国、爱科学、爱护公共财物等内容，比如："培养儿童爱国主义思想，并加强爱科学、爱护公共财物等的国民公德"[1950 年《小学算术课程暂行标准（草案）》][1]；"政治思想教育"维度（1.9）主要涉及爱国主义教育、唯物主义思想教育等内容，比如："本科

---

① 课程教材研究所编：《20 世纪中国中小学课程标准·教学大纲汇编 数学卷》，人民教育出版社 2001 年版，第 49 页。

第三章 中国中小学理科课程德育内容的起步阶段（1949—1955）

教学须相机指示因某数量（或形式）之变化所引起之量变质变，藉以启发学生之辩证思想"（1951年《中学数学科课程标准草案·第一案》）①。

显性呈现方面各个维度的分布比较均衡（30.0%）。

最后，在隐性渗透方面，各个维度渗透频次非常低，其中，"科学态度"维度（0.4）主要涉及善于思考、尊重实践等内容；"科学精神"维度（0.6）主要涉及实证精神、探索精神等内容；"科学探究能力"维度（1.7）主要涉及分析和解决问题能力等内容；"科学方法"维度（3.1）主要涉及观察、实验等科学方法以及归纳法、函数、数形结合等数学思想方法；"逻辑思维能力"维度（3.9）主要涉及归纳、分析、综合、抽象、概括、递推等内容，比如："训练儿童善于运用思考、推理、分析、总合和钻研问题的方法和习惯"［1950年《小学算术课程暂行标准（草案）》］②。

隐性渗透方面各个维度的分布比较均衡（36.1%）。

通过数学课程中德育内容编码统计表，分别绘制出起步阶段数学课程 TMME 显性呈现和隐性渗透情况，如图3－12、图3－13所示。

图3－12 起步阶段数学课程 TMME（显性呈现）

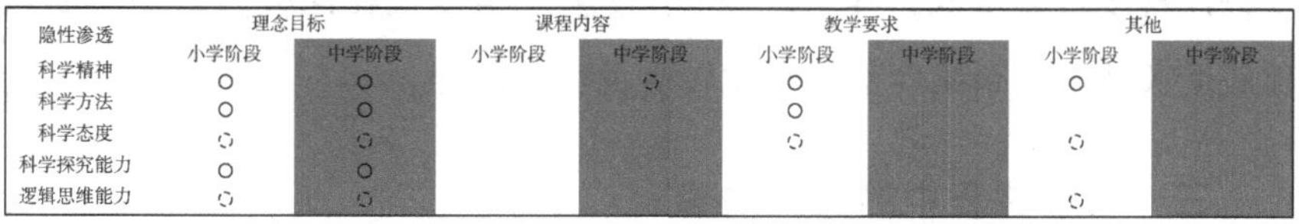

图3－13 起步阶段数学课程 TMME（隐性渗透）

---

① 课程教材研究所编：《20世纪中国中小学课程标准·教学大纲汇编 数学卷》，人民教育出版社2001年版，第310页。
② 课程教材研究所编：《20世纪中国中小学课程标准·教学大纲汇编 数学卷》，人民教育出版社2001年版，第49页。

不难看出：

首先，在显性呈现方面，就分布情况而言，"政治思想教育"维度分布范围比较窄，在课程标准文本理念目标、课程内容部分有所分布；"国民公德教育""个人品德教育"维度分布范围非常窄，仅在文本理念目标部分有所分布。

就小学—中学衔接情况而言，"国民公德教育""个人品德教育"维度衔接程度非常强，在文本涉及部分均有所涉及；"政治思想教育"维度衔接程度比较强，仅在文本理念目标部分有所衔接。

就受关注程度而言，各个维度受关注程度均非常低，没有比较受关注的部分。

其次，在隐性渗透方面，就分布情况而言，各个维度分布范围均比较窄，其中，集中分布在课程标准文本理念目标部分、课程内容部分中学阶段、教学要求和其他部分小学阶段。

就小学—中学衔接情况而言，"科学探究能力""科学方法""逻辑思维能力"维度衔接程度比较弱，仅在文本理念目标部分有所衔接；"科学精神""科学态度"维度衔接程度非常弱，没有部分衔接。

就受关注程度而言，"逻辑思维能力"维度的受关注程度比较低，在文本理念目标部分、课程内容部分中学阶段比较受关注；其余维度的受关注程度皆非常低，其中，"科学方法"维度仅在课程内容中学阶段比较受关注，其余维度都没有比较受关注的部分。

三 物理课程中的德育内容

起步阶段（1949—1955）官方共颁布中学物理课程标准（教学大纲）3份，其中六年制中学阶段3份。[①]

[①] 其中《物理精简纲要（草案）》《中学物理科课程标准草案》拆分为初中、高中两部分文本。其中自然科、科学科文本中的课程内容以物理为研究对象。

第三章 中国中小学理科课程德育内容的起步阶段（1949—1955）

根据起步阶段物理课程德育内容频次统计表，绘制出起步阶段物理课程标准（教学大纲）文本（均值）德育内容频次图、分布图，如图 3-14、图 3-15 所示。

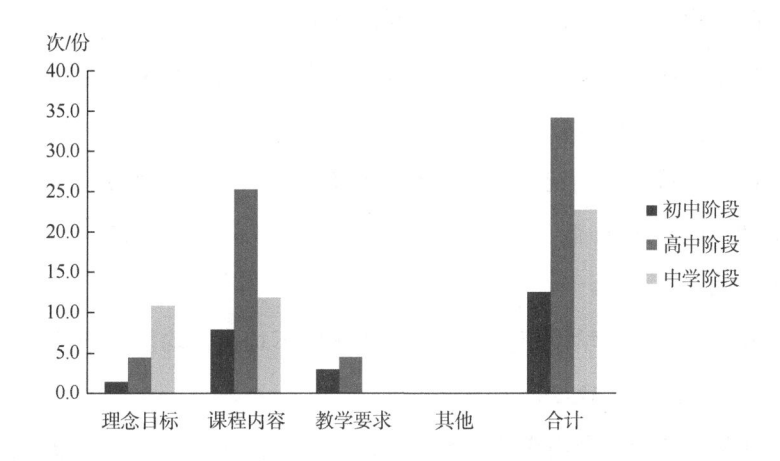

图 3-14 起步阶段物理课程德育内容频次

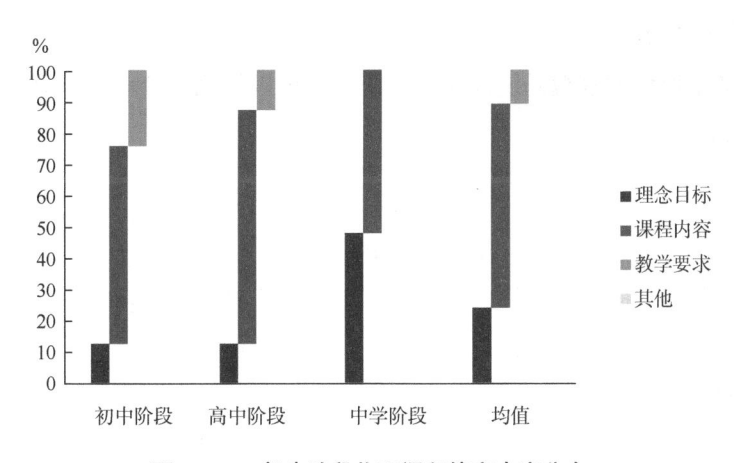

图 3-15 起步阶段物理课程德育内容分布

可以看出：

首先，就整体而言，物理课程初中阶段德育内容频次明显低于其他学段，高中阶段频次则明显高于其他学段。初中—高中阶段德育内容频

次相差 -22.0 次/份。

其次，就课程文本四个部分而言，各学段均主要集中在课程内容部分。其中，初中物理在理念目标、课程内容部分各个学段中频次皆为最低；高中物理则在课程内容、教学要求部分频次皆为最低。初中德育内容频次在课程标准文本前三个部分皆低于高中频次；初中—高中德育内容频次文本差异性指数为22.0。

最后，就分布情况而言，在整体分布上，课程内容部分占比最高，其他部分占比最低，德育内容分布比较不均衡，均衡性指数为65.0%。

其中，在三个学段德育内容分布皆比较不均衡，均衡性指数分别为64.0%，73.9%，52.2%。

在物理课程德育内容统计表的基础上，根据起步阶段理论分析框架进行内容分析进而编码，得到德育内容编码表，在此基础上得到德育内容编码统计表。

基于德育内容编码统计表进行统计，可以得到图 3-16、图 3-17、图 3-18。

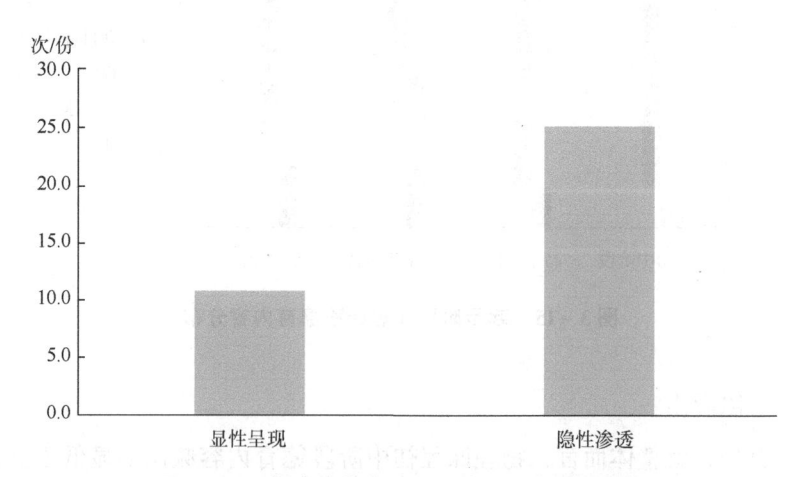

图 3-16 起步阶段物理课程德育内容编码频次

第三章　中国中小学理科课程德育内容的起步阶段（1949—1955）

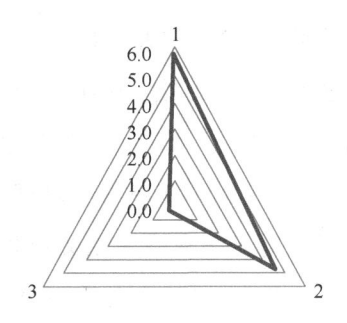

图 3-17　物理课程显性呈现频次

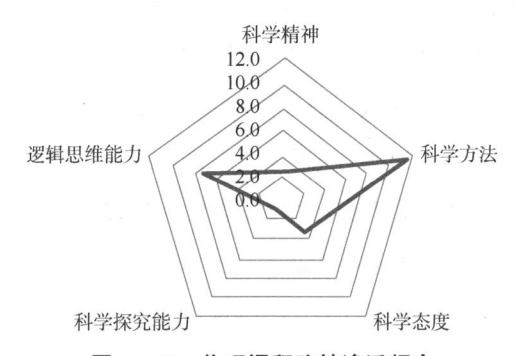

图 3-18　物理课程隐性渗透频次

可以发现：

首先，就整体而言，本阶段物理课程中德育内容显性呈现频次明显低于隐性渗透频次，两者相差 -14.2 次/份。

其次，在显性呈现方面，"个人品德教育"维度（0.2）呈现频次非常低，主要涉及规则意识等内容。

"国民公德教育""政治思想教育"维度呈现频次很低，其中，"国民公德教育"维度（4.6）主要涉及通过相关学科内容培养学生的爱国情怀，比如："罗盘——地球是一个大磁体（表扬我国人民的贡献）"（1952 年《壹　初级中学物理科课程标准草案》）①；"弦振动和弦乐

---

① 课程教材研究所编：《20 世纪中国中小学课程标准·教学大纲汇编　物理卷》，人民教育出版社 2001 年版，第 121 页。

（表扬我国人民在弦乐上的贡献）"（1952年《贰　高级中学物理科课程标准草案》）[①]；"政治思想教育"维度（6.0）主要涉及培养学生唯物主义世界观和爱国主义教育等内容，"通过物理学对自然的认识培养学生辩证唯物的观点"（1952年《贰　高级中学物理科课程标准草案》）[②]；"在中学物理教学中使学生奠定辩证唯物主义世界观的基础，是一个仔细的、长期的和耐心的教育过程"[1952年《中学物理教学大纲（草案）》][③]。

显性呈现方面各个维度的分布比较不均衡（53.7%）。

最后，在隐性渗透方面，"科学探究能力""科学精神""科学态度"维度渗透频次均非常低，其中，"科学探究能力"维度（1.0）主要涉及分析和解决问题的能力等内容；"科学精神"维度（2.4）主要涉及实证精神、创新精神等内容；"科学态度"维度（3.2）主要涉及尊重实证、合作创新、善于思考等内容。

"逻辑思维能力"维度（7.2）渗透频次很低，主要涉及分析、推证、抽象、比较等内容，比如："弹性的比较须举例来作证"[1950年《初中物理精简纲要（草案）》][④]；"由自然界里物体的运动加以分析，再引导到运动的规律"[1950年《高中物理精简纲要（草案）》][⑤]。

"科学方法"维度（11.2）渗透频次较低，主要涉及观察、实验、类比等内容，比如："物理现象的研究——观察、实验、结论"[1952

---

① 课程教材研究所编：《20世纪中国中小学课程标准·教学大纲汇编　物理卷》，人民教育出版社2001年版，第133页。
② 课程教材研究所编：《20世纪中国中小学课程标准·教学大纲汇编　物理卷》，人民教育出版社2001年版，第124页。
③ 课程教材研究所编：《20世纪中国中小学课程标准·教学大纲汇编　物理卷》，人民教育出版社2001年版，第144页。
④ 课程教材研究所编：《20世纪中国中小学课程标准·教学大纲汇编　物理卷》，人民教育出版社2001年版，第73页。
⑤ 课程教材研究所编：《20世纪中国中小学课程标准·教学大纲汇编　物理卷》，人民教育出版社2001年版，第88页。

第三章 中国中小学理科课程德育内容的起步阶段（1949—1955）

年《壹 初级中学物理科课程标准草案》]①；"初中物理的教学，必须按照学生的接受程度，以实验观察为基础，来探求各个现象的相互联系和相互依存关系，得出一定的简单的物理规律，并以实际应用来验证这些规律的正确性"[1952年《中学物理教学大纲（草案）》]②中涉及观察、实验、比较等科学方法。

隐性渗透方面各个维度的分布比较均衡（40.8%）。

通过物理课程中德育内容编码统计表，分别绘制出起步阶段物理课程 TMME 显性呈现和隐性渗透情况，如图 3-19、图 3-20 所示。

显性呈现	理念目标			课程内容			教学要求			其他		
	初中阶段	高中阶段	中学阶段	初中阶段	高中阶段	中学阶段	初中阶段	高中阶段	中学阶段	初中阶段	高中阶段	中学阶段
政治思想教育		○	●	●	●	●		○				
国民公德教育	○							○				
个人品德教育								○				

图 3-19 起步阶段物理课程 TMME（显性呈现）

隐性渗透	理念目标			课程内容			教学要求			其他		
	初中阶段	高中阶段	中学阶段	初中阶段	高中阶段	中学阶段	初中阶段	高中阶段	中学阶段	初中阶段	高中阶段	中学阶段
科学精神				○		○	○	○				
科学方法	○	◉	●	○		●	○	○				
科学态度		○	◉	○		●						
科学探究能力						●						
逻辑思维能力			○			●						

图 3-20 起步阶段物理课程 TMME（隐性渗透）

不难看出：

首先，在显性呈现方面，就分布情况而言，"政治思想教育""国民公德教育"维度分布范围比较广，集中分布在课程标准文本理念目标、课程内容、教学要求部分；"个人品德教育"维度分布范围非常窄，仅在文本教学要求部分高中阶段有所分布。

就初中—高中衔接情况而言，"政治思想教育""国民公德教育"维

---

① 课程教材研究所编：《20世纪中国中小学课程标准·教学大纲汇编 物理卷》，人民教育出版社2001年版，第114页。
② 课程教材研究所编：《20世纪中国中小学课程标准·教学大纲汇编 物理卷》，人民教育出版社2001年版，第146页。

度衔接程度比较强，仅在文本理念目标部分没有衔接；"个人品德教育"维度衔接程度非常弱，在文本涉及部分没有衔接。

就受关注程度而言，"政治思想教育""国民公德教育"维度受关注程度比较低，集中在文本课程内容部分比较受关注；"个人品德教育"维度受关注程度非常低，没有比较受关注的部分。

其次，在隐性渗透方面，就分布情况而言，"科学精神""科学方法""科学态度"维度分布范围比较广，集中分布在课程标准文本前三个部分；"逻辑思维能力"维度分布范围比较窄，集中分布在文本理念目标、课程内容部分；"科学探究能力"维度分布范围非常窄，仅集中分布在文本理念目标部分。

就初中—高中衔接情况而言，"科学方法""科学态度"维度衔接程度非常强，在文本涉及部分均有所衔接；"科学精神"维度衔接程度比较强，仅在文本理念目标部分没有衔接；"逻辑思维能力"维度衔接程度比较弱，仅在文本课程内容部分有所衔接；"科学探究能力"维度衔接程度非常弱，文本涉及部分没有衔接内容。

就受关注程度而言，"科学方法"受关注程度比较低，仅在文本理念目标、课程内容部分比较受关注；其余维度则受关注程度非常低，其中，"逻辑思维能力"维度仅在文本课程内容部分比较受关注；"科学探究能力""科学态度"维度仅在文本理念目标、课程内容中学阶段比较受关注；"科学精神"维度仅在文本课程内容中学阶段比较受关注。

四 化学课程中的德育内容

起步阶段（1949—1955）官方共颁布中学化学课程标准（教学大纲）4份，其中六年制中学阶段4份。[1]

---

[1] 其中《化学精简纲要（草案）》《普通中学化学科课程标准草案》《中学化学科课程标准草案》根据文本结构特点拆分为初中、高中两部分文本。

第三章　中国中小学理科课程德育内容的起步阶段（1949—1955）

根据起步阶段化学课程德育内容频次统计表，绘制出起步阶段化学课程标准（教学大纲）文本（均值）德育内容频次图、分布图，如图 3-21、图 3-22 所示。

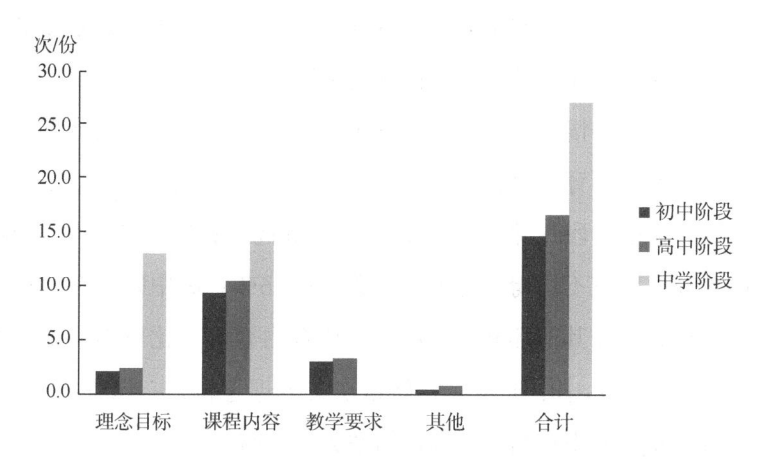

图 3-21　起步阶段化学课程德育内容频次

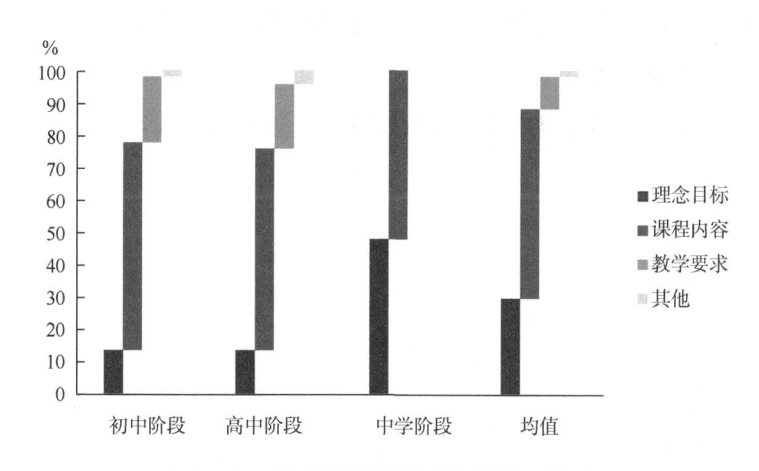

图 3-22　起步阶段化学课程德育内容分布

可以看出：

首先，就整体而言，化学课程中学阶段德育内容频次明显高于初中、高中阶段。初中、高中物理课程德育内容频次比较接近，仅相差

· 113 ·

-2.0次/份（高中略高于初中）。

其次，就课程文本四个部分而言，主要集中在文本课程内容部分，中学阶段在理念目标、课程内容部分频次皆为最高，但是在教学要求、其他部分则正好相反。初中德育内容频次在课程文本各个部分皆略低于高中，初中—高中文本频次差异性程度指数为2.0。

最后，就分布情况而言，整体分布上课程内容部分占比最高，其他部分占比最低，德育内容分布比较不均衡，均衡性指数为56.2%。

其中，初中阶段在课程内容部分占比最高，在其他部分占比最低，德育内容分布比较不均衡，均衡性指数为61.6%；高中阶段在课程内容部分占比最高，在其他部分占比最低，德育内容分布比较不均衡，均衡性指数为57.8%；中学阶段集中分布在文本理念目标、课程内容部分，德育内容分布比较不均衡，均衡性指数为51.9%。

在中学化学课程德育内容统计表的基础上，根据起步阶段理论分析框架进行内容分析进而编码，得到德育内容编码表，在此基础上得到德育内容编码统计表。

基于德育内容编码统计表进行统计，可以得到图3-23、图3-24、图3-25。

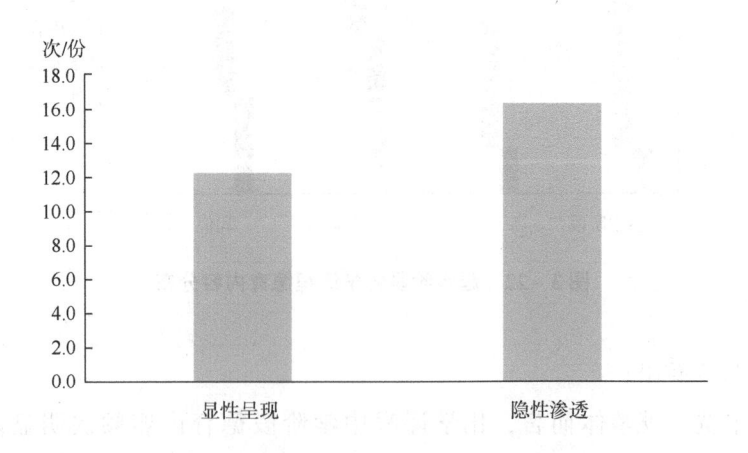

图3-23 起步阶段化学课程德育内容编码频次

第三章 中国中小学理科课程德育内容的起步阶段(1949—1955)

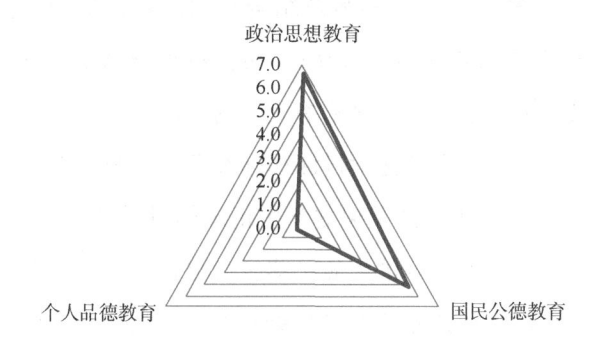

图 3-24 化学课程显性呈现频次

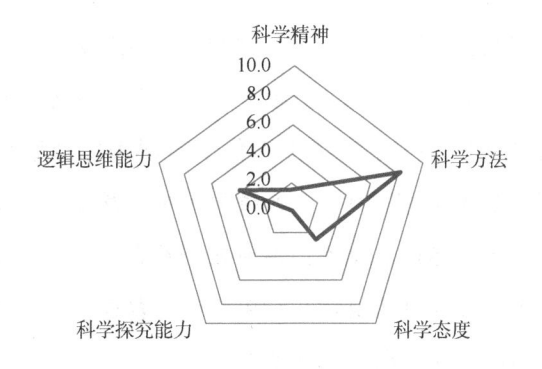

图 3-25 化学课程隐性渗透频次

可以发现:

首先,就整体而言,本阶段化学课程中德育内容显性呈现频次略低于隐性渗透频次,两者相差 -4.0 次/份。

其次,在显性呈现方面,"个人品德教育"维度(0.3)呈现频次非常低,主要涉及培养学生遵守纪律的个人优良品质。

"国民公德教育""政治思想教育"维度呈现频次很低,其中,"国民公德教育"维度(5.2)主要涉及爱祖国、爱劳动、爱科学、爱护公共财物等基本要求。比如:"结合教材内容,培养学生的爱国主义及国际主义的精神"(1952 年《中学化学科课程标准草案 壹 初级中学化

· 115 ·

学科课程标准草案》)① 等内容涉及结合相关内容，培养学生的爱国情怀；"从生活现象的观察及实验的证明，引到物质变化规律的认识，使学生对一般有关化学的自然现象有正确的解释，否定一切迷信，建立科学观点"（1952 年《中学化学科课程标准草案 壹 初级中学化学科课程标准草案》)② 等内容涉及树立学生正确的科学观；"实验室应制定公约，严行遵守，以期培养学生的纪律性，整洁性，正确使用器材，爱劳动，爱护公共财物等良好习惯"（1951 年《普通中学化学科课程标准草案 贰、高级中学化学课程标准草案》)③ 等内容涉及培养学生爱劳动、爱护公共财物等要求。

"政治思想教育"维度（6.6）主要涉及为祖国效忠，树立学生辩证唯物主义世界观等内容。比如："结合教材内容，培养学生的爱国主义及国际主义的精神"（1952 年《中学化学科课程标准草案 壹 初级中学化学科课程标准草案》)④；"加强学生对物质变化的现象能敏锐观察，细密思考，由实际追求理论，再由理论结合实际，养成辩证唯物观点，以了解客观存在的自然规律"（1951 年《普通中学化学科课程标准草案 贰、高级中学化学科课程标准草案》)⑤。

显性呈现方面各个维度的分布比较不均衡（51.3%）。

最后，在隐性渗透方面，"科学探究能力""科学精神""科学态度""逻辑思维能力"维度渗透频次非常低，其中，"科学探究能力"

---

① 课程教材研究所编：《20 世纪中国中小学课程标准·教学大纲汇编 化学卷》，人民教育出版社 2001 年版，第 163 页。
② 课程教材研究所编：《20 世纪中国中小学课程标准·教学大纲汇编 化学卷》，人民教育出版社 2001 年版，第 163 页。
③ 课程教材研究所编：《20 世纪中国中小学课程标准·教学大纲汇编 化学卷》，人民教育出版社 2001 年版，第 150 页。
④ 课程教材研究所编：《20 世纪中国中小学课程标准·教学大纲汇编 化学卷》，人民教育出版社 2001 年版，第 163 页。
⑤ 课程教材研究所编：《20 世纪中国中小学课程标准·教学大纲汇编 化学卷》，人民教育出版社 2001 年版，第 137 页。

第三章 中国中小学理科课程德育内容的起步阶段（1949—1955）

维度（0.1）主要涉及解决问题能力；"科学精神"维度（1.4）主要涉及实事求是、协作精神等内容；"科学态度"维度（2.7）主要涉及实事求是、探究兴趣、合作分享等内容；"逻辑思维能力"维度（3.9）主要涉及比较、推理、归纳等内容。

"科学方法"维度渗透频次较低（8.1），主要涉及观察、实验、类比等多种化学科学方法，比如："由于生活现象的观察，及实验的证明，引到物质变化规律性的认识"（1951年《普通中学化学科课程标准草案 壹、初级中学化学课程标准草案》）[1]；"溴及碘：比较说明其制法、性质、用途"[1950年《化学精简纲要（草案）·普通高中化学精简纲要》][2]。

隐性渗透方面各个维度的分布比较均衡（49.4%）。

通过化学课程中德育内容编码统计表，分别绘制出起步阶段化学课程 TMME 显性呈现和隐性渗透情况，如图 3-26、图 3-27 所示。

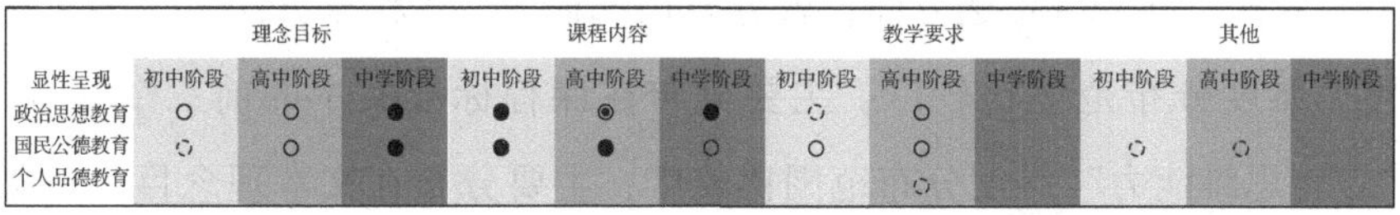

图 3-26　起步阶段化学课程 TMME（显性呈现）

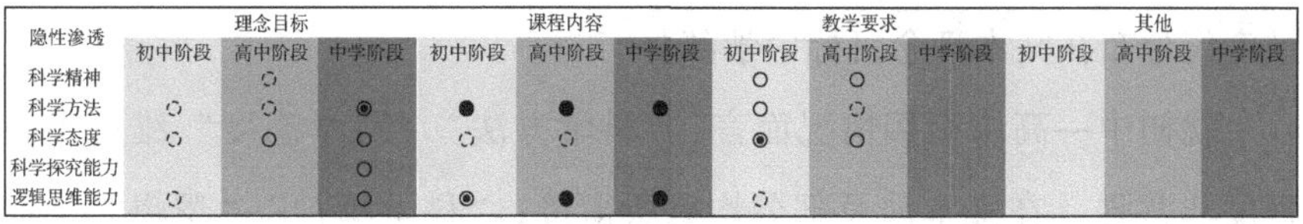

图 3-27　起步阶段化学课程 TMME（隐性渗透）

---

[1] 课程教材研究所编：《20世纪中国中小学课程标准·教学大纲汇编　化学卷》，人民教育出版社2001年版，第126页。

[2] 课程教材研究所编：《20世纪中国中小学课程标准·教学大纲汇编　化学卷》，人民教育出版社2001年版，第115页。

不难看出：

首先，在显性呈现方面，就分布情况而言，"国民公德教育"维度分布范围非常广，在课程标准文本四个部分均有所涉及；"政治思想教育"维度分布范围比较广，集中分布在文本前三个部分；"个人品德教育"维度分布范围非常窄，仅在文本教学要求高中阶段有所分布。

就初中—高中阶段衔接情况而言，"政治思想教育""国民公德教育"维度衔接程度非常强，在文本涉及部分均有所衔接；"个人品德教育"维度衔接程度非常弱，没有文本部分有所衔接。

就受关注程度而言，"政治思想教育"维度受关注程度比较低，主要集中在文本课程内容部分；其余维度受关注程度非常低，其中，"国民公德教育"维度主要集中在课程内容部分，"个人品德教育"维度没有比较受关注的部分。

其次，在隐性渗透方面，就分布情况而言，"科学方法""科学态度"维度分布范围比较广，主要分布在课程标准文本的前三个部分；"逻辑思维能力"维度分布范围比较广，主要分布在文本理念目标、课程内容部分；"科学精神""科学探究能力"维度分布范围非常窄，其中，"科学精神"维度主要分布在文本教学要求部分；"科学探究能力"维度仅分布在文本理念目标中学部分。

就初中—高中衔接情况而言，"科学方法""科学态度"维度衔接程度非常强，在文本涉及部分均有所衔接；"科学精神""逻辑思维能力"维度衔接程度比较强，其中，"科学精神"维度仅在文本教学要求部分有所衔接，"逻辑思维能力"维度仅在文本课程内容部分有所衔接。

就受关注程度而言，"科学方法"维度的受关注程度比较低，仅集中在文本课程内容部分，其余维度的受关注程度非常低。

五　生物学课程中的德育内容

起步阶段（1949—1955）官方共颁布中学生物学课程标准（教学大纲）4份。其中初中阶段1份，高中阶段1份，中学阶段2份。

根据起步阶段生物学课程德育内容频次统计表，绘制出起步阶段生物学课程标准（教学大纲）文本（均值）德育内容频次图、分布图，如图3-28、图3-29所示。

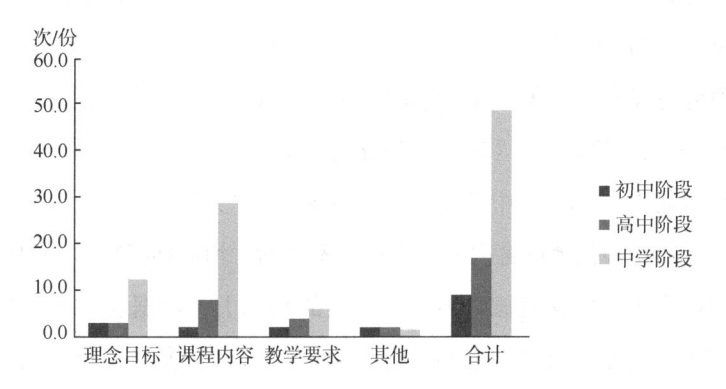

图3-28　起步阶段生物学课程德育内容频次

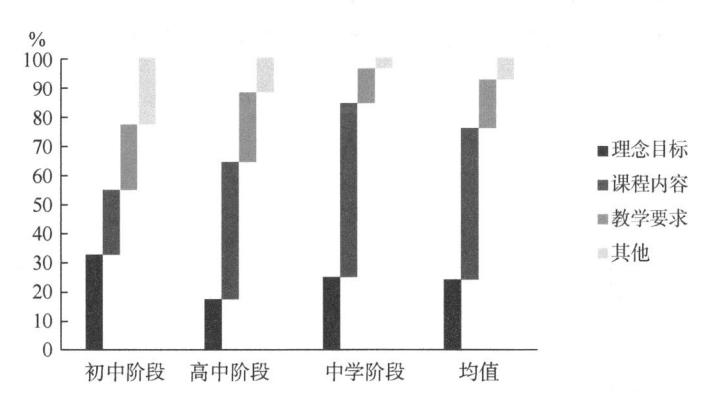

图3-29　起步阶段生物学课程德育内容分布

可以看出：

首先，就整体而言，生物学课程中学阶段德育内容频次明显高于初中、高中阶段。初中、高中物理课程德育内容频次比较接近，仅相差

-8.0次/份。

其次，就课程文本四个部分而言，初中阶段德育内容频次在前三个部分皆为最低，而在其他部分最高；中学阶段德育内容频次则正好相反。初中阶段在文本课程内容、教学要求部分略低于高中阶段；初中—高中阶段德育内容频次文本的差异性指数为8.0。

最后，就分布情况而言，整体分布上课程内容部分占比最高，其他部分占比最低，德育内容分布比较均衡，均衡性指数为44.8%。

其中，初中阶段在"理念目标"部分占比最高，其余三个部分占比相等，德育内容分布非常均衡，均衡性指数为11.1%；高中阶段在"课程内容"部分占比最高，在"其他"部分占比最低，德育内容分布比较均衡，均衡性指数为35.3%；中学阶段在"课程内容"部分占比最高，在"其他"部分占比最低，德育内容分布比较不均衡，均衡性指数为56.1%。

在中学生物学课程德育内容统计表的基础上，根据起步阶段理论分析框架进行内容分析进而编码，得到德育内容编码表，在此基础上得到德育内容编码统计表。

基于德育内容编码统计表进行统计，可以得到图3-30、图3-31、图3-32。

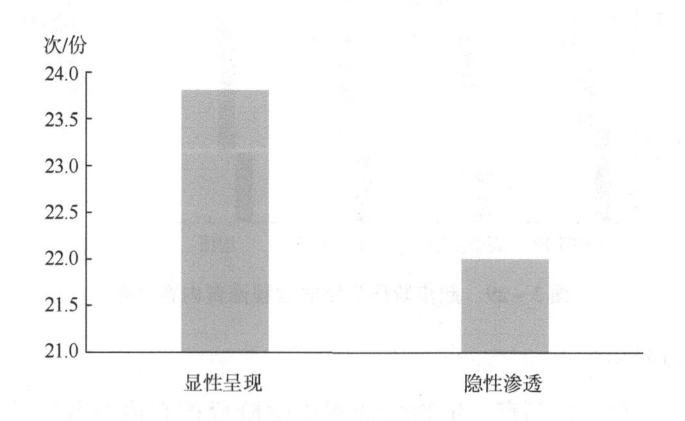

图3-30 起步阶段生物学课程德育内容编码频次

第三章　中国中小学理科课程德育内容的起步阶段（1949—1955）

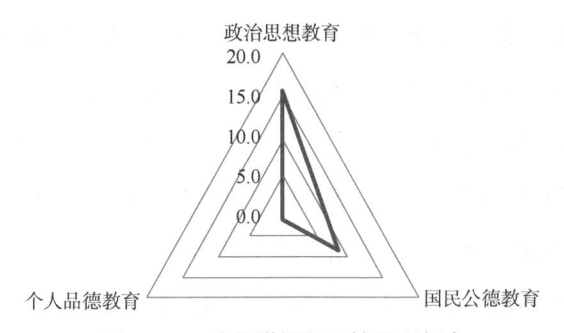

图 3-31　生物学课程显性呈现频次

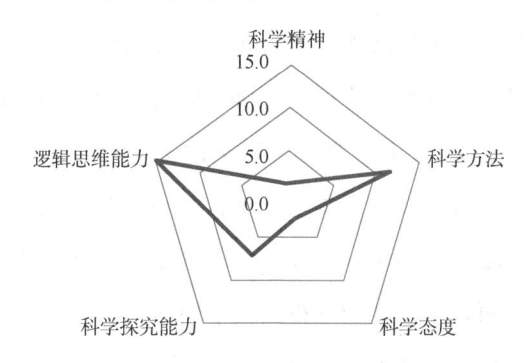

图 3-32　生物学课程隐性渗透频次

可以发现：

首先，就整体而言，本阶段生物学课程中德育内容显性呈现频次略高于隐性渗透频次，两者相差1.8次/份。

其次，在显性呈现方面，"个人品德教育"维度（0.3）呈现频次非常低，仅出现1次，涉及培养学生清洁卫生习惯。

"国民公德教育"维度（8.0）呈现频次较低，主要涉及爱祖国、爱科学、爱劳动等内容，比如："学习苏联科学家改造自然的理论和成果，启发学生爱国思想，以发展新中国的农业生产建设"［1951年《初中自然课程标准草案（包括植物学、动物学、生理卫生）》］[1]，"激发学生研

---

[1] 课程教材研究所编：《20世纪中国中小学课程标准·教学大纲汇编　生物卷》，人民教育出版社2001年版，第103页。

究自然，培养观察、实验、参观、实习、栽培、饲养的知识和能力，使养成爱好自然，爱好科学，爱好劳动的习惯"（1951年《高中达尔文学说基础课程标准草案》）①。

"政治思想教育"维度（15.5）呈现频次较高，主要涉及爱国主义教育、建立辩证唯物主义世界观、马克思列宁主义中与自然科学相关的学说、为祖国效忠、为人民服务等内容，比如："帮助学生了解祖国具有丰富的动植物及农产物，吸收祖国劳动人民合乎科学的生产经验和创造成绩，学习苏联科学家改造自然的理论和成果，以启发学生的爱国思想和发展新中国的农业生产建设"［1951年《中学生物科课程标准草案（植物学、动物学、生理卫生学、达尔文主义基础）》]②；"在生物教学中要注意贯彻政治思想教育，使学生建立辩证唯物主义的世界观和培养学生爱国主义的思想"［1952年《中学生物教学大纲（草案）》]③。

显性呈现方面各个维度的分布比较不均衡（63.8%）。

最后，在隐性渗透方面，课程标准文本中没有出现"科学探究能力"维度内容。

"科学精神""逻辑思维能力""科学态度"维度渗透频次非常低。其中，"科学精神"（1.8）主要涉及理性精神、实证精神、求真求实精神等内容；"逻辑思维能力"（2.8）主要包括比较思维能力；"科学态度"（3.0）主要涉及尊重客观、尊重实践、探究兴趣等内容。

"科学方法"维度渗透频次较高（14.5），主要涉及观察法、实验法等科学方法，比如"激发学生研究自然，培养观察、实验、参观、实

---

① 课程教材研究所编：《20世纪中国中小学课程标准·教学大纲汇编 生物卷》，人民教育出版社2001年版，第113页。

② 课程教材研究所编：《20世纪中国中小学课程标准·教学大纲汇编 生物卷》，人民教育出版社2001年版，第117页。

③ 课程教材研究所编：《20世纪中国中小学课程标准·教学大纲汇编 生物卷》，人民教育出版社2001年版，第134页。

第三章 中国中小学理科课程德育内容的起步阶段（1949—1955）

习、栽培、饲养的知识和能力，使养成爱好自然，爱好科学，爱好劳动的习惯"（1951年《高中达尔文学说基础课程标准草案》）[①]。

隐性渗透方面各个维度的分布比较不均衡（65.6%）。

通过生物学课程中德育内容编码统计表，分别绘制出起步阶段生物学课程TMME显性呈现和隐性渗透情况，如图3-33、图3-34所示。

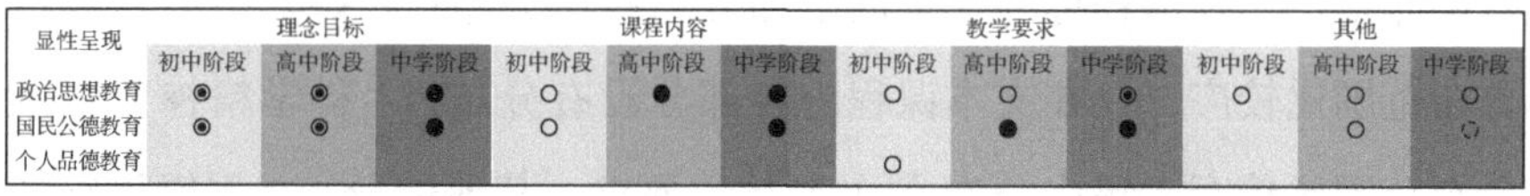

图3-33 起步阶段生物学课程TMME（显性呈现）

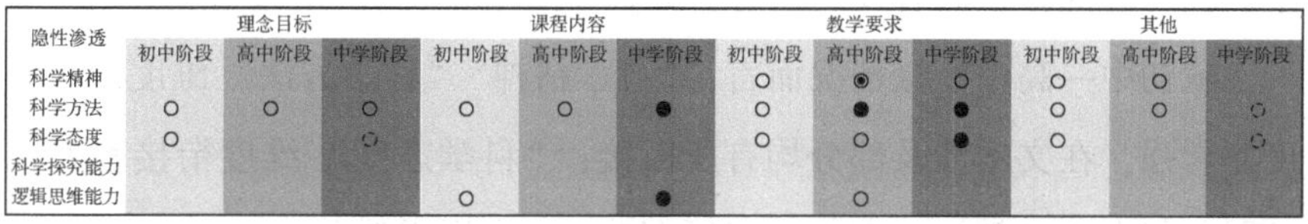

图3-34 起步阶段生物学课程TMME（隐性渗透）

不难看出：

首先，在显性呈现方面，就分布情况而言，"政治思想教育"维度分布范围非常广，在课程标准文本四个部分均有所分布；"国民公德教育"维度分布范围比较广，仅在文本其他部分没有集中分布；"个人品德教育"维度分布范围非常窄，仅在文本教学要求初中阶段有所分布。

就初中—高中衔接情况而言，"政治思想教育"维度衔接程度非常强，在文本涉及部分均有所衔接；"国民公德教育"维度衔接程度比较弱，仅在文本理念目标部分有所衔接；"个人品德教育"维度衔接程度非常弱，没有文本部分有所衔接。

[①] 课程教材研究所编：《20世纪中国中小学课程标准·教学大纲汇编 生物卷》，人民教育出版社2001年版，第113页。

就受关注程度而言,"政治思想教育""国民公德教育"维度受关注程度比较低,前者集中在文本理念目标、课程内容部分,后者集中在文本课程内容、教学要求部分;"个人品德教育"维度受关注程度非常低,没有比较受关注的文本部分。

其次,在隐性渗透方面,就分布情况而言,"科学方法"维度分布范围非常广,在课程标准文本四个部分均有所分布;"科学态度"维度分布范围比较广,仅在文本课程内容部分没有分布;"科学精神"维度分布范围比较窄,集中分布在文本教学要求、其他部分;"逻辑思维能力""科学探究能力"维度分布范围非常窄,其中,前者集中分布在文本课程内容部分,后者没有内容分布。

就初中—高中衔接情况而言,"科学精神""科学方法"维度衔接程度非常强,在文本涉及部分均有所衔接;"科学态度"维度衔接程度比较弱,仅在文本教学要求部分有所衔接;"逻辑思维能力"维度衔接程度非常弱,没有衔接部分。

就受关注程度而言,除了"科学探究能力"维度没有内容分布,其余四个维度受关注程度均非常低,其中,"科学方法"维度仅集中在文本教学要求部分,"科学精神"维度在文本教学要求高中阶段比较受关注;"科学态度"维度在文本教学要求部分中学阶段比较受关注;"逻辑思维能力"维度在文本课程内容部分中学阶段比较受关注。

六 自然课程中的德育内容

起步阶段(1949—1955)官方共颁布小学自然课程标准(教学大纲)1份。

根据起步阶段自然课程德育内容频次统计表,绘制出起步阶段自然课程标准(教学大纲)文本(均值)德育内容频次图、分布图,如图3-35、图3-36所示。

第三章　中国中小学理科课程德育内容的起步阶段（1949—1955）

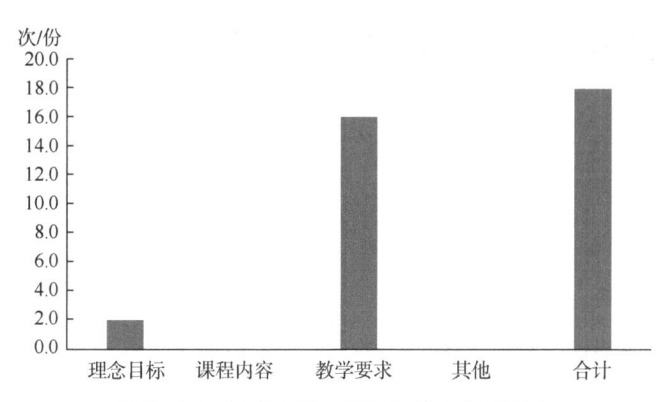

图 3-35　起步阶段自然课程德育内容频次

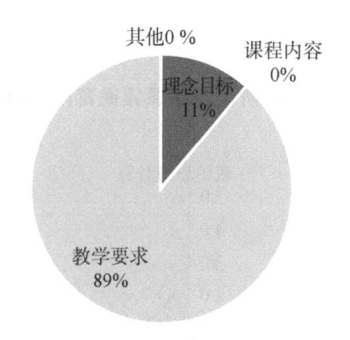

图 3-36　起步阶段自然课程德育内容分布

可以看出：

首先，就整体而言，小学自然课程德育内容频次为 18.0 次/份。

其次，就课程文本四个部分而言，教学要求部分德育内容频次较高，"理念目标"次之。

最后，就分布情况而言，整体分布上教学要求部分占比最高，课程内容、其他部分占比最低，德育内容分布非常不均衡，均衡性指数为 88.9%。

在小学自然课程德育内容统计表的基础上，根据起步阶段理论分析框架进行内容分析进而编码，得到德育内容编码表，在此基础上得到德育内容编码统计表。

基于德育内容编码统计表进行统计，可以得到图3-37、图3-38、图3-39。

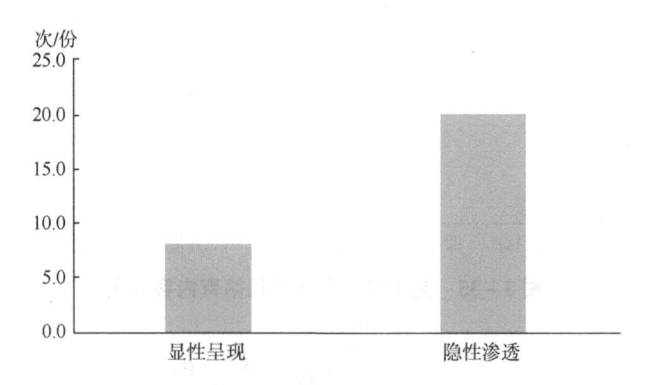

图3-37 起步阶段自然课程德育内容编码频次

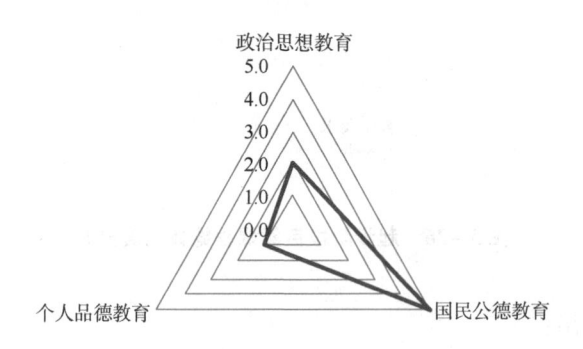

图3-38 自然课程显性呈现频次

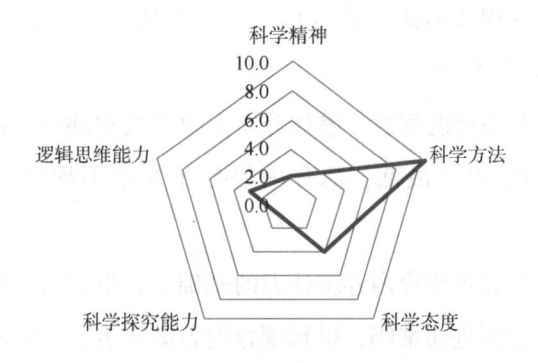

图3-39 自然课程隐性渗透频次

第三章　中国中小学理科课程德育内容的起步阶段（1949—1955）

可以发现：

首先，就整体而言，本阶段自然课程中德育内容显性呈现频次明显低于隐性渗透频次，两者相差12.0次/份。

其次，在显性呈现方面，"个人品德教育""政治思想教育"维度呈现频次非常低，其中，"个人品德教育"维度（1.0）仅涉及1次，涉及培养儿童讲究卫生的行为习惯等内容；"政治思想教育"维度（2.0）主要涉及辩证唯物主义基本法则等内容。

"国民公德教育"维度（5.0）主要涉及培养学生爱祖国、爱人民、爱科学等内容，比如："使儿童初步获得自然科学是应该为人民服务的基本观念"（1950年《小学高年级自然课程暂行标准初稿》）[①]。

显性呈现方面各个维度的分布比较不均衡（50.0%）。

最后，在隐性渗透方面，"科学探究能力""科学精神""逻辑思维能力"维度渗透频次非常低，其中，"科学探究能力"维度（1.0）主要涉及解决问题的能力；"科学精神"维度（2.0）主要涉及创新精神和协作精神；"逻辑思维能力"维度（4.0）主要涉及比较、递推等思维能力。

"科学态度"维度（4.0次/份）渗透频次很低，主要涉及好奇心、探究兴趣、合作分享等内容，比如："增进用科学的思想方法和态度，以观察、研究、实验、创造的兴趣和能力"（1950年《小学高年级自然课程暂行标准初稿》）[②]。

"科学方法"维度（10.0次/份）渗透频次较低，主要涉及观察、

[①] 课程教材研究所编：《20世纪中国中小学课程标准·教学大纲汇编　自然·社会·常识·卫生卷》，人民教育出版社2001年版，第44页。
[②] 课程教材研究所编：《20世纪中国中小学课程标准·教学大纲汇编　自然·社会·常识·卫生卷》，人民教育出版社2001年版，第41页。

实验、类比等科学方法，比如："指导儿童观察、实验、研究等自动学习的方法""运用观察比较单个物体来使儿童推及到一般的物体和现象上去"（1950 年《小学高年级自然课程暂行标准初稿》）①。

隐性渗透方面各个维度的分布比较均衡（45.0%）。

通过自然课程中德育内容编码统计表，分别绘制出起步阶段自然课程 TMME 显性呈现和隐性渗透情况，如图 3-40、图 3-41 所示。

显性呈现	小学阶段			
	理念目标	课程内容	教学要求	其他
政治思想教育	○		○	
国民公德教育			●	
个人品德教育			○	

图 3-40　起步阶段自然课程 TMME（显性呈现）

隐性渗透	小学阶段			
	理念目标	课程内容	教学要求	其他
科学精神	○		●	
科学方法	○		●	
科学态度	○		●	
科学探究能力			○	
逻辑思维能力			●	

图 3-41　起步阶段自然课程 TMME（隐性渗透）

不难看出：

首先，在显性呈现方面，就分布情况而言，"政治思想教育"维度分布范围比较窄，仅在文本理念目标、教学要求部分有所分布；其余维度分布范围非常窄，仅在文本教学要求部分有所分布。

就受关注程度而言，各个维度的受关注程度均非常低，其中，"国民公德教育"维度仅在文本教学要求部分比较受关注，其余维度则没有

---

① 课程教材研究所编：《20 世纪中国中小学课程标准·教学大纲汇编　自然·社会·常识·卫生卷》，人民教育出版社 2001 年版，第 45 页。

第三章 中国中小学理科课程德育内容的起步阶段（1949—1955）

比较受关注的部分。

其次，在隐性渗透方面，就分布情况而言，"科学精神""科学方法""科学态度"维度分布范围比较窄，仅在文本理念目标、教学要求部分有所分布；其余维度分布范围非常窄，仅在文本教学要求部分有所分布。

就受关注程度而言，各个维度的受关注程度均非常低，其中，"科学方法""科学态度""逻辑思维能力"维度仅在文本教学要求部分比较受关注，其余维度没有比较受关注的部分。

第四节 理科课程中德育内容的比较分析

起步阶段中小学理科课程中德育内容呈现特征各有不同。从图3-42中可见不同阶段（小学、初中、高中、中学）各门理科课程德育内容频次，从图3-43中可见不同文本部分（课程目标、课程内容、教学要求、其他）各门理科课程德育内容分布。

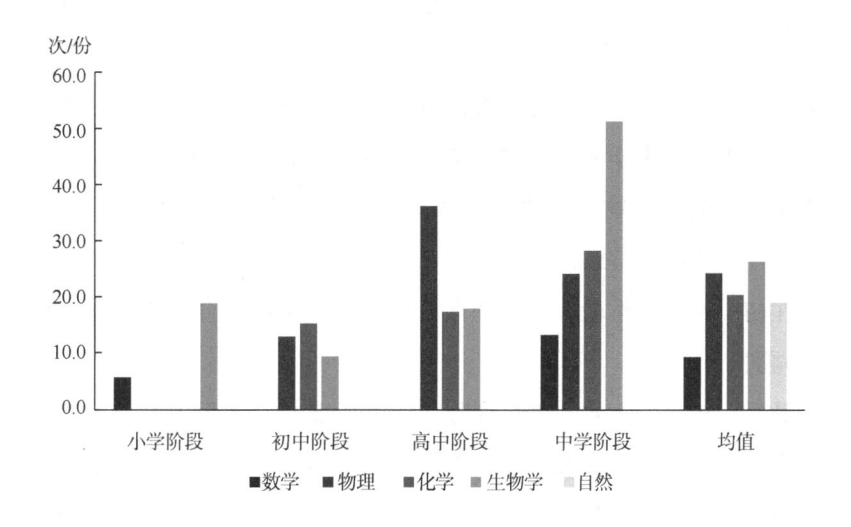

图3-42 起步阶段理科课程德育内容频次

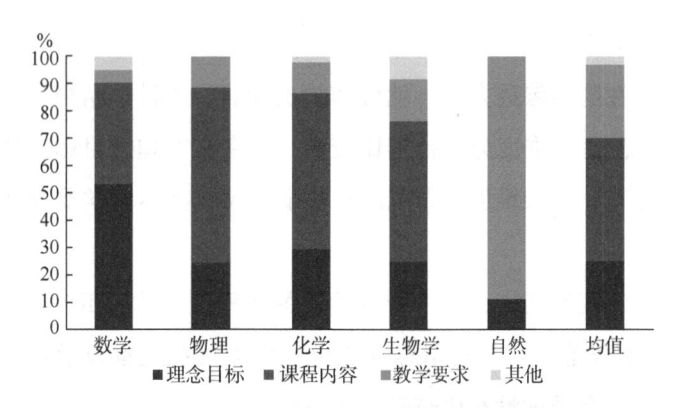

图 3-43 起步阶段理科课程德育内容分布

可以看出：

从整体上看，五门课程中生物学课程德育内容频次最高（25.0 次/份），物理课程频次与生物学课程相近，化学、自然课程频次相近，数学课程频次最低（9.0 次/份），明显低于其他四门课程。五门理科课程德育内容频次均值从高到低依次为：生物学，物理，化学，自然，数学。起步阶段中小学理科课程德育内容频次学科差异性指数为 16.0。

其次，从阶段上看，小学阶段数学、自然课程当中，数学课程德育内容频次为 9.0 次/份，明显低于自然课程；初中阶段化学课程德育内容频次最高；高中阶段物理课程德育内容频次最高，明显高于化学、生物学课程频次；中学阶段生物学课程德育内容频次最高（49.0 次/份），且明显高于数学、物理、化学课程。四个学段学科差异性指数分别为 12.6，5.6，17.9，36.4。

在初中—高中学段，初中物理、化学、生物学德育内容频次皆低于高中频次。

最后，从分布上看，理科课程在课程标准文本课程内容部分占比最高，在其他部分占比最低，分布比较均衡（42.7%）。其中，生物学课程分布非常不均衡；物理、化学课程分布比较不均衡；数学、生物学课程分布比较均衡。五门理科课程德育内容分布均衡性指数从低到高依次

第三章 中国中小学理科课程德育内容的起步阶段（1949—1955）

为：生物学，数学，化学，物理，自然。

综上所述，数学课程德育内容频次明显低于其他四门理科课程；高中阶段物理课程德育内容频次明显高于化学、生物学课程，中学阶段生物学课程德育内容频次明显高于物理、化学课程。物理、化学、生物学课程德育内容在文本课程内容部分占比最大；数学课程在文本理念目标部分占比最大；自然课程在文本教学要求部分占比最大。

将理科课程中德育内容逐条进行编码并统计之后，可以得出各个学科德育内容编码频次图，由于每个德育内容条目往往涉及不止一个二级编码内容，因此各门课程合计编码频次高于内容频次。如图3-44至图3-46所示。

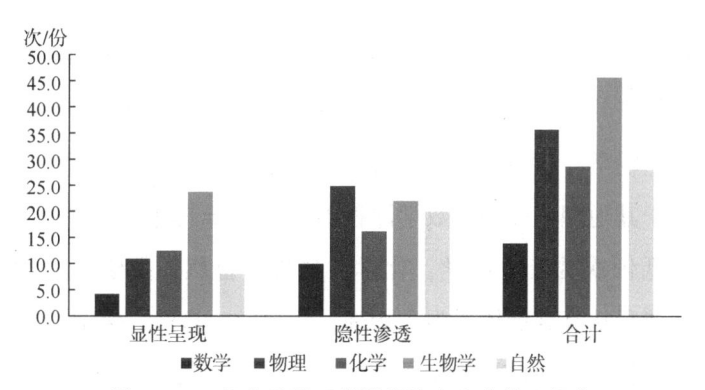

图3-44 起步阶段理科课程德育内容编码频次

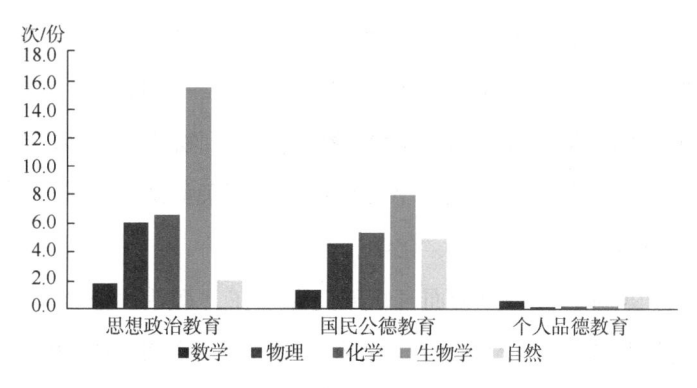

图3-45 理科课程显性呈现频次

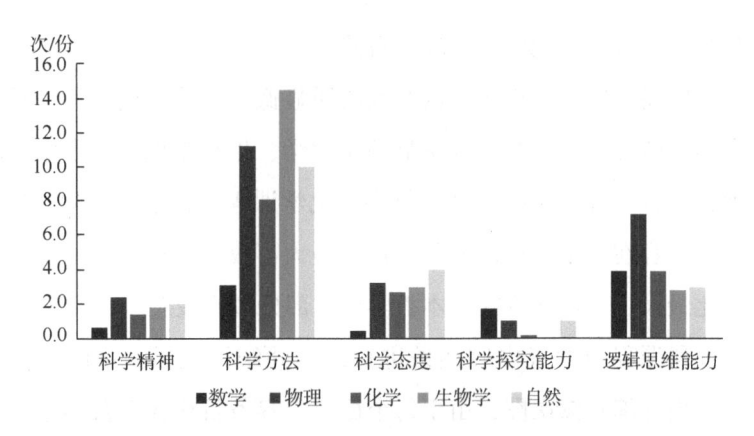

图 3-46 理科课程隐性渗透频次

可以看出：

就整体而言，生物学课程编码频次明显高于其他理科课程，数学课程则明显低于其他理科课程。五门课程德育内容编码频次合计从高到低依次为：生物学，物理，化学，自然，数学。显性呈现方面，生物学课程明显高于其他理科课程，数学课程则明显低于其他理科课程，五门课程从高到低依次为：生物学，化学，物理，自然，数学；隐性渗透方面，五门课程从高到低依次为：物理，生物学，自然，化学，数学。

就显性呈现、隐性渗透差异性而言，除了生物学课程，其余四门课程显性呈现频次皆低于隐性渗透频次。这与生物学课程中显性呈现方面有着较高的"政治思想教育"维度内容有关，有着较为丰富的爱国主义教育、辩证唯物主义世界观、马克思列宁主义中与自然科学相关的学说、为祖国效忠为人民服务等内容。其中，物理课程差异性最大（14.2），生物学课程差异性最小（1.8）；五门理科课程差异性从大到小依次为：物理，自然，数学，化学，生物学。

其次，就显性呈现方面而言，五门课程在"政治思想教育""国民公德教育"维度频次较高，在"个人品德教育"维度频次较低。其中，数学课程在"政治思想教育""社会公德教育"维度均低于其他理科课程，物理课程在"个人品德教育"维度明显低于其他理科课程，化学课程在"思想政治教育"维度高于其他理科课程，生物学课程在"政治思想教育""国民公德教育"维度均高于其他理科课程，自然课程在"个人品德教育"维度高于其他理科课程。

显性呈现方面各个维度学科差异性比较接近，从小到大依次为：个人品德教育，国民公德教育，政治思想教育。

最后，就隐性渗透方面而言，五门课程在"科学方法"维度频次较高，其次是"逻辑思维能力"维度。

其中，数学课程在"科学探究能力"维度频次高于其他理科课程，在"科学精神""科学方法""科学态度"维度低于其他理科课程；物理课程在"科学精神""逻辑思维能力"维度高于其他理科课程；生物学在"科学方法"维度明显高于其他理科课程，在"科学探究能力""逻辑思维能力"维度低于其他理科课程；自然课程在"科学态度"维度高于其他理科课程。

隐性渗透方面各个维度学科差异性在"科学方法"维度比较大（11.4），其余课程差异比较接近且较小，从小到大依次为：科学探究能力，科学精神，科学态度，逻辑思维能力，科学方法。

综上所述，生物学课程编码频次明显高于其他理科课程，数学课程明显低于其他理科课程。在显性呈现方面，生物学课程明显高于其他理科课程；在隐性渗透方面，物理课程高于其他理科课程；数学课程在两个方面都明显低于其他理科课程。

第五节 本章小结

第一，在德育内容整体频次方面，仅数学课程德育内容频次低于10次/份，生物学、物理课程频次比较接近且较高，皆高于20次/份。数学课程仅在小学、中学阶段有课程文本，且明显低于同一学段中的其他理科课程。理科课程文本分布比较均衡；自然课程分布均衡性指数明显高于其他理科课程，数学、生物学课程分布均衡性指数比较接近且较小。数学在文本理念目标部分占比最高，物理、化学、生物学在课程内容部分占比最高，自然在教学要求部分占比最高。

第二，在德育内容编码频次方面，显性呈现频次生物学课程明显高于其他理科课程，数学课程略低于其他理科课程；隐性渗透频次物理课程略高于其他理科课程，数学课程略低于其他理科课程。编码频次总和生物学课程明显高于其他理科课程；除了生物学课程，其他四门课程德育内容编码显性呈现频次皆低于隐性渗透频次，其中物理课程差额最大，生物学课程差额最小。

第三，在德育内容显性呈现方面，生物学课程在"政治思想教育""国民公德教育"维度频次略高于其他理科课程；数学课程则在这两个维度频次略低于其他理科课程。各个维度学科差异性指数在"政治思想教育"维度最大，而在"个人品德教育"维度最小。

第四，在德育内容隐性渗透方面，物理课程在"科学精神""逻辑思维能力"维度频次略高于其他理科课程；而数学课程则在前三个维度略低于其他理科课程，在"科学探究能力"维度略高于其他理科课程。除了科学方法维度，其他四个维度学科差异性指数比较接近且较小，皆在0—5的范围内。

第五，在德育内容TMME图方面。

显性呈现方面，理科课程均值在"政治思想""社会公德教育"维度分布范围非常广，仅在文本课程内容、其他部分小学阶段没有分布；个人品德教育分布比较窄。就小学—初中学段而言，各个维度衔接皆比较弱。就初中—高中学段而言，各个维度衔接皆比较强，在相邻学段皆有所衔接。就小学—中学而言，各个维度衔接皆比较弱。"社会公德教

第三章 中国中小学理科课程德育内容的起步阶段（1949—1955）

育"维度受关注程度比较低，主要集中在文本课程内容部分；其他维度受关注程度非常低。

隐性渗透方面，前三个维度分布范围皆非常广；逻辑思维能力分布范围比较广；科学探究能力分布范围比较窄。就小学—初中学段而言，"科学态度"维度衔接比较强，仅在文本课程内容部分没有衔接；"科学精神""科学方法""逻辑思维能力"维度衔接程度皆比较弱；"科学探究能力"维度衔接程度非常弱。就初中—高中学段而言，"科学方法""逻辑思维能力"维度衔接程度非常强，在相邻学段皆有所衔接；"科学精神""科学态度"维度衔接程度比较强；"科学探究能力"维度衔接程度非常弱。就小学—中学学段而言，"科学方法"维度衔接程度比较强，仅在文本其他部分没有衔接；"科学精神""科学方法""科学探究能力"维度衔接程度皆比较弱；"逻辑思维能力"维度衔接程度非常弱。"科学方法"维度受关注程度比较低，集中在文本课程内容部分；其他维度受关注程度皆非常低。

总而言之，就起步阶段而言，物理、生物学德育内容频次比较接近且较大，数学德育内容频次明显小于其他理科课程。数学在德育内容编码两个方面受重视程度皆较低。在显性呈现方面，生物学受重视程度较高，数学受重视程度较低；在隐性渗透方面，数学分布极端性较大。

物理、生物学德育内容频次分别为23.3和25.0，数学德育内容频次为9.0。在显性呈现方面，生物学在"政治思想教育""国民公德教育"维度理科课程中频次最高，数学则正好相反；在隐性渗透方面，数学在科学"精神""科学方法""科学态度"维度频次皆为最低，而在"科学探究能力"维度略高于其他理科课程。除了科学方法维度，其他各个维度学科差异性指数比较接近且较小。

第四章 中国中小学理科课程德育内容的初步发展阶段（1956—1965）

第一节 初步发展阶段德育背景

从1956年开始，全党全国的工作重心转向社会主义建设，从"借助苏联先进经验"转向"独立探索社会主义教育发展道路"。1956年中国顺利完成了对旧教育的改造，开始了新教育的创建，教育发展的重心转入为人民服务、为社会主义经济建设服务的正确道路。[①] 同年11月，青年团中央批转《关于当前学生思想情况和意见的报告》。批示指出，对于目前学生中发生的一些问题，应当以积极主动的态度加强思想工作和各种活动的组织与领导。同年12月，中国新民主主义青年团中央宣传部发出《关于向青年进行革命传统教育的通知》，指出：在实现我国社会主义工业化的这一极其艰巨复杂的斗争中，教育青年继承和发扬光荣的革命传统，鼓舞他们为建设社会主义而忘我地劳动，是青年思想教育中一项经常的、重要的任务。

毛泽东在1957年最高国务会议上发表长篇讲话，指出："我们的教育方针，应该使受教育者在德育、智育、体育几方面都得到发展，成为

---

① 王炳照等编：《简明中国教育史》，北京师范大学出版社2008年版，第472页。

第四章 中国中小学理科课程德育内容的初步发展阶段（1956—1965）

有社会主义觉悟的有文化的劳动者。"1958年，中共中央、国务院发出《关于教育工作的指示》，提出党的教育方针是："教育为无产阶级政治服务，教育与生产劳动相结合"。长期以来，中央的正式文件、领导人的讲话，以及教育理论和教育实际工作者，将两者联系在一起，作为中国社会主义教育方针加以贯彻执行。[①]

1957年教育部发布《教育部关于加强中学思想政治教育的几个问题的通知》，其中指出："对时事政策教育不够重视，或者是忽松忽紧，或者是放任自流，这是和不断发展变化的国际形势与日益前进的祖国社会主义建设事业不相适应的。"[②] 同年，《教育部关于中学、师范学校设置政治课的通知》指出："学校思想政治教育的根本任务，是培养学生正确的世界观和人生观，培养学生的共产主义道德品质和为人民、为社会主义服务的思想。"同时指出："政治课应该是学校思想政治教育的一个十分重要的阵地，它和学校其他方面（各科教学、班主任工作、课外活动、时事政策教育、团队组织生活等）的思想政治工作配合起来共同教育学生，以实现上述要求。"[③] 同年3月，中共中央宣传部发出通知：加强中小学毕业生劳动生产教育。同日，《人民日报》发表题为《劳动教育必须经常化》的社论。社论指出，向学生进行劳动教育，培养学生的劳动观点，教育学生热爱劳动和热爱劳动人民，应当是学校教育的经常任务，任何时候都不能放松。

但是，从1957年下半年开始，由于国内外局势的急剧变化，对形势判断出现了偏差，造成"反右派"斗争的扩大化。在1958年的"大跃进"中，又产生浮夸、冒进，违背科学规律，破坏正常教学秩序的严

---

① 王炳照等编：《简明中国教育史》，北京师范大学出版社2008年版，第472—473页。
② 何东昌主编：《中华人民共和国重要教育文献（1949—1975）》，海南出版社1998年版，第719页。
③ 何东昌主编：《中华人民共和国重要教育文献（1949—1975）》，海南出版社1998年版，第783页。

重失误。直到1961年，提出贯彻"整顿、巩固、充实、提高"的"八字方针"。这为独立探索社会主义教育发展道路，积累了更丰富的正反两方面的经验。①

第二节 初步发展阶段中小学课程中的德育要求

根据中共中央和毛泽东的指示，邓小平直接领导，从调查研究入手，先后制定了《教育部直属高等学校暂行工作条例》《全日制中学暂行工作条例》和《全日制小学暂行工作条例》三个重要文件。

初步发展阶段（1956—1965）官方共颁布中小学课程（教学）计划13份。其中，《关于制发1956—1957学年度中学授课时数表的通知》(1956)中对于中学课程，有直接的德育课程政治常识、中华人民共和国宪法，而理科课程主要包括数学、生物、物理、化学；《公布"1957—1958学年度小学教学计划"》(1957)中对于小学课程，理科课程主要包括算术、自然。

在《全日制小学暂行工作条例（草案）》(1963)规定的小学生的培养目标中："使学生具有爱祖国、爱人民、爱劳动、爱科学、爱护公共财物等品德，拥护社会主义，拥护共产党""培养良好的学习习惯""使学生的身心得到正常的发展"等内容涉及德育要求。另外，在"第三章 思想品德教育"中阐述了德育的具体内容，包括"必须对学生进行共产主义思想品德教育"。② 同年，在《全日制中学暂行工作条例（草案）》(1963)规定的中学生的培养目标中："使学生具有爱国主义和国际主义精神，具有共产主义道德品质，拥护共产党的领导，拥护社

---

① 王炳照等编：《简明中国教育史》，北京师范大学出版社2008年版，第470页。
② 课程教材研究所编：《20世纪中国中小学课程标准·教学大纲汇编 课程（教学）计划卷》，人民教育出版社2001年版，第274—281页。

第四章 中国中小学理科课程德育内容的初步发展阶段（1956—1965）

会主义，愿意为社会主义事业服务，为人民服务；逐步培养学生的工人阶级的阶级观点、劳动观点、群众观点、辩证唯物主义观点""使学生的身心得到正常的发展"等内容涉及德育要求。另外，在"第三章 思想政治教育"中阐述了德育的具体内容，包括"必须对学生进行共产主义思想教育"。[①]

综上所述，本阶段中小学课程中的德育内容，主要包括显性呈现方面：共产主义思想政治教育，有关"五爱"的国民公德教育，努力学习、遵守纪律、团结友爱、艰苦朴素等个人品德教育。

根据本阶段德育要求、教育背景以及课程计划，针对理科课程德育内容逐条进行分析，首先将其分为显性呈现和隐性渗透两个方面进行分类，其次根据本阶段中小学课程中的德育要求，结合理科课程自身特点，初步建立理论编码框架，见表4-1。

表4-1　初步发展阶段中小学理科课程德育内容理论分析框架及对应编码

显性呈现		隐性渗透	
指标体系	对应编码	指标体系	对应编码
思想政治教育	Ⅰ	科学精神	A
社会公德教育	Ⅱ	科学方法	B
个人品德教育	Ⅲ	科学态度	C
劳动教育	Ⅳ	科学探究能力	D
—		逻辑思维能力	E

资料来源：显性呈现方面主要根据《关于加强中学思想政治教育的几个问题的通知》(1957)、《全日制小学暂行工作条例（草案)》《全日制中学暂行工作条例（草案)》(1963)等德育政策制定，具体内容详见附录一"初步发展阶段理科课程德育内容显性呈现方面内容阐释"。隐性渗透方面具体内容详见附录二"理科课程德育内容隐性渗透方面内容阐释"。

[①] 课程教材研究所编：《20世纪中国中小学课程标准·教学大纲汇编 课程（教学）计划卷》，人民教育出版社2001年版，第282—291页。

第三节　理科课程中的德育内容

一　理科课程德育内容整体情况概述

综合初步发展阶段中小学理科课程标准文本，分别得到各个学段理科课程德育内容频次图以及编码频次图，如图4-1至图4-4所示。

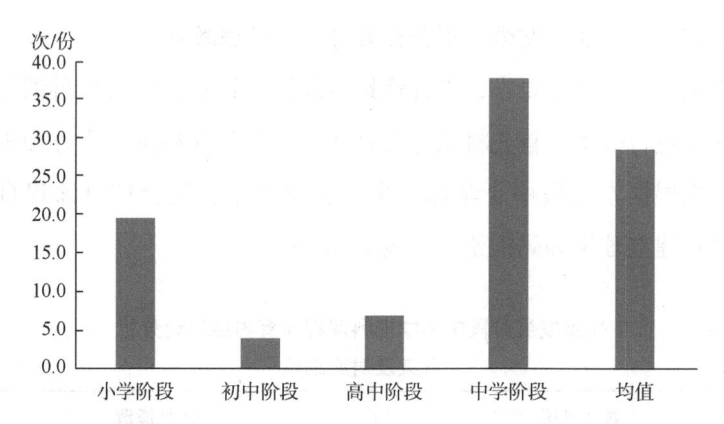

图4-1　初步发展阶段理科课程德育内容频次①

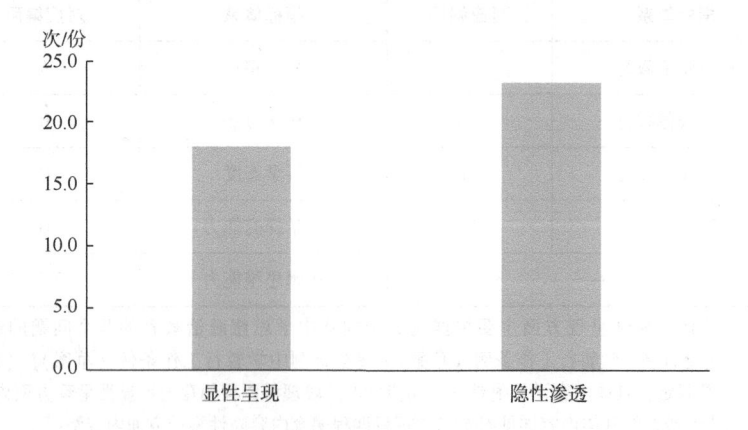

图4-2　初步发展阶段理科课程德育内容编码频次

---

① 中学阶段数据是指从课程标准文本中无法直接划分初中和高中两部分的文本数据，下同。

第四章 中国中小学理科课程德育内容的初步发展阶段（1956—1965）

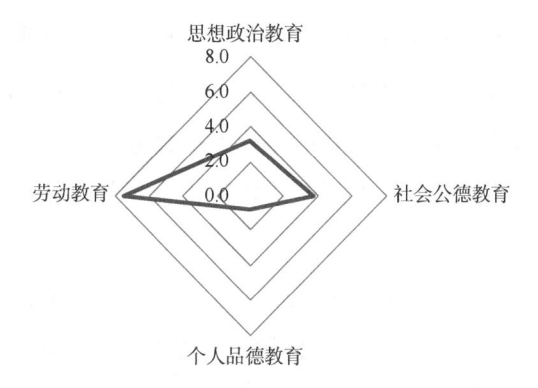

图4-3 初步发展阶段理科课程显性呈现频次

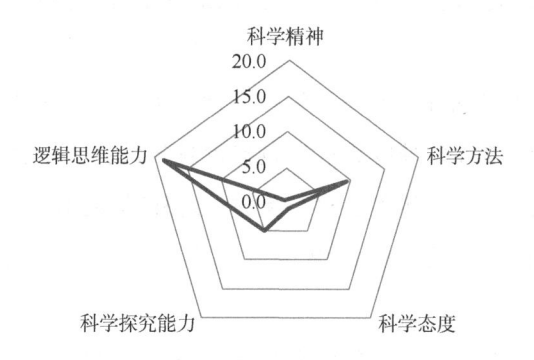

图4-4 初步发展阶段理科课程隐性渗透频次

由此可见：

第一，在理科课程德育内容出现频次方面，初中①、高中②阶段频次比较接近且较低，这与初中、高中阶段仅有一门理科课程且频次较低有关；中学③阶段频次最高，且明显高于其他阶段。小学—初中阶段频次相差15.5，初中—高中阶段频次相差-3.0，而小学—中学阶段频次相差-18.4。

---

① 初中阶段仅有生物学课程文本。
② 高中阶段仅有数学课程文本。
③ 中学阶段取数学、物理、化学、生物学课程均值。

中国中小学理科课程德育内容的百年嬗变

第二，在理科课程德育内容编码频次方面，显性呈现、隐性渗透编码总和为41.3次/份，高于德育内容频次均值（26.4次/份），在一定程度上说明该阶段课程文本德育内容编码情况比较丰富，同一内容条目两次以上编码的情况较多。显性呈现编码频次低于隐性渗透编码频次，两者相差-5.3次/份。

第三，在理科课程显性呈现编码频次方面，"个人品德教育"维度频次最低，这与数学、化学、生物学课程在此维度频次皆为最低有关；"思想政治教育"维度频次最高，这与数学、化学、生物学课程在此维度频次皆为最高有关。显性呈现方面各个维度的分布比较均衡（27.8%）。

第四，在理科课程隐性渗透编码频次方面，"科学精神""科学态度""科学探究能力"维度频次比较接近且较低；"科学方法"维度频次最高且明显高于其他维度，这与除数学之外其他四门理科课程在此维度频次皆为最高有关。隐性渗透方面各个维度的分布比较不均衡（70.4%）。

综合五门理科课程在不同阶段分布及受关注情况，绘制理科课程德育内容加权追踪图，如图4-5、图4-6所示。

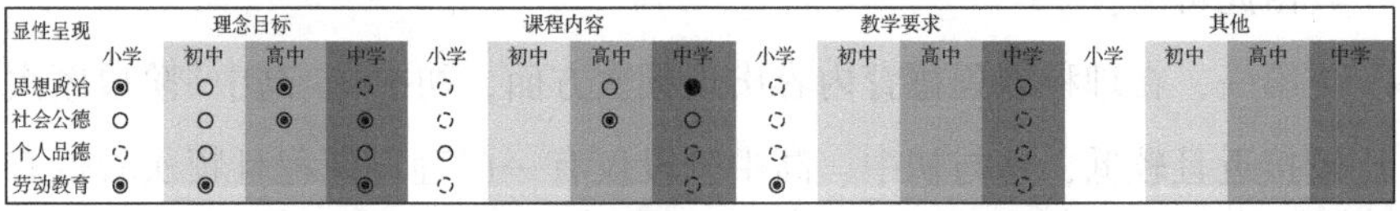

图4-5 初步发展阶段理科课程TMME（显性呈现）

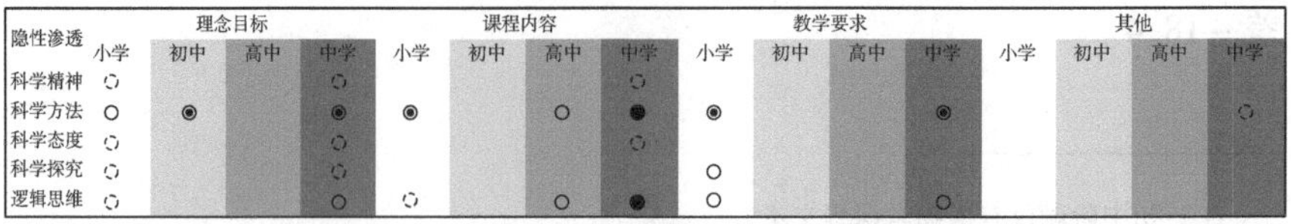

图4-6 初步发展阶段理科课程TMME（隐性渗透）

第四章　中国中小学理科课程德育内容的初步发展阶段（1956—1965）

不难看出：

首先，在显性呈现方面，就分布情况而言，"思想政治教育""社会公德教育"维度分布范围均比较广，集中分布在课程标准文本理念目标、课程内容部分；"个人品德教育""劳动教育"维度分布范围比较窄，集中分布在文本理念目标部分。

就小学—初中衔接情况而言，各个维度衔接程度皆比较弱，仅在理念目标部分有所衔接；就初中—高中衔接情况而言，"思想政治教育""社会公德教育"维度衔接程度比较弱，仅在理念目标部分有所衔接；其他维度衔接程度非常弱，没有衔接。就小学—中学衔接情况而言，各个维度衔接程度均非常强，在文本涉及部分均有所衔接。

就受关注程度而言，"劳动教育"维度的受关注程度比较低，在文本理念目标部分，以及课程内容、教学要求小学阶段比较受关注；在其余维度的关注程度均非常低，其中，"思想政治教育"维度在文本理念目标部分，以及课程内容中学部分比较受关注，"社会公德教育"维度在文本理念目标部分比较受关注，"个人品德教育"维度没有比较受关注的部分。

其次，在隐性渗透方面，就分布情况而言，"科学方法"维度分布范围比较广，集中分布在课程标准文本理念目标、课程内容部分；"逻辑思维能力"维度分布范围比较窄，仅集中分布在课程标准文本课程内容部分；"科学精神""科学方法""科学探究能力"维度分布范围非常窄。

就小学—初中衔接情况而言，仅"科学方法"维度衔接程度比较弱，在理念目标部分有所衔接，其他维度衔接程度皆非常弱，没有衔接部分。就初中—高中衔接情况而言，"科学方法""逻辑思维能力"维度衔接程度非常弱，没有衔接部分；其他维度没有衔接部分，这与物理、化学课程本历史阶段没有初中、高中课程标准文本有关。就小学—中学衔接情况而言,"逻辑思维能力"维度衔接程度非常强,在文本涉及部分均有所衔接;"科学方法"维度衔接程度比较强,仅在文本其他部分没有衔接;其余维度衔接程度比较弱,仅在"理念目标"部分有所衔接。

就受关注程度而言,"科学方法"维度受关注程度比较低,在文本课程内容、教学要求部分比较受关注;其余维度的受关注程度均非常低,其中,"逻辑思维能力"维度仅在文本课程内容中学阶段比较受关注,其余维度没有比较受关注的部分。

二 数学课程中的德育内容

初步发展阶段(1956—1965)官方共颁布中小学数学课程标准(教学大纲)5份。其中小学阶段2份,高中阶段1份,中学阶段2份。

初步发展阶段数学课程德育内容频次统计表详见附录五。

根据初步发展阶段数学课程德育内容频次统计表,绘制出初步发展阶段数学课程标准(教学大纲)文本(均值)德育内容频次图、分布图如图4-7、图4-8所示。

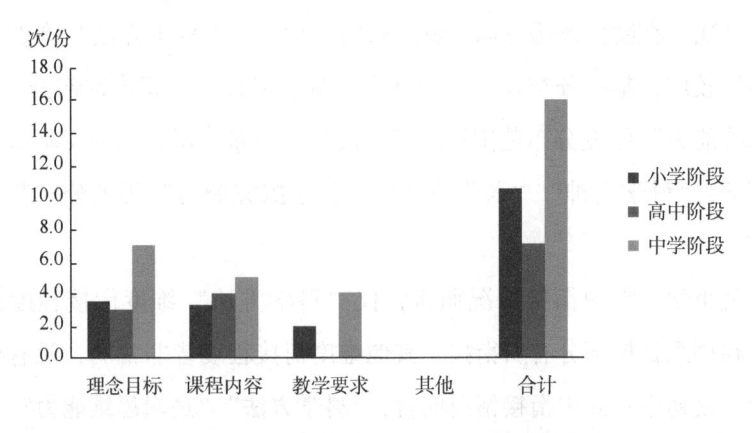

图4-7 初步发展阶段数学课程德育内容频次

第四章 中国中小学理科课程德育内容的初步发展阶段（1956—1965）

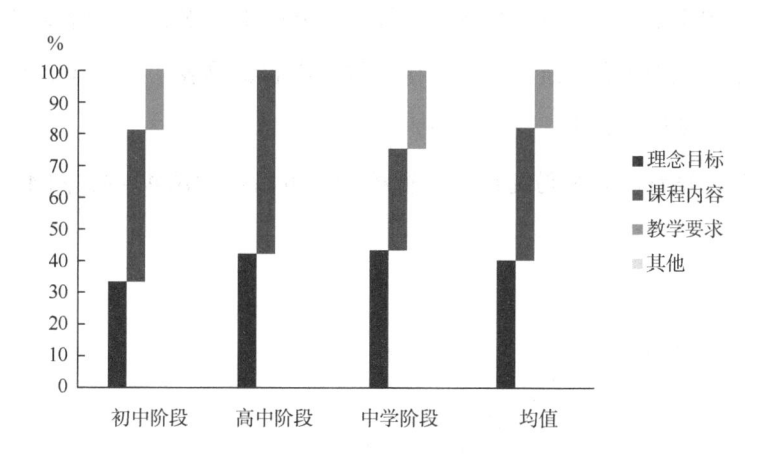

图4-8 初步发展阶段数学课程德育内容分布

可以看出：

首先，就整体而言，中学阶段数学课程德育内容频次高于小学、高中阶段频次。小学—中学阶段德育内容频次相差-5.5次/份。

其次，就课程文本四个部分而言，数学课程德育内容主要集中分布在课程标准文本前三个部分，在其他部分没有相关内容。中学阶段在文本前三个部分频次皆为最高，高中阶段则正好相反。

小学阶段数学课程德育内容频次在文本理念目标、教学要求部分频次低于中学阶段。小学—中学阶段德育内容频次差异性指数为5.5。

最后，就分布情况而言，整体分布上"课程内容"占比最高，"其他"占比最低，德育内容分布比较均衡，均衡性指数为42.0%。

其中，小学阶段在"课程内容"部分占比最高，在"其他"部分占比最低，德育内容分布比较均衡，均衡性指数为47.6%；高中阶段在"课程内容"占比最高，在"教学要求""其他"部分占比最低，德育内容分布比较不均衡，均衡性指数为57.1%；中学阶段在"理念目标"部分占比最高，在"其他"部分占比最低，德育内容分布比较均衡，均衡性指数为43.8%。

中国中小学理科课程德育内容的百年嬗变

在中小学数学课程德育内容统计表的基础上,根据发展阶段理论分析框架进行内容分析进而编码,得到德育内容编码表,在此基础上得到德育内容编码统计表,详见附录六。

基于德育内容编码统计表进行统计,可以得到图 4 – 9、图 4 – 10、图 4 – 11。

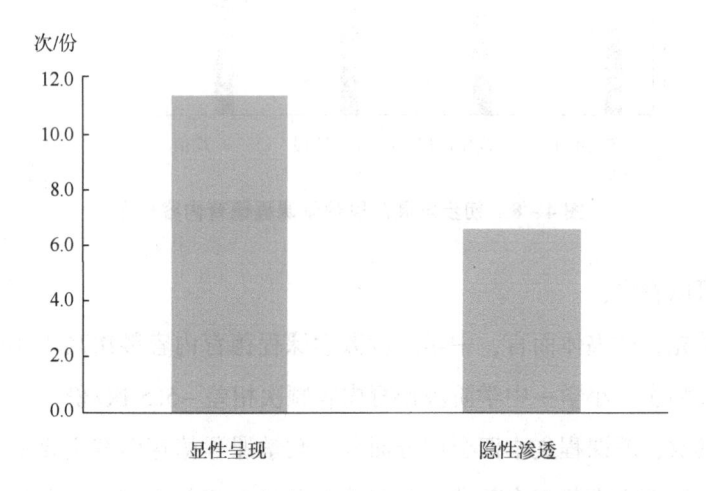

图 4 – 9 初步发展阶段数学课程德育内容编码频次

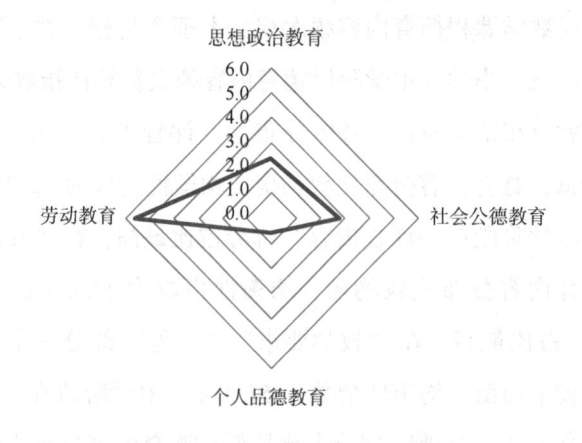

图 4 – 10 数学课程显性呈现频次

第四章　中国中小学理科课程德育内容的初步发展阶段（1956—1965）

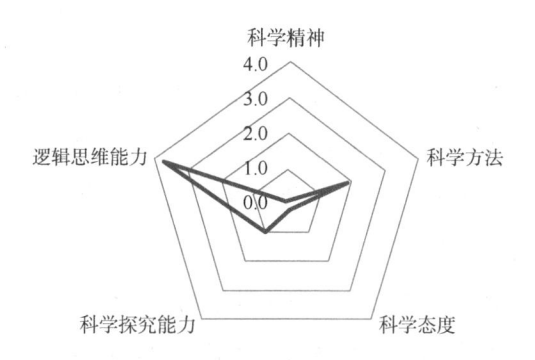

图4-11　数学课程隐性渗透频次

可以发现：

首先，就整体而言，本阶段数学课程中德育内容显性呈现频次略高于隐性渗透频次，两者相差4.8次/份。

其次，在显性呈现方面，前三个维度呈现频次非常低，其中，"个人品德教育"维度（0.6）主要涉及遵守纪律等文明礼貌内容；"思想政治教育"维度（2.4）主要涉及爱国主义教育相关内容；"社会公德教育"维度（2.8）主要涉及爱祖国、爱科学、爱护公共财物等内容。

"劳动教育"维度（5.6）呈现频次很低，主要涉及未来从事生产劳动意识等内容，比如："在小学里学好算术，既便于学生毕业后参加生产劳动，又为他们进一步学习中学数学、物理、化学等科提供了有利的条件。"［1963年《全日制小学算术教学大纲（草案）》］①

显性呈现方面各个维度的分布比较均衡（43.8%）。

最后，在隐性渗透方面，各个维度频次皆非常低，其中，"科学精神"维度没有相关内容；"科学态度"维度（0.2）仅涉及灵活性等内容；"科学探究能力"维度（1.0）主要涉及运用所学知识和技能解决问题的能力；"科学方法"维度（1.8）主要涉及观察、分类、数形结合思

---

① 课程教材研究所编：《20世纪中国中小学课程标准·教学大纲汇编　数学卷》，人民教育出版社2001年版，第82页。

想方法等内容。

"逻辑思维能力"维度（3.6）主要涉及逻辑思维、逻辑推理能力等内容，比如："具有初步的逻辑推理的能力和空间观念，以适应他们毕业后参加生产劳动和进一步学习的需要。"[1963年《全日制小学算术教学大纲（草案）》][1]

隐性渗透方面各个维度的分布比较不均衡（54.5%）。

通过数学课程中德育内容编码统计表，分别绘制出初步发展阶段数学课程TMME显性呈现和隐性渗透情况，如图4-12、图4-13所示。

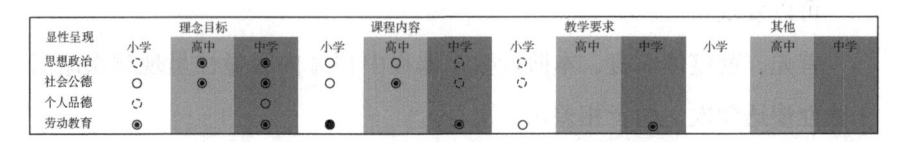

图4-12 初步发展阶段数学课程TMME（显性呈现）

图4-13 初步发展阶段数学课程TMME（隐性渗透）

首先，在显性呈现方面，就分布情况而言，"思想政治教育""社会公德教育"维度分布范围比较广，在课程标准文本理念目标、课程内容、教学要求部分均有所分布；"劳动教育"维度分布范围比较窄，仅在文本前三个部分小学、中学阶段有所分布；"个人品德教育"维度分布范围非常窄，仅在文本理念目标部分有所分布。

就小学—中学衔接情况而言，"个人品德教育""劳动教育"维度衔接程度非常强，在文本涉及部分均有所衔接；"思想政治教育""社会公德教

---

[1] 课程教材研究所编：《20世纪中国中小学课程标准·教学大纲汇编 数学卷》，人民教育出版社2001年版，第82页。

第四章　中国中小学理科课程德育内容的初步发展阶段（1956—1965）

育"维度衔接程度比较强，在文本理念目标、课程内容部分均有所衔接。

就受关注程度而言，"劳动教育"维度的受关注程度比较低，仅在文本理念目标、课程内容部分比较受关注；其余维度的受关注程度均非常低，其中，"思想政治教育""社会公德教育"维度在文本理念目标部分比较受关注。

其次，在隐性渗透方面，就分布情况而言，"逻辑思维能力"维度分布范围比较广，在课程标准文本前三个部分均有所分布；"科学方法"维度分布范围比较窄，主要分布在文本课程内容、教学要求部分；其余三个维度分布范围均非常窄，其中，"科学探究能力"维度主要分布在文本理念目标部分，"科学精神"维度则没有内容分布。

就小学—中学衔接情况而言，"逻辑思维能力"维度衔接程度非常强，在文本涉及部分均有所衔接；"科学探究能力""科学方法"维度衔接程度比较弱，其中，前者仅在文本理念目标部分有所衔接，后者仅在文本教学要求部分有所衔接；"科学态度"维度衔接程度非常弱；"科学精神"维度没有衔接部分。

就受关注程度而言，后四个维度的受关注程度均非常低，其中，"逻辑思维能力"仅在文本理念目标、教学要求部分高中阶段比较受关注；"科学方法"维度仅在文本课程内容高中阶段比较受关注；"科学精神"维度没有受关注的内容。

三　物理课程中的德育内容

初步发展阶段（1956—1965）官方共颁布中学物理课程标准（教学大纲）2份，其中六年制中学阶段2份。

根据初步发展阶段物理课程德育内容频次统计表，绘制出初步发展阶段物理课程标准（教学大纲）文本（均值）德育内容频次图、分布图，如图4-14、图4-15所示。

中国中小学理科课程德育内容的百年嬗变

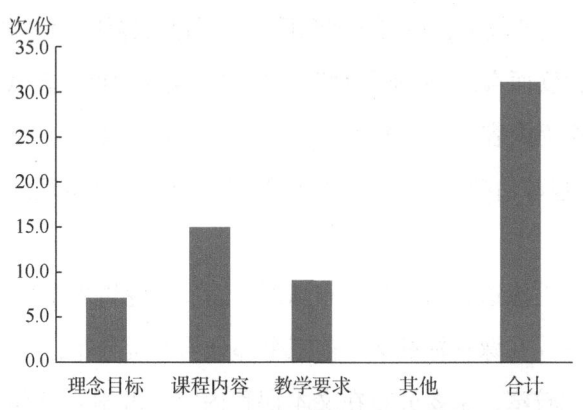

图4-14 初步发展阶段物理课程德育内容频次

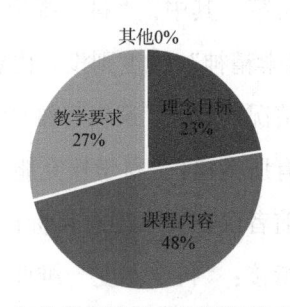

图4-15 初步发展阶段物理课程德育内容分布

可以看出：

首先，就整体而言，物理课程中学阶段德育内容频次为31.0次/份。

其次，就课程文本四个部分而言，"课程内容"部分德育内容频次最高，"其他"部分没有德育内容。

最后，就分布情况而言，中学物理课程在文本"课程内容"部分占比最大，德育内容分布比较均衡，均衡性指数为48.4%。

在中学物理课程德育内容统计表的基础上，根据初步发展阶段理论分析框架进行内容分析进而编码，得到德育内容编码表，在此基础上得到德育内容编码统计表。

基于德育内容编码统计表进行统计，可以得到图4-16、图4-17、图4-18。

第四章 中国中小学理科课程德育内容的初步发展阶段（1956—1965）

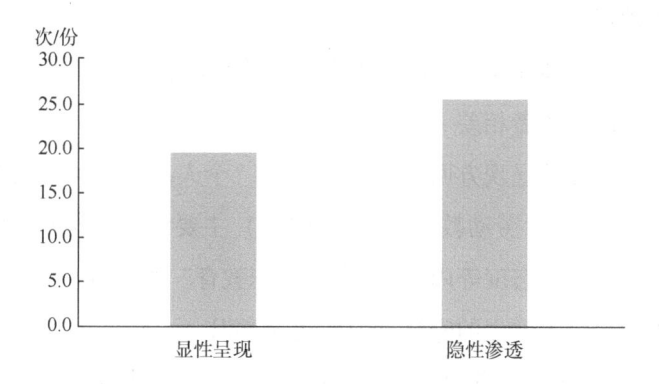

图 4-16 初步发展阶段物理课程德育内容编码频次

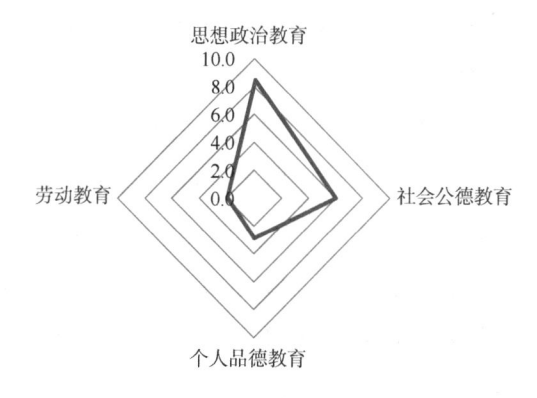

图 4-17 物理课程显性呈现频次

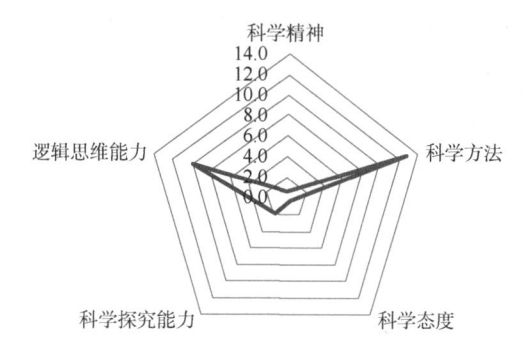

图 4-18 物理课程隐性渗透频次

可以发现：

首先，就整体而言，本阶段物理课程德育内容显性呈现频次略低于隐性渗透频次，两者相差 –6.0 次/份。

其次，在显性呈现方面，"劳动教育""个人品德教育"维度呈现频次非常低，其中，"劳动教育"维度（2.0）主要涉及培养劳动品质，对于劳动的共产主义态度等内容；"个人品德教育"维度（3.0）主要涉及通过课程内容培养学生的安全意识和规则意识。

"社会公德教育"维度（6.0）呈现频次很低，主要涉及爱祖国、爱劳动、爱科学、爱护公共财物等内容，比如："在学生做物理实验的时候，必须一贯地培养他们对公共财物的共产主义态度。"[1956 年《中学物理教学大纲（修订草案）》][1]

"思想政治教育"维度（8.5）呈现频次较低，主要涉及爱国主义教育、辩证唯物主义教育等内容，比如："培养学生的辩证唯物主义观点""在选择联系实际的具体内容的时候，应该注意选用能够充分表明物理知识在我国社会主义建设中，特别是在工农业生产中的重要作用的材料，能够多方面反映我国在生产技术和科学研究中的成就的材料"[1963 年《全日制中学物理教学大纲（草案）》][2]。

显性呈现方面各个维度的分布比较均衡（33.3%）。

最后，在隐性渗透方面，"科学精神""科学态度""科学探究能力"维度渗透频次非常低，其中，"科学精神"维度（0.5）主要涉及实证精神；"科学态度"维度（0.5）主要涉及尊重实证；"科学探究能力"维度（2.0）主要涉及解决问题的能力。

"逻辑思维能力"维度（10.0）渗透频次较低，主要涉及分析、比

---

[1] 课程教材研究所编：《20 世纪中国中小学课程标准·教学大纲汇编 物理卷》，人民教育出版社 2001 年版，第 173 页。

[2] 课程教材研究所编：《20 世纪中国中小学课程标准·教学大纲汇编 物理卷》，人民教育出版社 2001 年版，第 209、214 页。

第四章 中国中小学理科课程德育内容的初步发展阶段（1956—1965）

较、推理、抽象等内容，比如："热水和冷水混合时放出的热量和吸收的热量的比较"[1956年《中学物理教学大纲（修订草案）》][1]；"高中物理教学，仍然要以实验观察为基础，但是要进一步应用理论论证和数学推导"[1963年《全日制中学物理教学大纲（草案）》][2]。

"科学方法"维度（12.5）渗透频次较高，主要涉及实验、观察等物理学中常见的科学方法。比如，"实验十：观察萘在溶解和凝固前后温度的变化"[1956年《中学物理教学大纲（修订草案）》][3]；"初中物理教学，要以实验观察为基础"[1963年《全日制中学物理教学大纲（草案）》][4]。

隐性渗透方面各个维度的分布比较均衡（47.0%）。

通过物理课程中德育内容编码统计表，分别绘制出初步发展阶段物理课程 TMME 显性呈现和隐性渗透情况，如图4-19、图4-20所示。

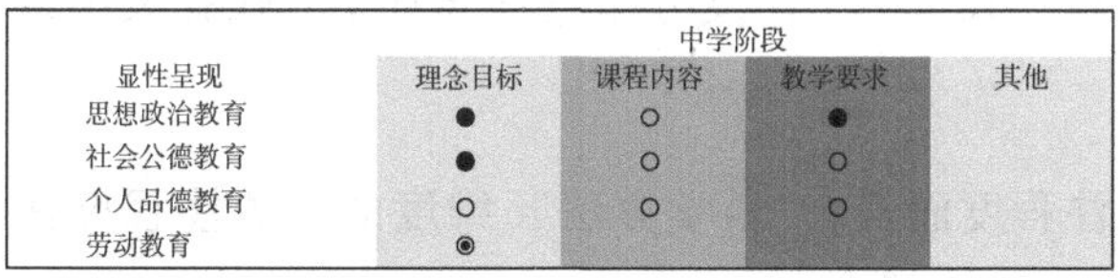

图4-19 初步发展阶段物理课程 TMME（显性呈现）

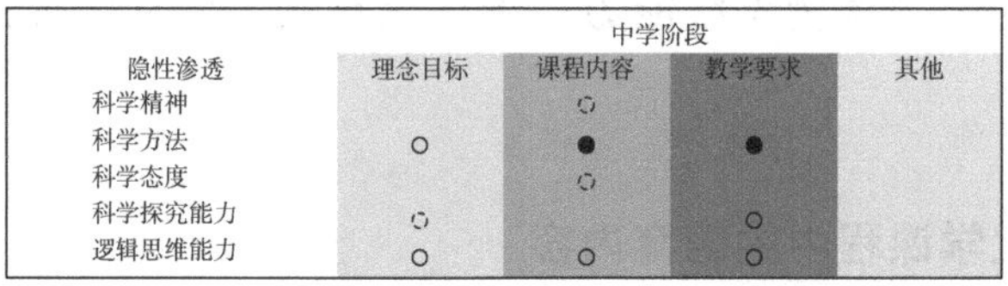

图4-20 初步发展阶段物理课程 TMME（隐性渗透）

---

[1] 课程教材研究所编：《20世纪中国中小学课程标准·教学大纲汇编 物理卷》，人民教育出版社2001年版，第188页。
[2] 课程教材研究所编：《20世纪中国中小学课程标准·教学大纲汇编 物理卷》，人民教育出版社2001年版，第209页。
[3] 课程教材研究所编：《20世纪中国中小学课程标准·教学大纲汇编 物理卷》，人民教育出版社2001年版，第188页。
[4] 课程教材研究所编：《20世纪中国中小学课程标准·教学大纲汇编 物理卷》，人民教育出版社2001年版，第209页。

不难看出：

首先，在显性呈现方面，就分布情况而言，前三个维度分布范围比较广，主要集中在课程标准文本前三个部分；"劳动教育"维度分布范围非常窄，仅在文本理念目标部分有所分布。

就受关注程度而言，"思想政治教育"维度的受关注程度比较低，仅在文本理念目标、教学要求部分比较受关注；其余三个维度的受关注程度非常低，其中，"社会公德教育""劳动教育"维度仅在文本理念目标部分比较受关注。

其次，在隐性渗透方面，就分布情况而言，"科学方法""逻辑思维能力"维度分布范围比较广，主要集中在课程标准文本前三个部分；"科学探究能力"维度分布范围比较窄，仅在文本理念目标、教学要求部分有所分布；其余两个维度分布范围非常窄，仅在文本课程内容部分有所分布。

就受关注程度而言，"科学方法"维度的受关注程度比较低，仅在文本课程内容、教学要求部分比较受关注；其余四个维度的受关注程度非常低，其中，"逻辑思维能力"维度仅在文本课程内容部分比较受关注。

四 化学课程中的德育内容

初步发展阶段（1956—1965）官方共颁布中学化学课程标准（教学大纲）2份，其中六年制中学阶段2份。

根据初步发展阶段化学课程德育内容频次统计表，绘制出初步发展阶段化学课程标准（教学大纲）文本（均值）德育内容频次图、分布图，如图4-21、图4-22所示。

第四章 中国中小学理科课程德育内容的初步发展阶段（1956—1965）

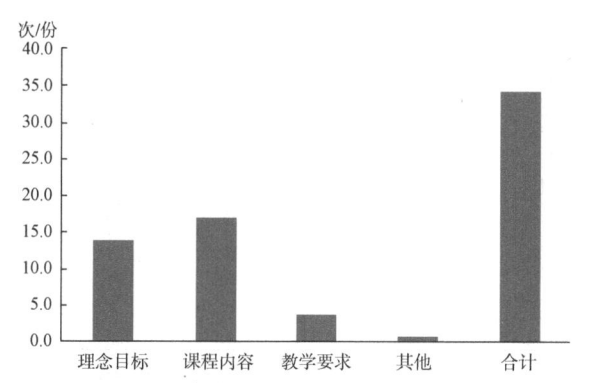

图 4-21 初步发展阶段化学课程德育内容频次

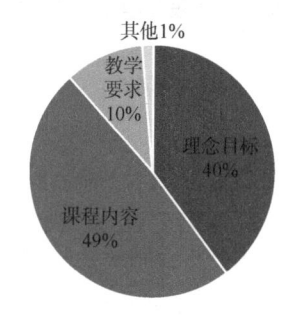

图 4-22 初步发展阶段化学课程德育内容分布

可以看出：

首先，就整体而言，化学课程中学阶段德育内容频次为 34.0 次/份。

其次，就课程文本四个部分而言，中学化学课程在文本"课程内容"部分德育内容频次最高，在"其他"部分频次最低。

最后，就分布情况而言，中学化学课程在文本"课程内容"部分占比最大，德育内容分布比较均衡，均衡性指数为 47.0%。

在中学化学课程德育内容统计表的基础上，根据初步发展阶段理论分析框架进行内容分析进而编码，得到德育内容编码表，在此基础上得到德育内容编码统计表。

基于德育内容编码统计表进行统计，可以得到图 4-23、图 4-24、图 4-25。

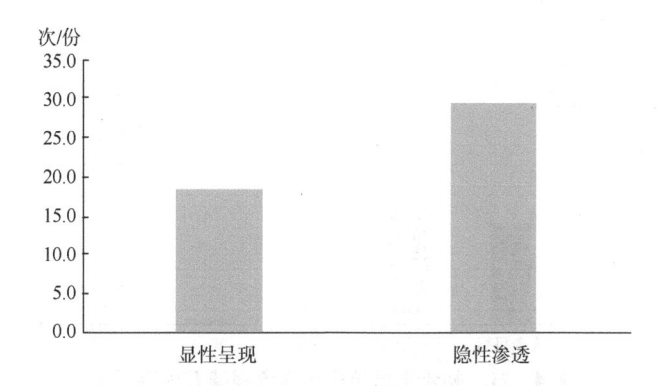

图 4-23 初步发展阶段化学课程德育内容编码频次

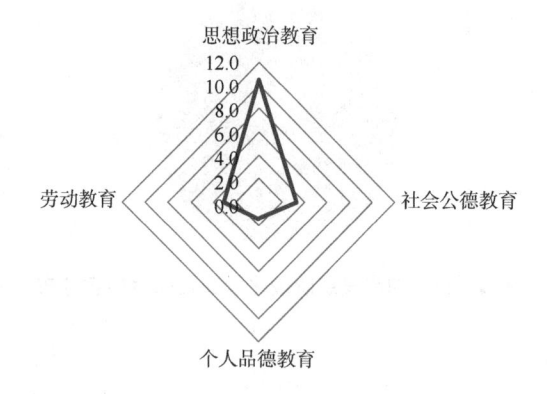

图 4-24 化学课程显性呈现频次

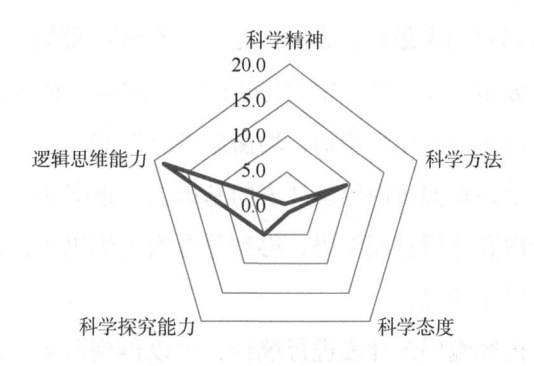

图 4-25 化学课程隐性渗透频次

第四章 中国中小学理科课程德育内容的初步发展阶段（1956—1965）

可以发现：

首先，就整体而言，本阶段化学课程中德育内容显性呈现频次低于隐性渗透频次，两者相差-11.0次/份。

其次，在显性呈现方面，后三个维度呈现频次非常低，其中，"个人品德教育"维度（1.5）主要涉及克服困难、节约药品、保持实验环境清洁、安全意识等内容；"劳动教育"维度（3.0）主要涉及培养学生热爱劳动人民、热爱劳动的情感；"社会公德教育"维度（3.5）主要涉及培养学生形成爱祖国、爱人民、爱劳动、爱护公共财物等内容。

"思想政治教育"维度（10.5）呈现频次较低，主要涉及爱国主义教育、辩证唯物主义教育、工人阶级世界观教育、国防观念教育等内容，比如："在化学教学中应该培养学生的辩证唯物主义世界观的基础和爱国主义精神""在教学中应注意说明苏联在化学和化学工业上的伟大成就，以及苏联和各人民民主国家对我国建设社会主义的伟大事业上的帮助，以培养学生的国际主义思想"［1956年《中学化学教学大纲（修订草案）》］[①]。

显性呈现方面各个维度的分布比较均衡（48.7%）。

最后，在隐性渗透方面，"科学精神""科学态度""科学探究能力"维度渗透频次非常低，其中，"科学精神"维度（0.5）主要涉及创新改革精神；"科学态度"维度（0.5）主要涉及追求创新；"科学探究能力"维度（1.0）主要涉及解决问题的能力。

"逻辑思维能力"维度（8.0）渗透频次较低，主要涉及比较、抽象、分析、综合等思维能力，比如："要培养他们观察、分析、综合等能力""讲授化学概念，要善于应用实验和举出实例，教会学生通过抽

---

① 课程教材研究所编：《20世纪中国中小学课程标准·教学大纲汇编 化学卷》，人民教育出版社2001年版，第224—225页。

象思维，把观察到的宏观现象跟微观世界里的微粒运动联系起来"[1963年《全日制中学化学教学大纲（草案）》]①。

"科学方法"维度（19.5）渗透频次很高，主要涉及实验、观察、类比等常用科学方法，比如："培养学生观察并解释自然界里和生产中发生的化学现象的技能""培养学生使用药品、仪器、联结实验装置并进行简单化学实验的技巧""教师演示和学生实验：比较石油分馏产物的挥发性"[1956年《中学化学教学大纲（修订草案）》]②。

隐性渗透方面各个维度的分布比较不均衡（64.4%）。

通过化学课程中德育内容编码统计表，分别绘制出初步发展阶段化学课程TMME显性呈现和隐性渗透情况，如图4-26、图4-27所示。

显性渗透	中学阶段			
	理念目标	课程内容	教学要求	其他
思想政治教育	●	◉		
社会公德教育	●	○	○	
个人品德教育		○	○	
劳动教育	◉			

图4-26 初步发展阶段化学课程TMME（显性呈现）

隐性渗透	中学阶段			
	理念目标	课程内容	教学要求	其他
科学精神	○			
科学方法	●	●	◉	○
科学态度	○			
科学探究能力	○			
逻辑思维能力		●	○	

图4-27 初步发展阶段化学课程TMME（隐性渗透）

---

① 课程教材研究所编：《20世纪中国中小学课程标准·教学大纲汇编 化学卷》，人民教育出版社2001年版，第249—250页。

② 课程教材研究所编：《20世纪中国中小学课程标准·教学大纲汇编 化学卷》，人民教育出版社2001年版，第224、240页。

第四章　中国中小学理科课程德育内容的初步发展阶段（1956—1965）

不难看出：

首先，在显性呈现方面，就分布情况而言，"思想政治教育"维度分布范围比较广，在课程标准文本前三个部分均有所分布；后三个维度分布范围比较窄，仅在文本理念目标、课程内容部分有所分布。

就受关注程度而言，"思想政治教育"维度的受关注程度比较低，仅在文本理念目标、课程内容部分比较受关注；后三个维度的受关注程度非常低，其中，"社会公德教育""劳动教育"维度仅在文本理念目标部分比较受关注。

其次，在隐性渗透方面，"科学方法"维度分布范围非常广，在课程标准文本四个部分均有所分布；"逻辑思维能力"维度分布范围比较广，在文本前三个部分均有所分布；其余三个维度分布范围非常窄，仅在文本理念目标部分有所分布。

就受关注程度而言，"科学方法"维度的受关注程度比较高，在文本前三个部分均比较受关注；其余四个维度的受关注程度均非常低，其中，"科学探究内容"仅在文本课程内容部分比较受关注，其余维度则没有比较受关注部分。

五　生物学课程中的德育内容

初步发展阶段（1956—1965）官方共颁布中学生物学课程标准（教学大纲）3份，其中初中阶段1份，六年制中学阶段2份。

根据初步发展阶段生物学课程德育内容频次统计表，绘制出初步发展阶段生物学课程标准（教学大纲）文本（均值）德育内容频次图、分布图，如图4-28、图4-29所示。

可以看出：

首先，就整体而言，生物学课程初中、中学阶段德育内容出现频次分别为4.0次/份、70.5次/份。

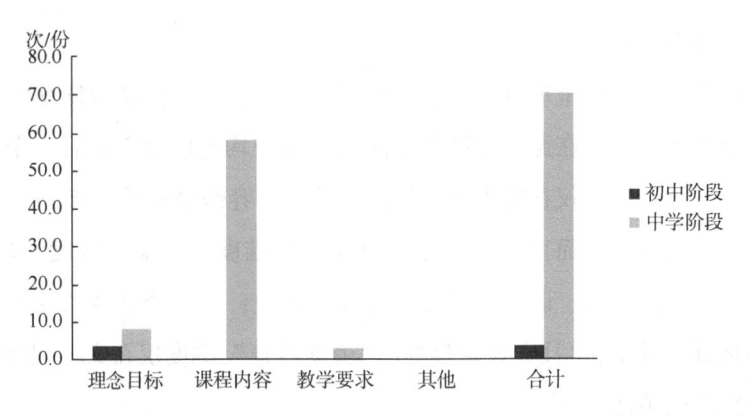

图 4-28 初步发展阶段生物学课程德育内容频次

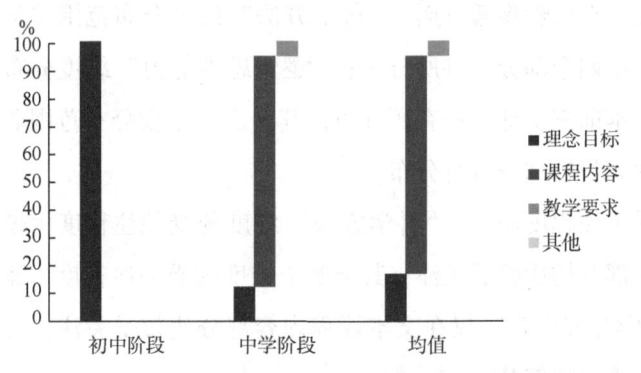

图 4-29 初步发展阶段生物学课程德育内容分布

其次,就课程文本四个部分而言,两个阶段文本差异性比较大,初中阶段德育内容仅在文本理念目标部分出现,中学阶段则集中出现在课程内容部分。

最后,就分布情况而言,整体分布上"课程内容"占比最高,"其他"占比最低,德育内容分布非常不均衡,均衡性指数为78.5%。

在中学生物学课程德育内容统计表的基础上,根据初步发展阶段理论分析框架进行内容分析进而编码,得到德育内容编码表,在此基础上得到德育内容编码统计表。

基于德育内容编码统计表进行统计,可以得到图4-30、图4-31、图4-32。

第四章 中国中小学理科课程德育内容的初步发展阶段（1956—1965）

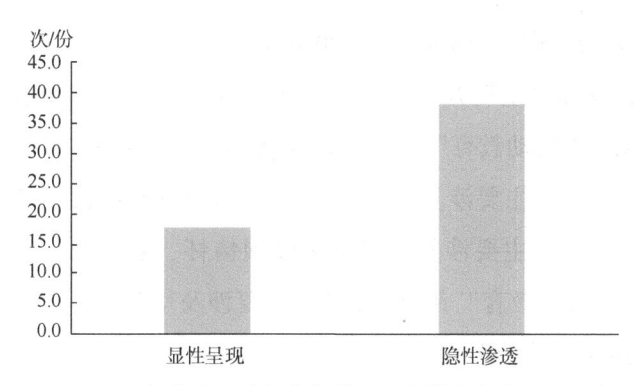

图4-30 初步发展阶段生物学课程中德育内容编码频次

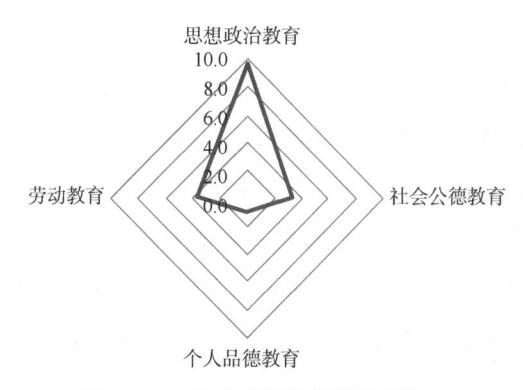

图4-31 生物学课程显性呈现频次

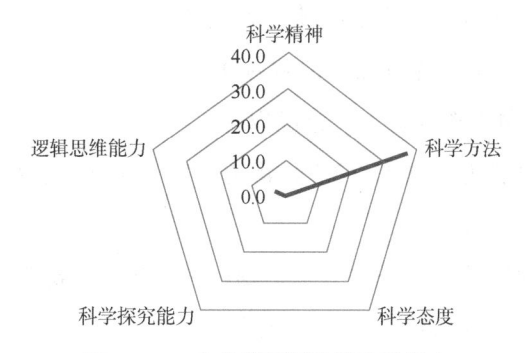

图4-32 生物学课程隐性渗透频次

可以发现：

首先，就整体而言，本阶段生物学课程中德育内容显性呈现频次明显低于隐性渗透频次，两者相差-20.6次/份。

其次，在显性呈现方面，课程标准文本中"个人品德教育""社会公德教育""劳动教育"维度呈现频次非常低，其中，"个人品德教育"维度（1.0）主要涉及勤俭节约等劳动习惯的养成；"社会公德教育"维度（3.3）主要涉及培养学生爱国情怀、爱劳动、爱护公共财物等内容；"劳动教育"维度（3.7）主要涉及培养学生热爱劳动的思想情感、勤俭节约的劳动习惯，使学生懂得农业是国民经济的基础，进一步克服轻视农业劳动的错误观点，树立社会主义农业是光荣事业的思想等内容。

"思想政治教育"维度（9.7）呈现频次较低，主要涉及培养学生辩证唯物主义世界观、工人阶级世界观、为国家奉献、国际主义精神、马克思列宁主义相关言论等内容，比如："实验园地实习又是对学生进行劳动教育的重要学科之一，它可以培养学生热爱劳动、遵守劳动纪律、爱护公共财物等社会主义的劳动态度，并且可以使学生养成集体劳动的习惯，计划和组织个人和集体劳动的能力"[1956年《初级中学实验园地实习教学大纲（草案）》][1]。

显性呈现方面各个维度的分布比较均衡（49.2%）。

最后，在隐性渗透方面，课程标准文本中没有出现"科学精神""科学态度""科学探究能力"维度内容。

"逻辑思维能力"维度（2.7）渗透频次非常低，主要涉及比较、递推等逻辑思维能力。

"科学方法"维度（35.7）渗透频次非常高，主要涉及观察、实验、类比等科学方法。比如，"组织学生在实验园地、实验室、生物角进行实习、实验和观察，应该使学生获得从事农业生产的实际技能"[1956

---

[1] 课程教材研究所编：《20世纪中国中小学课程标准·教学大纲汇编 生物卷》，人民教育出版社2001年版，第172页。

第四章 中国中小学理科课程德育内容的初步发展阶段（1956—1965）

年年《中学生物学教学大纲（修订草案）》][1]；"使学生获得生物实验实习的基本技能"［1963《全日制中学生物教学大纲（草案）》][2]。

隐性渗透方面各个维度的分布非常不均衡（93.0%）。

通过生物学课程中德育内容编码统计表，分别绘制出初步发展阶段生物学课程 TMME 显性呈现和隐性渗透情况，如图 4-33、图 4-34 所示。

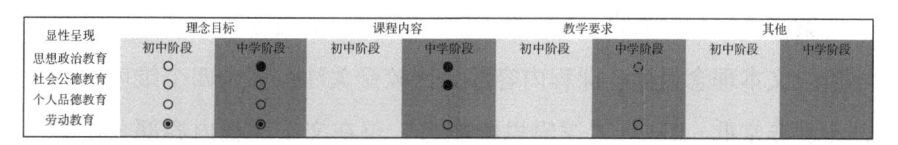

图 4-33　初步发展阶段生物学课程 TMME（显性呈现）

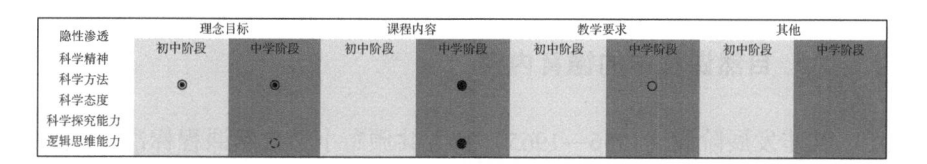

图 4-34　初步发展阶段生物学课程 TMME（隐性渗透）

不难看出：

首先，在显性呈现方面，就分布情况而言，"思想政治教育""劳动教育""社会公德教育"维度分布范围比较窄，其中，"思想政治教育""劳动教育"维度主要在课程标准文本前三个部分中学阶段分布，"社会公德教育"维度主要在文本前两个部分中学阶段分布。"个人品德教育"维度分布范围非常窄，仅在文本理念目标部分有所分布。

就受关注程度而言，各个维度的受关注程度均非常低，其中，"思想政治教育"维度在中学阶段文本理念目标、课程内容部分比较受关

---

[1] 课程教材研究所编：《20 世纪中国中小学课程标准·教学大纲汇编　生物卷》，人民教育出版社 2001 年版，第 178 页。
[2] 课程教材研究所编：《20 世纪中国中小学课程标准·教学大纲汇编　生物卷》，人民教育出版社 2001 年版，第 215 页。

注;"劳动教育"维度在文本理念目标部分比较受关注,"社会公德教育"维度在文本课程内容部分比较受关注。

其次,在隐性渗透方面,就分布情况而言,"科学方法"维度分布范围比较窄,主要分布在中学阶段文本前三个部分;其余四个维度分布非常窄,其中,"逻辑思维能力"维度主要分布在中学阶段文本理念目标、课程内容部分分布,其余三个维度没有相关内容分布。

就受关注程度而言,"科学方法"维度的受关注程度比较低,在中学阶段文本理念目标、课程内容部分比较受关注;其余四个维度的受关注程度非常低,其中,"逻辑思维能力"仅在文本课程内容部分中学阶段比较受关注,其余维度则没有内容受关注。

六 自然课程中的德育内容

初步发展阶段(1956—1965)官方共颁布小学自然课程标准(教学大纲)2份。

根据初步发展阶段小学自然课程德育内容频次统计表,绘制出初步发展阶段自然课程标准(教学大纲)文本(均值)德育内容频次图、分布图,如图4-35、图4-36所示。

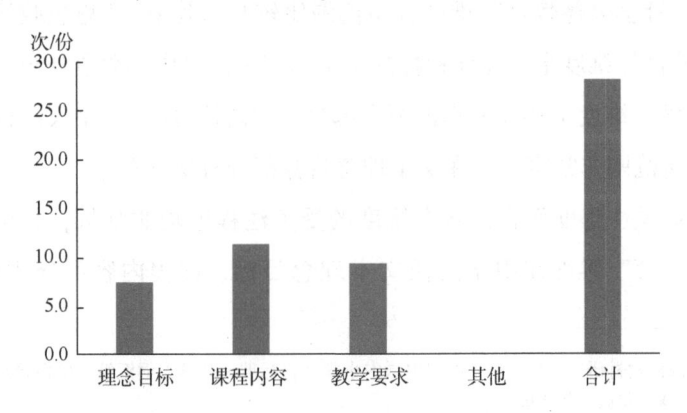

图4-35 初步发展阶段自然课程德育内容频次

第四章　中国中小学理科课程德育内容的初步发展阶段（1956—1965）

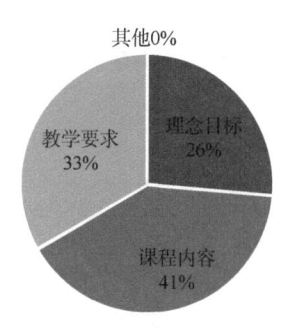

图 4 – 36　初步发展阶段自然课程德育内容分布

可以看出：

首先，就整体而言，小学自然课程德育内容频次为 28.5 次/份。

其次，就课程文本四个部分而言，"课程内容"德育内容频次较高，其次是"理念目标""教学要求"。

最后，就分布情况而言，整体分布上"课程内容"占比最高，"其他"占比最低，德育内容分布比较均衡，均衡性指数为 40.4%。

在小学自然课程德育内容统计表的基础上，根据初步发展阶段理论分析框架进行内容分析进而编码，得到德育内容编码表，在此基础上得到德育内容编码统计表。

基于德育内容编码统计表进行统计，可以得到图 4 – 37、图 4 – 38、图 4 – 39。

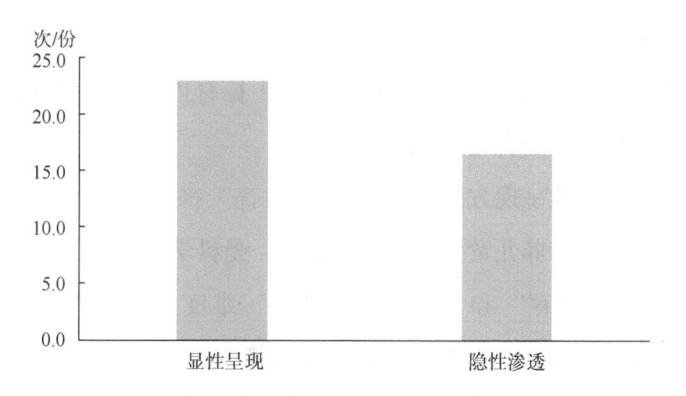

图 4 – 37　初步发展阶段自然课程德育内容编码频次

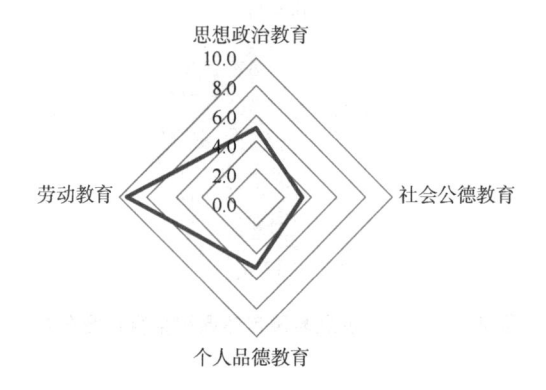

图 4-38 自然课程显性呈现频次

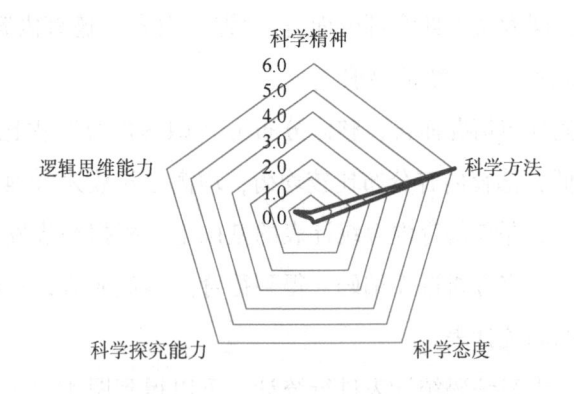

图 4-39 自然课程隐性渗透频次

可以发现:

首先,就整体而言,本阶段自然课程中德育内容显性呈现频次略高于隐性渗透频次,两者相差 6.5 次/份。

其次,在显性呈现方面,"社会公德教育"维度(3.5)呈现频次非常低,主要涉及培养儿童爱祖国、爱劳动、爱科学等内容。

"政治思想教育"和"个人品德教育"维度呈现频次很低,其中,"思想政治教育"维度(5.0)主要涉及培养儿童辩证唯物主义世界观,培养学生爱国主义思想等内容;"个人品德教育"维度(5.0)主要涉及

第四章　中国中小学理科课程德育内容的初步发展阶段（1956—1965）

培养学生卫生习惯和相关规则意识。

"劳动教育"维度（9.5）呈现频次较低，主要涉及养成劳动习惯、加强对学生进行为农业服务的教育等内容，比如："培养儿童的劳动观点、劳动习惯和简单的劳动技能""田地、菜园、果园中的秋季劳动"[1956年《小学自然教学大纲（草案）》]①；"要积极参加力所能及的生产劳动和自然保护、改造自然等活动"[1963年《全日制小学自然教学大纲（草案）》]②。

显性呈现方面各个维度的分布比较均衡（26.1%）。

最后，在隐性渗透方面，"科学探究能力"维度没有渗透频次。

"科学精神""科学态度""逻辑思维能力"维度渗透频次非常低，其中，"科学精神"维度（0.5）主要涉及实践精神；"科学态度"维度（0.5）主要涉及尊重实践等内容；"逻辑思维能力"维度（1.5）主要涉及分析、比较等思维能力。

"科学方法"（14.0）维度渗透频次较高，主要涉及观察、实验、类比等科学方法。比如："系统地观察自然界和农业生产的季节变化，记载各季的自然历"[1956年《小学自然教学大纲（草案）》]③；"这首先是在观察实验的基础上，引导儿童对事物进行分析比较"[1963年《全日制小学自然教学大纲（草案）》]④ 等。

隐性渗透方面各个维度的分布非常不均衡（84.8%）。

通过自然课程中德育内容编码统计表，分别绘制出初步发展阶段自

---

① 课程教材研究所编：《20世纪中国中小学课程标准·教学大纲汇编　自然·社会·常识·卫生卷》，人民教育出版社2001年版，第48、54页。
② 课程教材研究所编：《20世纪中国中小学课程标准·教学大纲汇编　自然·社会·常识·卫生卷》，人民教育出版社2001年版，第62页。
③ 课程教材研究所编：《20世纪中国中小学课程标准·教学大纲汇编　自然·社会·常识·卫生卷》，人民教育出版社2001年版，第55页。
④ 课程教材研究所编：《20世纪中国中小学课程标准·教学大纲汇编　自然·社会·常识·卫生卷》，人民教育出版社2001年版，第63页。

然课程 TMME 显性呈现和隐性渗透情况，如图 4－40、图 4－41 所示。

显性呈现	小学阶段			其他
	理念目标	课程内容	教学要求	
思想政治教育	●	○	○	
社会公德教育	●	○	○	
个人品德教育	○	●	○	
劳动教育	●	●	●	

图 4－40　初步发展阶段自然课程 TMME（显性呈现）

隐性渗透	小学阶段			其他
	理念目标	课程内容	教学要求	
科学精神	○			
科学方法	●	●	●	
科学态度	○			
科学探究能力				
逻辑思维能力	○		○	

图 4－41　初步发展阶段自然课程 TMME（隐性渗透）

不难看出：

首先，在显性呈现方面，就分布情况而言，各个维度分布均范围比较广，在课程标准文本前三个部分均有所分布。

就受关注程度而言，"劳动教育"维度的受关注程度比较高，在文本前三个部分均比较受关注；其余三个维度的受关注程度非常低，其中，"思想政治教育""社会公德教育"维度在文本理念目标部分比较受关注；"个人品德教育"维度在文本课程内容部分比较受关注。

其次，在隐性渗透方面，就分布情况而言，"科学方法"维度分布范围比较广，在课程标准文本前三个部分均有所分布；"逻辑思维能力"维度分布范围比较窄，仅在文本理念目标、教学要求部分有所分布；"科学精神""科学态度"维度分布范围非常窄，仅在文本理念目标部分有所分布；"科学探究能力"维度没有相关内容分布。

就受关注程度而言，"科学方法"维度的受关注程度比较高，在课程标准文本前三个部分均比较受关注；其余维度的受关注程度非常低，

第四章 中国中小学理科课程德育内容的初步发展阶段（1956—1965）

没有比较受关注的文本部分；"科学探究能力"维度没有相关内容受关注。

第四节 理科课程中德育内容的比较分析

初步发展阶段中小学理科课程中德育内容呈现特征各有不同。图4-42中可见不同阶段（小学、初中、高中、中学）各门理科课程德育内容频次，图4-43中可见不同文本部分（理念目标、课程内容、教学要求、其他）各门理科课程德育内容分布。

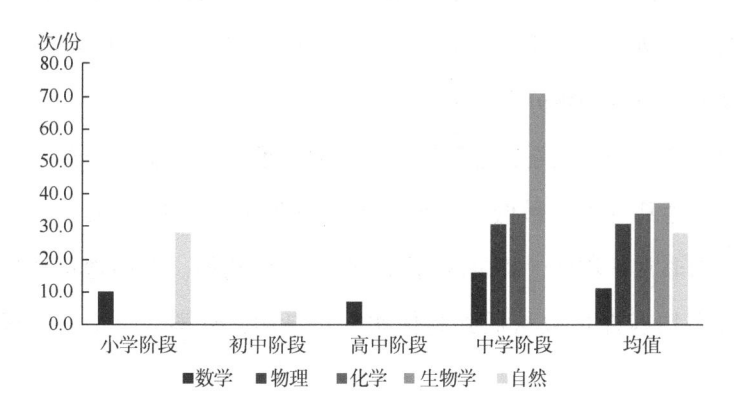

图4-42 初步发展阶段理科课程德育内容频次

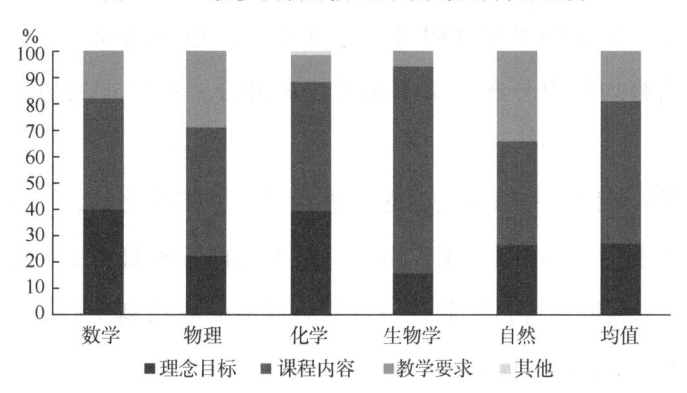

图4-43 初步发展阶段理科课程德育内容分布

可以看出：

首先，从整体上看，五门课程中生物学课程德育内容频次最高（37.3次/份），数学课程频次最低（11.2次/份），明显低于其他四门课程；五门理科课程德育内容频次均值从高到低依次为：生物学，化学，物理，自然，数学。初步发展阶段中小学理科课程德育内容频次学科差异性指数为26.1。

其次，从阶段上看，小学阶段数学、自然课程当中，数学课程德育内容频次较低，仅10.5次/份，明显低于自然课程；初中阶段仅有生物学课程文本；高中阶段仅有数学课程文本；中学阶段自然课程德育内容频次最高（70.5次/份），且明显高于数学、物理、化学课程。小学、中学学科差异性指数分别为18.0和54.5。

最后，从分布上看，理科课程在课程标准文本课程内容部分占比最高，在其他部分占比最低，分布比较不均衡（51.2%）。其中，生物学课程分布非常不均衡，其余四门课程分布比较均衡。五门理科课程德育内容分布均衡性指数从低到高依次为：自然，数学，化学，物理，生物学。

综上所述，数学课程德育内容频次明显低于其他四门理科课程，中学阶段生物学课程频次明显高于其他三门理科课程。五门理科课程德育内容均集中分布在文本课程内容部分，在文本其他部分占比最低。

将理科课程中的德育内容逐条进行编码并统计之后，可以得出各个学科德育内容编码频次图，由于每个德育内容条目当中往往涉及不止一个二级编码内容，因此各门课程合计编码频次高于内容频次，如图4-44至图4-46所示。

第四章 中国中小学理科课程德育内容的初步发展阶段（1956—1965）

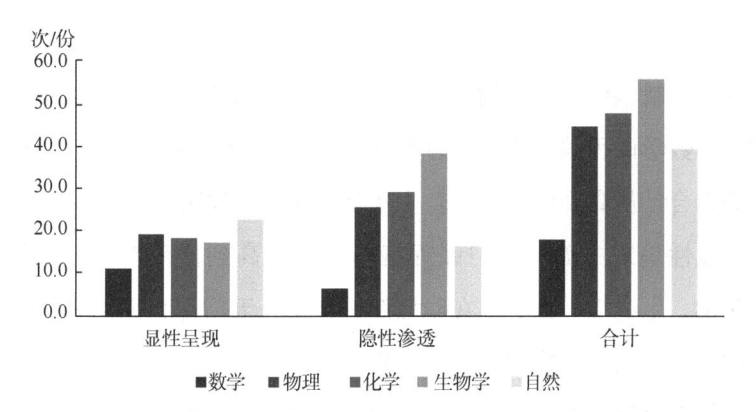

图 4-44 初步发展阶段理科课程德育内容编码频次

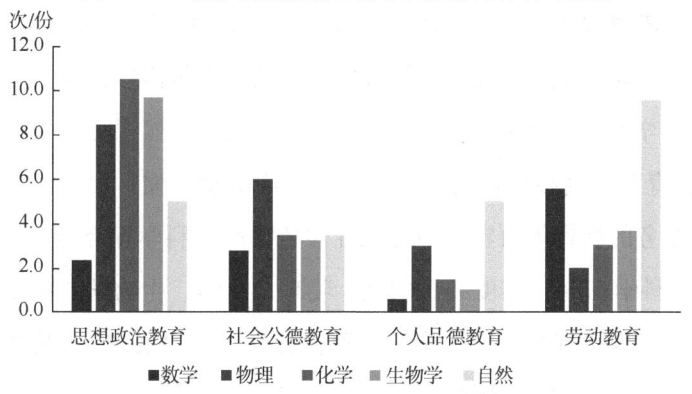

图 4-45 理科课程显性呈现频次

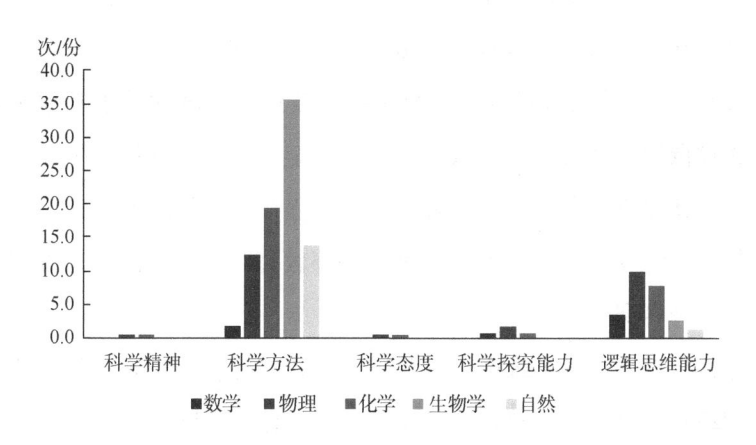

图 4-46 理科课程隐性渗透频次

可以看出：

首先，就整体而言，物理、化学、生物学课程编码频次比较接近且比较高，数学课程编码比较低且明显低于其他理科课程。五门课程德育内容编码合计从高到低依次为：生物学，化学，物理，自然，数学。

在显性呈现方面，五门课程编码频次从高到低依次为：自然，物理，化学，生物学，数学；在隐性渗透方面，五门课程编码频次从高到低依次为：生物学，物理，化学，自然，数学。

就显性呈现、隐性渗透差异性而言，数学、自然课程显性呈现频次高于隐性渗透频次，主要原因在于数学课程显性呈现方面"劳动教育"维度频次较高，主要涉及未来从事生产劳动意识等内容，同时隐性渗透方面"科学精神""科学态度"维度频次较低；自然课程显性呈现方面"劳动教育"维度频次较高，主要涉及养成劳动习惯，加强对学生进行为农业服务的教育等内容，同时隐性渗透方面"科学探究能力""科学精神""科学态度"维度频次较低。物理、化学、生物学课程隐性渗透频次高于显性呈现频次。生物学课程差异性最大（20.7），其次是化学课程（11.0），其余三个维度比较接近且低于10.0。

其次，就显性呈现方面而言，五门课程在"思想政治教育"维度频次较高，在"个人品德教育"维度频次较低。其中，数学课程在"思想政治教育""社会公德教育""个人品德教育"维度均低于其他理科课程；物理课程在"社会公德教育"维度明显高于其他理科课程，在"劳动教育"维度低于其他理科课程；化学课程在"思想政治教育"维度高于其他理科课程；自然课程在"个人品德教育""劳动教育"维度明显高于其他理科课程。

显性呈现方面各个维度学科差异性比较接近，从小到大依次为：社会公德教育，个人品德教育，劳动教育，思想政治教育。

最后，就隐性渗透方面而言，五门课程在"科学方法"维度频次较高，其次是"逻辑思维能力"维度。其中，数学课程在"科学精神""科学方法"维度频次低于其他理科课程，在"科学方法"维度频次明显低于其他理科课程；物理课程在"科学精神""科学态度""科学探究能力""逻辑思维能力"维度频次均高于其他理科课程；化学、自然课程在"科学精神""科学态度"维度频次与物理课程相同，高于其他理科课程；生物学课程在"科学方法"维度频次明显高于其他理科课程，但是在"科学精神""科学态度""科学探究能力"维度均没有内容；自然科学在"科学探究能力""逻辑思维能力"维度频次低于其他理科课程。

隐性渗透方面各个维度学科差异性在"科学方法"维度差异非常大（33.9），明显大于其他理科课程，其余课程差异比较接近，从小到大依次为：科学精神，科学态度，科学探究能力，逻辑思维能力，科学方法。

综上所述，物理、化学、生物学编码频次比较接近且高于自然、数学课程；数学课程在显性呈现、隐性渗透方面频次均为最低。显性呈现方面，各个维度差异性比较接近。隐性渗透方面，生物学课程与其他课程分布范围差异比较大，"科学方法"维度差异性明显大于其他维度。

第五节　本章小结

第一，在德育内容整体频次方面，物理、化学、生物学课程频次比较接近且较高，皆大于 30 次/份；数学课程频次明显低于其他理科课程。数学课程仅在小学、高中、中学阶段有课程文本，其中在小学、中学阶段明显低于其他理科课程。理科课程文本分布比较不均衡；生物学课程分布均衡性指数明显高于其他理科课程，文本分布非常不均衡；其他理科课程分布皆为比较不均衡。各门理科课程皆在文本课程内容部分占比最大。

第二，在德育内容编码频次方面，显性呈现频次自然课程略高于其他理科课程，数学课程略低于其他理科课程；隐性渗透频次生物学课程略高于其他理科课程，数学课程明显低于其他理科课程。编码频次总和生物学课程高于其他理科课程，数学课程明显低于其他理科课程。除了数学、自然课程，其他三门课程德育内容编码显性呈现频次皆低于隐性渗透频次，其中生物学课程差额明显大于其他理科课程，数学课程差额最小。

第三，在德育内容显性呈现方面，自然课程在个人品德教育、劳动教育维度频次略高于其他理科课程；数学课程则在前三个维度频次略低于其他理科课程。各个维度学科差异性指数比较接近且较小，皆在0—10的范围内。

第四，在德育内容隐性渗透方面，物理课程在"科学方法"之外的其他维度频次略高于其他理科课程；而生物学课程在"科学精神""科学态度""科学探究能力"维度皆为最低，在"科学方法"维度则明显高于其他理科课程。除了"科学方法"维度，其他四个维度学科差异性指数比较接近且较小，皆在0—10的范围内；"科学方法"维度学科差异性指数明显大于其他维度。

第五，在德育内容TMME图方面。

显性呈现方面，理科课程均值在"思想政治教育""社会公德教育"维度分布比较广；在"个人品德""劳动教育"维度分布范围比较窄。就小学—初中学段而言，各个维度衔接程度皆比较弱，仅在文本理念目标部分有所衔接。就初中—高中学段而言，"思想政治""社会公德教育"维度衔接程度比较弱；"个人品德""劳动教育"维度衔接程度非常弱，没有相邻学段有所衔接。就小学—中学学段而言，各个维度衔接程度皆非常强，在相邻学段皆有所衔接。"劳动教育"维度受关注程度

第四章　中国中小学理科课程德育内容的初步发展阶段（1956—1965）

比较低,其他维度受关注程度皆非常低。

隐性渗透方面,"科学方法"维度分布范围比较广,仅在文本教学要求、其他部分分布较少;"逻辑思维能力"维度分布范围比较窄;其他维度分布范围皆非常窄。就小学—初中学段而言,仅"科学方法"维度衔接程度比较弱,在文本理念目标部分有所衔接;其他维度衔接程度皆非常弱。就初中—高中学段而言,"科学方法""逻辑思维能力"维度衔接程度非常弱,没有相邻学段衔接;其他维度没有文本分布。就小学—中学学段而言,"逻辑思维能力"维度衔接程度非常强;"科学方法"维度衔接程度比较强;其他维度则比较弱。"科学方法"维度受关注程度比较低,其他维度受关注程度皆非常低。

总而言之,就初步发展阶段而言,物理、化学、生物学德育内容频次比较接近且较大,数学明显小于其他理科课程。数学在德育内容编码两个方面重视程度皆较低。在显性呈现方面,数学重视程度较低;在隐性渗透方面,物理重视程度较高。

物理、化学、生物学德育内容频次分别为31.0,34.0,37.3,数学德育内容频次为11.2。数学在德育内容编码两个方面频次皆为最低,在隐性渗透频次明显低于其他理科课程。在显性呈现方面,数学在"思想政治教育""社会公德教育""个人品德教育"维度理科课程中频次皆为最低;在隐性渗透方面,物理在科学方法之外的其他维度频次皆为最高。除了"科学方法"维度,其他各个维度学科差异性指数比较接近且较小。

第五章 中国中小学理科课程德育内容的发展阶段（1976—1987）

第一节 发展阶段德育背景

1976年10月，党中央采取果断措施，一举粉碎了"四人帮"。以此为标志，宣告了对党和国家造成十年浩劫的"文化大革命"结束。遭到了严重破坏的教育，需要尽快恢复和发展。教育领域中的拨乱反正，是以批判"两个估计"为突破口，以恢复高考制度为标志，以平反冤假错案和调整知识分子政策为重点而逐步展开的。[1]

1977年2月《人民日报》发表《政治思想工作要加强》的文章。文章指出：抓纲治国，政治思想工作很重要。1979年4月，教育部在北京召开全国中小学思想政治教育工作座谈会。会议认为，目前加强中小学的思想政治教育工作，必须从新时期的总任务出发，对中小学学生集中地进行必须坚持四项基本原则的宣传教育，并结合进行革命理想和共产主义道德品质教育。

1981年3月，教育部发出《关于小学开设思想品德课的通知》，提出从当年秋季开始，小学各年级普遍设立思想品德课。指出，小学

---

[1] 王炳照等编：《简明中国教育史》，北京师范大学出版社2008年版，第491页。

第五章　中国中小学理科课程德育内容的发展阶段（1976—1987）

思想品德课是对学生进行初步的共产主义思想品德教育的重要途径之一。思想品德教育要遵循党的四项基本原则和党的教育方针，着重达到系列要求。同年，教育部颁布《中学生守则》和《小学生守则》，这是加强和改善思想政治教育工作，用马克思主义世界观和共产主义道德教育青少年的一项重要措施，从中可以窥见对于中小学生的总体德育要求。其中，《中学生守则》相关内容包括："一、热爱祖国、热爱人民，拥护中国共产党。努力学习，准备为社会主义现代化贡献力量"；"二、按时到校，不迟到，不早退，不旷课"；"三、专心听讲，勤于思考，认真完成作业"[①]；"五、积极参加劳动，爱惜劳动成果"；"六、生活俭朴"；"七、遵守学校纪律，遵守公共秩序，遵守国家法令"；"八、尊敬师长，团结同学，对人有礼貌，不骂人，不打架"；"九、热爱集体，爱护公物，不做对人民有害的事"；"十、诚实谦逊，有错就改"。[②]

1982年9月，中国共产党第十二次全国代表大会召开。在建设有中国特色社会主义理论的指引下，我国开始探索建设有中国特色社会主义教育的发展道路，提出"教育要面向现代化，面向世界，面向未来"和培养"四有新人"的要求，大力推进教育体制改革，普及九年义务教育，加强中外教育交流和合作。[③]

以《中共中央关于教育体制改革的决定》《中华人民共和国义务教育法》等系列文件颁布为标志，我国中小学理科课程在"初步发展阶段"的基础上，历经十年"全面停滞阶段"之后，进入"发展阶段"。

---

① 第四条为"坚持锻炼身体，积极参加有益的文娱活动"，属于体育方面的内容，没有列入。
② 何东昌主编：《中华人民共和国重要教育文献（1976—1990）》，海南出版社1998年版，第1971页。
③ 王炳照等编：《简明中国教育史》，北京师范大学出版社2008年版，第499页。

第二节　发展阶段中小学课程中的德育要求

发展阶段（1976—1987）官方共颁布中小学课程（教学）计划6份。

全国教育工作会议以后，根据会议对中小学条例修改稿所提意见进行了讨论和修改。1978年，教育部发布《关于试行全日制中学暂行工作条例（试行草案）、全日制小学暂行工作条例（试行草案）的通知》。其中，《全日制中学暂行工作条例（试行草案)》（1978）规定的全日制中学生的培养目标中，"要教育学生永远高举和捍卫毛主席的伟大旗帜，使学生具有爱国主义和国际主义精神，具有共产主义道德品质，拥护共产党的领导，拥护社会主义，立志为社会主义事业服务，为人民服务；逐步培养学生的工人阶级的阶级观点、劳动观点、群众观点、辩证唯物主义观点"；"逐步具有自学能力和分析问题、解决问题的能力，养成爱科学、学科学、用科学的优良风尚"[1]等内容涉及德育要求。另外，在"第三章　思想政治教育"中阐述了德育的具体内容，包括"培养学生具有爱国主义和国际主义精神，教育学生拥护中国共产党，拥护社会主义，立志为社会主义事业服务，为人民服务；逐步对学生进行工人阶级的阶级观点、劳动观点、群众观点和辩证唯物主义观点的教育，逐步树立工人阶级的世界观"；"要加强保卫祖国的国防观念的教育"；"要教育学生热爱劳动"；"要加强为农业服务的教育"；等等。[2]

在《全日制小学暂行工作条例（试行草案)》规定的全日制小学学生的培养目标中，"使学生具有爱祖国、爱人民、爱劳动、爱科学、爱

---

[1] 课程教材研究所编：《20世纪中国中小学课程标准·教学大纲汇编　课程（教学）计划卷》，人民教育出版社2001年版，第304页。
[2] 课程教材研究所编：《20世纪中国中小学课程标准·教学大纲汇编　课程（教学）计划卷》，人民教育出版社2001年版，第307—308页。

第五章 中国中小学理科课程德育内容的发展阶段（1976—1987）

护公共财物等品德，拥护社会主义，拥护共产党"；"培养良好的学习习惯"；"使学生的身心得到正常的发展"等内容涉及德育要求。另外，在"第三章 思想品德教育"中阐述了德育的具体内容，包括"必须对学生进行共产主义思想品德教育"，除了"五爱"公德教育内容，还包括"要对学生进行学习人民解放军的教育"；"要教育学生尊重教师和长辈，对同学、兄弟姊妹要互助友爱，提倡助人为乐，对人有礼貌。要教育学生尊敬师长，不懒惰，不说谎，不打架，不骂人，不自私自利，不奢侈浪费"等内容。①

同年，在《全日制十年制中小学教学计划试行草案》中小学的任务中强调"没有正确的政治观点，就等于没有灵魂"。

在《全日制六年制重点中学教学计划试行草案》（1981）任务与要求中，提出"要使学生具有爱国主义精神，培养共产主义道德品质，逐步树立无产阶级世界观和人生观，立志为人民服务，为实现祖国的社会主义现代化服务"等内容要求。②

综上所述，本阶段中小学课程中的德育内容，主要包括显性呈现方面：对学生进行共产主义思想政治教育；使学生具有"五爱"的国民公德教育；培养学生遵守纪律、文明礼貌、诚实谦逊、勇敢活泼、艰苦朴素等公民私德教育；培养学生心理正常发展（心理健康），具有良好的学习习惯等心理健康教育。

根据本阶段德育要求教育背景以及课程计划，针对理科课程德育内容逐条进行分析，首先将其分为显性呈现和隐性渗透两个方面进行分类，其次根据本阶段中小学课程中的德育要求，结合理科课程自身特点，初步建立理论编码框架，见表5-1。

---

① 课程教材研究所编：《20世纪中国中小学课程标准·教学大纲汇编 课程（教学）计划卷》，人民教育出版社2001年版，第315—323页。
② 课程教材研究所编：《20世纪中国中小学课程标准·教学大纲汇编 课程（教学）计划卷》，人民教育出版社2001年版，第338页。

表 5-1　发展阶段中小学理科课程德育内容分析框架及编码

显性呈现		隐性渗透	
指标体系	对应编码	指标体系	对应编码
思想政治教育	Ⅰ	科学精神	A
社会公德教育	Ⅱ	科学方法	B
个人品德教育	Ⅲ	科学态度	C
法治教育	Ⅳ	科学探究能力	D
—		逻辑思维能力	E

资料来源：显性呈现方面主要根据《全日制小学暂行工作条例（试行草案）》《全日制中学暂行工作条例（试行草案）》(1978)、《小学生守则》《中学生守则》(1981)、《关于加强小学法制教育的意见》(1985)等德育政策制定，具体内容详见附录一"发展阶段理科课程德育内容显性呈现方面内容阐释"。隐性渗透方面具体内容详见附录二"理科课程德育内容隐性渗透方面内容阐释"。

第三节　理科课程中的德育内容

一　理科课程德育内容整体情况概述

综合发展阶段中小学理科课程标准文本，分别得到各个学段理科课程德育内容频次图以及编码频次图，如图 5-1 至图 5-4 所示。

图 5-1　发展阶段理科课程德育内容频次图①

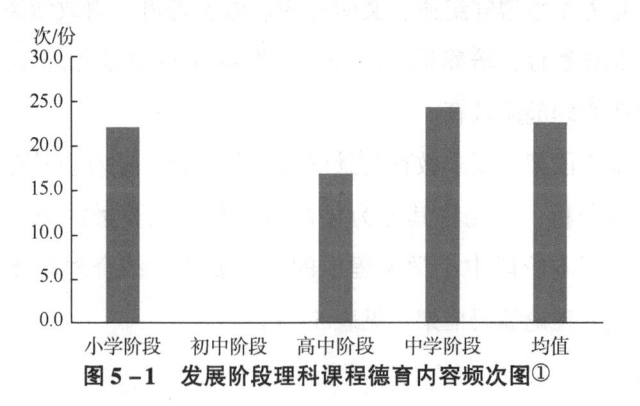

注：五门理科课程标准皆没有初中阶级文本，故没有相关数据。

---

① 中学阶段数据是指从课程标准文本中无法直接划分初中和高中两部分的文本数据，下同。

第五章 中国中小学理科课程德育内容的发展阶段（1976—1987）

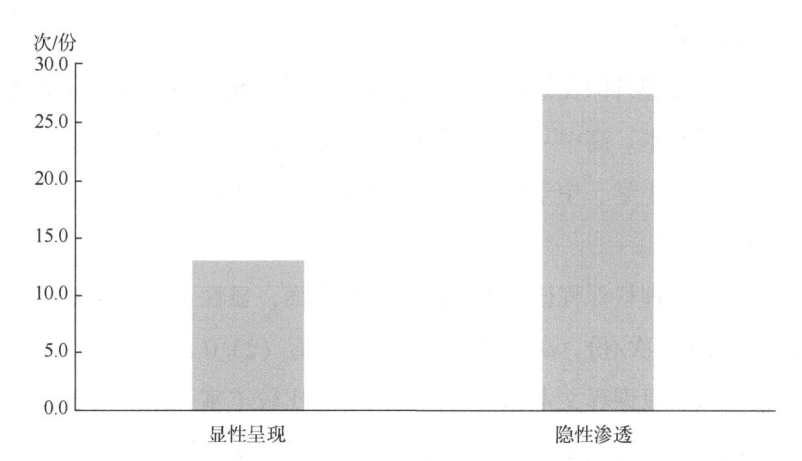

图 5-2 发展阶段理科课程德育内容编码频次

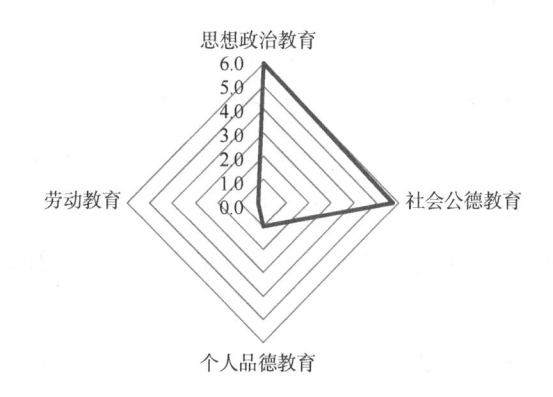

图 5-3 发展阶段理科课程显性呈现频次

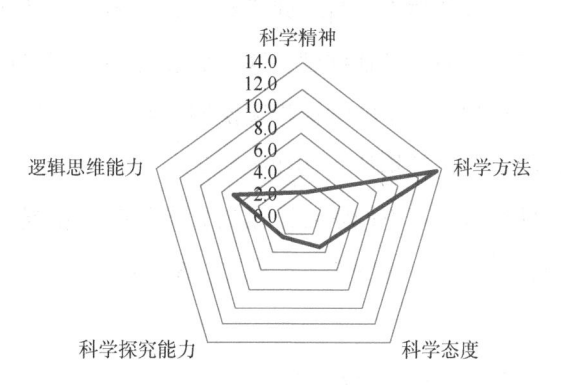

图 5-4 发展阶段理科课程隐性渗透频次

由此可见：

第一，在理科课程德育内容出现频次方面，五门理科课程标准皆没有初中阶段文本。高中①阶段频次最低，这与化学、生物学在该阶段频次最低有关；小学、中学②阶段频次比较接近且较高。小学—中学阶段频次相差 -2.3。

第二，在理科课程德育内容编码频次方面，显性呈现、隐性渗透编码总和为 39.9 次/份，高于德育内容频次均值（23.0 次/份），在一定程度上说明该阶段课程文本德育内容编码情况比较丰富，同一内容条目两次以上编码的情况较多。显性呈现编码频次低于隐性渗透编码频次，两者相差 -14.3 次/份。

第三，在理科课程显性呈现编码频次方面，"法制教育""个人品德教育"维度频次比较接近且较低，前者与物理之外的其他四门课程频次皆为最低有关，后者与物理、化学课程频次皆为最低有关（化学课程在这两个维度皆为 0.0）；"思想政治教育"维度频次最高，这与数学、生物学、自然课程频次皆为最高有关。显性呈现方面各个维度的分布比较均衡（45.3%）。

第四，在理科课程隐性渗透编码频次方面，"科学精神""科学探究能力"维度频次比较接近且较低，前者与数学、化学、生物学课程频次皆为最低有关，后者与物理、自然课程频次最低有关；"科学方法"维度频次最高，且明显高于其他维度，这与数学之外的四门理科课程频次皆为最高有关，且物理、生物学课程频次明显高于其他维度。隐性渗透方面各个维度的分布比较均衡（40.8%）。

综合五门理科课程在不同学习阶段的分布及关注情况，绘制理科课程德育内容加权追踪图，如图 5-5、图 5-6 所示。

---

① 高中阶段取物理、化学、生物学课程均值。
② 中学阶段取自然之外其他四门理科课程均值。

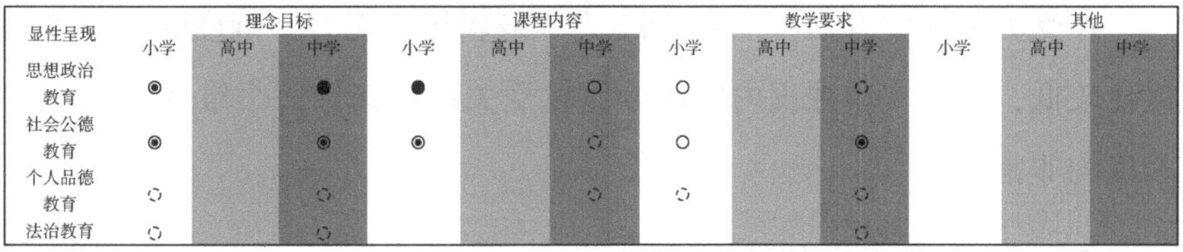

第五章　中国中小学理科课程德育内容的发展阶段（1976—1987）

图 5-5　发展阶段理科课程 TMME（显性呈现）

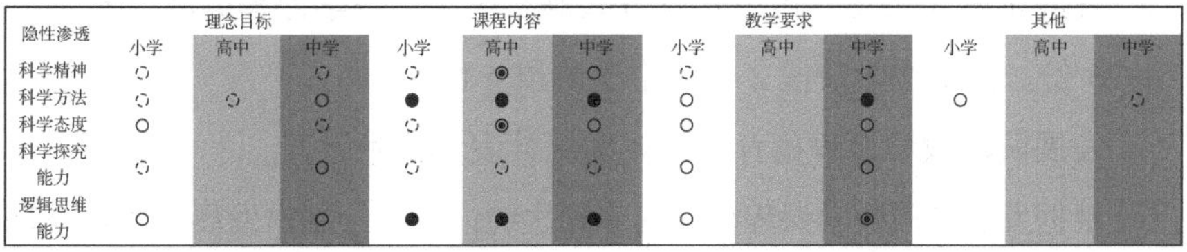

图 5-6　发展阶段理科课程 TMME（隐性渗透）

不难看出：

首先，就显性呈现方面而言，前三个维度分布范围比较窄，其中，前两个维度集中分布在课程标准文本前三个部分，"个人品德教育"集中分布在文本理念目标、教学要求部分；"法制教育"维度分布非常窄，仅集中分布在文本理念目标部分。

小学—中学衔接情况，前两个维度衔接程度非常强，在文本涉及部分均有所衔接；"个人品德教育"维度衔接程度比较强，仅在文本课程内容部分没有衔接；"法制教育"维度衔接程度比较弱，仅在文本理念目标部分有所衔接。

受关注程度，"社会公德教育"维度受关注程度比较低，仅在理念目标部分比较受关注；其余三个维度受关注程度非常低，其中，"思想政治教育"维度仅在文本理念目标部分比较受关注。

其次，就隐性渗透方面而言，"科学方法"维度分布范围非常广，在课程标准文本四个部分均有所分布；其余四个维度分布范围比较广，均集中分布在文本前三个部分。

小学—中学阶段各个维度衔接程度均非常强，在文本涉及部分均有所衔接。

· 183 ·

在受关注程度方面,"科学方法""逻辑思维能力"维度的受关注程度比较低,都在文本课程内容部分比较受关注;其余三个维度的受关注程度均非常低。

二 数学课程中的德育内容

发展阶段(1976—1987)官方共颁布中小学数学课程标准(教学大纲)6份。其中小学阶段2份,中学阶段4份。

发展阶段数学课程德育内容频次统计表详见附录五。

根据发展阶段数学课程德育内容频次统计表,绘制出发展阶段数学课程标准(教学大纲)文本(均值)德育内容频次图、分布图,如图5-7、图5-8所示。

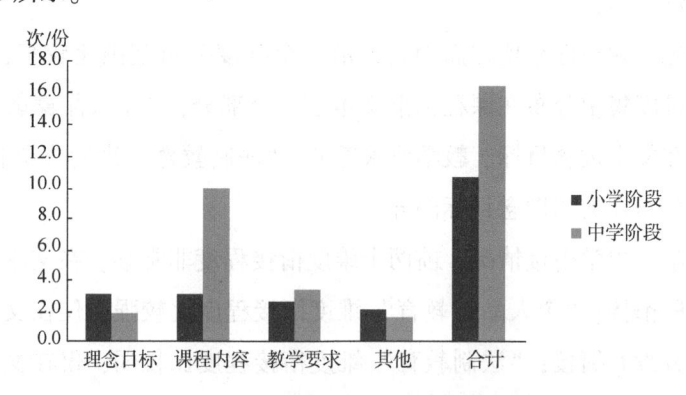

图5-7 发展阶段数学课程德育内容频次

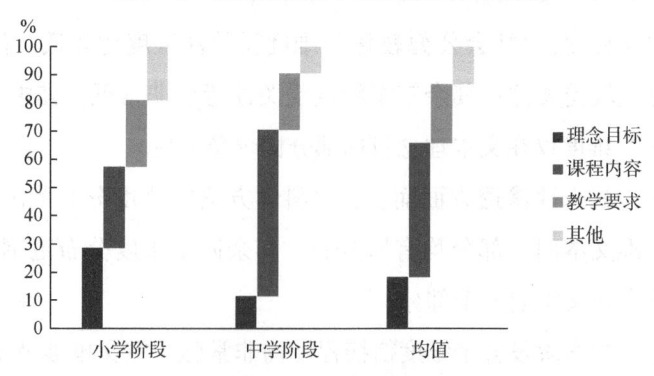

图5-8 发展阶段数学课程德育内容分布

第五章 中国中小学理科课程德育内容的发展阶段（1976—1987）

可以看出：

首先，就整体而言，数学课程小学、中学阶段德育内容频次逐级递增。小学阶段频次较低（10.5），中学阶段频次较高（16.4），小学、中学阶段德育内容出现频次相差 -5.2 次/份。

其次，就课程文本四个部分而言，在"理念目标""其他"部分小学阶段频次高于中学阶段，其余部分反之；其中，在"课程内容"部分高中阶段频次明显高于小学阶段。小学数学在课程内容、教学要求部分低于中学数学；小学—中学阶段德育内容频次差异性指数为9.3。

最后，就分布情况而言，整体分布上"课程内容"占比最高，"其他"占比最低，德育内容分布比较均衡，均衡性指数为34.1%。

小学阶段在"理念目标""课程内容"部分占比最高，在"其他"部分占比最低，德育内容分布非常均衡，均衡性指数为9.6%。中学阶段在"课程内容"部分占比最高，在"其他"占比最低，德育内容分布比较不均衡，均衡性指数为50.7%。

在中小学数学课程德育内容统计表的基础上，根据发展阶段理论分析框架进行内容分析进而编码，得到德育内容编码表，在此基础上得到德育内容编码统计表，详见附录六。

基于德育内容编码统计表进行统计，可以得到图 5-9、图 5-10、图 5-11。

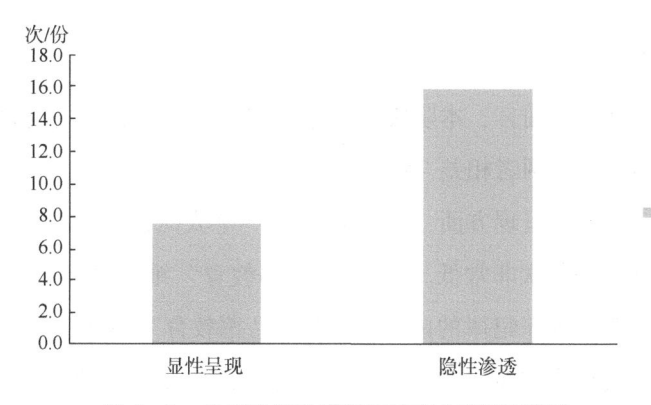

图 5-9 发展阶段数学课程德育内容编码频次

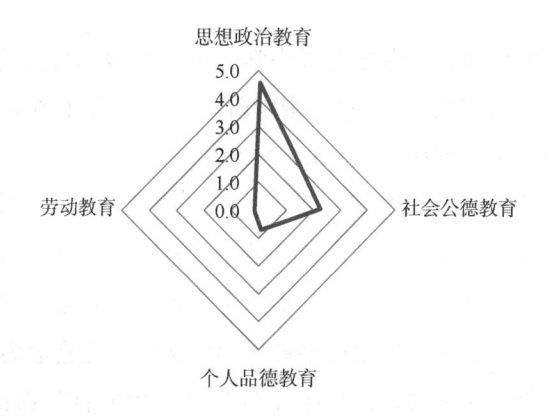

图 5-10　数学课程显性呈现频次

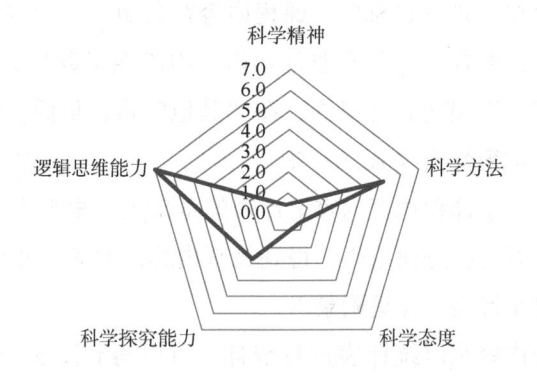

图 5-11　数学课程隐性渗透频次

可以发现：

首先，就整体而言，本阶段数学课程中德育内容显性呈现频次略低于隐性渗透频次，两者相差 -8.3 次/份。

其次，在显性呈现方面，"法制教育""个人品德教育""社会公德教育"维度呈现频次非常低。其中，"法制教育"维度（0.2 次/份）仅出现 1 次，涉及遵守纪律的内容；"个人品德教育"维度（0.7 次/份）主要涉及个人品质方面的内容；"社会公德教育"维度（2.2 次/份）主要涉及爱祖国、爱科学方面的内容。

第五章 中国中小学理科课程德育内容的发展阶段（1976—1987）

"思想政治教育"维度（4.5）呈现频次很低，主要涉及培养学生爱国主义精神、辩证唯物主义世界观等内容，比如："中学数学教学要以马克思主义、列宁主义、毛泽东思想为指导，教学内容的阐述要符合唯物论辩证法"[1978年《全日制十年制学校中学数学教学大纲（试行草案）》]①。

显性呈现方面各个维度的分布比较不均衡（56.6%）。

最后，在隐性渗透方面，"科学精神""科学态度""科学探究能力"维度渗透频次非常低。其中，"科学精神"维度（0.3）主要涉及独立思考、勇于创新等内容；"科学态度"维度（0.8）主要涉及善于思考、求知欲等内容；"科学探究能力"（2.8）主要涉及分析问题、解决问题能力等内容。

"科学方法""逻辑思维能力"维度渗透频次很低。其中，"科学方法"维度（5.0）主要涉及类比、集合、对应、消元、数形结合等数学思想方法，比如："数10以内的数（渗透集合思想）"[1978年《全日制十年制学校小学数学教学大纲（试行草案）》]②。"逻辑思维能力"维度（6.8）主要涉及归纳与演绎、分析与综合、抽象与概括、比较、递推等逻辑思维，比如："教学中，要从学生能够了解的实际事例或者已有的知识出发，积极启发、引导学生进行归纳、演绎、分析、综合、抽象、推广，使学生形成正确的数学概念，理解法则定理以及各种方法"[1982年《全日制六年制重点中学数学教学大纲（征求意见稿）》]③。

---

① 课程教材研究所编：《20世纪中国中小学课程标准·教学大纲汇编 数学卷》，人民教育出版社2001年版，第453页。
② 课程教材研究所编：《20世纪中国中小学课程标准·教学大纲汇编 数学卷》，人民教育出版社2001年版，第101页。
③ 课程教材研究所编：《20世纪中国中小学课程标准·教学大纲汇编 数学卷》，人民教育出版社2001年版，第488页。

隐性渗透方面各个维度的分布比较均衡（41.4%）。

通过数学课程中德育内容编码统计表，分别绘制出发展阶段数学课程 TMME 显性呈现和隐性渗透情况，如图 5-12、图 5-13 所示。

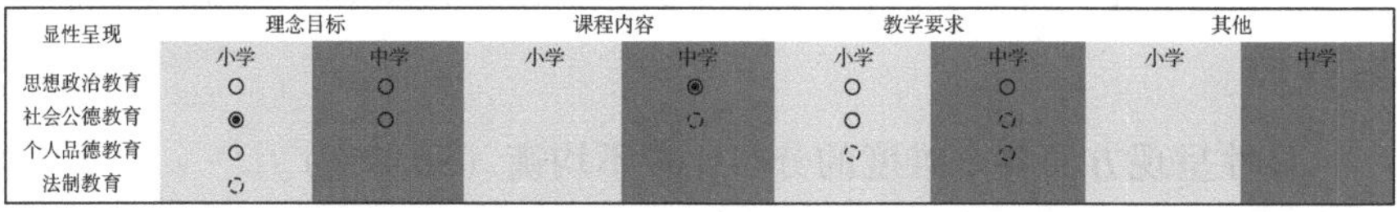

图 5-12 发展阶段数学课程 TMME（显性呈现）

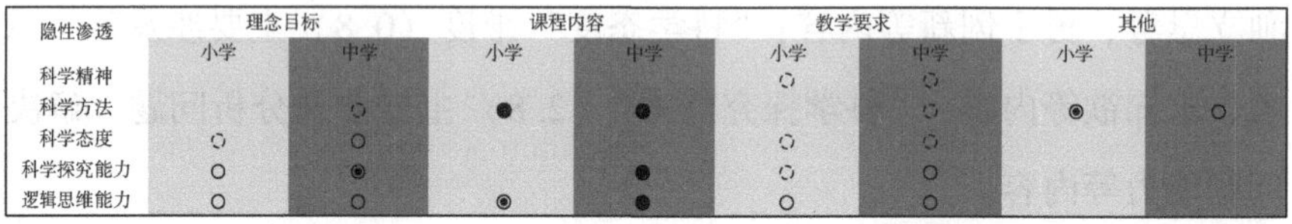

图 5-13 发展阶段数学课程 TMME（隐性渗透）

不难看出：

首先，在显性呈现方面，"思想政治教育""社会公德教育"维度分布范围比较广，仅在课程标准文本其他部分没有涉及；"个人品德教育"维度分布范围比较窄，仅在文本课程目标部分小学阶段以及教学要求部分有所涉及；"法制教育"维度分布范围非常窄，仅在文本课程目标部分小学阶段有所涉及。

就小学—中学阶段衔接情况而言，"思想政治教育""社会公德教育"维度衔接程度比较强，在文本课程目标、教学要求部分均有所衔接；"个人品德教育"维度衔接程度比较弱，在文本课程目标部分没有衔接；"法制教育"维度衔接程度非常弱，在文本涉及部分没有衔接内容。

就受关注程度而言，四个维度的受关注程度均非常低，其中，

"思想政治教育"维度仅在文本课程内容部分中学阶段比较受关注,"社会公德教育"维度仅在文本理念目标部分小学阶段比较受关注。

其次,在隐性渗透方面,"科学方法""逻辑思维能力""科学探究能力"维度分布范围比较广,其中,"逻辑思维能力""科学探究能力"维度仅在课程标准文本其他部分没有涉及;"科学态度"维度分布范围比较窄,仅在文本理念目标、教学要求部分有所涉及;"科学精神"维度分布范围非常窄,仅在文本教学要求部分有所涉及。

就小学—中学阶段衔接情况而言,"科学精神""科学态度""逻辑思维能力"维度衔接程度非常强,在文本涉及内容部分均有所衔接;"科学探究能力"维度衔接程度比较强,仅在文本课程内容部分没有衔接;"科学方法"维度衔接程度比较弱,在文本理念目标、教学要求部分没有衔接。

就受关注程度而言,"科学方法"维度的受关注程度比较低,在课程内容部分比较受关注;其余四个维度的受关注程度非常低,其中,"逻辑思维能力"维度仅在文本"课程内容"维度比较受关注。

三 物理课程中的德育内容

发展阶段(1976—1987)官方共颁布中学物理课程标准(教学大纲)3份。其中高中阶段1份,全日制中学阶段2份。

根据发展阶段物理课程德育内容频次统计表,绘制出发展阶段物理课程标准(教学大纲)文本(均值)德育内容频次图、分布图,如图5-14、图5-15所示。

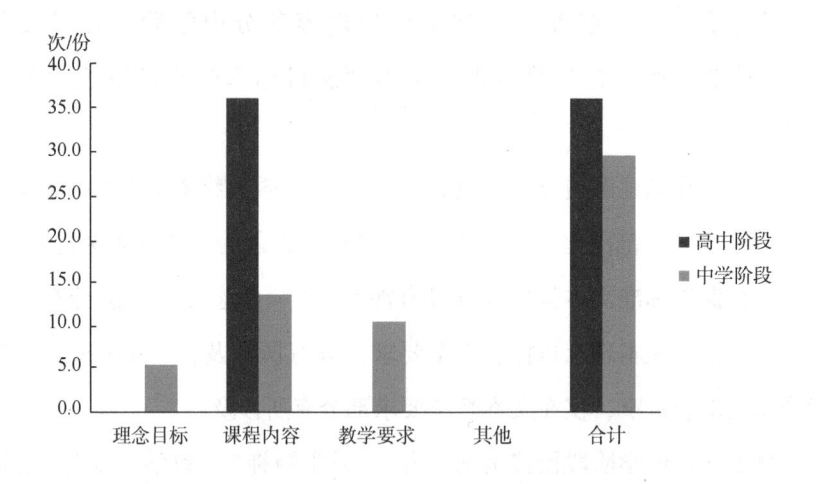

中国中小学理科课程德育内容的百年嬗变

图 5-14　发展阶段物理课程德育内容频次

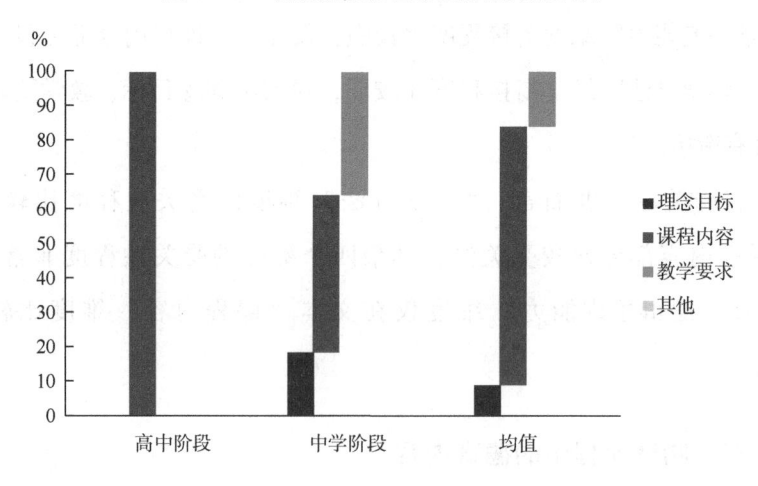

图 5-15　发展阶段物理课程德育内容分布

可以看出：

首先，就整体而言，物理课程高中、中学阶段德育内容频次分别为 36.0 次/份、29.5 次/份。

其次，就课程标准文本四个部分而言，高中阶段德育内容仅在课程内容部分有所涉及，且明显高于中学阶段德育内容频次。

·190·

第五章　中国中小学理科课程德育内容的发展阶段（1976—1987）

最后，就分布情况而言，整体分布上"教学内容"部分占比最高，德育内容分布非常不均衡，均衡性指数为75.4%。其中，高中阶段德育内容集中分布在"课程内容"部分；中学阶段在"教学内容"部分占比最高，德育内容分布比较均衡，均衡性指数为45.8%。

在物理课程德育内容统计表的基础上，根据发展阶段理论分析框架进行内容分析进而编码，得到德育内容编码表，在此基础上得到德育内容编码统计表。

基于德育内容编码统计表，可以得到图5-16、图5-17、图5-18。

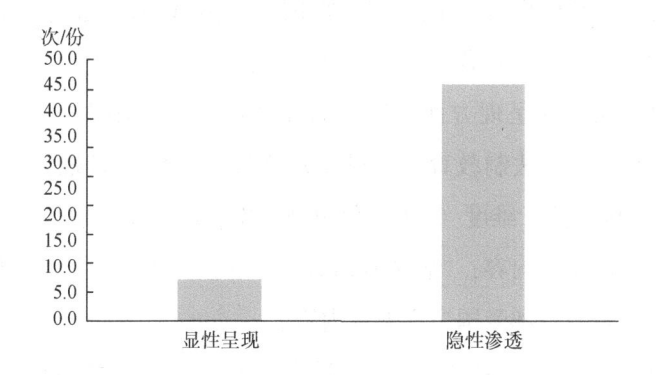

图5-16　发展阶段物理课程德育内容编码频次

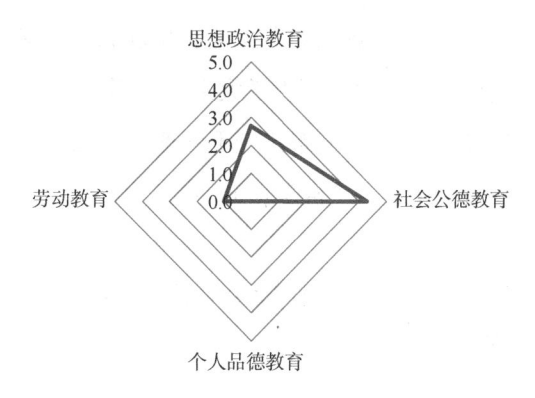

图5-17　物理课程显性呈现频次

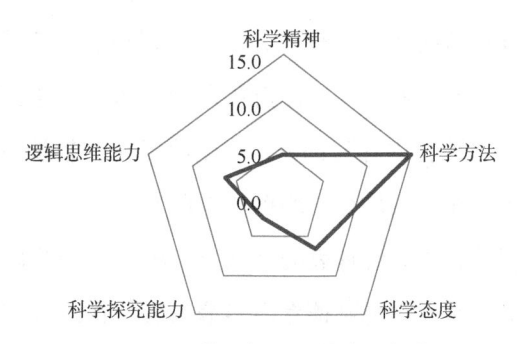

图 5-18 物理课程隐性渗透频次

可以发现：

首先，就整体而言，本阶段物理课程中德育内容显性呈现频次明显低于隐性渗透频次，两者相差 -37.0 次/份。

其次，在显性呈现方面，课程标准文本中没有出现"个人品德教育"维度内容。"法制教育""思想政治教育"维度呈现频次非常低。其中，"法制教育"维度（1.0）仅出现3次，涉及遵守纪律、遵守实验仪器安全操作规则内容；"思想政治教育"维度（2.7）主要涉及辩证唯物主义世界观教育和爱国主义教育内容。

"社会公德教育"维度（4.3）呈现频次很低，主要涉及爱祖国、爱科学、爱护公共财物等内容。例如："要结合物理教学进行辩证唯物主义教育和爱国主义教育""要教育学生爱护实验仪器，遵守安全操作规则"[1]（1986年《全日制中学物理教学大纲》）；等等。

显性呈现方面各个维度的分布比较不均衡（53.8%）。

最后，在隐性渗透方面，"科学探究能力"维度（3.7）渗透频次非常低。

"科学精神"维度（6.3）渗透频次很低，主要涉及实证精神、钻研精神、创新精神等内容。

---

[1] 课程教材研究所编：《20世纪中国中小学课程标准·教学大纲汇编 物理卷》，人民教育出版社2001年版，第315、317页。

第五章 中国中小学理科课程德育内容的发展阶段（1976—1987）

"科学态度""逻辑思维能力"维度渗透频次较低。其中，"科学态度"维度（8.3）主要涉及好奇心、尊重实证、追求创新等内容；"逻辑思维能力"维度（8.0）主要涉及分析、概括、抽象、推理、想象等内容。

"科学方法"维度（14.5）渗透频次较高，主要涉及观察、实验等物理学科常用的科学方法。比如："学习物理的注意事项：认真阅读课本，认真听课，多观察，认真做实验"［1983年《高中物理教学纲要（草案）》］①；"在理论和实际的结合中，要注意培养学生的实验、观察能力，培养学生从感性认识上升到理性认识的抽象思维能力和运用所学知识来分析和解决实际问题的能力"［1978年《全日制十年制学校中学物理教学大纲（试行草案）》］② 等内容。

隐性渗透方面各个维度的分布比较均衡（33.4%）。

通过物理课程中德育内容编码统计表，分别绘制出发展阶段物理课程 TMME 显性呈现和隐性渗透情况，如图 5-19、图 5-20 所示。

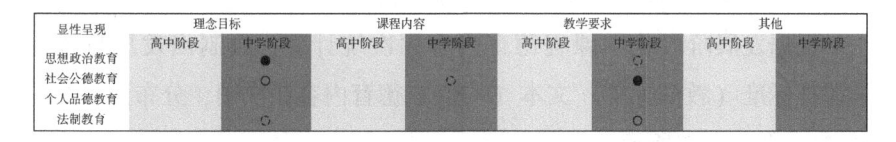

图 5-19　发展阶段物理课程 TMME（显性呈现）

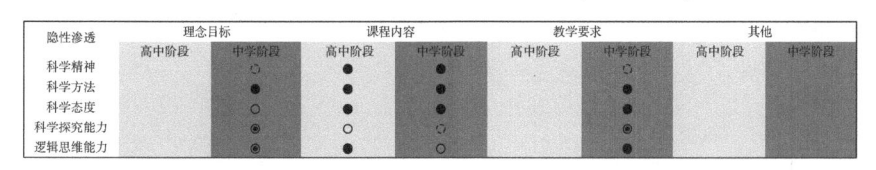

图 5-20　发展阶段物理课程 TMME（隐性渗透）

不难看出：

首先，在显性呈现方面，就分布情况而言，在"社会公德教育"维

---

① 课程教材研究所编：《20世纪中国中小学课程标准·教学大纲汇编　物理卷》，人民教育出版社2001年版，第277页。
② 课程教材研究所编：《20世纪中国中小学课程标准·教学大纲汇编　物理卷》，人民教育出版社2001年版，第242页。

度分布范围比较窄,仅在中学阶段课程标准文本前三个部分有所涉及;其余三个维度分布范围非常窄,其中,"思想政治教育""法制教育"维度仅在中学阶段文本理念目标、教学要求部分有所涉及,"个人品德教育"维度则没有相关内容分布。

就受关注程度而言,各个维度的受关注程度均非常低。

其次,在隐性渗透方面,就分布情况而言,各个维度分布均范围比较窄,主要集中在课程标准文本课程内容部分。

就受关注程度而言,"科学方法""科学态度""逻辑思维能力"维度的受关注程度比较低,其中,"科学方法""科学态度"维度主要在文本课程内容部分比较受关注;其余两个维度受关注程度非常低。

四 化学课程中的德育内容

发展阶段(1976—1987)官方共颁布中学化学课程标准(教学大纲)4份。其中高中阶段1份,中学阶段3份。

根据发展阶段化学课程德育内容频次统计表,绘制出发展阶段化学课程标准(教学大纲)文本(均值)德育内容频次图、分布图,如图5-21、图5-22所示。

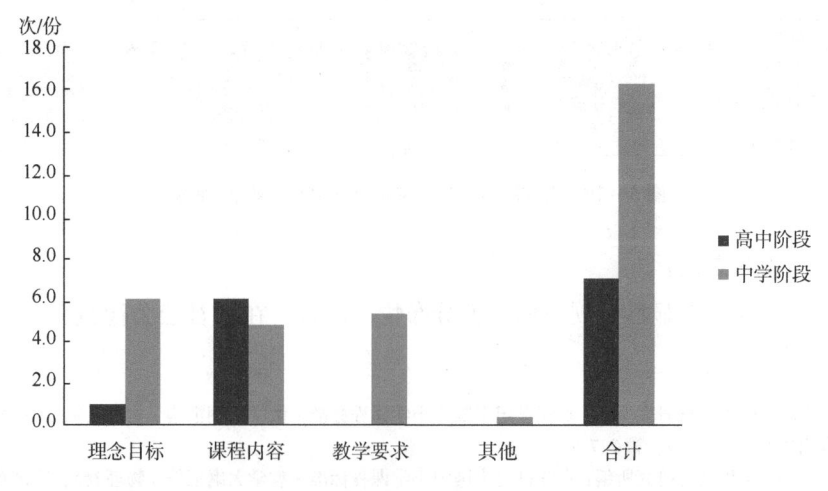

图5-21 发展阶段化学课程德育内容频次

第五章　中国中小学理科课程德育内容的发展阶段（1976—1987）

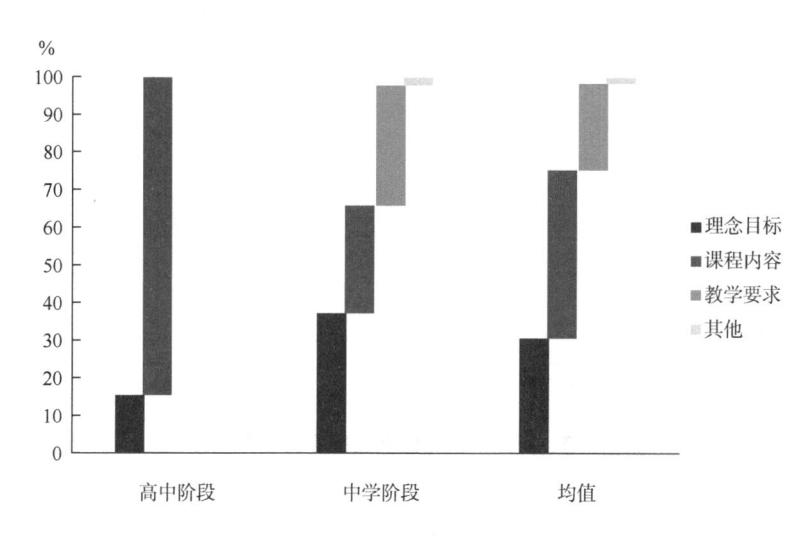

图 5-22　发展阶段化学课程德育内容分布

可以看出：

首先，就整体而言，化学课程高中、中学阶段德育内容频次分别为 7.0 次/份、16.3 次/份。

其次，就课程文本四个部分而言，高中、中学阶段德育内容主要集中在课程内容部分，在理念目标、教学要求部分差别比较大。

最后，就分布情况而言，整体分布上德育内容分布比较均衡，均衡性指数为 44.1%。其中，高中阶段主要分布在课程内容部分，德育内容分布非常不均衡，均衡性指数为 85.7%；中学阶段主要分布在理念目标部分，德育内容分布比较均衡，均衡性指数为 35.0%。

在化学课程德育内容统计表的基础上，根据发展阶段理论分析框架进行内容分析进而编码，得到德育内容编码表，在此基础上得到德育内容编码统计表。

基于德育内容编码统计表，可以得到图 5-23、图 5-24、图5-25。

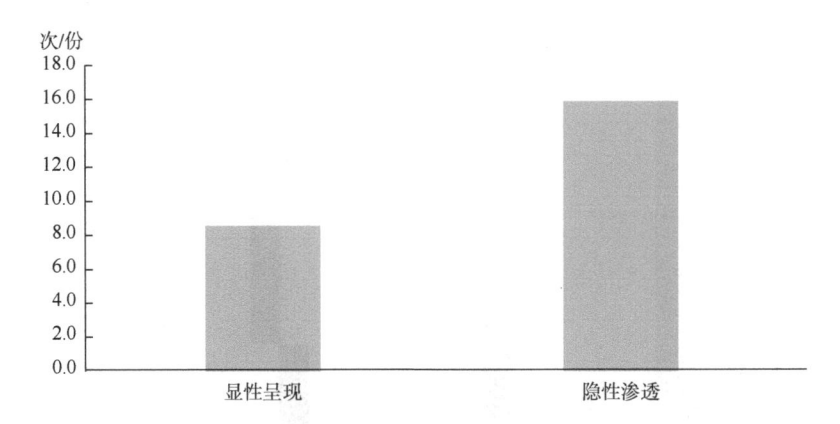

图 5-23　发展阶段化学课程德育内容编码频次

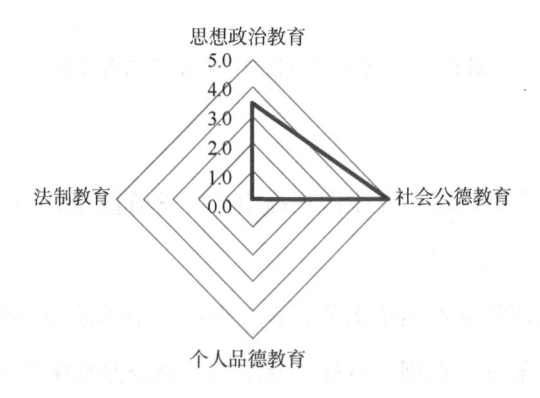

图 5-24　化学课程显性呈现频次

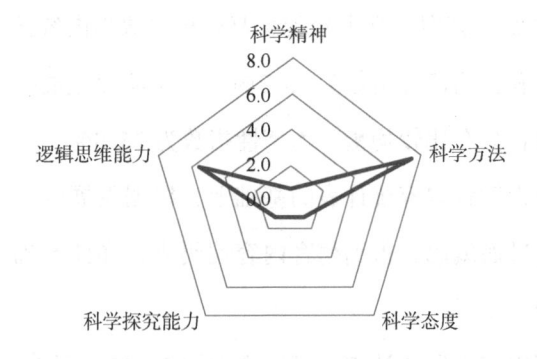

图 5-25　化学课程隐性渗透频次

第五章 中国中小学理科课程德育内容的发展阶段（1976—1987）

可以发现：

首先，就整体而言，本阶段化学课程中德育内容显性呈现频次略低于隐性渗透频次，两者相差 -7.3 次/份。

其次，在显性呈现方面，课程标准文本中没有"个人品德教育""法治教育"维度内容。

"思想政治教育"维度（3.5）呈现频次非常低，主要涉及爱国主义教育和辩证唯物主义教育的相关内容。

"社会公德教育"维度（5.0）呈现频次很低，主要涉及爱祖国、爱科学等内容，比如："为实现四个现代化而学好化学""培养他们为建设强大的社会主义祖国而钻研科学技术的精神"［1980年《全日制十年制学校中学化学教学大纲（试行草案）》］[1]。

显性呈现方面各个维度的分布比较不均衡（58.8%）。

最后，在隐性渗透方面，课程标准文本中"科学精神""科学态度""科学探究能力"维度渗透频次非常低。其中，"科学精神"维度（0.5）主要涉及创新精神等内容；"科学态度"维度（1.3）主要涉及追求创新、实事求是等内容；"科学探究能力"维度（1.3）主要涉及分析和解决问题等内容。

"逻辑思维能力"（5.5）和"科学方法"（7.3）维度渗透频次很低。其中，"逻辑思维能力"维度主要涉及比较、分析、抽象与概括等内容。比如："在教学中要尽可能通过观察、实验或对物质变化现象的分析，经过抽象、概括形成概念"[2]［1978年《全日制十年制学校中学化学教学大纲（试行草案）》］等内容。"科学方法"维度主要涉及

---

[1] 课程教材研究所编：《20世纪中国中小学课程标准·教学大纲汇编 化学卷》，人民教育出版社2001年版，第294—295页。

[2] 课程教材研究所编：《20世纪中国中小学课程标准·教学大纲汇编 化学卷》，人民教育出版社2001年版，第278页。

实验、观察等内容。比如："教师除了引导学生观察实验现象和自然现象以及组织参观工农业生产外，还应充分利用实物、图表、模型、幻灯等教具"①［1978年《全日制十年制学校中学化学教学大纲（试行草案）》］。

隐性渗透方面各个维度的分布比较均衡（42.8%）。

通过化学课程中德育内容编码统计表，分别绘制出发展阶段化学课程TMME显性呈现和隐性渗透情况，如图5-26、图5-27所示。

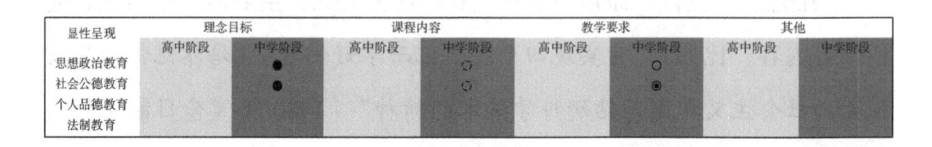

图5-26 发展阶段化学课程TMME（显性呈现）

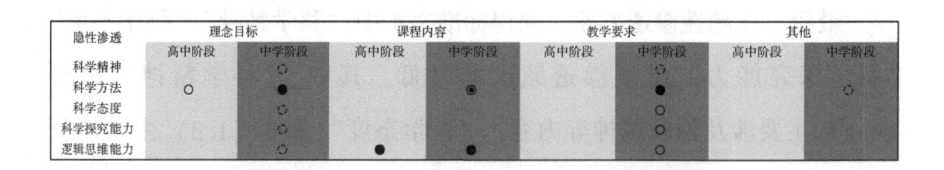

图5-27 发展阶段化学课程TMME（隐性渗透）

不难看出：

首先，在显性呈现方面，就分布情况而言，后两个维度没有相关内容分布；前两个维度分布范围比较窄，仅在中学阶段课程标准文本前三个部分有所分布。

就受关注程度而言，前两个维度的受关注程度非常低，仅在中学阶段理念目标部分比较受关注。

---

① 课程教材研究所编：《20世纪中国中小学课程标准·教学大纲汇编 化学卷》，人民教育出版社2001年版，第277页。

第五章　中国中小学理科课程德育内容的发展阶段（1976—1987）

其次，在隐性渗透方面，就分布情况而言，"科学方法"维度分布范围比较广，集中分布在课程标准文本理念目标部分。"逻辑思维能力"维度分布范围比较窄，集中分布在文本课程内容部分；其余三个维度分布范围非常窄。

就受关注程度而言，"科学方法"维度受关注程度比较低，主要在中学阶段文本前三个部分比较受关注；其余四个维度受关注程度非常低，其中，"逻辑思维能力"主要在文本课程内容部分比较受关注。

五　生物学课程中的德育内容

发展阶段（1976—1987）官方共颁布中学生物学课程标准（教学大纲）7 份。其中高中阶段 1 份，中学阶段 6 份。

根据发展阶段生物学课程德育内容频次统计表，绘制出发展阶段生物学课程标准（教学大纲）文本（均值）德育内容频次图、分布图，如图 5-28、图 5-29 所示。

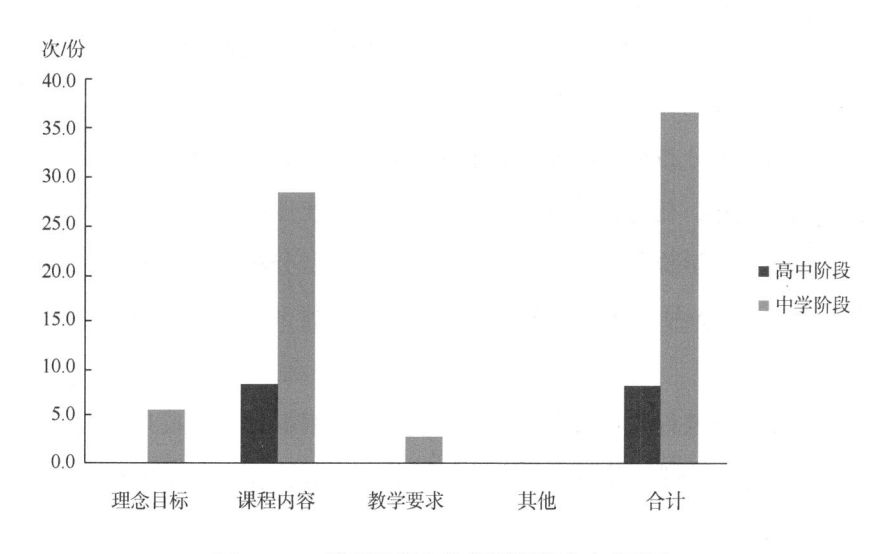

图 5-28　发展阶段生物学课程德育内容频次

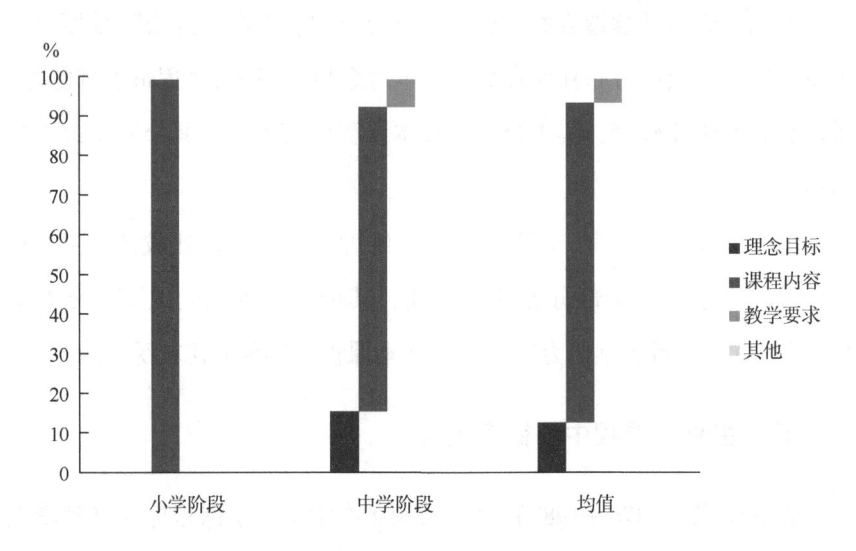

图 5-29 发展阶段生物学课程德育内容分布

可以看出：

首先，就整体而言，生物学课程高中、中学阶段德育内容出现频次分别为 8.0 次/份、36.6 次/份。

其次，就课程文本四个部分而言，主要集中在课程内容部分，高中、中学阶段在文本前三个部分差异比较大。

最后，就分布情况而言，整体分布上"课程内容"占比最大，"其他"占比最小，德育内容分布非常不均衡，均衡性指数为 81.3%。

其中，中学阶段仅在文本课程内容部分有所分布；中学阶段在"课程内容"部分占比最大，德育内容分布非常不均衡，均衡性指数为 77.3%

在生物学课程德育内容统计表的基础上，根据发展阶段理论分析框架进行内容分析进而编码，得到德育内容编码表，在此基础上得到德育内容编码统计表。

基于德育内容编码表，可以得到图 5-30、图 5-31、图 5-32。

第五章　中国中小学理科课程德育内容的发展阶段（1976—1987）

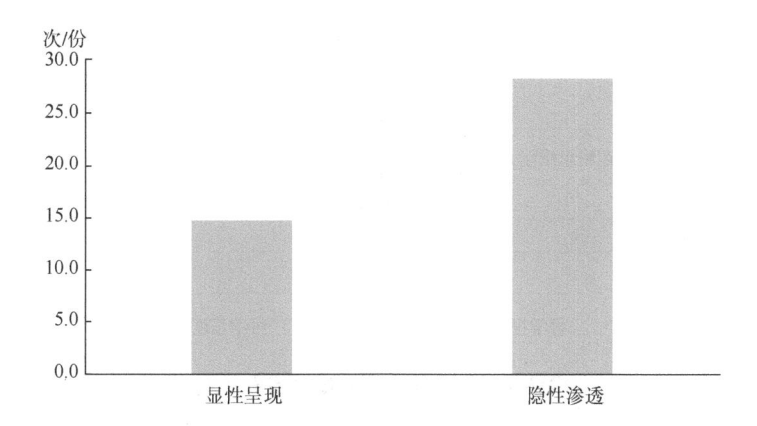

图 5-30　发展阶段生物学课程德育内容编码频次

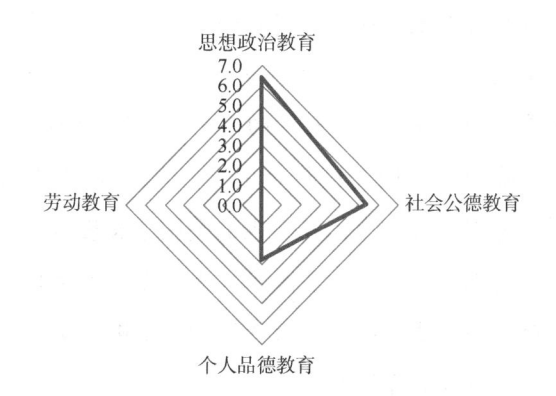

图 5-31　生物学课程显性呈现频次

可以发现：

首先，就整体而言，本阶段生物学课程中德育内容显性呈现频次明显低于隐性渗透频次，两者相差 -13.4 次/份。

其次，在显性呈现方面，课程标准文本中没有"法制教育"维度的相关内容。"个人品德教育"维度（2.9）呈现频次非常低，主要涉及"讲究卫生"等文明礼貌教育内容。

课程标准文本中"社会公德教育""思想政治教育"维度呈现频次很低，其中，"社会公德教育"（5.4）主要涉及爱祖国、爱人民、爱劳

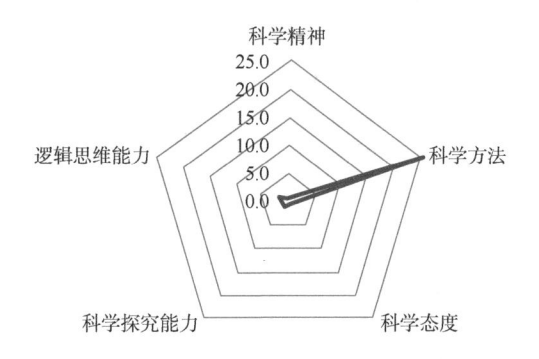

图 5-32　生物学课程隐性渗透频次

动、爱科学等内容,比如:"我国劳动人民勤劳智慧,自古以来,特别是新中国建立以后,在生物科学的研究和应用方面都有伟大的成就。选取这方面的教学内容,就有利于培养学生热爱党、热爱社会主义祖国、热爱劳动、热爱劳动人民、热爱科学的思想感情"[1978 年《全日制十年制学校中学生物教学大纲(试行草案)》][1]。"思想政治教育"维度(6.4)主要涉及包括爱国卫生运动在内的爱国主义教育、辩证唯物主义世界观等内容,比如:"通过教学内容,使学生学到生物科学的基础知识,并且受到辩证唯物主义观点的教育"[1980 年《全日制十年制学校中学生物教学大纲(试行草案)》][2]。

显性呈现方面各个维度的分布比较均衡(43.5%)。

最后,在隐性渗透方面,课程标准文本中"科学精神""科学态度""科学探究能力""逻辑思维能力"维度渗透频次非常低,其中,"科学精神"维度(0.4)主要涉及实践精神、创新精神等内容;"科学态度"维度(0.4)主要涉及尊重实践、追求创新等内容;"科学探究能力"维度(0.9)主要涉及分析和解决问题的能力;"逻辑思维能力"维度

---

[1]　课程教材研究所编:《20 世纪中国中小学课程标准·教学大纲汇编　生物卷》,人民教育出版社 2001 年版,第 240 页。
[2]　课程教材研究所编:《20 世纪中国中小学课程标准·教学大纲汇编　生物卷》,人民教育出版社 2001 年版,第 259 页。

第五章 中国中小学理科课程德育内容的发展阶段（1976—1987）

（1.6）主要涉及分析、比较等内容。

课程标准文本中"科学方法"维度（24.9）渗透频次非常高，主要涉及观察、实验、类比等科学方法。比如："观察植物细胞的有丝分裂"[1]［1984年《高中生物教学纲要（草案）》］；"种子成分的实验。用萌发的种子证明种子呼吸和呼吸放热的实验"[2]［1978年《全日制十年制学校中学生物教学大纲（试行草案）》］；等等。这与文本中课程内容部分涉及大量"观察""实验"等科学方法的内容有关。

隐性渗透方面各个维度的分布非常不均衡（86.9%）。

通过生物学课程中德育内容编码统计表，分别绘制出发展阶段生物学课程 TMME 显性呈现和隐性渗透情况，如图5-33、图5-34所示。

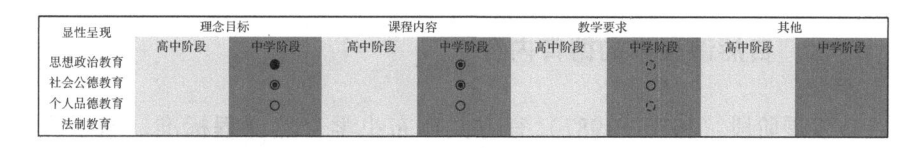

显性呈现	理念目标		课程内容		教学要求		其他	
	高中阶段	中学阶段	高中阶段	中学阶段	高中阶段	中学阶段	高中阶段	中学阶段
思想政治教育		●		●				
社会公德教育		◉		◉		○		
个人品德教育		○						
法制教育								

图5-33　发展阶段生物学课程 TMME（显性呈现）

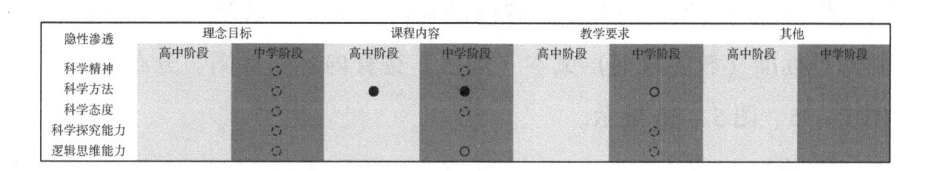

隐性渗透	理念目标		课程内容		教学要求		其他	
	高中阶段	中学阶段	高中阶段	中学阶段	高中阶段	中学阶段	高中阶段	中学阶段
科学精神		○						
科学方法		○	●	●		○		
科学态度		○				○		
科学探究能力		○				○		
逻辑思维能力		○						

图5-34　发展阶段生物学课程 TMME（隐性渗透）

不难看出：

首先，在显性呈现方面，就分布情况而言，前三个维度分布范围均比较窄，仅在中学阶段课程标准文本前三个部分有所分布。"法制教育"

---

[1]　课程教材研究所编：《20世纪中国中小学课程标准·教学大纲汇编　生物卷》，人民教育出版社2001年版，第282页。
[2]　课程教材研究所编：《20世纪中国中小学课程标准·教学大纲汇编　生物卷》，人民教育出版社2001年版，第243页。

维度则没有涉及相关内容。

就受关注程度而言，前三个维度的受关注程度均非常低，其中，"思想政治教育""社会公德教育"维度在中学阶段文本理念目标、课程内容部分比较受关注。

其次，在隐性渗透方面，就分布情况而言，"科学方法""逻辑思维能力"维度分布范围比较窄，"科学方法"维度主要分布在文本课程内容部分。其余三个维度分布范围非常窄。

就受关注程度而言，各个维度的受关注程度均非常低，其中，"科学方法"维度在文本课程内容部分比较受关注，其余四个维度没有比较受关注的部分。

六 自然课程中的德育内容

发展阶段（1976—1987）官方共颁布小学自然课程标准（教学大纲）3份。

根据发展阶段自然课程德育内容频次统计表，绘制出发展阶段自然课程标准（教学大纲）文本（均值）德育内容频次图、分布图，如图5-35、图5-36所示。

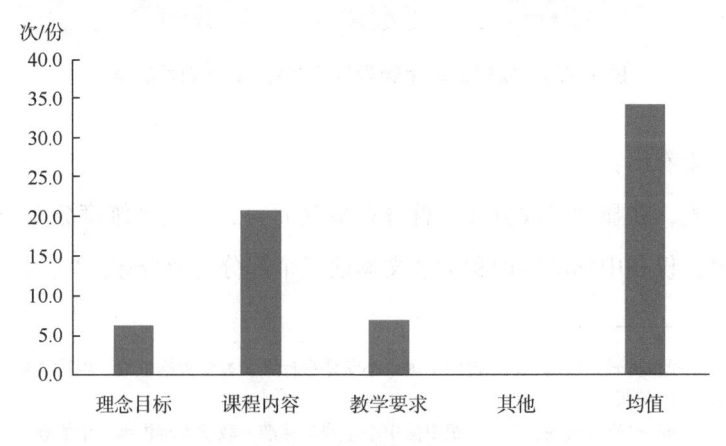

图5-35 发展阶段自然课程德育内容频次

第五章 中国中小学理科课程德育内容的发展阶段（1976—1987）

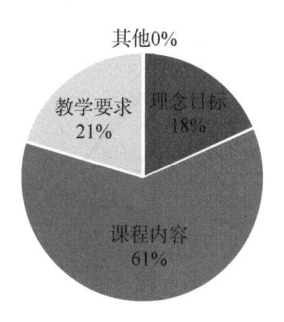

图 5-36 发展阶段自然课程德育内容分布

可以看出：

首先，就整体而言，小学阶段自然课程德育内容频次为 34.3 次/份。

其次，就课程文本四个部分而言，"课程内容"德育内容频次非常高，其次是"理念目标""教学要求"。

最后，就分布情况而言，整体分布上"课程内容"占比最高，"其他"占比最低，德育内容分布比较不均衡，均衡性指数为 61.2%。

在自然课程德育内容统计表的基础上，根据发展阶段理论分析框架进行内容分析进而编码，得到德育内容编码表，在此基础上得到德育内容编码统计表。

基于德育内容编码统计表，可以得到图 5-37、图 5-38、图 5-39。

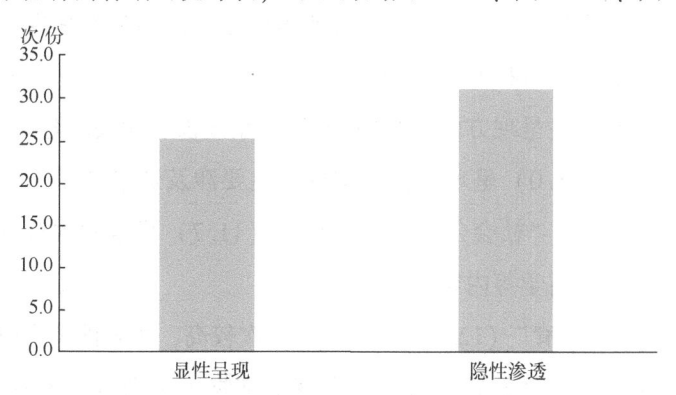

图 5-37 发展阶段自然课程德育内容编码频次

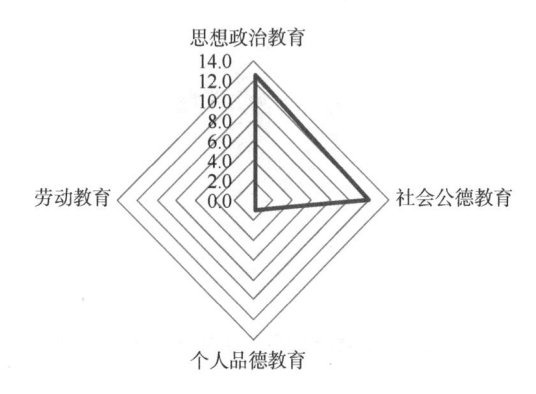

图 5-38 自然课程显性呈现频次

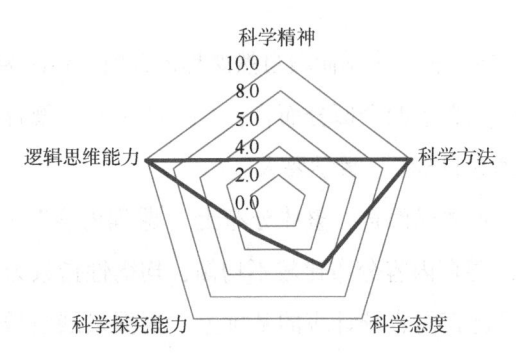

图 5-39 自然课程隐性渗透频次

可以发现：

首先，就整体而言，本阶段自然课程中德育内容显性呈现频次低于隐性渗透频次，两者相差 -5.7 次/份。

其次，在显性呈现方面，"法制教育"维度没有相关内容。"个人品德教育"维度（1.0）呈现频次非常低，主要涉及通过学习培养良好的心理品质等内容。"社会公德教育"维度（11.7）呈现频次较低，主要涉及爱祖国、爱科学等内容。

"思想政治教育"（12.7）维度呈现频次较高，主要涉及进行爱国主义教育、科学自然观教育，培养学生辩证唯物主义观点等内容，比如："应通过我国科学技术和工农业生产的发展，对学生进行热爱社会主义

第五章 中国中小学理科课程德育内容的发展阶段（1976—1987）

祖国，立志把我国建设成为社会主义的现代化强国的思想教育"①〔1978年《全日制十年制学校小学自然常识教学大纲（试行草案）》〕；"思想教育：介绍圭表和日晷，进行爱国主义教育"②（1986年《全日制小学自然教学大纲》）。值得一提的是，1986年《全日制小学自然教学大纲》中首次将"思想教育"内容单列，与知识、技能内容并列。

显性呈现方面各个维度的分布比较不均衡（50.0%）。

最后，在隐性渗透方面，"科学探究能力""科学精神"维度渗透频次非常低。其中，"科学探究能力"（2.7）维度主要涉及分析、解决问题的能力，制订计划、搜集证据、得出结论的能力，等等；"科学精神"（3.0）维度主要涉及实事求是、实证精神、探索精神等内容。"科学态度"（5.3）维度渗透频次很低，主要涉及尊重客观、尊重实践、善于思考等内容。

"科学方法""逻辑思维能力"维度渗透频次较低，其中，"科学方法"（10.0）维度主要涉及观察、实验等内容，比如："观察和实验时传授自然常识的重要手段，是自然常识教学的重要组成部分，教学中要尽量采用观察和实验，避免单纯地讲解阅读课文"③〔1978年《全日制十年制学校小学自然常识教学大纲（试行草案）》〕。"逻辑思维能力"（10.0）维度主要涉及分析、综合、抽象、概括、比较等内容，比如："在指导儿童认识自然界的过程中，着力培养、训练、发展他们学科学、用科学的能力，主要是观察能力、实验能力、逻辑思维能力、想象能力、创造能力，以及栽培、饲养、制作等能力"④〔1986年《全日制小

---

① 课程教材研究所编：《20世纪中国中小学课程标准·教学大纲汇编 自然·社会·常识·卫生卷》，人民教育出版社2001年版，第70页。
② 课程教材研究所编：《20世纪中国中小学课程标准·教学大纲汇编 自然·社会·常识·卫生卷》，人民教育出版社2001年版，第93页。
③ 课程教材研究所编：《20世纪中国中小学课程标准·教学大纲汇编 自然·社会·常识·卫生卷》，人民教育出版社2001年版，第81页。
④ 课程教材研究所编：《20世纪中国中小学课程标准·教学大纲汇编 自然·社会·常识·卫生卷》，人民教育出版社2001年版，第88—89页。

学自然教学大纲》]。

隐性渗透方面各个维度的分布非常均衡（23.6%）。

通过自然课程中德育内容编码统计表，分别绘制出发展阶段自然课程 TMME 显性呈现和隐性渗透情况。

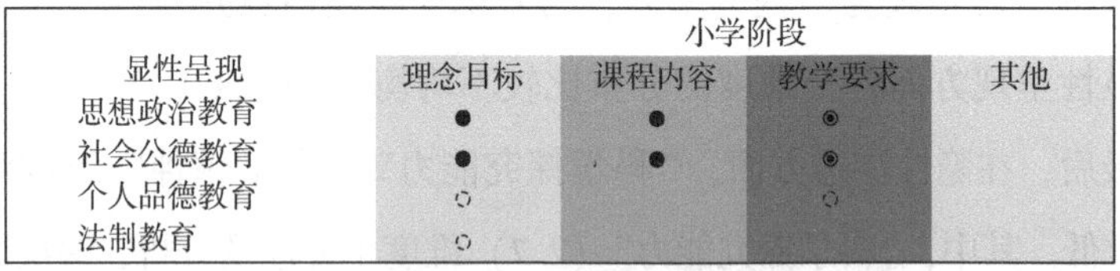

图 5-40　发展阶段自然课程 TMME（显性呈现）

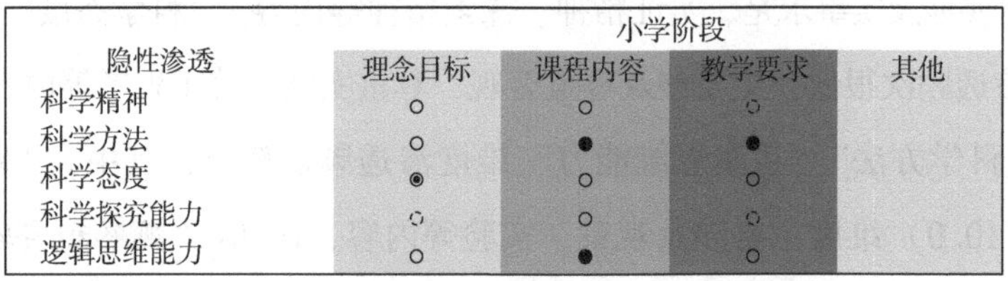

图 5-41　发展阶段自然课程 TMME（隐性渗透）

不难看出：

首先，在显性呈现方面，就分布情况而言，前两个维度分布范围比较广，在课程标准文本前三个部分均有分布；"个人品德教育"维度分布范围比较窄，在文本理念目标、教学要求部分有所分布；"法制教育"维度分布范围非常窄，仅在文本理念目标部分有所分布。

就受关注程度而言，前两个维度的受关注程度比较高，在课程标准文本前三个部分均比较受关注；后两个维度的受关注程度非常低。

其次，在隐性渗透方面，就分布情况而言，各个维度分布均范围比较广，在课程标准文本前三个部分均有分布。

就受关注程度而言，"科学方法"维度的受关注程度比较低，在文本课程内容、教学要求部分比较受关注；其余四个维度受关注程度均非

第五章　中国中小学理科课程德育内容的发展阶段（1976—1987）

常低，其中，"科学态度"维度在文本理念目标部分、"逻辑思维能力"维度在文本课程内容部分比较受关注。

第四节　理科课程中德育内容的比较分析

发展阶段中小学理科课程中德育内容呈现特征各不相同。图5–42中可见不同阶段（小学、初中、高中）各门理科课程德育内容频次，图5–43中可见不同文本部分（理念目标、课程内容、教学要求、其他）各门理科课程德育内容分布情况。

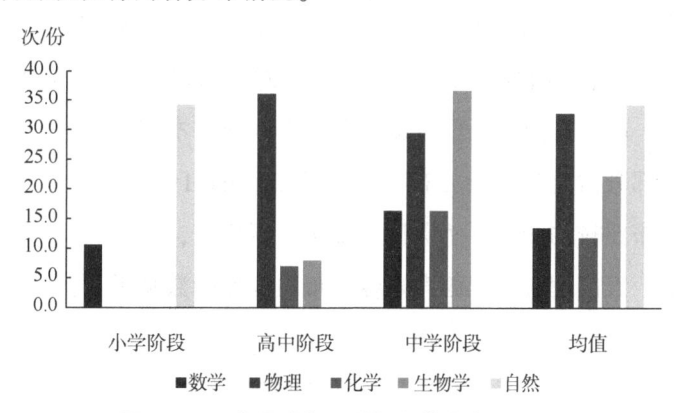

图5–42　发展阶段理科课程德育内容频次

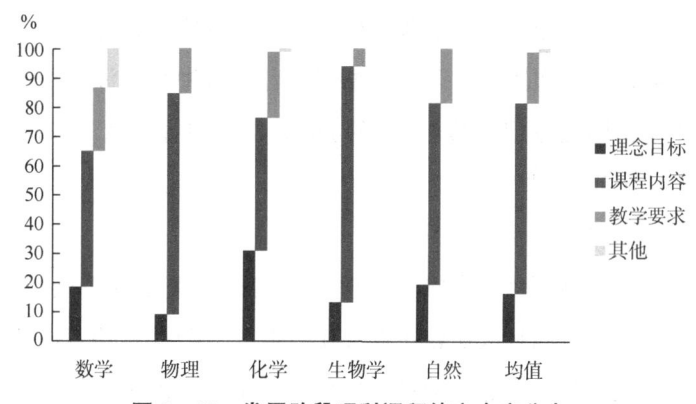

图5–43　发展阶段理科课程德育内容分布

可以看出：

首先，就整体而言，五门课程中自然课程德育内容频次最高（34.3次/份），物理课程仅次于自然课程，化学、数学课程德育内容频次比较接近且较低。五门理科课程德育内容频次均值从高到低依次为：自然，物理，生物学，数学，化学。发展阶段中小学理科课程德育内容频次学科差异性指数为22.6。

其次，就阶段而言，小学阶段数学课程德育内容频次最低，仅10.5次/份，明显低于自然课程；高中阶段物理课程德育内容频次较高（36.0次/份），明显高于化学、生物学课程；中学阶段生物学课程德育内容频次最高（36.6次/份），数学、化学课程频次比较接近。小学、高中、中学阶段德育内容频次学科差异性指数分别为23.8、29.0、20.3。

最后，就分布而言，理科课程在课程标准文本课程内容部分占比最高，其他部分占比最低，分布比较不均衡（64.1%）。其中，数学、化学课程分布比较均衡，自然课程分布比较不均衡，其余两门科学分布非常不均衡。五门理科课程德育内容分布均衡性指数从低到高依次为：数学，化学，自然，物理，生物学。

综上所述，数学、化学课程德育频次都比较低，但是分布比较均衡。

将理科课程中德育内容逐条进行编码并统计之后，可以得出各个学科德育内容编码频次图，由于每个德育内容条目中往往涉及不止一个二级编码内容，因此各门课程合计编码频次高于内容频次。如图5-44、图5-45、图5-46所示。

可以看出：

首先，就整体而言，自然、物理课程编码频次比较接近且比较高，数学、化学课程编码频次比较接近且比较低。五门课程德育内容编码合计从高到低依次为：自然，物理，生物学，化学，数学。

第五章 中国中小学理科课程德育内容的发展阶段（1976—1987）

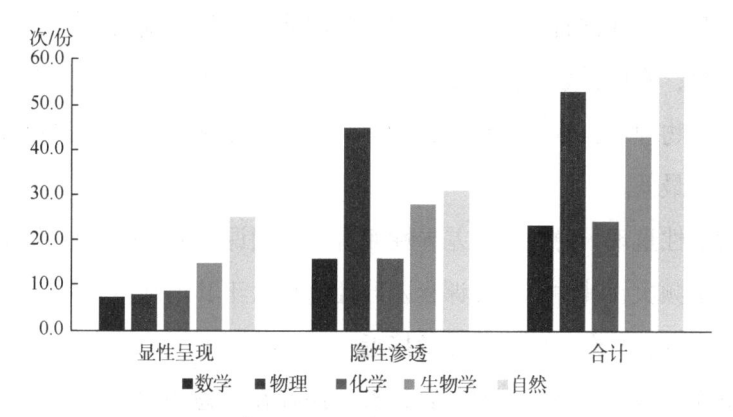

图 5-44 发展阶段理科课程德育内容编码频次

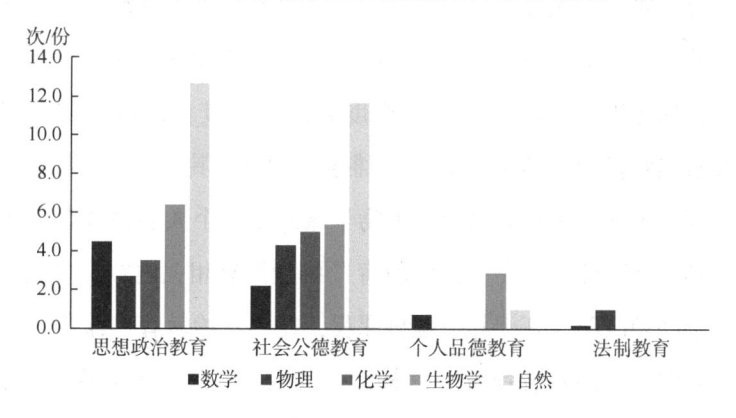

图 5-45 理科课程显性呈现频次

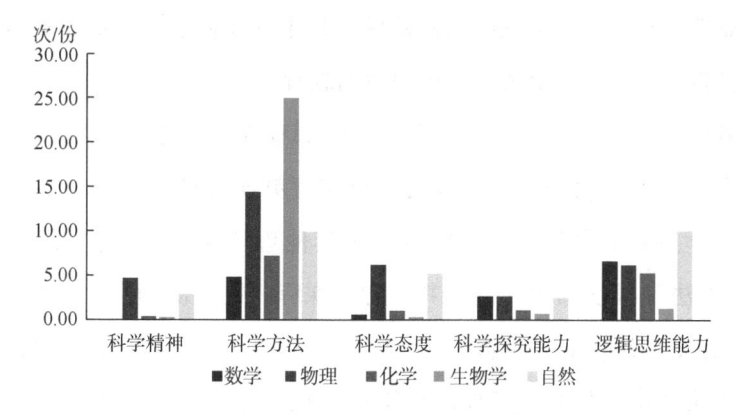

图 5-46 理科课程隐性渗透频次

在显性呈现方面，五门课程编码频次从高到低依次为：自然，生物学，化学，物理，数学；在隐性渗透方面，五门课程编码频次从高到低依次为：物理，自然，生物学，化学，数学。数学课程在两个方面编码频次皆为最低。

就显性呈现、隐性渗透差异性而言，五门课程显性呈现频次皆低于隐性渗透频次，其中，物理课程差异性明显大于其他理科课程，其次是生物学课程，其余三门课程比较接近。

其次，就显性呈现方面而言，五门课程在"思想政治教育""社会公德教育"维度频次较高，在"个人品德教育""法治教育"维度频次较低。其中，数学课程在"社会公德教育"维度频次明显低于其他理科课程；物理课程在"法治教育"维度频次高于其他理科课程，但是在"思想政治教育""个人品德教育"维度频次低于其他理科课程；化学课程在后两个维度没有相关内容；生物学课程在"个人品德教育"维度频次高于其他理科课程，在"法治教育"维度没有相关内容；自然课程在前两个维度频次明显高于其他理科课程，在"法治教育"维度没有相关内容。其中，"思想政治教育""社会公德教育"维度差异性较大，"个人品德教育""法治教育"维度差异性较小。

显性呈现方面各个维度学科差异性从小到大依次为：法制教育，个人品德教育，社会公德教育，思想政治教育。

最后，就隐性渗透方面而言，五门课程在"科学方法""逻辑思维能力"维度频次较高，在其余三个维度频次较低。其中，数学课程在"科学探究能力"维度频次略高于其他理科课程，在"科学精神""科学方法"维度频次都低于其他理科课程；物理课程在"科学精神""科学态度"维度频次都高于其他理科课程；生物学课程在"科学方法"维度频次明显高于其他理科课程，在后三个维度频次均低于其他理科课程；自然课程在"逻辑思维能力"维度频次高于其他理科课

第五章 中国中小学理科课程德育内容的发展阶段（1976—1987）

程。其中，"科学方法"维度差异性非常大，其余四个维度差异性比较接近。

隐性渗透方面各个维度学科差异性从小到大依次为：科学探究能力，科学精神，科学态度，逻辑思维能力，科学方法。

综上所述，自然、物理课程编码频次合计较高，物理课程显性呈现、隐性渗透差异性最高。在显性呈现方面，自然课程与其他理科课程差异性较大。在隐性渗透方面，生物学课程与其他理科课程差异较大；"科学方法"维度学科差异性非常大。

第五节 本章小结

第一，在德育内容整体频次方面，自然、物理课程频次比较接近且较高，皆大于30次/份；数学、化学课程频次比较接近且明显低于其他理科课程。化学课程仅在高中、中学阶段有课程文本，且频次低于其他理科课程。理科课程文本分布比较不均衡；物理、生物学课程分布均衡性指数明显高于其他理科课程，文本分布非常不均衡，数学课程分布均衡性指数明显低于其他理科课程，文本分布比较均衡。各门课程皆在文本课程内容部分占比最大。

第二，在德育内容编码频次方面，显性呈现频次自然课程明显高于其他理科课程，数学课程略低于其他理科课程；隐性渗透频次物理课程明显高于其他理科课程，数学、化学课程明显低于其他理科课程。编码频次总和自然、物理课程频次比较接近且高于其他理科课程，数学、化学课程频次比较接近且明显低于其他理科课程。各门理科课程德育内容编码显性呈现频次皆低于隐性渗透频次，其中物理课程差额明显大于其他理科课程，数学、化学、自然课程差额比较接近且较小。

第三，在德育内容显性呈现方面，自然课程在"思想政治教育"

"社会公德教育"维度频次略高于其他理科课程,在"法制教育"维度频次最低;物理课程则在"思想政治教育""个人品德教育"维度频次略低于其他理科课程,在"法制教育"维度频次最高。各个维度学科差异性指数比较接近且较小,皆在0—10的范围内。

第四,在德育内容隐性渗透方面,物理课程在"科学精神""科学态度""科学探究能力"维度频次略高于其他理科课程;而生物学课程在"科学态度""科学探究能力""逻辑思维能力"维度皆为最低,在"科学方法"维度则明显高于其他理科课程。除了"科学方法"维度,其他四个维度学科差异性指数比较接近且较小,皆在0—10的范围内;"科学方法"维度学科差异性指数明显大于其他维度。

第五,在德育内容 TMME 图方面,表现出以下特征。

显性呈现方面,理科课程均值在前三个维度分布皆比较窄;"法制教育"维度分布非常窄。就小学—中学阶段而言,"思想政治教育""社会公德教育"衔接程度非常强;"个人品德教育"衔接程度比较强。仅"社会公德教育"维度受关注程度比较低,其他维度受关注程度皆非常低。

隐性渗透方面,仅"科学方法"维度分布范围非常广,仅在文本教学要求、其他部分高中阶段没有分布;其他维度分布范围皆比较广。就小学—中学阶段而言,各个维度衔接程度皆非常强,在文本分布的相邻学段皆有所衔接。"科学方法""逻辑思维能力"受关注程度比较低,主要集中分布在文本课程内容部分;其他维度受关注程度皆非常低。

总而言之,就发展阶段而言,物理、自然德育内容频次比较接近且较大,化学、数学频次比较接近且较小。数学在德育内容编码两个方面重视程度皆较低。在显性呈现方面,自然分布极端性较大;在隐性渗透方面,物理重视程度较高,生物学分布极端性较大。

第五章　中国中小学理科课程德育内容的发展阶段（1976—1987）

物理、自然德育内容频次分别为32.8和34.3，数学、化学德育内容频次分别为13.5和11.7。在显性呈现方面，自然在"思想政治教育""社会公德教育"维度频次最高，而在"法制教育"维度频次最低；在隐性渗透方面，物理在"科学精神""科学态度""科学探究能力"维度理科课程中频次皆为最高，生物学在后三个维度频次皆为最低，而在"科学方法"维度明显高于其他课程。除了"科学方法"维度，其他各个维度学科差异性指数比较接近且较小。

第六章 中国中小学理科课程德育内容的深化阶段（1988—2000）

第一节 深化阶段德育背景

《义务教育法》的制定和贯彻实施是关系到国家和民族未来的一项具有战略意义的重大举措，党和国家投入了很大的精力，有力地推动了基础教育的发展，在很大程度上提升了中华民族的基本文化素质。[①]

1988年，教育部颁布《义务教育全日制小学、初级中学教学计划（试行草案）》，代表着我国中小学课程开始全面进入九年制义务教育时期。同年，《中共中央关于改革和加强中小学德育工作的通知》指出，"在中小学教育中，德育即思想品德和政治教育，对坚持学校的社会主义性质，促进学生德智体全面发展，具有重要的作用"；同时指出德育具体内容，"中小学德育要以爱祖国、爱人民、爱劳动、爱科学、爱社会主义为基本内容，注意抓好爱国主义教育、集体主义教育、社会主义民主和遵纪守法教育、劳动教育、道德教育和良好心理品质的培养"。[②]

[①] 王炳照等编：《简明中国教育史》，北京师范大学出版社2008年版，第503页。
[②] 何东昌主编：《中华人民共和国重要教育文献（1976—1990）》，海南出版社1998年版，第2822—2823页。

第六章 中国中小学理科课程德育内容的深化阶段（1988—2000）

1993 年《小学德育纲要》指出小学阶段德育主要内容包括："热爱祖国，热爱中国共产党，热爱人民，热爱集体，热爱劳动、艰苦奋斗、努力学习、热爱科学，文明礼貌、遵守纪律，民主与法制观念，良好的意志、品格，辩证唯物主义观点的教育（或启蒙教育）。"[①] 1995 年《中学德育大纲》指出初中阶段德育内容要点包括："爱国主义，集体主义，社会主义（高中为马克思主义常识和社会主义），理想教育，道德教育，劳动教育（高中为劳动和社会实践教育），社会主义民主和遵纪守法教育，良好的个性心理品质教育。"[②]

1998 年教育部《中小学德育工作规程》中德育内涵得以进一步扩展，德育即对学生进行政治、思想、道德和心理品质教育，是中小学素质教育的重要组成部分。

2000 年，中共中央办公厅、国务院办公厅《关于适应新形势进一步加强和改进中小学德育工作的意见》进一步将德育内容具体化。其中，对小学生进行以"爱祖国、爱人民、爱劳动、爱科学、爱社会主义"为基本内容的社会主义公德教育、社会常识教育和文明行为习惯的养成教育。把中学生培养成为"具有社会公德、法制意识、文明行为习惯的遵纪守法的公民，引导他们逐步树立正确的世界观、人生观和价值观"。特别是高中阶段，"有针对性地对学生进行马列主义、毛泽东思想和邓小平理论基本观点教育，辩证唯物主义和历史唯物主义基本观点教育"。此外，还提出加强"心理健康教育"和"法制教育"。同时还指出，"德育要寓于各学科教学之中，贯穿于教育教学的各个环节"[③]。

---

① 国家教委：《小学德育纲要》，《人民教育》1993 年第 9 期。
② 国家教委：《中学德育大纲》，《人民教育》1995 年第 4 期。
③ 中共中央办公厅、国务院办公厅：《关于适应新形势进一步加强和改进中小学德育工作的意见》，2000 年 12 月 14 日，http：//www.gov.cn/gongbao/content/2001/content_ 61240.htm.，2021 年 7 月 23 日。

我国中小学理科课程在"发展阶段"的基础上，伴随着《中国教育改革和发展纲要》《关于深化教育改革全面推进素质教育的决定》以及九年制义务教育的系列改革，开始进入"深化阶段"。

第二节 深化阶段中小学课程中的德育要求

深化阶段（1988—2000）官方共颁布中小学课程（教学）计划9份。

1988年印发《义务教育全日制小学、初级中学教学计划（试行草案）》，其中指出小学和初中阶段的培养目标。小学阶段内容"要培养学生爱祖国、爱人民、爱劳动、爱科学、爱社会主义等思想品德，良好的行为习惯和初步分辨是非的能力""要培养学生的坚强意志和活泼开朗的性格"；初中阶段内容"要使学生热爱社会主义祖国，热爱社会主义事业，热爱中国共产党，初步树立为人民服务的思想，培养为社会主义现代化建设献身的责任感，培养学生具有社会主义的思想品德和讲文明礼貌的良好习惯，使学生具有一定的分辨是非和抵制不良影响的能力"均涉及德育要求。[1] 在此基础上，1992年印发《九年义务教育全日制小学、初级中学课程计划（试行）》，其中亦指出小学和初中阶段的培养目标。将1988年《教学计划（试行草案）》中的德育要求进一步丰富。其中，小学阶段内容在已有基础上，提出初步养成"关心他人、关心集体、认真负责、诚实、勤俭、勇敢、政治、合群、活泼向上等"良好品德和个性品质，将"良好的行为习惯"细化为"讲文明、讲礼貌、守纪律"。初中阶段内容在已有基础上，增加了"初步了解辩证唯物主义、历史唯物主义的基本观点"，

---

[1] 课程教材研究所编：《20世纪中国中小学课程标准·教学大纲汇编 课程（教学）计划卷》，人民教育出版社2001年版，第351页。

第六章 中国中小学理科课程德育内容的深化阶段（1988—2000）

提出"具有守信、勤奋、自立、合作、乐观、进取等良好的品德和个性品质"。①

1996年印发《全日制普通高级中学课程计划（试验）》，提出高中阶段培养目标的德育内容主要包括"培养学生热爱祖国，热爱人民，热爱中国共产党，热爱社会主义，具有正确的政治方向，初步树立正确的世界观、人生观和价值观。使学生具有社会责任感和事业心，树立为人民服务的思想，具有为祖国社会主义现代化建设甘于奉献的精神；具有良好的思想品德和文明礼貌行为；具有分辨是非和自立自律的能力"。②在此基础上，2000年印发《全日制普通高级中学课程计划（试验修订稿）》，进一步丰富了培养目标的德育内涵，比如，"具有民主和法制精神，学习行使公民权利和履行公民义务；积极参与社会公益活动；具有自觉保护环境的意识和行为；具有集体意识和合作精神；具有参与国际活动和国际竞争的意识；具有独立生活的能力；形成健全的人格"；等等。③

综上所述，本阶段中小学课程中的德育内容，主要涉及显性呈现方面：思想政治教育、社会公德教育、个人品格教育、法制教育（包含纪律教育）、心理健康教育等内容。

根据本阶段德育要求教育背景以及课程计划，针对理科课程德育内容逐条进行分析，首先将其分为显性呈现和隐性渗透两个方面进行分类，其次根据本阶段中小学课程中的德育要求，结合理科课程自身特点，初步建立理论编码框架，见表6-1。

---

① 课程教材研究所编：《20世纪中国中小学课程标准·教学大纲汇编 课程（教学）计划卷》，人民教育出版社2001年版，第372—373页。
② 课程教材研究所编：《20世纪中国中小学课程标准·教学大纲汇编 课程（教学）计划卷》，人民教育出版社2001年版，第397页。
③ 课程教材研究所编：《20世纪中国中小学课程标准·教学大纲汇编 课程（教学）计划卷》，人民教育出版社2001年版，第404页。

表6-1　　深化阶段中小学理科课程德育内容分析框架及编码

显性呈现		隐性渗透	
指标体系	对应编码	指标体系	对应编码
思想政治教育	Ⅰ	科学精神	A
社会公德教育	Ⅱ	科学方法	B
个人品德教育	Ⅲ	科学态度	C
纪律法制教育	Ⅳ	科学探究能力	D
心理健康教育	Ⅴ	逻辑思维能力	E

资料来源：显性呈现方面主要根据《小学德育纲要》(1993)、《中学德育大纲》(1995)、中共中央办公厅、国务院办公厅《关于适应新形势进一步加强和改进中小学德育工作的意见》(2000)等德育政策制定，具体内容详见附录一"深化阶段理科课程德育内容显性呈现方面内容阐释"。隐性渗透方面具体内容详见附录二"理科课程德育内容隐性渗透方面内容阐释"。

第三节　理科课程中的德育内容

一　理科课程德育内容整体情况概述

综合深化阶段中小学理科课程标准文本，分别得到各个学段理科课程德育内容频次图以及编码频次图，如图6-1至图6-4所示。

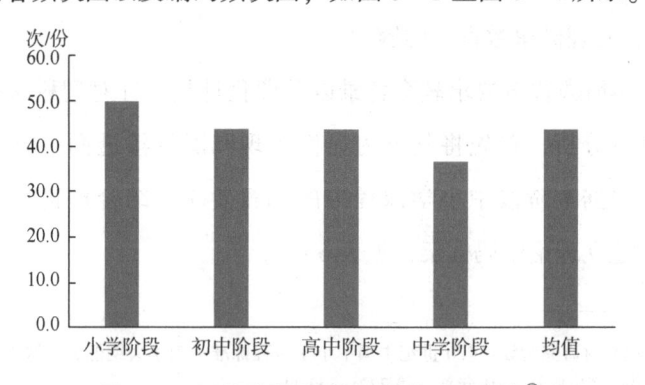

图6-1　深化阶段理科课程德育内容频次[①]

①　中学阶段数据是指从课程标准文本中无法直接划分初中和高中两部分的文本数据，下同。

第六章 中国中小学理科课程德育内容的深化阶段（1988—2000）

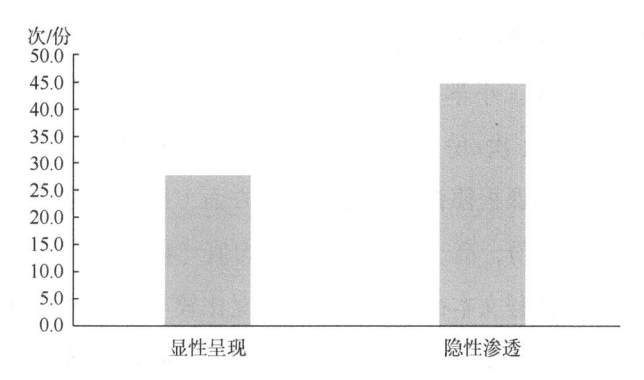

图6-2 深化阶段理科课程德育内容编码频次

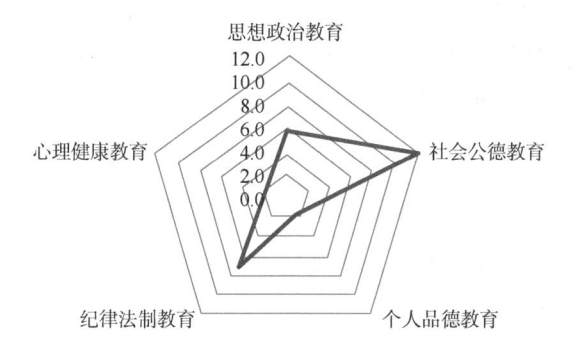

图6-3 深化阶段理科课程显性呈现频次

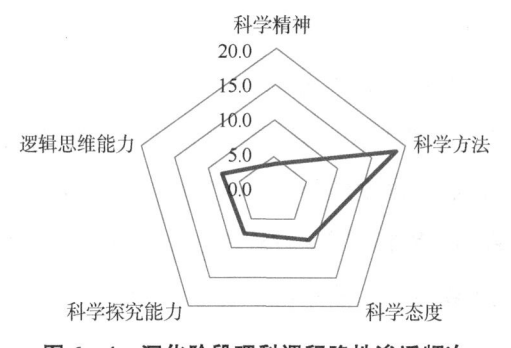

图6-4 深化阶段理科课程隐性渗透频次

由此可见：

第一，在理科课程德育内容出现频次方面，中学①阶段频次最低，

---

① 中学阶段取自然之外的其他四门理科课程均值。

这与物理、化学在该阶段频次最低有关；小学阶段频次最高，这与自然课程频次较高有关。小学—初中阶段频次相差 6.3 次/份；初中—高中阶段频次相差 −0.1 次/份；小学—中学阶段频次相差 13.2 次/份。

第二，在理科课程德育内容编码频次方面，显性呈现、隐性渗透编码总和为 72.2 次/份，高于德育内容频次均值（43.5 次/份），在一定程度上说明该阶段课程文本德育内容编码情况比较丰富，同一内容条目两次以上编码的情况较多。显性呈现编码频次低于隐性渗透编码频次，两者相差 −16.8 次/份。

第三，在理科课程显性呈现编码频次方面，"个人品德教育""心理健康教育"维度频次比较接近且较低，前者与生物学、自然课程频次最低有关，后者与数学、物理、化学频次皆最低有关；"社会公德教育"维度频次最高，且明显高于其他维度，这与物理、自然课程频次最高有关，其中自然课程频次明显高于其他维度。显性呈现方面各个维度的分布比较均衡（37.9%）。

第四，在理科课程隐性渗透编码频次方面，"科学探究能力"维度频次最低，这与数学之外的其他四门理科课程频次皆为最低有关；"科学方法"维度频次最高，且明显高于其他维度，这与数学之外的其他四门理科课程频次皆最高有关，其中生物学、自然频次明显高于其他维度。隐性渗透方面各个维度的分布非常均衡（23.4%）。

综合五门理科课程在不同学习阶段分布及受关注情况，绘制理科课程德育内容加权追踪图，如图 6-5、图 6-6 所示。

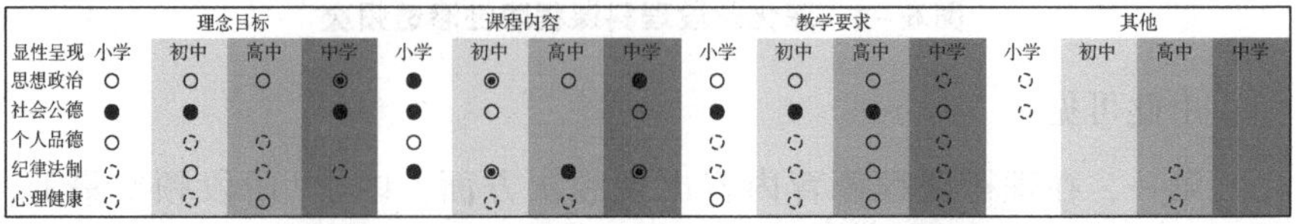

图 6-5 深化阶段理科课程 TMME（显性呈现）

第六章 中国中小学理科课程德育内容的深化阶段（1988—2000）

	理念目标			课程内容			教学要求			其他		
隐性渗透	小学	初中	高中	中学	小学	初中	高中	中学	小学	初中	高中	中学	小学	初中	高中	中学

图 6-6　深化阶段理科课程 TMME（隐性渗透）

不难看出：

首先，就显性呈现方面而言，"思想政治教育""纪律法制教育"维度分布范围非常广，集中分布在课程标准文本前三个部分；"社会公德教育""心理健康教育"维度分布范围比较广，前者集中分布在文本前三个部分，后者集中分布在文本理念目标、教学要求部分。"个人品德教育"维度分布范围比较窄，主要分布在文本理念目标、教学要求部分。

小学—初中衔接情况："纪律法制教育"维度衔接程度非常强，在课程标准文本涉及部分均有所衔接；其余四个维度衔接程度比较强，其中，"思想政治教育""社会公德教育"维度仅在文本其他部分没有衔接，"个人品德教育""心理健康教育"维度仅在课程内容部分没有衔接。

初中—高中衔接情况："思想政治教育""个人品德教育"维度衔接程度非常强，在文本涉及部分均有所衔接；后两个维度衔接程度比较强，仅在文本其他部分没有衔接。"社会公德教育"维度衔接程度比较弱，仅在教学要求部分有所衔接。

小学—中学衔接情况："纪律法制教育"维度衔接程度非常强，在文本涉及部分均有所衔接；"思想政治教育""个人品德教育"维度衔接程度比较强，仅在文本其他部分没有衔接；其他维度衔接程度比较弱，"个人品德教育""心理健康教育"维度仅在文本教学要求部分有所衔接。

此外,"社会公德教育"维度的受关注程度比较低,主要在文本理念目标、教学要求部分比较关注;其余四个维度的受关注程度均非常低,其中,"思想政治教育""纪律法制教育"维度主要在课程内容部分比较受关注。

其次,就隐性渗透方面而言,五个维度分布范围均非常广,仅在课程标准文本其他部分较少涉及。

小学—初中衔接情况:除了"科学方法"维度,其余四个维度衔接程度均非常强,在课程标准文本涉及部分均有所衔接;"科学方法"维度衔接程度比较强,仅在文本其他部分没有衔接。

初中—高中衔接情况:五个维度衔接程度均非常强,在课程标准文本涉及部分均有所衔接。

小学—中学衔接情况:仅"科学方法"维度衔接程度非常强,在文本涉及部分均有所衔接;其他四个维度衔接程度皆比较强,仅在文本其他部分没有衔接。

此外,五个维度的受关注程度均比较低,其中,"科学方法""科学态度"维度主要在课程内容、教学要求部分比较受关注;"科学探究能力""逻辑思维能力"维度主要在科学内容部分比较受关注;"科学精神"主要在教学要求部分比较受关注。

二 数学课程中的德育内容

深化阶段(1988—2000)官方共颁布中小学数学课程标准(教学大纲)9份。其中小学阶段3份,初中阶段3份,高中阶段2份,中学阶段1份。

深化阶段数学课程德育内容频次统计表详见附录五。

根据深化阶段数学课程德育内容频次统计表,绘制出深化阶段数学课程标准(教学大纲)文本(均值)德育内容频次图、分布图,如图6-7、图6-8所示。

第六章 中国中小学理科课程德育内容的深化阶段（1988—2000）

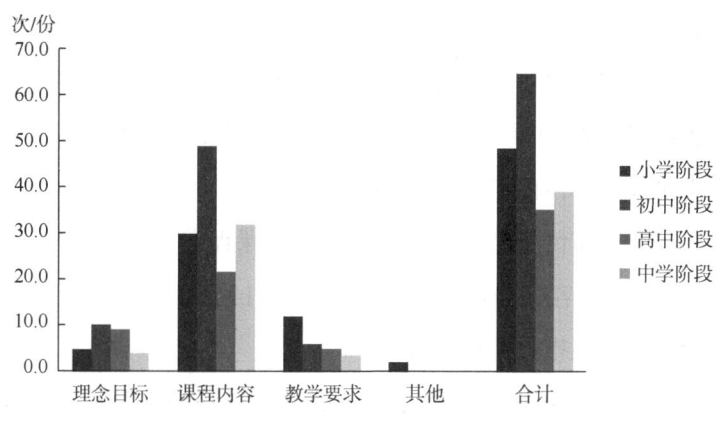

图 6-7 深化阶段数学课程德育内容频次

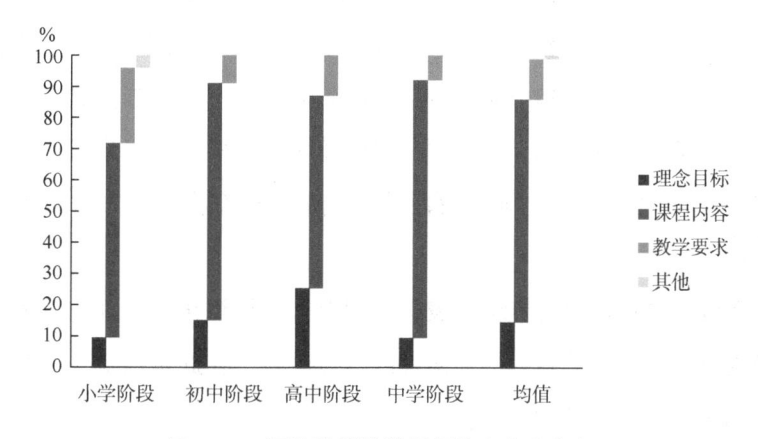

图 6-8 深化阶段数学课程德育内容分布

可以看出：

首先，就整体而言，数学课程初中阶段德育内容频次最高（67.4 次/份），而高中阶段频次最低（35.0 次/份）。小学—初中阶段德育内容频次相差 -16.3 次/份，初中—高中阶段德育内容频次相差 29.7 次/份，小学—中学阶段德育内容频次 9.4 次/份。

其次，就课程文本四个部分而言，数学课程德育内容集中分布在"课程内容"部分。前两个部分初中阶段频次最高，后两个部分小学阶段频次最高。小学数学德育内容频次在文本理念目标、课程内容部分低于初中数学，小学—初中阶段德育内容频次差异性程度指数为32.3；初中数学德育内容频次在文本四个部分皆高于高中阶段，初中—高中阶段差异性程度指数为29.7；小学数学仅在课程内容部分频次低于中学，小学—中学阶段差异性程度指数为13.4。

最后，就分布情况而言，整体分布上"课程内容"占比最高，"理念目标""教学内容"占比相近，"其他"占比最低。德育内容分布比较不均衡，均衡性指数为69.8%。

其中，小学阶段在"课程内容"部分占比最高，其次是"教学要求"，在"其他"部分占比最低，德育内容分布比较不均衡（57.9%）；初中阶段在"课程内容"部分占比最高，其次是"理念目标"，德育内容分布非常不均衡（75.7%）；高中阶段与初中阶段分布相似，在"课程内容"部分占比最高，其次是"理念目标"，德育内容分布比较不均衡（61.4）；中学阶段与初中阶段分布相似，德育内容分布非常不均衡（82.1%）。

在数学课程德育内容统计表的基础上，根据深化阶段理论分析框架进行内容分析进而编码，得到德育内容编码表，在此基础上得到德育内容编码统计表，详见附录六。

基于德育内容编码统计表，可以得到图6-9、图6-10、图6-11。

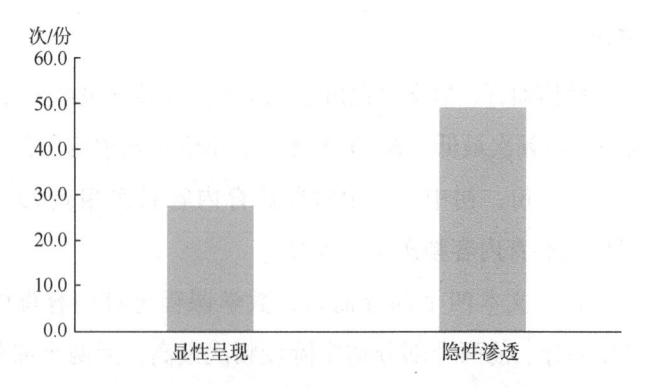

图6-9 深化阶段数学课程德育内容编码频次

第六章 中国中小学理科课程德育内容的深化阶段（1988—2000）

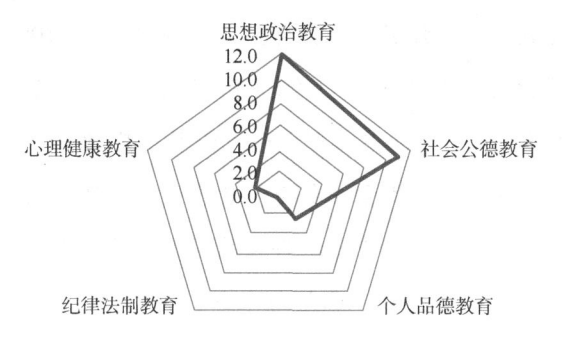

图 6-10 数学课程显性呈现频次

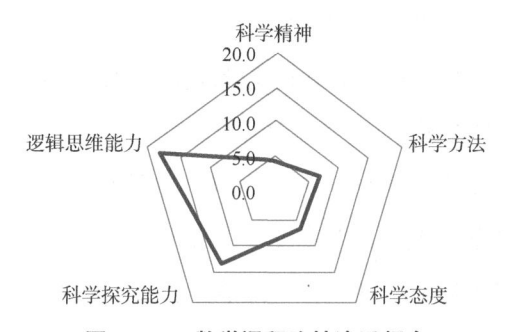

图 6-11 数学课程隐性渗透频次

可以发现：

首先，就整体而言，本阶段数学课程中德育内容显性呈现频次明显低于隐性渗透频次，两者相差 -21.9 次/份。

其次，在显性呈现方面，"纪律法制教育""心理健康教育""个人品德教育"维度呈现频次非常低。其中，"纪律法制教育"维度（0.3）集中在文本理念目标部分，涉及培养"四有"社会主义公民内容；"心理健康教育"维度（2.2）主要涉及培养学生增强克服困难的勇气和毅力等内容；"个人品德教育"维度（2.4）主要涉及养成良好习惯，比如遵守和爱惜时间、克服困难的精神。

"社会公德教育""思想政治教育"维度呈现频次较低。其中，"社会公德教育"（10.9）主要涉及爱国主义教育、热爱社会主义、爱科学等内容。比如："知道爱护人民币""要根据数学的学科特点，对学生进行学习目的的教育，爱祖国、爱社会主义的教育"①［1988年《九年制义务教育全日制小学数学教学大纲（初审稿）》］。"思想政治教育"（11.8）主要涉及辩证唯物主义观点教育以及理想教育，比如"初中数学中的辩证唯物主义教育因素主要是：数学来源于实践又反过来作用于实践的观点；以及数学内容中普遍存在的运动变化、相互联系、相互转化的观点，如：具体与抽象、已知与未知、特殊与一般、简单与复杂、数与形、正与负、常量与变量等"②［1988年《九年制义务教育全日制初级中学数学教学大纲（初审稿）》］。

显性呈现方面各个维度的分布比较均衡（41.7%）。

最后，在隐性渗透方面，"科学精神""科学态度""科学方法"维度渗透频次很低。其中，"科学精神"（4.4）主要涉及创新改革精神、实证精神、探索精神等内容；"科学态度"（6.7）主要涉及尊重实践、善于思考、好奇心、追求创新等内容；"科学方法"（7.2）主要涉及模型法、类比法等科学方法，集合、函数、化归、数形结合等数学思维方法。

"科学探究能力"维度（13.2）渗透频次较高，主要涉及发现和提出数学问题、分析和解决数学问题等内容，比如："使学生具有进行整数、小数、分数四则计算的能力，培养初步的逻辑思维能力和空间观念，能够运用所学的知识解决简单的实际问题"③［1988年《九年制义务教育全日制小学数学教学大纲（初审稿）》］；"寻求论证思路的分析法与综合法，进一步提高分析问题、解决问题的能力"④［1988《九年

---

① 课程教材研究所编：《20世纪中国中小学课程标准·教学大纲汇编 数学卷》，人民教育出版社2001年版，第133、137页。

② 课程教材研究所编：《20世纪中国中小学课程标准·教学大纲汇编 数学卷》，人民教育出版社2001年版，第554页。

③ 课程教材研究所编：《20世纪中国中小学课程标准·教学大纲汇编 数学卷》，人民教育出版社2001年版，第132页。

④ 课程教材研究所编：《20世纪中国中小学课程标准·教学大纲汇编 数学卷》，人民教育出版社2001年版，第554页。

第六章 中国中小学理科课程德育内容的深化阶段（1988—2000）

制义务教育全日制初级中学数学教学大纲（初审稿）》]。

"逻辑思维能力"维度（18.0）渗透频次很高，主要涉及归纳与演绎、分析与综合、抽象与概括、比较与递推等内容。比如："思维能力主要是指：会观察、比较、分析、综合、抽象和概括；会用归纳、演绎和类比进行推理；能运用数学概念、思想和方法，辨明数学关系，形成良好的思维品质"[1]　［1996 年《全日制普通高级中学数学教学大纲（供试验用）》]。

隐性渗透方面各个维度的分布比较均衡（27.5%）。

通过数学课程中德育内容编码统计表，分别绘制出深化阶段数学课程 TMME 显性呈现和隐性渗透情况，如图 6－12、图 6－13 所示。

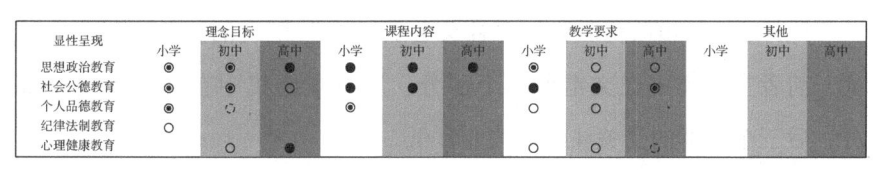

图 6－12　深化阶段数学课程 TMME（显性呈现）

图 6－13　深化阶段数学课程 TMME（隐性渗透）

不难看出：

首先，在显性呈现方面，"思想政治教育""社会公德教育"维度分布范围比较广，几乎仅在其他部分没有涉及。"个人品德教育""心理健康教育"维度分布范围比较窄；"纪律法制教育"维度分布范围非常窄，仅在小学阶段理念目标部分有所涉及。

---

[1]　课程教材研究所编：《20 世纪中国中小学课程标准·教学大纲汇编　数学卷》，人民教育出版社 2001 年版，第 632—633 页。

同时，就小学—初中阶段衔接情况而言，"思想政治教育""社会公德教育"维度衔接情况非常强，在前三个部分均有内容衔接；"个人品德教育"维度衔接程度比较强；"心理健康教育"维度衔接程度比较弱，在理念目标部分没有衔接；"纪律法制教育"维度衔接程度非常弱，没有文本部分的衔接。

就初中—高中阶段衔接情况而言，"纪律法制教育"维度在初中、高中阶段均没有涉及相关内容；"思想政治教育""心理健康教育"维度衔接程度非常强，在文本前三个部分均有所衔接；"社会公德教育"维度衔接程度比较强，在理念目标、教学要求部分均有所衔接；"个人品德教育"维度衔接程度非常弱，没有文本部分的衔接。

此外，"思想政治教育""社会公德教育"维度的受关注程度比较高，前者主要集中在文本前两个部分，后者主要集中在文本前三个部分；后三个维度的受关注程度均非常低。

其次，在隐性渗透方面，"科学态度""科学探究能力""逻辑思维能力"维度分布范围非常广，仅在其他部分初中、高中阶段没有涉及；"科学精神""科学方法"维度分布范围比较广，前者仅在其他部分三个阶段没有涉及，后者在课程内容、其他部分没有过多涉及。

同时，就小学—初中阶段衔接情况而言，"科学精神"维度衔接程度非常强，在文本涉及部分均有所衔接；后四个维度衔接程度比较强，"科学态度""科学探究能力""逻辑思维能力"维度仅在其他部分没有衔接；科学方法维度仅在课程内容部分没有衔接。

就初中—高中阶段衔接情况而言，除了"科学方法"维度，其余四个维度衔接程度均非常强，在文本涉及部分均有所衔接；"科学方法"维度衔接程度比较强，仅在课程内容部分没有衔接。

此外，"逻辑思维能力"受关注程度比较高，在文本前三个部分均比较受关注；"科学方法""科学态度""科学探究能力"受关注程

第六章 中国中小学理科课程德育内容的深化阶段（1988—2000）

度比较低；"科学精神"受关注程度非常低，仅在教学要求部分比较受关注。

三 物理课程中的德育内容

深化阶段（1988—2000）官方共颁布中学物理课程标准（教学大纲）6 份。其中初中阶段 3 份，高中阶段 2 份，全日制中学阶段 1 份。

根据深化阶段物理课程德育内容频次统计表，绘制出深化阶段物理课程标准（教学大纲）文本（均值）德育内容频次图、分布图，如图 6-14、图 6-15 所示。

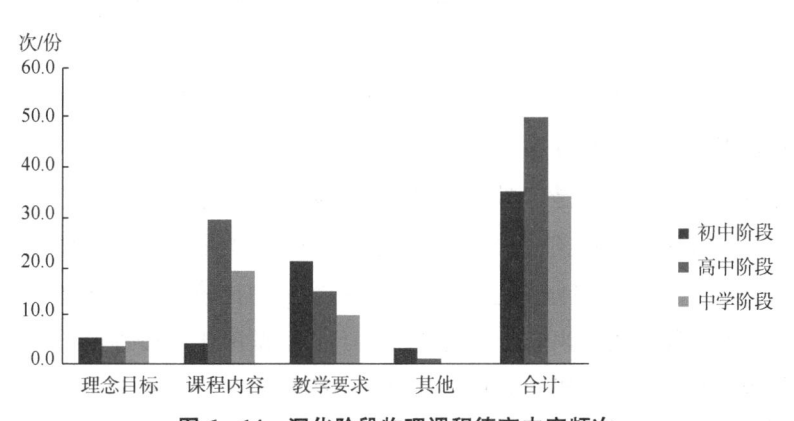

图 6-14 深化阶段物理课程德育内容频次

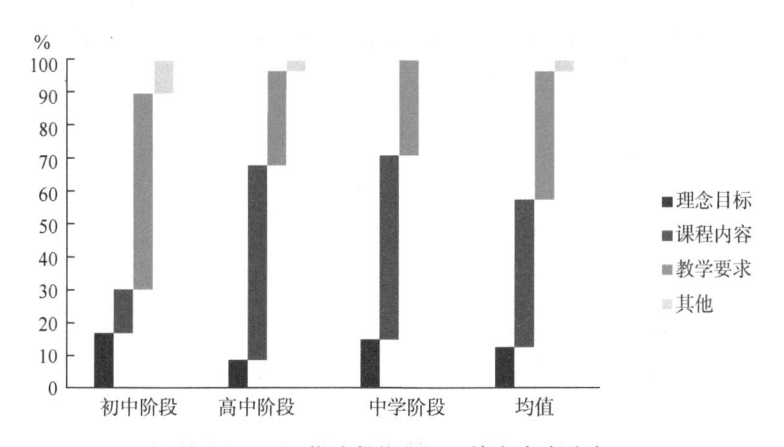

图 6-15 深化阶段物理课程德育内容分布

可以看出：

首先，就整体而言，物理课程高中阶段德育内容频次最高（50.0 次/份），而中学阶段、初中阶段比较接近且较低。初中、高中德育内容频次相差 -14.9 次/份。

其次，就课程文本四个部分而言，德育内容集中分布在"课程内容""教学要求"部分。除了"课程内容"部分，初中、高中阶段逐级递减；在"课程内容"部分，高中阶段德育内容频次明显高于初中阶段。初中、高中阶段德育内容差异性指数为 34.7。

最后，就分布情况而言，整体分布上，"课程内容"占比最高，其次是"教学要求"，"其他"占比最低。德育内容分布比较均衡，均衡性指数为 40.4%。

其中，初中阶段在"教学要求"部分占比最高，其余三个部分占比比较相近，德育内容分布比较均衡（49.3%）；高中阶段在"课程内容"部分占比最高，其次是"教学要求"，其余两个部分占比比较相近，德育内容分布比较不均衡（56.0%）；中学阶段在"课程内容"部分占比最高，在"其他"部分占比最低，德育内容分布比较不均衡（55.9%）。

在物理课程德育内容统计表的基础上，根据深化阶段理论分析框架进行内容分析进而编码，得到德育内容编码表，在此基础上得到德育内容编码统计表。

基于德育内容编码统计表，可以得到图 6-16、图 6-17、图 6-18。

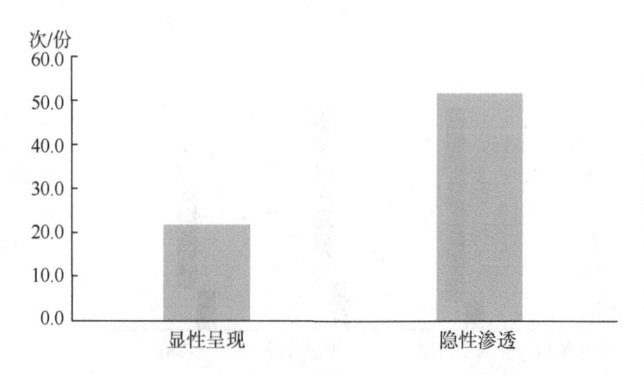

图 6-16　深化阶段物理课程德育内容编码频次

第六章 中国中小学理科课程德育内容的深化阶段（1988—2000）

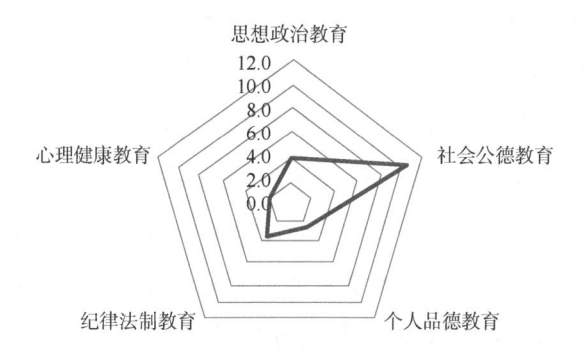

图 6-17 物理课程显性呈现频次

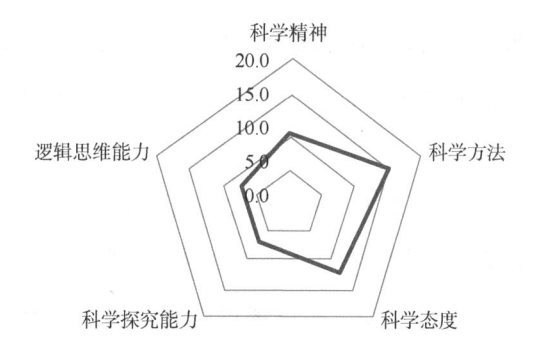

图 6-18 物理课程隐性渗透频次

可以发现：

首先，就整体而言，本阶段物理课程中德育内容显性呈现频次明显低于隐性渗透频次，两者相差 -29.6 次/份。

其次，在显性呈现方面，除了"社会公德教育"维度，其余四个维度呈现频次非常低。其中，"心理健康教育"维度（1.7）主要涉及培养学生良好的社交关系、坚强的意志品格和承受挫折能力等内容；"个人品德教育"维度（2.3）主要涉及教育学生有毅力、不怕困难、认真负责等内容；"纪律法制教育"（3.3）主要涉及爱护学校公用设施、环境道德教育等内容；"思想政治教育"（3.8）主要涉及使学生受到辩证唯物主义教育等内容。

"社会公德教育"维度（10.3）呈现频次较低，主要涉及爱国主义教育、爱科学等内容。比如："培养学生学习物理的兴趣，激发学生的求知愿望"①［1988年《九年制义务教育全日制初级中学物理教学大纲（初审稿）》］；"培养学生学习科学的志趣和实事求是的科学态度。结合物理教学进行辩证唯物主义教育和爱国主义教育"②［1996年《全日制普通高级中学物理教学大纲（供试验用）》］。

显性呈现方面各个维度的分布比较均衡（40.7%）。

最后，在隐性渗透方面，"科学探究能力""逻辑思维能力"维度渗透频次很低。其中，"科学探究能力"（7.0）主要涉及分析和解决问题的能力；"逻辑思维能力"（7.2）主要涉及分析、概括、比较等思维能力。

"科学精神"维度（9.5）渗透频次较低，主要涉及实证精神、探索精神、创新改革精神、协作精神、实践精神等内容。

"科学态度""科学方法"维度渗透频次较高。其中，"科学态度"维度（12.5）主要涉及善于思考、好奇心、尊重实证、灵活性、探究兴趣、追求创新、合作分享等内容，比如："结合物理教学对学生进行爱国主义和辩证唯物主义教育，培养实事求是的科学态度""在指导学生进行观察和实验中，应要求学生认真思考，手脑并用，爱护仪器，团结协作，遵守实验室规则"③［1988年《九年制义务教育全日制初级中学物理教学大纲（初审稿）》］。"科学方法"维度（15.2）主要涉及实验

---

① 课程教材研究所编：《20世纪中国中小学课程标准·教学大纲汇编 物理卷》，人民教育出版社2001年版，第344页。

② 课程教材研究所编：《20世纪中国中小学课程标准·教学大纲汇编 物理卷》，人民教育出版社2001年版，第402页。

③ 课程教材研究所编：《20世纪中国中小学课程标准·教学大纲汇编 物理卷》，人民教育出版社2001年版，第344、346页。

第六章 中国中小学理科课程德育内容的深化阶段（1988—2000）

法、观察法等物理学主要研究方法，比如："使学生受到科学方法的训练，培养学生的观察和实验能力、科学思维能力、分析和解决问题的能力""为了增加学生的动手机会，有的演示实验可安排为学生随堂实验，采取边教边实验的方式进行，以利于学生仔细观察现象，提高观察和实验能力"[1]［2000年《全日制普通高级中学物理教学大纲（试验修订版）》］。

隐性渗透方面各个维度的分布非常均衡（16.0%）。

通过物理课程德育内容编码统计表，分别绘制出深化阶段物理课程TMME显性呈现和隐性渗透情况，如图6-19、图6-20所示。

显性呈现	理念目标			课程内容			教学要求			其他		
	初中阶段	高中阶段	中学阶段	初中阶段	高中阶段	中学阶段	初中阶段	高中阶段	中学阶段	初中阶段	高中阶段	中学阶段
思想政治教育		●	●	○		●			●			
社会公德教育	◉	●	●					◉				
个人品德教育	○	●						◉				
纪律法制教育	○	●	◉	○		◉		◉				
心理健康教育												

图6-19　深化阶段物理课程TMME（显性呈现）

隐性渗透	理念目标			课程内容			教学要求			其他		
	初中阶段	高中阶段	中学阶段	初中阶段	高中阶段	中学阶段	初中阶段	高中阶段	中学阶段	初中阶段	高中阶段	中学阶段
科学精神	○	◉	○		●	●		●	●		○	
科学方法		◉	●		●	●		●	●		○	
科学态度		●	●		●	●		●	●		●	
科学探究能力	○				●	●		●	●			
逻辑思维能力					●	●		●	●			

图6-20　深化阶段物理课程TMME（隐性渗透）

不难看出：

首先，在显性呈现方面，"社会公德教育""纪律法制教育"维度分布范围比较广，前者主要分布在课程标准文本理念目标、教学要求部分；后者主要分布在文本前三个部分。"思政政治教育"维度分布范围

---

[1] 课程教材研究所编：《20世纪中国中小学课程标准·教学大纲汇编　物理卷》，人民教育出版社2001年版，第431、433页。

比较窄，主要集中分布在文本理念目标、教学要求部分；"个人品德教育""心理健康教育"维度分布范围非常窄，两者主要集中分布在教学要求部分。

同时，就初中—高中阶段衔接情况而言，"社会公德教育""心理健康教育"维度衔接程度非常强，在文本设计部分均有衔接；"思想政治教育""纪律法制教育"维度衔接程度比较强；"个人品德教育"维度衔接程度比较弱，仅在教学要求部分有所衔接。

此外，"社会公德教育"维度受关注程度比较高，在理念目标、教学要求部分均较为受关注；其余四个维度受关注程度均非常低，其中，"纪律法制教育"主要在课程内容维度比较受关注。

其次，在隐性渗透方面，"科学精神""科学方法""科学态度"维度分布范围均非常广，除了课程内容部分初中阶段、其他部分中学阶段，几乎全面覆盖。其余两个维度分布范围亦比较广，除了课程内容部分初中阶段、其他部分高中阶段和中学阶段，几乎全面覆盖。

同时，就初中—高中阶段衔接情况而言，前四个维度衔接程度均比较强，其中，"科学精神""科学态度"维度仅在课程内容部分没有衔接，"科学方法"维度在其他部分没有衔接。"逻辑思维能力"维度衔接程度比较弱，在课程内容、其他部分没有衔接。

此外，"科学方法""科学态度"维度受关注程度比较高，在文本前三个部分均比较受关注。"科学精神""科学探究能力""逻辑思维能力"维度的受关注程度比较低，"科学精神"维度在课程内容、教学要求部分比较受关注，"科学探究能力"在教学要求部分比较受关注，"逻辑思维能力"在课程内容部分比较受关注。

四 化学课程中的德育内容

深化阶段（1988—2000）官方共颁布中学化学课程标准（教学

第六章 中国中小学理科课程德育内容的深化阶段（1988—2000）

大纲）6份。其中初中阶段 3 份，高中阶段 2 份，全日制中学阶段 1 份。

根据深化阶段化学课程德育内容频次统计表，绘制出深化阶段化学课程标准（教学大纲）文本（均值）德育内容频次图、分布图，如图 6-21、图 6-22 所示。

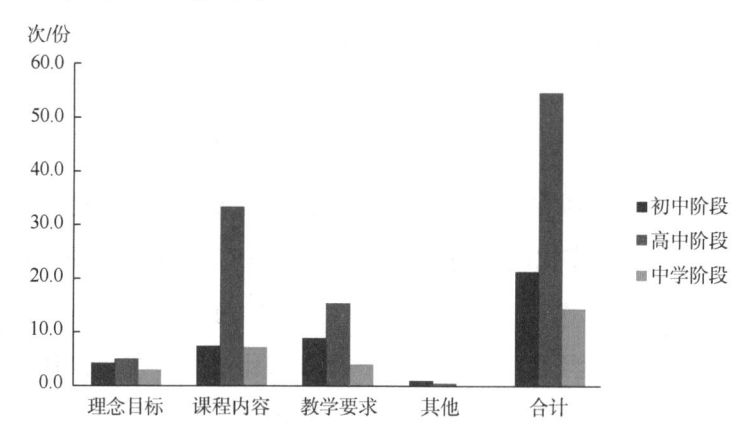

图 6-21 深化阶段化学课程德育内容频次

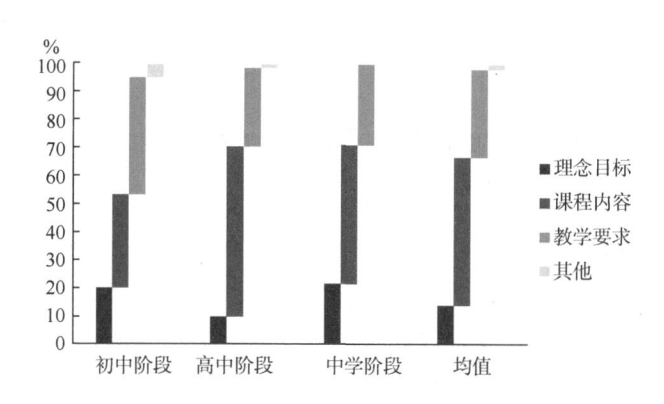

图 6-22 深化阶段化学课程德育内容分布

可以看出：

首先，就整体而言，化学课程高中阶段德育内容频次最高（54.5 次/份），而初中阶段、中学阶段比较接近且较低。初中—高中德育内容出

现频次相差 -32.9 次/份。

其次,就课程文本四个部分而言,德育内容集中分布在"课程内容""教学要求"部分。除了"其他"部分,初中、高中阶段逐级递增;在"课程内容"部分,高中阶段德育内容频次明显高于初中阶段。初中—高中阶段德育内容差异性程度指数为33.9。

最后,就分布情况而言,整体分布上"课程内容"占比最高,其次是"教学要求","其他"占比最低。德育内容分布比较不均衡,均衡性指数为51.3%。

其中,初中阶段在"教学要求"部分占比最高,其次是"课程内容",德育内容分布比较均衡(37.1%);高中阶段在"课程内容"部分占比最高,其次是"教学要求",德育内容分布比较不均衡(60.6%);中学阶段在"课程内容"部分占比最高,在"其他"部分占比最低,德育内容分布比较不均衡(50.0%)。

在化学课程德育内容统计表的基础上,根据深化阶段理论分析框架进行内容分析进而编码,得到德育内容编码表,在此基础上得到德育内容编码统计表。

基于德育内容编码统计表,可以得到图6-23、图6-24、图6-25。

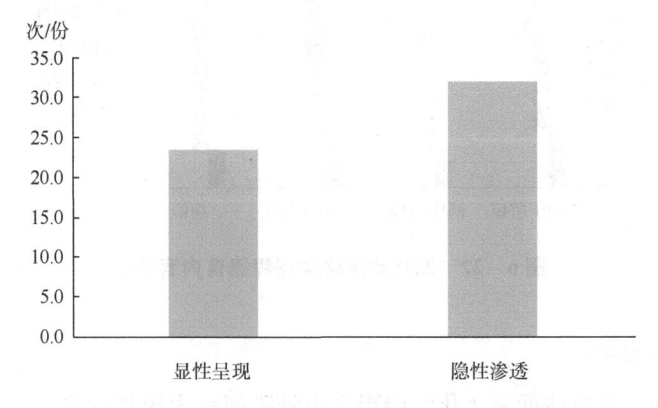

图6-23 深化阶段化学课程德育内容编码频次

第六章　中国中小学理科课程德育内容的深化阶段（1988—2000）

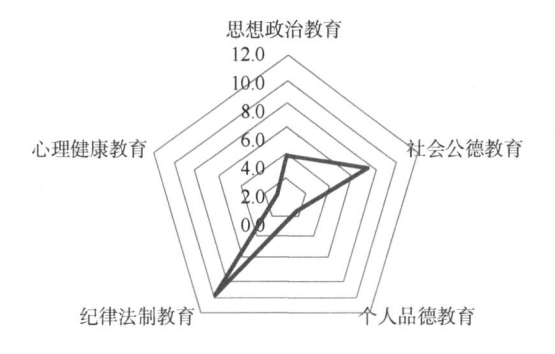

图 6-24　化学课程显性呈现频次

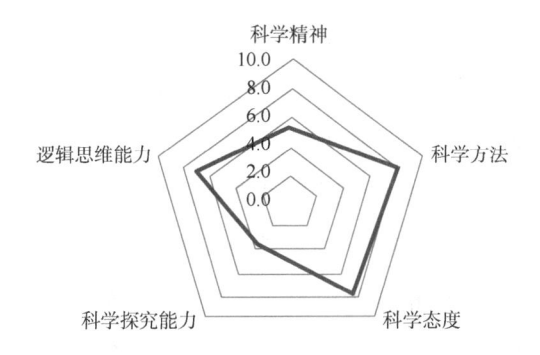

图 6-25　化学课程隐性渗透频次

可以发现：

首先，就整体而言，本阶段化学课程中德育内容显性呈现频次略低于隐性渗透频次，两者相差 -8.5 次/份。

其次，在显性呈现方面，"心理健康教育""个人品德教育""思想政治教育"维度呈现频次非常低，其中，"心理健康教育"维度（0.8）主要涉及坚强的意志品格和承受挫折能力的培养；"个人品德教育"维度（1.5）主要涉及教育学生活泼、开朗、有毅力、不怕困难、认真负责等品格教育内容；"思想政治教育"维度（3.5）主要涉及与化学有关的国情教育、辩证唯物主义观点教育、学习目的教育等内容。

"社会公德教育"维度（7.5）呈现频次很低，主要涉及爱国主义教

· 239 ·

育、爱科学等内容。比如："激发学生学习化学的兴趣""对学生进行辩证唯物主义和爱国主义教育"①［1988年《九年制义务教育全日制初级中学化学教学大纲（初审稿）》］等内容。

"纪律法制教育"维度（10.2）呈现频次较低，主要涉及爱护公用设施、环境道德教育等内容。比如："观看录像：环境污染和环境保护（酸雨、温室效应、臭氧层破坏等）""要求学生养成遵守实验室规则的习惯"②［1996年《全日制普通高级中学化学教学大纲（供试验用）》］等内容。

显性呈现方面各个维度的分布比较均衡（40.0%）。

最后，在隐性渗透方面，"科学探究能力"维度（3.7）渗透频次非常低，主要涉及提出问题、解决问题、表达交流等内容。

"科学精神""逻辑思维能力""科学态度"维度渗透频次很低。其中，"科学精神"维度（5.3）主要涉及实证精神、探索精神、创新改革精神、协作精神、实践精神等内容，比如："培养学生的能力和创新精神，使学生会初步运用化学知识解释一些简单的现象或解决一些简单的化学问题"③［1992年《九年义务教育全日制初级中学化学教学大纲（试用）》］等内容；"逻辑思维能力"维度（7.0）主要涉及分析与综合、抽象与概括、比较等逻辑思维，比如："在教学中要尽可能做到通俗易懂，通过对实验现象和事实的分析、比较、抽象、概括，使学生形成概念"④［1988年《九年制义务教育全日制初级中学化学教学大纲

---

① 课程教材研究所编：《20世纪中国中小学课程标准·教学大纲汇编 化学卷》，人民教育出版社2001年版，第343页。
② 课程教材研究所编：《20世纪中国中小学课程标准·教学大纲汇编 化学卷》，人民教育出版社2001年版，第391、395页。
③ 课程教材研究所编：《20世纪中国中小学课程标准·教学大纲汇编 化学卷》，人民教育出版社2001年版，第372页。
④ 课程教材研究所编：《20世纪中国中小学课程标准·教学大纲汇编 化学卷》，人民教育出版社2001年版，第351页。

第六章 中国中小学理科课程德育内容的深化阶段（1988—2000）

（初审稿）》］；"科学态度"维度（7.8）主要涉及尊重实践、善于思考、灵活性、好奇心、探究兴趣、追求创新、合作分享等内容，比如："实验教学可以激发学生学习化学的兴趣，帮助学生形成化学概念，获得化学知识和实验技能，培养观察和实验能力，还有助于培养实事求是、严肃认真的科学态度和科学的学习方法"①［1988 年《九年制义务教育全日制初级中学化学教学大纲（初审稿）》］等内容。

"科学方法"维度（8.2）渗透频次较低，主要涉及观察和实验的科学方法，比如："要求学生学会观察和记录实验现象，能根据实验现象分析得出结论，并如实写实验报告"②［1996 年《全日制普通高级中学化学教学大纲（供试验用)》］等内容。

隐性渗透方面各个维度的分布非常均衡（14.0%）。

通过化学课程中德育内容编码统计表，分别绘制出深化阶段化学课程 TMME 显性呈现和隐性渗透情况，如图 6-26、图 6-27 所示。

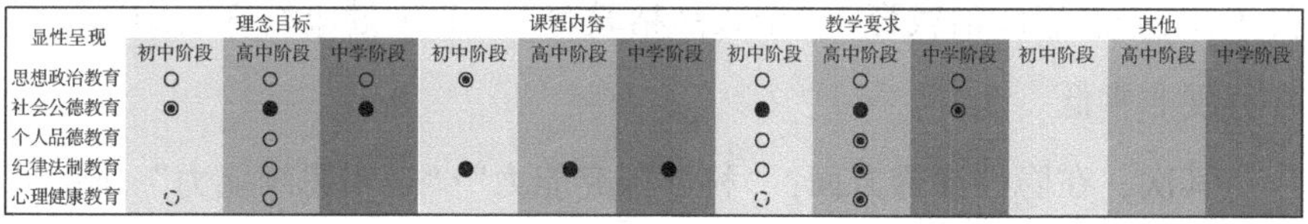

图 6-26 深化阶段化学课程 TMME（显性呈现）

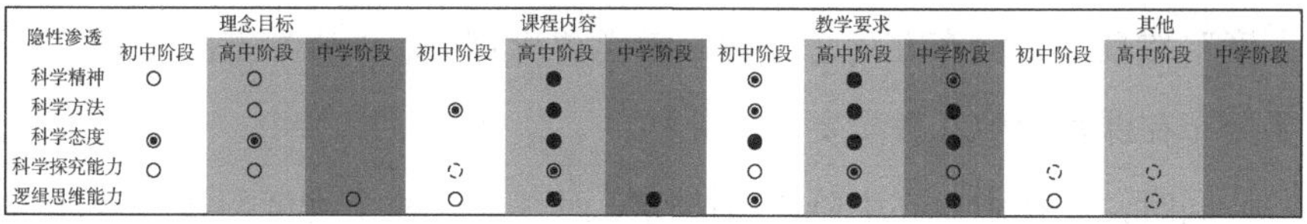

图 6-27 深化阶段化学课程 TMME（隐性渗透）

---

① 课程教材研究所编：《20 世纪中国中小学课程标准·教学大纲汇编 化学卷》，人民教育出版社 2001 年版，第 352 页。

② 课程教材研究所编：《20 世纪中国中小学课程标准·教学大纲汇编 化学卷》，人民教育出版社 2001 年版，第 395 页。

不难看出：

首先，在显性呈现方面，"思想政治教育""纪律法制教育"维度分布范围比较广，前者主要分布在理念目标、教学要求部分，后者主要分布在课程内容、教学要求部分。"社会公德教育"维度分布范围比较窄，主要分布在理念目标、教学要求部分。"个人品德教育""心理健康教育"维度分布范围非常窄，主要分布在教学要求部分。

同时，就初中—高中阶段衔接情况而言，"社会公德教育""纪律法制教育"维度衔接程度非常强，在所有文本设计部分均有衔接；"思想政治教育"维度衔接程度比较强，仅在课程内容部分没有衔接；"个人品格教育""心理健康教育"维度衔接程度比较弱，仅在教学要求部分有所衔接。

此外，"社会公德教育""纪律法制教育"维度受关注程度比较低，前者在理念目标、教学要求部分比较受关注，后者在课程内容部分比较受关注；"思想政治教育""个人品格教育""心理健康教育"维度受关注程度非常低。

其次，在隐性渗透方面，"科学探究能力""逻辑思维能力"维度分布范围比较广，前者在文本四个部分均有所分布，后者集中分布在文本后三个部分。其余三个维度分布范围比较窄，其中，"科学精神""科学态度"维度主要分布在理念目标、教学要求部分，"科学方法"维度主要分布在课程内容、教学要求部分。

同时，就初中—高中阶段衔接情况而言，后两个维度衔接程度非常强，在文本设计部分均有内容衔接；其余三个维度衔接程度比较强，"科学精神""科学态度"在课程内容部分没有衔接，"科学方法"在理念目标部分没有衔接。

此外，除了"科学探究能力"维度，其余四个维度受关注程度均比较低，其中，"科学精神""科学态度"维度集中分布在教学要求部

第六章 中国中小学理科课程德育内容的深化阶段（1988—2000）

分，"科学方法""逻辑思维能力"维度集中分布在课程内容、教学要求部分；"科学探究能力"维度受关注程度非常低。

五 生物学课程中的德育内容

深化阶段（1988—2000）官方共颁布中学生物学课程标准（教学大纲）7份。其中初中阶段3份，高中阶段2份，全日制中学阶段2份。

根据深化阶段化学课程德育内容频次统计表，绘制出深化阶段物理课程标准（教学大纲）文本（均值）德育内容频次图、分布图，如图6-28、图6-29所示。

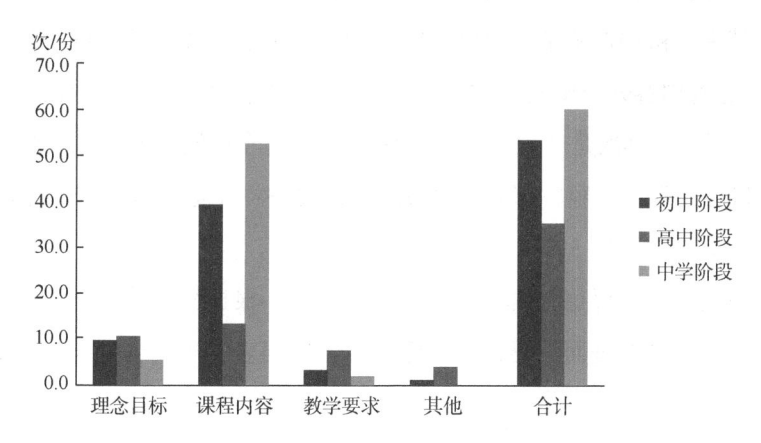

图6-28 深化阶段生物学课程德育内容频次

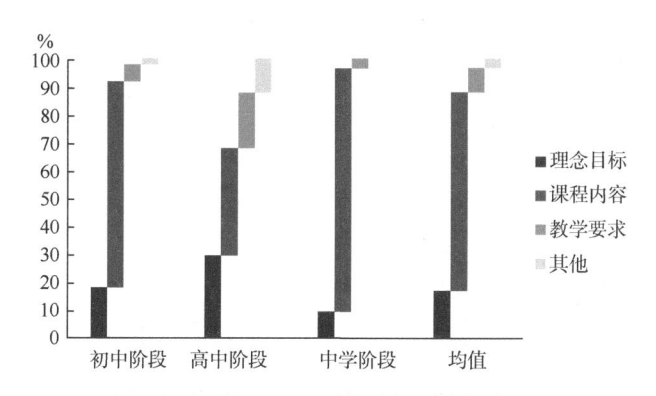

图6-29 深化阶段生物学课程德育内容分布

可以看出：

首先，就整体而言，生物学课程中学阶段德育内容频次最高（60.0次/份），其次是初中阶段（53.3次/份）。初中、高中德育内容频次相差17.8次/份。

其次，就课程文本四个部分而言，德育内容集中分布在课程内容部分。只有课程内容部分初中阶段高于高中阶段，其余三个部分皆低于高中阶段。初中—高中阶段德育内容差异性程度指数为33.8。

最后，就分布情况而言，整体分布上"课程内容"占比最高，其余三个部分占比较低。德育内容分布比较不均衡，均衡性指数为67.2%。

其中，初中阶段在"课程内容"部分占比最高，其次是"理念目标"，德育内容分布比较不均衡（71.8%）；高中阶段在"课程内容"部分占比最高，其次是"理念目标"，德育内容分布比较均衡（26.7%）；中学阶段在"课程内容"部分占比最高，其次是"理念目标"，德育内容分布非常不均衡（87.5%）。

在生物学课程德育内容统计表的基础上，根据深化阶段理论分析框架进行内容分析进而编码，得到德育内容编码表，进而得到德育内容编码统计表。

基于德育内容编码统计表，可以得到图6-30、图6-31、图6-32。

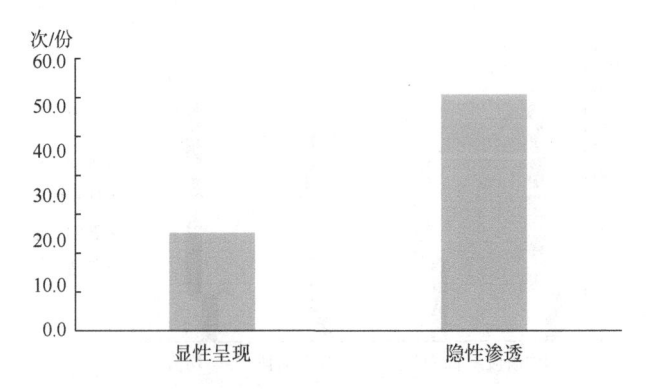

图6-30　深化阶段生物学课程德育内容编码频次

第六章 中国中小学理科课程德育内容的深化阶段（1988—2000）

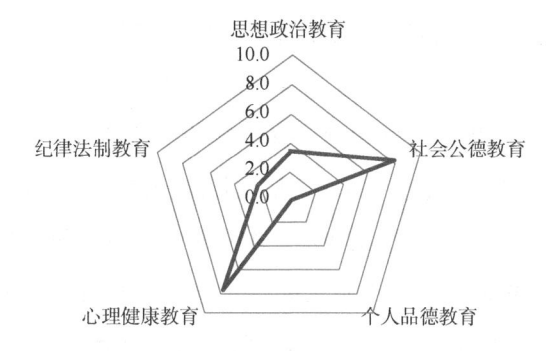

图 6-31 生物学课程显性呈现频次

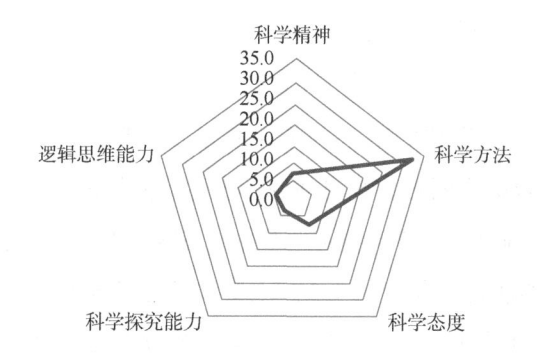

图 6-32 生物学课程隐性渗透频次

可以发现：

首先，就整体而言，本阶段生物学课程中德育内容显性呈现频次明显低于隐性渗透频次，两者相差 -30.7 次/份。

其次，在显性呈现方面，"个人品德教育""心理健康教育""思想政治教育"维度呈现频次非常低，其中，"个人品德教育"维度（0.4）主要涉及培养学生良好的道德情操；"心理健康教育"维度（2.3）主要涉及青春期心理健康教育和正常的社会交往（小组合作）；"思想政治教育"维度（3.0）主要涉及辩证唯物主义世界观教育以及与生物学有关的国情教育。

"社会公德教育"维度（7.9）呈现频次很低，主要涉及爱国主义教育、爱科学等内容。比如："通过讲述祖国丰富的动植物资源,我国古代的和现代的生物科学的成就,对学生进行爱国主义思想教育"①[1990年《全日制中学生物学教学大纲(修订本)》]等内容。

"纪律法制教育"维度(8.1)呈现频次较低,主要涉及爱护公用设施、环境道德教育等内容。比如:"自觉遵守我国保护自然环境的有关政策法令"②[1988年《九年制义务教育全日制初级中学生物学教学大纲(初审稿)》]"培养学生科学地、规范地使用教学设备的良好习惯,形成爱惜教学设备的好风气"③[1996年《全日制普通高级中学生物教学大纲(供试验用)》]等内容。

显性呈现方面各个维度的分布比较均衡(46.2%)。

最后,在隐性渗透方面,"科学探究能力"维度(3.1)渗透频次非常低,主要涉及提出问题、解决问题、表达交流等内容。

"逻辑思维能力""科学精神""科学态度"维度渗透频次很低。其中,"逻辑思维能力"维度(4.3)主要涉及分析与综合、抽象与概括、比较等逻辑思维,比如:"总的要求学生在初中生物课学习的基础上,具有较强的观察能力、实验能力、思维能力和自学能力,初步的研究能力和创造能力"④[1996年《全日制普通高级中学生物教学大纲(供试验用)》];"科学精神"维度(6.4)主要涉及实证精神、探索精神、创新改革精神、协作精神、实践精神等内容,比如:"开展这些活动,可以更好地培养学生的学习兴趣、拓宽知识、提高能力、发展特长和创新

---

① 课程教材研究所编:《20世纪中国中小学课程标准·教学大纲汇编 生物卷》,人民教育出版社2001年版,第353页。
② 课程教材研究所编:《20世纪中国中小学课程标准·教学大纲汇编 生物卷》,人民教育出版社2001年版,第348页。
③ 课程教材研究所编:《20世纪中国中小学课程标准·教学大纲汇编 生物卷》,人民教育出版社2001年版,第429页。
④ 课程教材研究所编:《20世纪中国中小学课程标准·教学大纲汇编 生物卷》,人民教育出版社2001年版,第423页。

第六章 中国中小学理科课程德育内容的深化阶段（1988—2000）

精神。"①［1992年《九年义务教育全日制初级中学生物学教学大纲（试用）》］"科学态度"维度（7.1）主要涉及尊重实践、善于思考、灵活性、好奇心、探究兴趣、追求创新、合作分享等内容，比如："通过观察、实验、参观、讨论、实习等教学活动，可以培养学生的学习兴趣，启发他们学习的主动性，形成客观的、实事求是的科学态度"②［2000年《九年义务教育全日制初级中学生物教学大纲（试用修订版）》］等内容。

"科学方法"维度（31.4）渗透频次非常高，主要涉及观察和实验的科学方法，比如："要使学生掌握生物科学的一些基本方法，具有较强的观察、实验、思维、自学等能力，提高科学素质"［1996年《全日制普通高级中学生物教学大纲（供试验用）》］③等内容。

隐性渗透方面各个维度的分布非常不均衡（86.9%）。

通过生物学课程中德育内容编码统计表，分别绘制出深化阶段生物学课程TMME显性呈现和隐性渗透情况，如图6-33、图6-34所示。

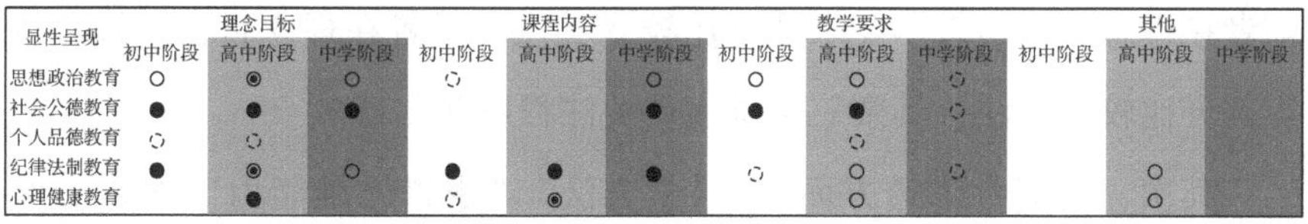

图6-33 深化阶段生物学课程TMME（显性呈现）

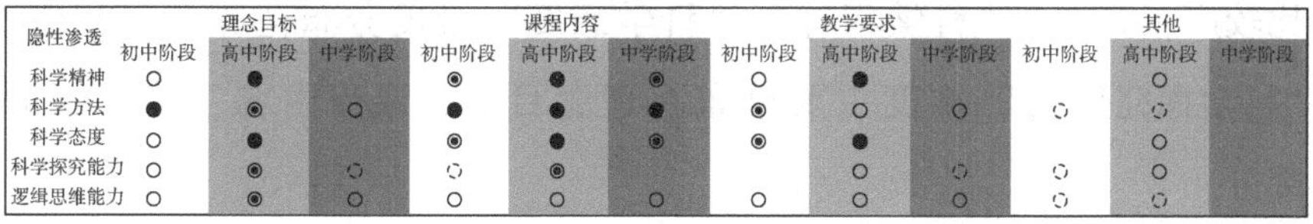

图6-34 深化阶段生物学课程TMME（隐性渗透）

---

① 课程教材研究所编：《20世纪中国中小学课程标准·教学大纲汇编》，人民教育出版社2001年版，第405页。

② 课程教材研究所编：《20世纪中国中小学课程标准·教学大纲汇编 生物卷》，人民教育出版社2001年版，第433页。

③ 课程教材研究所编：《20世纪中国中小学课程标准·教学大纲汇编 生物卷》，人民教育出版社2001年版，第421页。

不难看出：

首先，在显性呈现方面，"纪律法制教育"维度分布范围非常广，主要分布在课程文本前三个部分；"思想政治教育""社会公德教育"教育维度分布范围比较广，主要分布在理想信念、教学要求部分。"心理健康教育"维度分布范围比较窄，主要分布在课程内容部分；"个人品德教育"维度分布范围非常窄，主要分布在理念目标部分。

同时，就初中—高中阶段衔接情况而言，"社会公德教育"维度衔接程度非常强，在课程标准文本所涉及部分均有衔接内容；"思想政治教育""纪律法制教育"维度衔接程度比较强，前者仅在课程内容部分没有衔接，后者仅在其他部分没有衔接；"个人品德教育"维度衔接程度比较弱，仅在理念目标部分有所衔接；"心理健康教育"维度衔接程度非常弱，仅在课程内容部分有所衔接。

此外，"社会公德教育""纪律法制教育"维度受关注程度比较低，前者在理念目标、教学要求部分比较受关注，后者在理念目标、课程内容部分比较受关注；其余三个维度受关注程度非常低。

其次，在隐性渗透方面，"科学方法""逻辑思维能力"维度分布范围非常广，在课程文本四个部分均有涉及；其余三个维度分布范围比较广，其中，"科学精神""科学态度"维度分布范围比较相似；"科学探究能力"维度主要分布在理念目标、课程内容、其他三个部分。

同时，就初中—高中阶段衔接情况而言，"科学方法""逻辑思维能力"维度衔接程度非常强，在文本涉及部分均有所衔接；其余三个维度衔接程度比较强，其中，"科学精神""科学态度"维度仅在其他部分没有衔接，"科学探究能力"维度在教学要求部分没有衔接。

此外，前三个维度的受关注程度比较低，其中，"科学精神"维度

第六章 中国中小学理科课程德育内容的深化阶段（1988—2000）

课程内容部分比较受关注，"科学方法"维度在理念目标、课程内容部分比较受关注，"科学态度"维度在课程内容、教学要求部分比较受关注；后两个维度受关注程度非常低。

六 自然课程中的德育内容

深化阶段（1988—2000）官方共颁布小学自然课程标准（教学大纲）2份。

根据深化阶段自然课程德育内容频次统计表，绘制出深化阶段自然课程标准（教学大纲）文本（均值）德育内容频次图、分布图，如图6-35、图6-36所示。

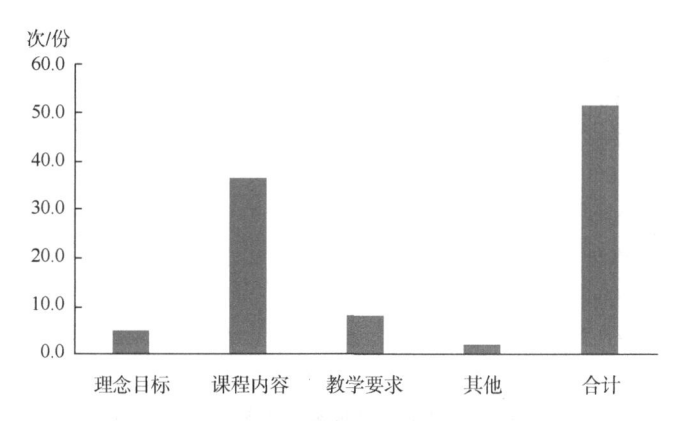

图6-35 深化阶段自然课程德育内容频次

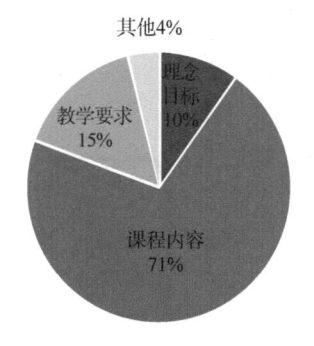

图6-36 深化阶段自然课程德育内容分布

可以看出：

首先，就整体而言，小学自然课程德育内容频次为 51.5 次/份。

其次，就课程文本四个部分而言，"课程内容"德育内容频次非常高，其次是"教学要求""理念目标"。

最后，就分布情况而言，整体分布上"课程内容"占比最高，"其他"占比最低，德育内容分布比较不均衡，均衡性指数为 67.0%。

在自然课程德育内容统计表的基础上，根据深化阶段理论分析框架进行内容分析进而编码，得到德育内容编码表，进而得到德育内容编码统计表。

基于德育内容编码统计表，可以得到图 6-37、图 6-38、图 6-39。

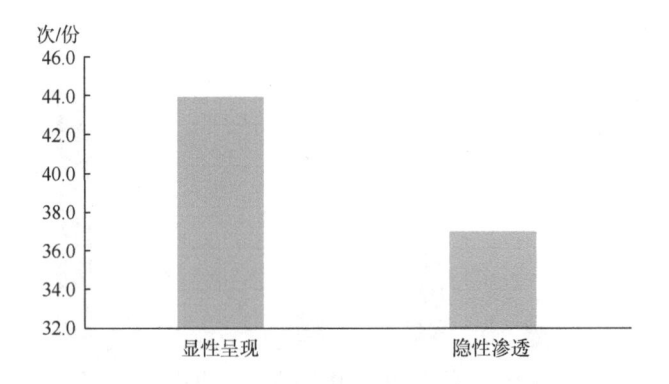

图 6-37 深化阶段自然课程德育内容编码频次

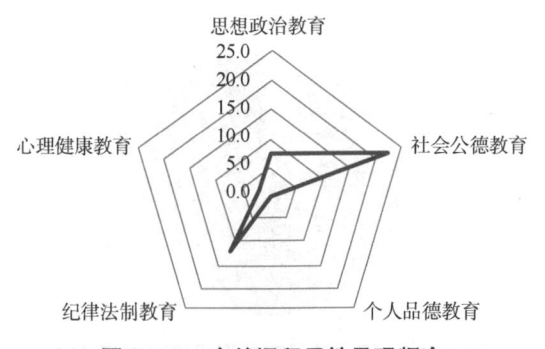

图 6-38 自然课程显性呈现频次

第六章 中国中小学理科课程德育内容的深化阶段（1988—2000）

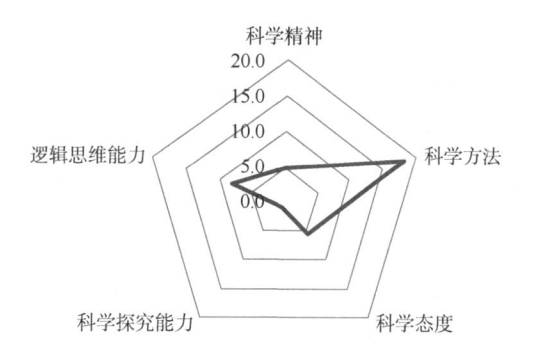

图 6-39 自然课程隐性渗透频次

可以发现：

首先，就整体而言，本阶段自然课程中德育内容显性呈现频次高于隐性渗透频次，两者相差 7.0 次/份。

其次，在显性呈现方面，"个人品德教育""心理健康教育"维度呈现频次非常低。其中，"个人品德教育"维度（0.5）主要涉及笼统的思想品德教育内容；"心理健康教育"维度（2.0）主要涉及笼统的培养学生心理品质内容。

"思想政治教育"维度（6.5）呈现频次很低，主要涉及与自然课程相关的国情教育内容。

"纪律法制教育"维度（12.5）呈现频次较高，主要涉及环境道德教育，比如："指导学生通过观察、实验等活动，认识周围自然界常见事物的主要特征，知道人类对自然界的利用和保护""了解人类认识自然、利用自然、改造自然、保护自然的一些活动，从而对大自然的概貌和人类与自然之间的关系有一个初步的了解"[1]［1988 年《九年制义务教育全日制小学自然教学大纲（初审稿）》］。

"社会公德教育"维度（22.5）呈现频次非常高，主要涉及爱国主

---

[1] 课程教材研究所编：《20 世纪中国中小学课程标准·教学大纲汇编 自然·社会·常识·卫生卷》，人民教育出版社 2001 年版，第 108、105 页。

义教育、爱科学等内容，比如："指导学生获得一些浅显的自然科学基础知识，同时培养他们的科学志趣，及学科学、用科学的能力，使他们受到科学自然观、科学态度、爱家乡、爱祖国、爱大自然等思想品德教育"[1]［1992年《九年义务教育全日制小学自然教学大纲（试用）》]。

显性呈现方面各个维度的分布比较不均衡（50.0%）。

最后，在隐性渗透方面，"科学探究能力"维度（1.0）渗透频次非常低，主要涉及动手实践能力。

"科学精神""科学态度"维度渗透频次很低，其中，"科学精神"（4.5）主要涉及创新精神、实践精神、理性精神等内容；"科学方法"（5.5）主要涉及尊重实践、善于思考、好奇心、追求创新等内容。

"逻辑思维能力"维度（8.0）渗透频次较低，主要涉及分析与综合、抽象与概括等内容，比如："指导学生运用各种感官进行观察，培养他们的观察能力，比较和分类等思维能力，以及进行简单小制作等动手能力"[2]［1988年《九年制义务教育全日制小学自然教学大纲（初审稿）》]。

"科学方法"维度（18.0）渗透频次很高，主要涉及观察和实验的科学方法。比如："教学内容应便于学生观察、实验、操作，进行科学探究活动""观察常见植物的根、茎、叶、花、果实、种子的外部特征"[3]［1992年《九年义务教育全日制小学自然教学大纲（试用）》]。

隐性渗透方面各个维度的分布比较均衡（45.9%）。

通过自然课程中德育内容编码频次统计表，分别绘制出深化阶段自然课程TMME显性呈现和隐性渗透情况，如图6-40、图6-41所示。

---

[1] 课程教材研究所编：《20世纪中国中小学课程标准·教学大纲汇编 自然·社会·常识·卫生卷》，人民教育出版社2001年版，第118页。
[2] 课程教材研究所编：《20世纪中国中小学课程标准·教学大纲汇编 自然·社会·常识·卫生卷》，人民教育出版社2001年版，第106页。
[3] 课程教材研究所编：《20世纪中国中小学课程标准·教学大纲汇编 自然·社会·常识·卫生卷》，人民教育出版社2001年版，第119、120页。

第六章 中国中小学理科课程德育内容的深化阶段（1988—2000）

显性呈现	小学阶段			
	理念目标	课程内容	教学要求	其他
思想政治教育		●		○
社会公德教育	●	●	●	○
个人品德教育	○			
纪律法制教育	○	●	○	
心理健康教育	○		○	

图 6-40　发展阶段自然课程 TMME（显性呈现）

隐性渗透	小学阶段			
	理念目标	课程内容	教学要求	其他
科学精神		◉	○	○
科学方法	○	●	○	
科学态度	○	●	○	
科学探究能力			○	
逻辑思维能力		●	○	

图 6-41　发展阶段自然课程 TMME（隐性渗透）

不难看出：

首先，在显性呈现方面，"社会公德教育"维度分布范围非常广，在文本四个部分均有所分布；"纪律法制教育"维度分布范围比较广，仅在其他部分没有涉及。"思想政治教育""心理健康教育"维度分布比较窄；"个人品德教育"维度分布范围非常窄，仅在理念目标部分有所涉及。

就受关注程度而言，"社会公德教育"维度的受关注程度比较高，在课程标准文本前三个部分均比较受关注；剩余四个维度受关注程度均非常低，其中，"思想政治教育""法律法制教育"维度仅在课程内容部分比较受关注。

其次，在隐性渗透方面，前三个维度分布范围比较广，"科学精神"维度未在理念目标部分有所涉及，"科学方法""科学态度"维度未在其他部分有所涉及。"逻辑思维能力"维度分布范围比较窄，仅在课程内容、教学要求部分有所涉及；"科学探究能力"维度分布范围非常窄，仅在教学要求部分有所涉及。

除了"科学探究能力"维度，其余四个维度的受关注程度均比较低，仅在课程内容部分比较受关注；"科学探究能力"维度的受关注程度非常低。

第四节 理科课程中德育内容的比较分析

深化阶段中小学理科课程中德育内容呈现特征各有不同。图6-42中可见不同阶段（小学、初中、高中、中学）各门理科课程德育内容频次，图6-43中可见不同文本部分（课程目标、课程内容、教学要求、其他）各门理科课程德育内容分布。

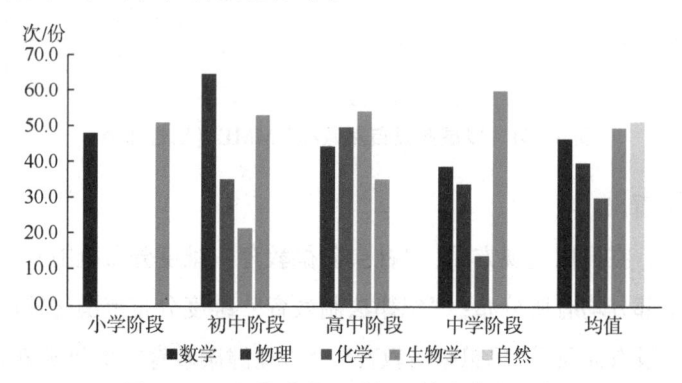

图6-42 深化阶段理科课程德育内容频次

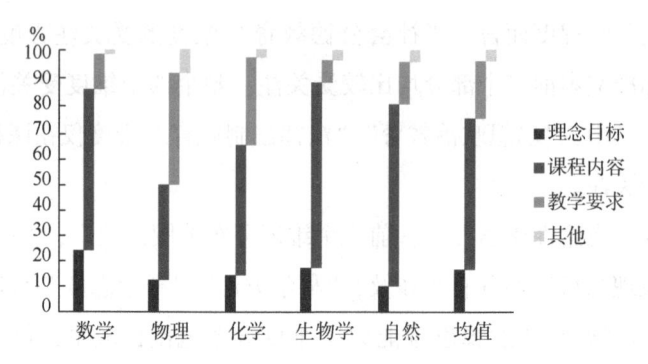

图6-43 深化阶段理科课程德育内容分布

可以看出：

首先，从整体上看，五门课程中自然课程德育内容频次最高（51.5次/份），化学课程频次最低（30.0次/份）。五门理科课程德育内容频次均值从高到低依次为：自然，生物学，数学，物理，化学。深化阶段

第六章 中国中小学理科课程德育内容的深化阶段（1988—2000）

中小学理科课程德育内容频次学科差异性指数为 21.5。

其次，从阶段上看，小学阶段数学、自然课程德育内容频次较为相近；初中阶段数学课程德育内容频次最高（64.7 次/份），化学课程德育内容频次最低（21.6 次/份）；高中阶段则相反，化学课程德育内容频次最高（54.5 次/份），物理课程德育内容频次略低于化学，数学课程德育内容频次最低（35.0 次/份），生物学课程德育内容频次略高于数学。小学、初中、高中、中学阶段德育内容频次学科差异性指数分别为：3.1，43.1，19.5，46.0。

最后，从分布上看，除了物理课程，其余四门课程均在课程内容部分占比最大，物理课程在教学要求部分占比最大；五门课程均在其他部分占比最小。生物学、自然、数学分布比较不均衡；化学、物理分布比较均衡。五门理科课程德育内容分布均衡性指数从低到高依次为：物理，化学，数学，自然，生物学。

将理科课程中德育内容逐条进行编码并统计之后，可以得出各个学科德育内容编码频次图，由于每个德育内容条目当中往往涉及不止一个二级编码内容，因此各门课程合计编码频次高于内容频次。如图 4-44 至图 4-46 所示。

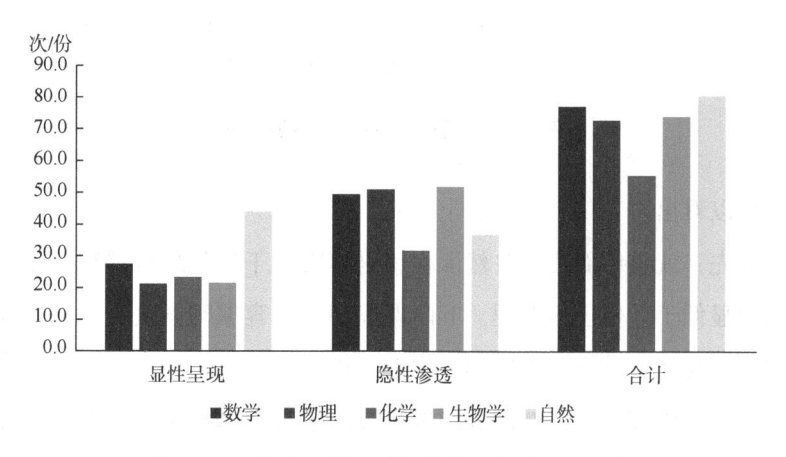

图 6-44 深化阶段理科课程德育内容编码频次

中国中小学理科课程德育内容的百年嬗变

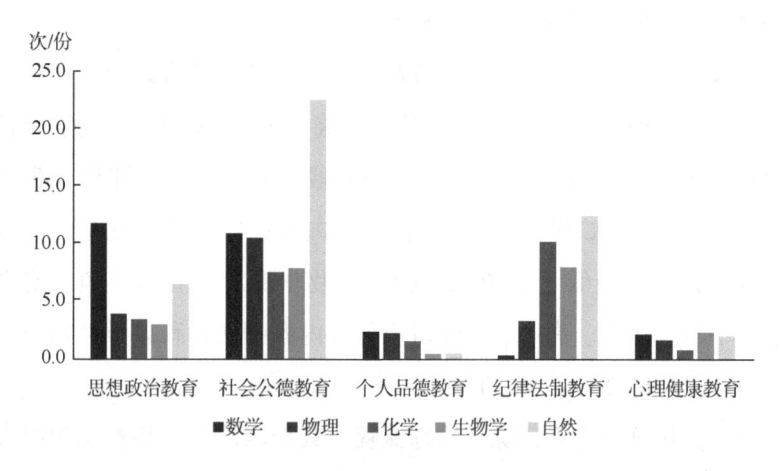

图6-45 理科课程显性呈现频次

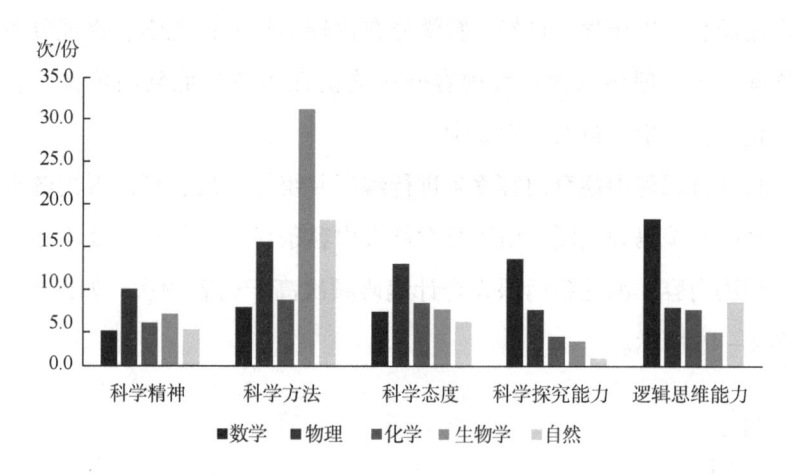

图6-46 理科课程隐性渗透频次

可以看出：

首先，就整体而言，自然课程编码频次高于其他理科课程，化学课程则明显低于其他理科课程。五门课程德育内容编码频次合计从高到低依次为：自然，数学，生物学，物理，化学。

显性呈现方面，自然课程频次明显高于其他理科课程，五门课程从高到低依次为：生物学，数学，化学，物理，自然（物理和自然并列）。

第六章　中国中小学理科课程德育内容的深化阶段（1988—2000）

隐性渗透方面，化学、自然课程频次明显低于其他理科课程，五门课程从高到低依次为：生物学，物理，数学，自然，化学。

就显性呈现、隐性渗透差异性而言，除了自然课程，其余理科课程显性呈现频次皆低于隐性渗透频次；自然课程主要在显性呈现方面"社会公德教育"维度频次非常高。另外，生物学、物理、数学课程差异性较大，化学、自然差异性较小。五门课程差异性从小到大依次为：自然，化学，数学，物理，生物学。

其次，就显性呈现方面而言，各门课程在"个人品德教育""心理健康教育"维度频次较低，在"社会公德教育"维度频次较高。数学课程在"思想政治教育""个人品德教育"维度频次高于其他理科课程，而在"纪律法制教育"维度频次低于其他理科课程；生物学课程在"心理健康教育"维度频次最高，而在"思想政治教育""个人品德教育"维度频次最低；自然课程在"社会公德教育""纪律法制教育"维度频次最高；化学课程在"社会公德教育""心理健康教育"维度频次最低。其中，"心理健康教育""个人品德教育"维度学科差异性较小；"社会公德教育""纪律法制教育"维度学科差异性较大。

显性呈现方面各个维度学科差异性从小到大依次为：心理健康教育，个人品德教育，思想政治教育，纪律法制教育，社会公德教育。

最后，就隐性渗透方面而言，数学课程在"科学探究能力""逻辑思维能力"维度频次高于其他理科课程，而在"科学精神""科学方法"维度频次低于其他理科课程；生物学在"科学方法"维度频次最高，而在"逻辑思维能力"维度频次最低；物理课程在"科学精神""科学态度"维度频次最高；自然课程在"科学态度""科学探究能力"维度频次最低。其中，"科学精神""科学态度"维度学科差异性较小，"科学方法"维度学科差异性最大。

隐性渗透方面各个维度学科差异性从小到大依次为：科学精神，科学态度，科学探究能力，逻辑思维能力，科学方法。

第五节　本章小结

第一，在德育内容整体频次方面，自然课程频次略高于其他理科课程，大于 50 次/份；物理、化学课程频次比较接近且低于其他理科课程。数学课程在小学、中学阶段频次略低于其他理科课程，而在初中阶段频次明显高于其他理科课程。理科课程文本分布比较不均衡；数学、生物学、自然课程分布均衡性指数比较接近且高于其他理科课程，文本分布比较不均衡，物理课程分布均衡性指数明显低于其他理科课程，文本分布比较均衡。物理课程在文本教学要求部分占比最大，其他课程皆在课程内容部分占比最大。

第二，在德育内容编码频次方面，显性呈现频次自然课程明显高于其他理科课程，物理、化学课程略低于其他理科课程；隐性渗透频次生物学课程明显高于其他理科课程，化学课程明显低于其他理科课程。编码频次总和自然课程频次高于其他理科课程，化学课程频次则明显低于其他理科课程。除了自然课程，其他四门理科课程德育内容编码显性呈现频次皆低于隐性渗透频次，其中生物学课程差额略大于其他理科课程，化学、自然课程差额比较接近且较小。

第三，在德育内容显性呈现方面，数学课程在"思想政治教育""个人品德教育"维度频次略高于其他理科课程，而在"纪律法制教育"维度频次最低；生物学课程则在"思想政治教育""个人品德教育"维度频次略低于其他理科课程，在"心理健康教育"维度频次最高。"社会公德教育""纪律法制教育"维度学科差异性指数比较接近且较大；其他维度学科差异性指数比较接近且较小，皆在 0—10 的范围内。

第六章 中国中小学理科课程德育内容的深化阶段（1988—2000）

第四，在德育内容隐性渗透方面，数学课程在"科学探究能力""逻辑思维能力"维度频次高于其他理科课程，而在"科学精神""科学方法"维度频次低于其他理科课程。"科学方法"维度学科差异性指数明显大于其他维度；"科学精神""科学态度"维度学科差异性指数比较接近且较小，皆在0—10的范围内。

第五，在德育内容TMME图方面：

显性呈现方面，理科课程均值在"思想政治教育""纪律法制教育"维度分布范围非常广；在"社会公德""心理健康教育"维度分布范围比较广。就小学—初中学段而言，仅"纪律法制教育"衔接非常强；其他维度衔接皆比较强。就初中—高中学段而言，"思想政治教育""个人品德"维度衔接非常强；"纪律法制教育""心理健康教育"维度衔接比较强。就小学—中学学段而言，"纪律法制教育"维度衔接非常强；"思想政治教育""社会公德教育"维度衔接比较强。仅"社会公德教育"维度受关注程度比较低，主要在文本理念目标、教学要求部分比较受关注；其他维度受关注程度皆非常低。

隐性渗透方面，各个维度分布范围皆非常广，仅在文本其他部分中学阶段没有分布。就小学—初中学段而言，除了"科学方法"维度，其他维度衔接程度皆非常强，在相邻学段皆有所衔接；"科学方法"维度衔接比较强。就初中—高中学段而言，各个维度衔接程度皆非常强，在相邻学段皆有所衔接。就小学—中学学段而言，"科学方法"维度衔接程度非常强；其他维度皆比较强。各个维度受关注程度皆比较低，主要在文本课程内容、教学要求部分比较受关注。

总而言之，就深化阶段而言，自然德育内容频次最大，化学频次最小。生物学在德育内容编码两个方面分布极端性比较大。在显性呈现方面，数学、生物学分布极端性较大；在隐性渗透方面，数学分布极端性比较大。

自然德育内容频次为51.5，而化学德育内容频次为30.0。生物学在显性呈现方面频次最低，而在隐性渗透方面频次最高。在显性呈现方面，数学在"思想政治教育""个人品德教育"维度频次最高，而在"纪律法制教育"维度频次最低；生物学则在"思想政治教育""个人品德教育"维度频次最低，而在"逻辑思维能力"维度频次最高；在隐性渗透方面，数学在"科学精神""科学方法"维度频次最低，而在"科学探究能力""逻辑思维能力"维度频次最高。

第七章　中国中小学理科课程德育内容的全面深化阶段（2001—2023）

第一节　全面深化阶段德育背景

进入21世纪以来，我国基础教育总体水平还不高，原有的基础教育课程已不能完全适应时代的发展。2001年6月8日，教育部颁布了《基础教育课程改革纲要（试行）》，要大力推行基础教育课程改革，调整和改革基础教育的课程体系、结构、内容，构建新的基础课程体系。①其中指出："制定国家课程标准要依据各门课程的特点，结合具体内容，加强德育工作的针对性、实效性和主动性，对学生进行爱国主义、集体主义和社会主义教育，加强中华民族优良传统、革命传统教育和国防教育，加强思想品质和道德教育，引导学生树立正确的世界观、人生观和价值观；要倡导科学精神、科学态度和科学方法，引导学生创新与实践。"②

2005年，教育部颁布了《关于整体规划大中小学德育体系的意见》，其中指出"德育主要是对学生进行政治、思想、道德、法制、心理健康教育"，同时指出努力拓展大中小学德育的有效途径之一在于"中小学语文、历史、地理、艺术和其他各类课程都要蕴含对学生进行

---

①　王炳照等编：《简明中国教育史》，北京师范大学出版社2008年版，第512页。
②　中华人民共和国教育部：《基础教育课程改革纲要（试行）》，2001年6月8日，http://www.moe.gov.cn/srcsite/A26/jcj_kcjcgh/200106/t20010608_167343.html，2021年11月30日。

德育的内容,使学生在学习知识、增强能力的过程中受到思想道德教育,加强思想道德建设"①。

2014年,教育部颁布了《关于全面深化课程改革 落实立德树人根本任务的意见》,其中指出:"充分发挥人文学科的独特育人优势,进一步提升数学、科学、技术等课程的育人价值。"②

2017年,教育部颁布了《中小学德育工作指南》,其中明确指出了德育内容包括"理想信念教育""社会主义核心价值观教育""中华优秀传统文化教育""生态文明教育"以及"心理健康教育"。同时指出,"课程育人"是中小学德育的实施途径之一,"数学、科学、物理、化学、生物等课要加强对学生科学精神、科学方法、科学态度、科学探究能力和逻辑思维能力的培养,促进学生树立勇于创新、求真求实的思想品质"③。

2019年国务院办公厅发布《关于新时代推进普通高中育人方式改革的指导意见》,其中明确指出需要"突出德育的时代性","坚持把立德树人融入思想道德教育、文化知识教育、社会实践教育各环节",同时"要结合实际制定德育工作实施方案,突出思想政治课关键地位,充分发挥各学科德育功能,积极开展党团组织活动和主题教育、仪式教育、实践教育等活动"④。

进入21世纪以来,我国中小学理科课程在"深化阶段"的基础上,伴随着《基础教育课程改革纲要(试行)》《国家中长期教育改革和发展规划纲要(2010—2020年)》《关于全面深化课程改革 落实

---

① 中华人民共和国教育部:《关于整体规划大中小学德育体系的意见》,2005年7月19日,http://www.moe.gov.cn/s78/A12/s7060/201007/t20100719_179051.html,2021年11月30日。

② 中华人民共和国教育部:《关于全面深化课程改革 落实立德树人根本任务的意见》,2014年4月8日,http://www.moe.gov.cn/srcsite/A26/jcj_kcjcgh/201404/t20140408_167226.html,2021年12月1日。

③ 中华人民共和国教育部:《中小学德育工作指南》,2017年8月22日,http://www.moe.gov.cn/srcsite/A06/s3325/201709/t20170904_313128.html,2021年12月1日。

④ 国务院办公厅:《关于新时代推进普通高中育人方式改革的指导意见》,2019年6月11日,http://www.gov.cn/zhengce/content/2019-06/19/content_5401568.htm,2021年12月1日。

第七章 中国中小学理科课程德育内容的全面深化阶段（2001—2023）

立德树人根本任务的意见》等文件推行系列改革，开始进入"全面深化阶段"。

第二节　全面深化阶段中小学课程中的德育要求

全面深化阶段（2001—2021）官方共颁布中小学课程（教学）计划5份。

2001年教育部印发《义务教育课程设置实验方案》，小学阶段理科课程包括数学和科学课程；初中阶段理科课程包括数学、物理、化学、生物学课程。在其"培养目标"中蕴含了"使学生具有爱国主义、集体主义精神，热爱社会主义，继承和发扬中华民族的优秀传统和革命传统；具有社会主义民主法制意识，遵守国家法律和社会公德；逐步形成正确的世界观、人生观、价值观；具有社会责任感，努力为人民服务；具有初步的创新精神、实践能力、科学和人文素养以及环境意识；具有健壮的体魄和良好的心理素质"等德育要求相关内容。[1]

2003年教育部印发《普通高中课程方案（实验）》，普通高中理科课程包括数学、科学两个学习领域，其中，"科学"学习领域主要包括物理、化学、生物学课程。在其"培养目标"中蕴含了"初步形成正确的世界观、人生观、价值观；热爱社会主义祖国，热爱中国共产党，自觉维护国家尊严和利益，继承中华民族的优秀传统，弘扬民族精神，有为民族振兴和社会进步作贡献的志向与愿望；具有民主与法制意识，遵守国家法律和社会公德，维护社会正义，自觉行使公民的权利，履行公民的义务，对自己的行为负责，具有社会责任感；具有初步的科学与人文素养、环境意识、创新精神与实践能力；具有强

---

[1] 中华人民共和国教育部：《义务教育课程设置实验方案》，2001年11月19日，http://www.moe.gov.cn/srcsite/A26/s7054/200111/t20011119_88602.html，2021年12月1日。

健的体魄、顽强的意志，形成积极健康的生活方式和审美情趣，初步具有独立生活的能力、职业意识、创业精神和人生规划能力"等德育要求相关内容。①

《普通高中课程方案（2017年版）》对于普通高中理科课程没有发生变化，仍然是数学、物理、化学、生物学课程。培养目标发生了较大变化，致力于进一步提升学生的综合素质，着力发展学生的核心素养，其中蕴含了"具有理想信念和社会责任感""具有自主发展能力和沟通合作能力"等德育要求相关内容。② 2020年进一步印发《普通高中课程方案（2017年版2020年修订）》，在理科课程设置以及培养目标要求方面没有发生变化。

《义务教育课程方案（2022年版）》培养目标在于"在坚定理想信念、厚植爱国主义情怀、加强品德修养、增长知识见识、培养奋斗目标、增强综合素质上下功夫，使学生有理想、有本领、有担当，培养德智体美劳全面发展的社会主义建设者和接班人"③。

根据本阶段德育要求教育背景（以2017年《中小学德育工作指南》为主）以及课程计划，结合理科课程自身特点，初步建立理论编码框架，见表7-1。

表7-1　全面深化阶段中小学理科课程德育内容分析框架及编码

显性呈现		隐性渗透	
指标体系	对应编码	指标体系	对应编码
理想信念教育	Ⅰ	科学精神	A
社会主义核心价值观教育	Ⅱ	科学方法	B

---

① 《普通高中课程方案（实验）》，人民教育出版社2003年版，第1—2页。
② 《普通高中课程方案（2017年版）》，人民教育出版社2018年版，第2—3页。
③ 《义务教育课程方案（2022年版）》，北京师范大学出版社2022年版，第2页。

第七章　中国中小学理科课程德育内容的全面深化阶段（2001—2023）

续表

显性呈现		隐性渗透	
指标体系	对应编码	指标体系	对应编码
中华优秀传统文化教育	Ⅲ	科学态度	C
生态文明教育	Ⅳ	科学探究能力	D
心理健康教育	Ⅴ	逻辑思维能力	E

资料来源：显性呈现方面根据2017年教育部《中小学德育工作指南》制定，其中德育内容包括理想信念教育、社会主义核心价值观教育、中华优秀传统文化教育、生态文明教育以及心理健康教育五个方面的内容。具体内容详见附录一"全面深化阶段理科课程德育内容显性呈现方面内容阐释"。隐性渗透方面具体内容详见附录二"理科课程德育内容隐性渗透方面内容阐释"。

第三节　理科课程中的德育内容

一　理科课程德育内容整体情况概述

综合全面深化阶段中小学理科课程标准文本，分别得到各个学段理科课程德育内容频次图以及编码频次图，如图7-1至图7-4所示。

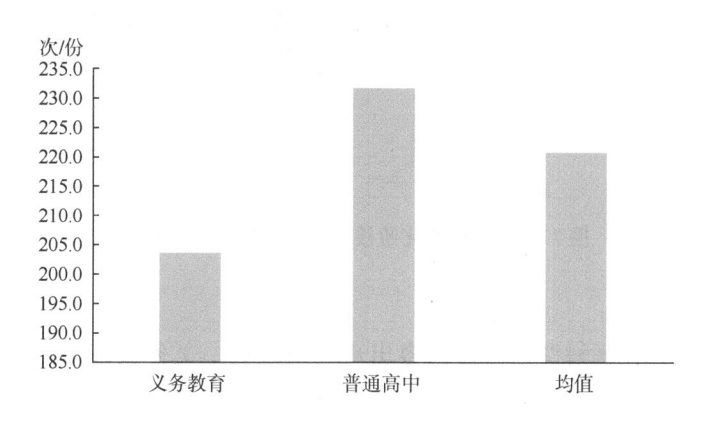

图7-1　全面深化阶段理科课程德育内容频次

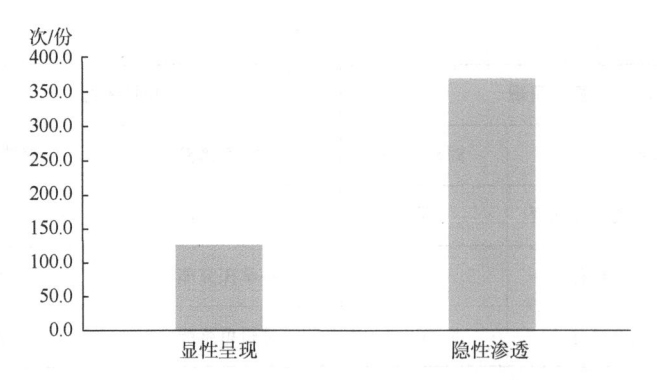

图 7-2　全面深化阶段理科课程德育内容编码频次

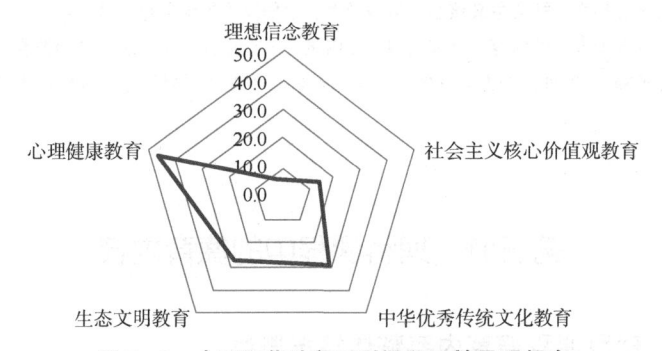

图 7-3　全面深化阶段理科课程显性呈现频次

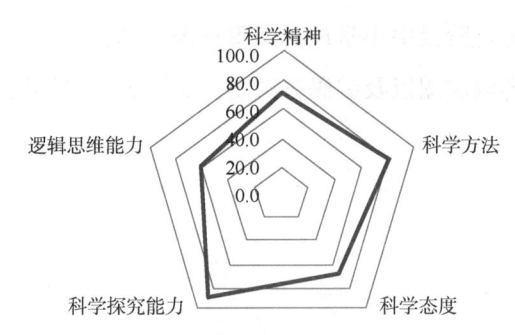

图 7-4　全面深化阶段理科课程隐性渗透频次

由此可见：

第一，在理科课程德育内容出现频次方面，义务教育①阶段频次低

---

① 义务教育阶段取五门理科课程均值。

第七章 中国中小学理科课程德育内容的全面深化阶段（2001—2023）

于普通高中①阶段，这与自然课程之外的其他四门理科课程皆在义务教育阶段频次最低有关。义务教育阶段与普通高中阶段频次相差 -28.0 次/份。

第二，在理科课程德育内容编码频次方面，显性呈现、隐性渗透编码总和为 494.0 次/份，明显高于德育内容频次均值（220.7 次/份），在一定程度上说明该阶段课程文本德育内容编码情况非常丰富，同一内容条目两次以上编码的情况非常多。显性呈现编码频次低于隐性渗透编码频次，两者相差 -243.8 次/份。

第三，在理科课程显性呈现编码频次方面，"理想信念教育"维度频次最低，且明显低于其他维度，这与数学课程之外的其他四门理科课程频次皆最低有关，且化学、生物学、自然课程频次明显低于其他维度；"心理健康教育"维度频次最高，且明显高于其他维度，这与五门理科课程频次皆最高有关。显性呈现方面各个维度的分布比较均衡（32.6%）。

第四，在理科课程隐性渗透编码频次方面，"逻辑思维能力"维度频次最低，这与数学之外的其他四门课程频次皆最低有关；"科学探究能力""科学方法"维度频次比较接近且较高，前者与数学、化学、生物学课程频次皆最高有关，后者与物理、自然课程频次最高有关。隐性渗透方面各个维度的分布非常均衡（7.7%）。

综合五门理科课程在不同学习阶段分布及关注情况，绘制理科课程德育内容加权追踪图，如图 7-5、图 7-6 所示。

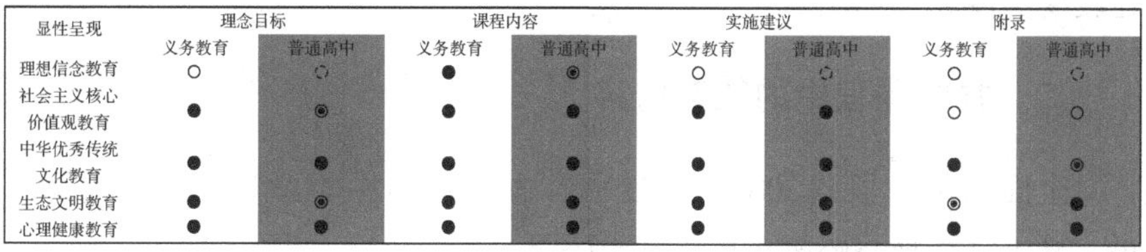

图 7-5 全面深化阶段理科课程 TMME（显性呈现）

---

① 普通高中阶段取科学课程之外的其他四门理科课程均值。

隐性渗透	理念目标		课程内容		实施建议		附录	
	义务教育	普通高中	义务教育	普通高中	义务教育	普通高中	义务教育	普通高中
科学精神	●	●	●	●	●	●	●	●
科学方法	●	●	●	●	●	●	●	●
科学态度	●	●	●	●	●	●	●	●
科学探究能力	●	●	●	●	●	●	●	●
逻辑思维能力	●	●	●	●	●	●	●	●

图 7-6　全面深化阶段理科课程 TMME（隐性渗透）

不难看出：

首先，就显性呈现方面而言，分布情况：五个维度分布均非常广，在课程标准文本四个部分各个阶段均有所涉及。

义务教育—普通高中衔接情况：五个维度衔接程度均非常强，在课程标准文本四个部分均有所衔接。

此外，"心理健康教育""中华优秀传统文化教育""生态文明教育"维度受关注程度非常高，在文本四个部分各个阶段均比较受关注；"社会主义核心价值观教育"维度受关注程度比较高，在文本前三个部分各个阶段均比较受关注；"理想信念教育"维度关注程度非常低，仅在文本课程内容部分义务教育、普通高中阶段比较受关注。

其次，就隐性渗透方面而言，分布情况：五个维度分布均范围非常广，在课程标准文本四个部分各个阶段均有所涉及。

义务教育—普通高中衔接情况：五个维度衔接程度均非常强，在课程标准文本四个部分均有所衔接。

此外，五个维度受关注程度均非常高，在文本四个部分各个阶段均比较受关注。

二　数学课程中的德育内容

全面深化阶段（2001—2023）官方共颁布中小学数学课程标准 6 份。其中义务教育阶段 3 份，高中阶段 3 份。

根据全面深化阶段数学课程德育内容统计表，得到相应的德育内容频次统计表，详见附录五。

根据全面深化阶段数学课程德育内容频次统计表，绘制出全面深

第七章 中国中小学理科课程德育内容的全面深化阶段（2001—2023）

化阶段数学课程标准文本（均值）德育内容频次统计图、分布图，如图7-7、图7-8所示。

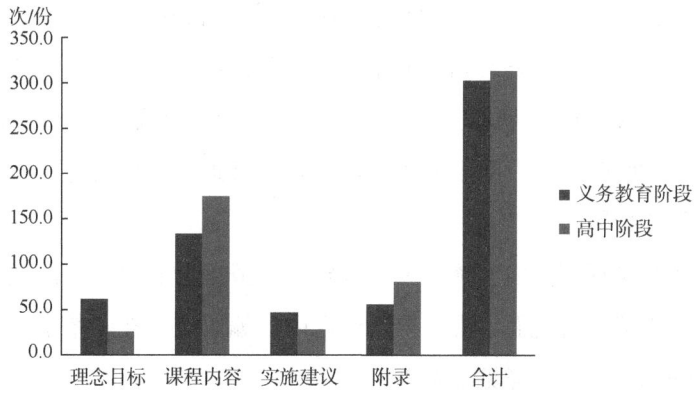

图7-7 全面深化阶段数学课程德育内容频次图

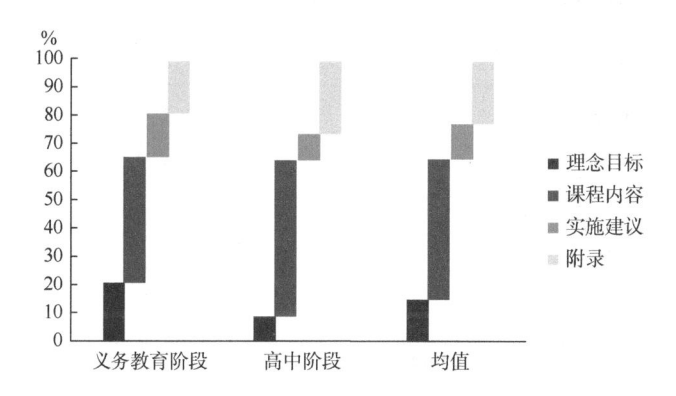

图7-8 全面深化阶段数学课程德育内容分布图

可以看出：

首先，就整体而言，义务教育阶段德育内容频次低于高中阶段频次，两者相差-10.3次/份。

其次，就课程标准文本四个部分而言，德育内容集中分布在"课程内容"部分。在"理念目标""实施建议"部分义务教育阶段频次高于高中阶段；而在"课程内容""附录"部分则相反。义务教育—高中阶段德育内容频次文本差异性指数为119.7。

最后，就分布情况而言，整体分布上"课程内容"占比最高，"实施建议"占比最低。德育内容分布比较均衡，均衡性指数为37.7%。

其中，义务教育阶段在"课程内容"部分占比最高，在"实施建议"部分占比最低，德育内容分布比较均衡，均衡性指数为28.7%；高中阶段在"课程内容"部分占比最高，其次是"附录"部分，在"理念目标""实施建议"部分占比较低且较为接近，德育内容分布比较均衡，均衡性指数为47.4%。

在数学课程德育内容统计表的基础上，根据全面深化阶段理论分析框架进行内容分析进而编码，得到德育内容编码表，在此基础上得到德育内容编码统计表，详见附录六。

基于德育内容编码统计表，可以得到图7-9、图7-10、图7-11。

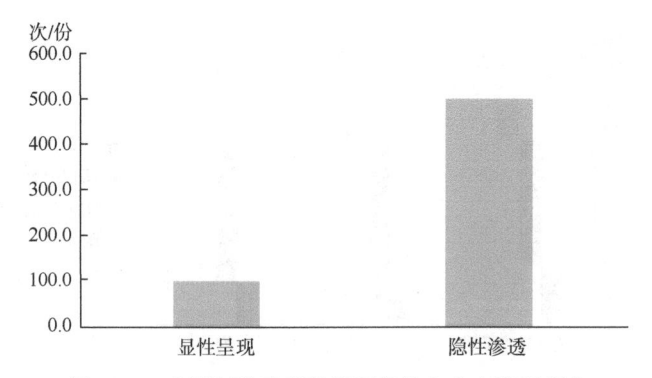

图7-9 全面深化阶段数学课程德育内容编码频次

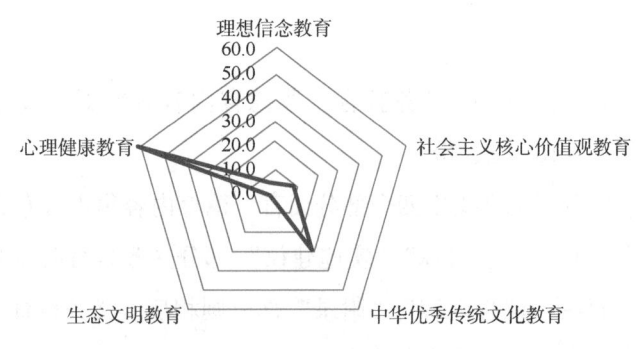

图7-10 数学课程显性呈现频次

第七章 中国中小学理科课程德育内容的全面深化阶段（2001—2023）

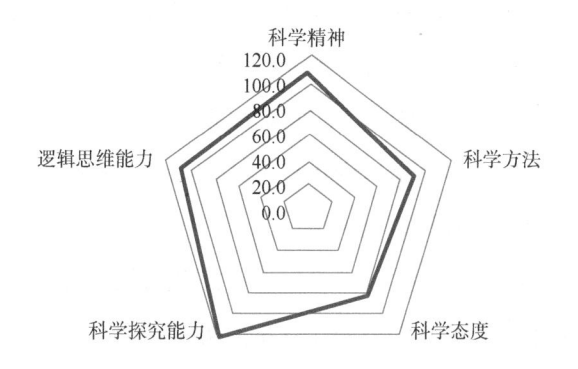

图7-11 数学课程隐性渗透频次

可以发现：

首先，就整体而言，本阶段数学课程中德育内容显性呈现频次明显低于隐性渗透频次，两者相差401.0次/份。

其次，在显性呈现方面，"生态文明教育""理想信念教育"维度呈现频次非常低。其中，"生态文明教育"（1.8）维度主要在问题情境中涉及一些节能环保问题；"理想信念教育"维度（3.8）主要涉及培养学生对党的政治认同、情感认同、价值认同等内容；"社会主义核心价值观教育"维度（8.7）呈现频次较低，主要涉及通过中国古代数学成就进行爱国主义情怀教育、尊重同学、与同学合作交流、引导学生理解友善的基本价值准则等内容。

"中华优秀传统文化教育""心理健康教育"维度呈现频次非常高，其中，"中华优秀传统文化"维度（28.0）主要涉及通过中国古代数学成就引导学生增强国家认同，形成爱国情感，树立民族自信；通过与同学合作交流，引导学生正确处理个人与他人的关系；引导学生坚忍豁达、奋发向上，培养学生的创新意识等内容。比如，"具有初步的创新精神和实践能力，在情感态度和一般能力方面都能得到充分发展"[1]

---

[1] 《全日制义务教育数学课程标准（实验稿）》，北京师范大学出版社2001年版，第6页。

[2001年《全日制义务教育数学课程标准（实验稿）》]；"在数学学习过程中，体验获得成功的乐趣，锻炼克服困难的意志，建立自信心"[2012《义务教育数学课程标准（2011年版）》][1]；"通过阅读中国古代数学中的算法案例，体会中国古代数学对世界数学发展的贡献"[2][2003年《普通高中数学课程标准（实验）》]。

"心理健康教育"维度（59.8）主要涉及与同学通过合作交流建立良好的人际关系，尊重并包容每个人的差异；引导学生正确认识和理解学习的价值，爱学习、会学习等内容。比如："有效的数学学习活动不能单纯地依赖模仿与记忆，动手实践、自主探索与合作交流是学生学习数学的重要方式"[3][2001年《全日制义务教育数学课程标准（实验稿）》]；"要注重培养学生良好的数学学习习惯，使学生掌握恰当的数学学习方法"[4] [2012年《义务教育数学课程标准（2011年版）》]；"学生通过数学课程的学习，激发学习数学的兴趣，养成独立思考的习惯和合作交流的意愿"[5] [2022年《义务教育数学课程标准（2022年版）》]。

显性呈现方面各个维度的分布比较不均衡（56.8%）。

最后，在隐性渗透方面，五个维度渗透频次皆非常高。其中，"科学态度"（81.0）和"科学方法"（89.3）频次比较相近，前者主要涉及尊重实践、善于思考、好奇心、灵活性、探究兴趣、实事求是、追求创新、合作分享等内容；后者主要涉及数学建模、类比法、函数思想方法、数形结合思想方法等内容。

---

[1] 《义务教育数学课程标准（2011年版）》，北京师范大学出版社2012年版，第9页。
[2] 《普通高中数学课程标准（实验）》，人民教育出版社2003年版，第25页。
[3] 《全日制义务教育数学课程标准（实验稿）》，北京师范大学出版社2001年版，第2页。
[4] 《义务教育数学课程标准（2011年版）》，北京师范大学出版社2012年版，第2页。
[5] 《义务教育数学课程标准（2022年版）》，北京师范大学出版社2022年版，第1页。

第七章　中国中小学理科课程德育内容的全面深化阶段（2001—2023）

"逻辑思维能力"（105.8）和"科学精神"（107.0）频次比较相近，前者主要涉及归纳与演绎、分析与综合、抽象与概括、比较、递推等内容；后者主要涉及实证精神、探索精神、创新精神、协作精神、实践精神等内容。

"科学探究能力"（120.0）主要涉及发现和提出问题、分析和解决问题、表达交流、反思评价等内容，比如："高中数学课程对于认识数学与自然界、数学与人类社会的关系，认识数学的科学价值、文化价值，提高提出问题、分析和解决问题的能力，形成理性思维"①［2003年《普通高中数学课程标准（实验）》］；"鼓励学生质疑问难，引导学生在真实情境中发现问题和提出问题，利用观察、猜测、实验、计算、推理、验证、数据分析、直观想象等方法分析问题和解决问题"②［2022年《义务教育数学课程标准（2022年版）》］。

隐性渗透方面各个维度的分布非常均衡（7.8%）。

通过数学课程中德育内容编码统计表，分别绘制出全面深化阶段数学课程 TMME 显性呈现和隐性渗透情况，如图 7-12、图 7-13 所示。

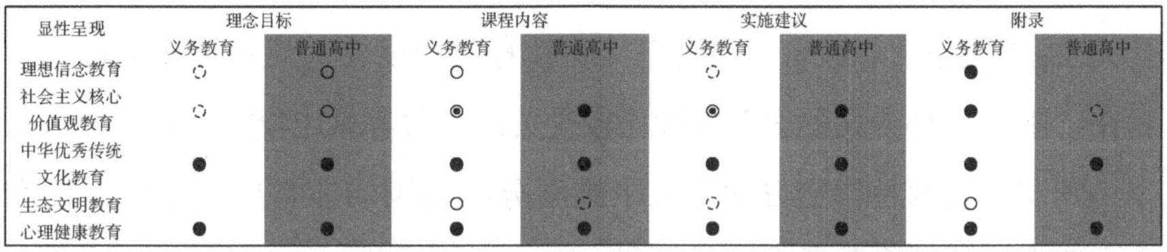

图 7-12　全面深化阶段数学课程 TMME（显性呈现）

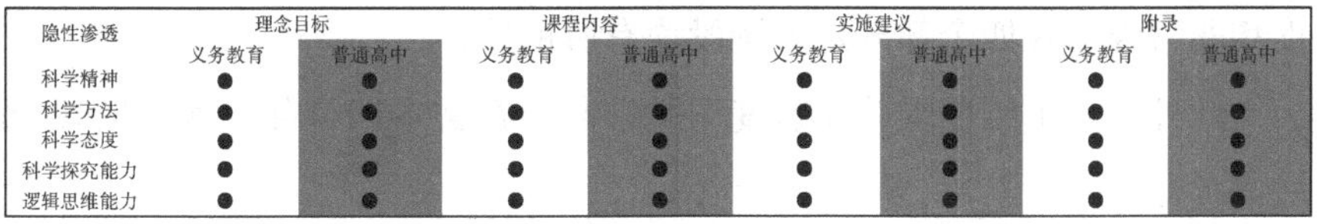

图 7-13　全面深化阶段数学课程 TMME（隐性渗透）

---

① 《普通高中数学课程标准（实验）》，人民教育出版社 2003 年版，第 1 页。
② 《义务教育数学课程标准（2022 年版）》，北京师范大学出版社 2022 年版，第 3 页。

不难看出：

首先，在显性呈现方面，"社会主义核心价值观教育""中华优秀传统文化教育""心理健康教育"维度分布范围非常广，在课程标准四个部分义务教育、普通高中阶段均有所涉及。"理想信念教育"维度分布范围比较广，在义务教育阶段文本四个部分以及高中阶段理念目标部分有所涉及；"生态文明教育"维度分布范围比较窄，仅在义务教育阶段文本三个部分、普通高中阶段理念目标部分有所涉及。

同时，就义务教育—普通高中阶段衔接情况而言，"社会主义核心价值观教育""中华优秀传统文化教育""心理健康教育"维度衔接程度非常强，在文本四个部分均有内容衔接。"生态文明教育"衔接程度比较弱，仅在课程内容部分有所衔接；"理想信念教育"衔接程度非常弱，仅在理念目标部分有所衔接。

此外，"中华优秀传统文化教育""心理健康教育"维度受关注程度非常高，在课程标准文本四个部分两个阶段均比较受关注；"社会主义核心价值观教育"维度受关注程度比较高，在课程内容、实施建议部分比较受关注；"理想信念教育""生态文明教育"维度受关注程度非常低，前者在"附录"部分义务教育阶段比较受关注，后者无比较关注部分。

其次，在隐性渗透方面，五个维度分布范围均非常广，在课程标准文本四个部分两个阶段均有所涉及。

同时，就义务教育—普通高中阶段衔接情况而言，五个维度衔接程度均非常强，在四个部分两个阶段均有所衔接。

此外，五个维度受关注程度均非常高，在文本四个部分两个阶段比较受关注。

三 物理课程中的德育内容

全面深化阶段（2001—2023）官方共颁布中学物理课程标准6份。其中义务教育阶段3份，高中阶段3份。

第七章 中国中小学理科课程德育内容的全面深化阶段（2001—2023）

根据全面深化阶段物理课程德育内容频次统计表，绘制出全面深化阶段物理课程标准文本（均值）德育内容频次统计图、分布图，如图 7-14、图 7-15 所示。

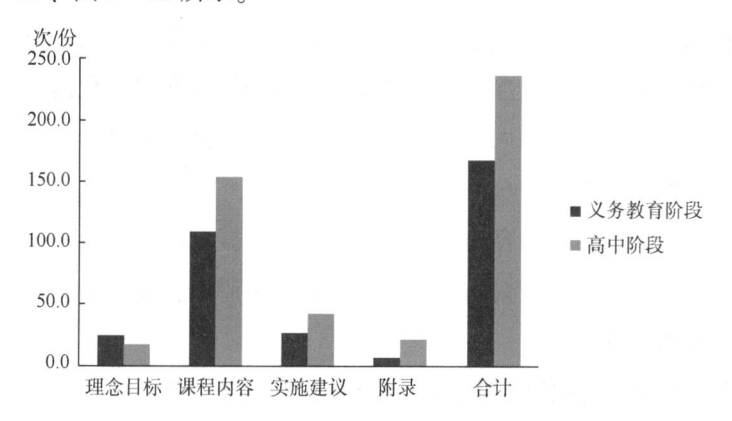

图 7-14 全面深化阶段物理课程德育内容频次

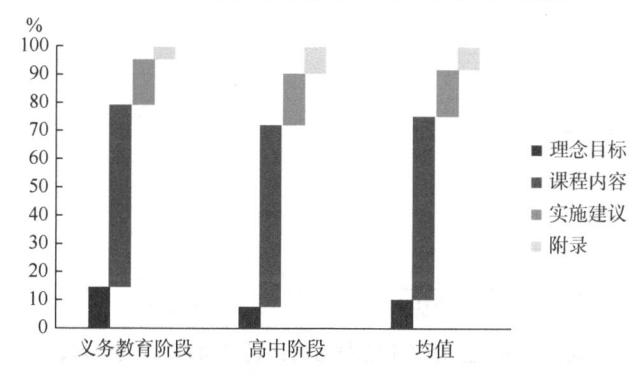

图 7-15 全面深化阶段物理课程德育内容分布

可以看出：

首先，就整体而言，义务教育阶段德育内容频次明显低于高中阶段频次，两者相差 -69.2 次/份。

其次，就课程文本四个部分而言，德育内容集中分布在"课程内容"部分。除了"理念目标"部分，其他三个部分高中阶段德育内容频次皆高于义务教育阶段。义务教育—高中阶段德育内容频次文本差异性指数为 84.0。

最后，就分布情况而言，整体分布上"课程内容"占比最高，"附录"占比最低。德育内容分布比较不均衡，均衡性指数为57.8%。

其中，义务教育阶段在"课程内容"部分占比最高，"实施建议""理念目标"部分占比比较相近，在"附录"部分占比最低，德育内容分布比较不均衡，均衡性指数为60.8%；高中阶段在"课程内容"部分占比最高，在"附录""理念目标"部分占比较低，德育内容分布比较不均衡，均衡性指数为60.8%。

在物理课程德育内容统计表的基础上，根据全面深化阶段理论分析框架进行内容分析进而编码，得到德育内容编码表，在此基础上得到德育内容编码统计表。

基于德育内容编码统计表，可以得到图7-16、图7-17、图7-18。

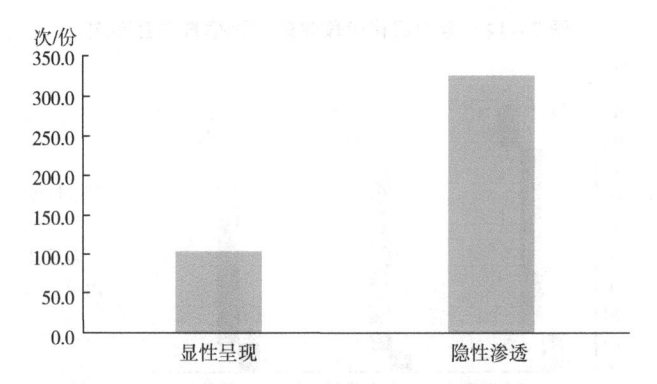

图7-16 全面深化阶段物理课程德育内容编码频次

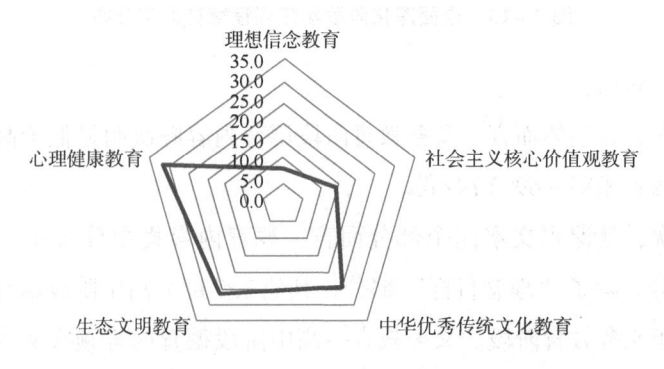

图7-17 物理课程显性呈现频次

第七章 中国中小学理科课程德育内容的全面深化阶段（2001—2023）

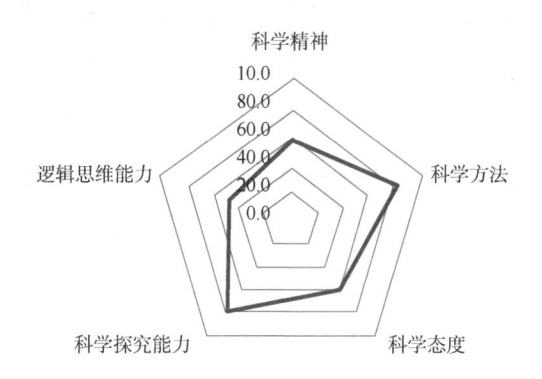

图 7-18 物理课程隐性渗透频次

可以发现：

首先，就整体而言，本阶段物理课程中德育内容显性呈现频次明显低于隐性渗透频次，两者相差-220.5次/份。

其次，在显性呈现方面，"理想信念教育"维度（8.8）呈现频次较低，主要涉及通过我国在物理学方面的成就尤其是古代文明，认识中国在促进世界人类文明发展中的成就和使命；通过学习，产生振兴中华的使命感。

"社会主义核心价值观教育"维度（13.7）呈现频次较高，主要涉及爱国、友善等内容，比如："有将科学服务于人类的意识，有理想，有抱负，热爱祖国，有振兴中华的使命感与责任感"[1]［2001年《全日制义务教育物理课程标准（实验版）》］，等等。

"中华优秀传统文化教育""生态文明教育""心理健康教育"维度呈现频次非常高。其中，"中华优秀传统文化教育"维度（24.7）主要涉及通过学习内容增强国家认同，形成爱国情感，树立民族自信；

---

[1] 《全日制义务教育物理课程标准（实验稿）》，北京师范大学出版社2001年版，第8页。

正确处理个人与他人、个人与社会、个人与自然的关系；积极争做敢创新的中国人等内容；比如："关心科学技术的发展，具有环境保护和可持续发展的意识""此阶段的物理课程不仅应注重科学知识的传授和技能的训练，而且应注重对学生学习兴趣、探究能力、创新意识以及科学态度、科学精神等方面的培养"[1]［2012年《义务教育物理课程标准（2011年版）》］等内容。"生态文明教育"维度（26.2）主要涉及通过学习知道人与大自然之间的密切关系；积极保护大自然；对影响环境的行为采取节能、环保等审慎的态度；自觉践行可持续发展理念等内容，比如："能领略自然界的美妙与和谐，对大自然有亲近、热爱及和谐相处的情感""了解新能源的开发与应用，关注能源利用与可持续发展等问题"[2]［(2012年《义务教育物理课程标准（2011年版）》］等内容。"心理健康教育"维度（30.8）主要涉及通过小组合作和交流等学习方式与同学建立良好的人际关系；学会尊重并包容每个人的差异；具有终身学习的意识和能力；能正确认识和理解学习的价值，爱学习、会学习等内容，比如："物理学一直引领人类探索大自然的奥秘，深化人类对自然界的认识，是技术进步的重要基础""坚持原则又尊重他人，有团队意识"[3]［2012年《义务教育物理课程标准（2011年版）》］等内容。

显性呈现方面各个维度的分布非常均衡（21.2%）。

最后，在隐性渗透方面，五个维度渗透频次都非常高。其中，"逻辑思维能力"维度（47.0）主要涉及分析与综合、抽象与概括、递推等

---

[1] 《义务教育物理课程标准（2011年版）》，北京师范大学出版社2012年版，第5、2页。

[2] 《义务教育物理课程标准（2011年版）》，北京师范大学出版社2012年版，第7、5页。

[3] 《义务教育物理课程标准（2011年版）》，北京师范大学出版社2012年版，第1、8页。

科学思维能力，比如："教科书要在发展学生'抽象与概括、分析与综合、推理与判断'等科学思维能力方面，比义务教育阶段的物理教科书向前推进一步"①［2003年《普通高中物理课程标准（实验）》］；"科学精神"（57.0）和"科学态度"（60.5）比较相近，前者主要涉及实证精神、探索精神、创新精神、协作精神等内容；后者主要涉及尊重实践、善于思考、好奇心、尊重实证、批判地思考、探究兴趣、追求创新、合作分享等内容。

"科学探究能力"维度（78.8）主要涉及发现和提出问题、分析和解决问题的能力，制订计划、搜集证据、表达交流、反思评价等内容，比如："高中物理课程在义务教育的基础上，引导学生经历科学探究过程，体会科学研究方法，养成科学思维习惯，增强创新意识和实践能力""具有问题意识；具有与他人交流成果、讨论问题的意识"②［2018年《普通高中物理课程标准（2017年版）》］。

"科学方法"维度（81.3）主要涉及模型法、实验法、观察法等物理学常用的科学方法，比如："'科学思维'主要包括模型建构、科学推理、科学论证、质疑创新等要素""具有科学探究意识，能在观察和实验中发现问题、提出合理猜想与假设"③［2020年《普通高中物理课程标准（2017年版2020年修订）》］。

隐性渗透方面各个维度的分布非常均衡（10.5%）。

通过物理课程中德育内容编码统计表，分别绘制出全面深化阶段物理课程TMME显性呈现和隐性渗透情况，如图7-19、图7-20所示。

---

① 《普通高中物理课程标准（实验）》，人民教育出版社2003年版，第59页。
② 《普通高中物理课程标准（2017年版）》，人民教育出版社2018年版，第1、46页。
③ 《普通高中物理课程标准（2017年版2020年修订）》，人民教育出版社2020年版，第5、6页。

显性呈现	理念目标		课程内容		实施建议		附录	
	义务教育	普通高中	义务教育	普通高中	义务教育	普通高中	义务教育	普通高中
理想信念教育	●	●	●	●	○	●		●
社会主义核心价值观教育	●	○	●	●	●	●		●
中华优秀传统文化教育	●	●	●	●	●	●	○	●
生态文明教育	●	◉	●	●	●	●	○	●
心理健康教育	●	●	●	●	●	●		●

图 7-19　全面深化阶段物理课程 TMME（显性呈现）

隐性渗透	理念目标		课程内容		实施建议		附录	
	义务教育	普通高中	义务教育	普通高中	义务教育	普通高中	义务教育	普通高中
科学精神	●	●	●	●	●	●	○	●
科学方法	●	●	●	●	●	●	●	●
科学态度	●	●	●	●	●	●	○	●
科学探究能力	●	●	●	●	●	●	●	●
逻辑思维能力	●	●	●	●	●	●	◉	●

图 7-20　全面深化阶段物理课程 TMME（隐性渗透）

不难看出：

首先，在显性呈现方面，五个维度分布范围均非常广，其中，后三个维度在课程标准文本四个部分两个阶段均有所涉及；"理想信念教育""社会主义核心价值观教育"维度仅在附录部分义务教育阶段没有涉及。

同时，就义务教育—普通高中阶段衔接情况而言，后三个维度衔接程度非常强，课程标准文本四个部分均有所衔接。前两个维度衔接程度比较强，仅在课程标准文本附录部分没有衔接。

此外，"中华优秀传统文化教育""心理健康教育"维度受关注程度非常高，在课程标准文本前三个部分均比较受关注；"社会主义核心价值观教育""生态文明教育"维度受关注程度比较高，前者在课程内容、实施建议部分比较受关注，后者在理念目标、课程内容部分比较受关注；仅"理想信念教育"维度受关注程度比较低，仅在课程内容、理念目标义务教育阶段以及附录部分普通高中阶段比较受关注。

其次，在隐性渗透方面，五个维度分布范围均非常广，在文本四个部分两个阶段均有所涉及。

同时，就义务教育—普通高中阶段衔接情况而言，五个维度衔接程度均非常强，在四个部分两个阶段均有所衔接。

第七章　中国中小学理科课程德育内容的全面深化阶段（2001—2023）

此外，五个维度受关注程度皆非常高。其中，"科学探究能力""逻辑思维能力"维度在文本四个部分均比较受关注，前三个维度在文本前三个部分均比较受关注。

四　化学课程中的德育内容

全面深化阶段（2001—2023）官方共颁布中学化学课程标准6份。其中义务教育阶段3份，高中阶段3份。

根据全面深化阶段中学化学课程德育内容频次统计表，绘制出全面深化阶段化学课程标准文本（均值）德育内容频次统计图、分布图，如图7-21、图7-22所示。

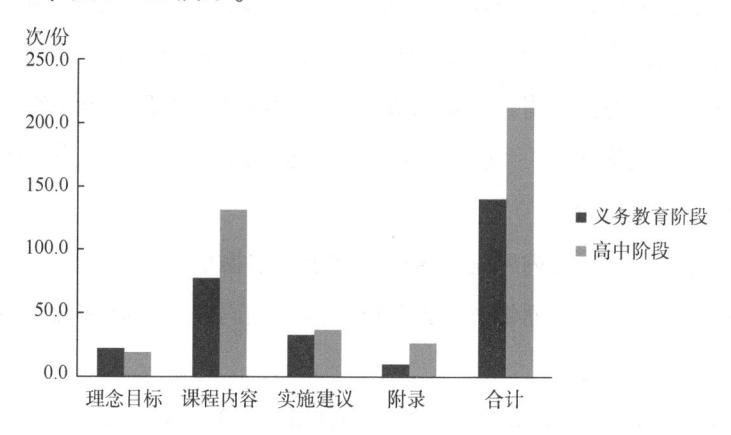

图7-21　全面深化阶段化学课程德育内容频次

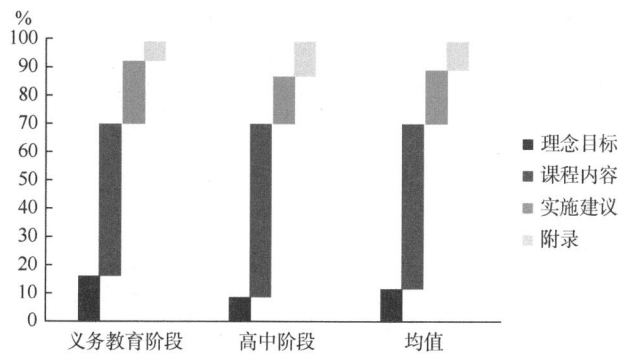

图7-22　全面深化阶段化学课程德育内容分布

可以看出：

首先，就整体而言，义务教育阶段德育内容频次明显低于高中阶段德育内容频次，两者相差-72.0次/份。

其次，就课程文本四个部分而言，德育内容集中分布在课程内容部分。除了理念目标部分，其他三个部分高中阶段德育内容频次皆高于义务教育阶段。义务教育—高中阶段德育内容频次文本差异性指数为79.2。

最后，就分布情况而言，整体分布上"课程内容"占比最高，其次是"实施建议""理念目标"和"附录"，比较相近。德育内容分布比较均衡，均衡性指数为49.0%。

其中，义务教育阶段在"课程内容"部分占比最高，在"附录"部分占比最低，这与本阶段"附录"部分文本内容较少相关，德育内容分布比较均衡，均衡性指数为48.1%；高中阶段在"课程内容"部分占比最高，在"实施建议""附录"部分占比相似，德育内容分布比较不均衡，均衡性指数为53.0%。

在化学课程德育内容统计表的基础上，根据全面深化阶段理论分析框架进行内容分析进而编码，得到德育内容编码表，在此基础上得到德育内容编码统计表。

基于德育内容编码统计表，可以得到图7-23、图7-24、图7-25。

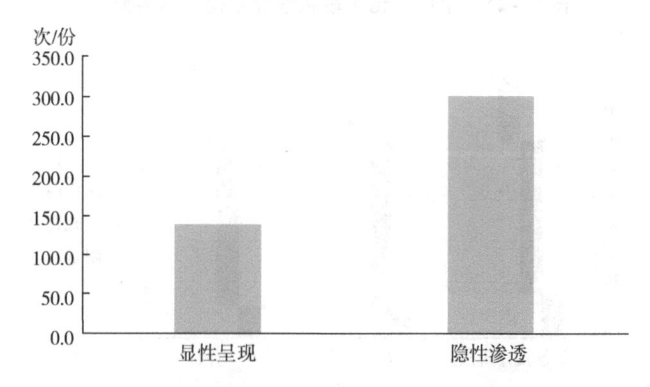

图7-23 全面深化阶段化学课程德育内容编码频次

第七章　中国中小学理科课程德育内容的全面深化阶段（2001—2023）

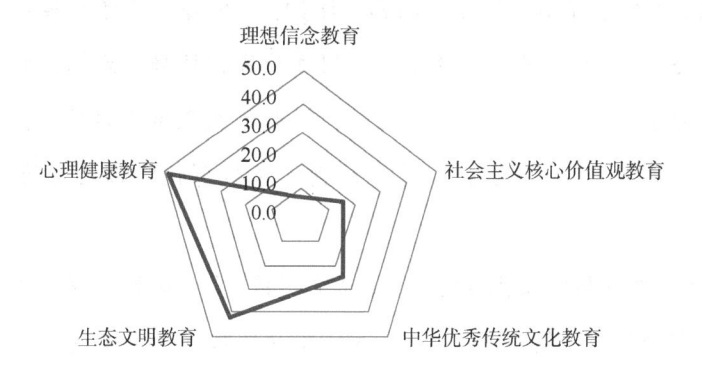

图 7-24　化学课程显性呈现频次

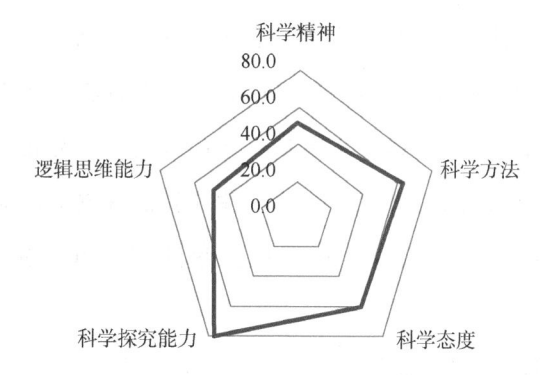

图 7-25　化学课程隐性渗透频次

可以发现：

首先，就整体而言，本阶段化学课程中显性呈现德育内容频次明显低于隐性渗透德育内容频次，两者相差 -163.2 次/份。

其次，在显性呈现方面，"理想信念教育"维度（6.8）呈现频次很低，主要涉及通过我国在化学方面的成就尤其是古代文明方面的相关成就，认识中国在促进世界人类文明发展中的成就和使命；通过学习，有振兴中华的使命感。

"社会主义核心价值观教育"维度（16.8）呈现频次很高，主要涉

· 283 ·

及爱国、友善、平等、法制等内容,比如:"给每一个学生提供平等的学习机会""增强热爱祖国的情感,树立为民族振兴、为社会的进步学习化学的志向""与他人交流讨论时,既敢于发表自己的观点,又善于倾听别人的意见"①〔2001年《全日制义务教育化学课程标准(实验版)》〕,等等。

"中华优秀传统文化教育""生态文明教育""心理健康教育"维度呈现频次非常高。其中,"中华优秀传统文化教育"维度(25.3)主要涉及通过学习内容增强国家认同,形成爱国情感,树立民族自信;正确处理个人与他人、个人与社会、个人与自然的关系;积极争做敢创新的中国人等内容,比如:"认识人类要合理地开发和利用资源,树立保护环境、与自然和谐相处的意识"②〔2001年《全日制义务教育化学课程标准(实验版)》〕;"增强学生学习化学的兴趣和学好化学的信心,培养学生终身学习的意识和能力,树立为中华民族复兴和社会进步而勤奋学习的志向"③〔2012年《义务教育化学课程标准(2011年版)》〕;等等。

"生态文明教育"维度(41.2)主要涉及引导学生了解人类自身行为对环境所产生的正面与负面的影响;对影响环境的行为采取节能、环保等审慎的态度;自觉践行可持续发展理念等内容;比如:"使学生初步了解化学对人类文化发展的巨大贡献,认识化学在实现人与自然和谐共处、促进人类和社会可持续发展方面所发挥的重大作用""认识废弃金属对环境的影响和回收金属的重要性""收集有关酸雨对

---

① 《全日制义务教育化学课程标准(实验稿)》,北京师范大学出版社2001年版,第2、7、11页。
② 《全日制义务教育化学课程标准(实验稿)》,北京师范大学出版社2001年版,第28页。
③ 《义务教育化学课程标准(2011年版)》,北京师范大学出版社2012年版,第2页。

第七章 中国中小学理科课程德育内容的全面深化阶段（2001—2023）

生态环境和建筑物危害的资料"（2012年《义务教育化学课程标准（2011年版）》）①，等等。

"心理健康教育"维度（48.3）主要涉及引导学生了解人际交往的基本道德规范，通过合作与交流等学习方式建立良好的人际关系；尊重并包容每个人的差异；具有终身学习的意识和能力；了解自身条件，能正确认识和理解学习的价值，爱学习、会学习等内容，比如："在探究教学中，应有目的地组织学生交流和讨论，这样既有利于培养学生交流与合作的能力，也有利于发展学生的评价能力；提倡以小组为单位开展探究活动"②〔2012年《义务教育化学课程标准（2011年版）》〕；"通过以化学实验为主的多种探究活动，使学生体验科学研究的过程，激发学习化学的兴趣，强化科学探究的意识"③〔2003年《普通高中化学课程标准（实验）》〕；等等。

显性呈现方面各个维度的分布比较均衡（30.0%）。

最后，在隐性渗透方面，五个维度渗透频次都非常高。"逻辑思维能力"维度（49.3）主要涉及分析与综合、抽象与概括、递推等科学思维能力。

"科学精神"维度（52.3）主要涉及实证精神、探索精神、创新精神、协作精神、实践精神等内容；"科学态度"维度（59.2）主要涉及尊重实践、善于思考、好奇心、尊重实证、批判地思考、探究兴趣、追求创新、合作分享等内容。

"科学方法"维度（62.2）主要涉及模型法、实验法、观察法等化学常用的科学方法，比如："在化学学习中，学会运用观察、实

---

① 《义务教育化学课程标准（2011年版）》，北京师范大学出版社2012年版，第2、21、22页。
② 《义务教育化学课程标准（2011年版）》，北京师范大学出版社2012年版，第34页。
③ 《普通高中化学课程标准（实验）》，人民教育出版社2003年版，第2页。

验、查阅资料等多种手段获取信息，并运用比较、分类、归纳、概括等方法对信息进行加工""认识实验、假说、模型、比较、分类等科学方法对化学研究的作用"①[《普通高中化学课程标准（实验）》]，等等。

"科学探究能力"维度（78.7）主要涉及发现和提出问题、分析和解决问题的能力，以及制订计划、搜集证据、表达交流、反思评价等内容，比如："能从宏观和微观相结合的视角分析和解决实际问题""认识科学探究是进行科学解释和发现、创造和应用的科学实践活动；能发现和提出有探究价值的问题；能从问题和假设出发，依据探究目的，设计探究方案，运用化学实验、调查等方法进行实验探究"②[2020年《普通高中化学课程标准（2017年版2020年修订）》]；"引导学生自主学习，开展以化学实验为主的多样化探究活动"③[2022年《义务教育化学课程标准（2022年版）》]；等等。

隐性渗透方面各个维度的分布非常均衡（9.8%）。

通过化学课程中德育内容编码统计表，分别绘制出全面深化阶段化学课程TMME显性呈现和隐性渗透情况，如图7-26、图7-27所示。

图7-26 全面深化阶段化学课程TMME（显性呈现）

---

① 《普通高中化学课程标准（实验）》，人民教育出版社2003年版，第8、10页。
② 《普通高中化学课程标准（2017年版2020年修订）》，人民教育出版社2020年版，第3—4页。
③ 《义务教育化学课程标准（2022年版）》，北京师范大学出版社2022年版，第3页。

第七章　中国中小学理科课程德育内容的全面深化阶段（2001—2023）

隐性渗透	理念目标		课程内容		实施建议		附录	
	义务教育	普通高中	义务教育	普通高中	义务教育	普通高中	义务教育	普通高中
科学精神	●	●	●	●	●	●	●	●
科学方法	●	●	●	●	●	●	●	●
科学态度	●	●	●	●	●	●	●	●
科学探究能力	●	●	●	●	●	●	●	●
逻辑思维能力	●	●	●	●	●	●	●	●

图 7-27　全面深化阶段化学课程 TMME（隐性渗透）

不难看出：

首先，在显性呈现方面，五个维度分布均范围非常广，仅"理想信念教育"维度在附录部分普通高中阶段没有涉及相关内容。

同时，就义务教育—普通高中阶段衔接情况而言，后四个维度衔接程度均非常强。"理想信念教育"维度衔接程度比较强，仅在文本附录部分没有衔接。

此外，后四个维度受关注程度均非常高，其中"中华优秀传统文化教育""生态文明教育"在课程标准文本四个部分各个阶段均比较受关注；"理想信念教育"维度受关注程度比较低，仅在课程内容部分两个阶段、理念目标部分义务教育阶段以及实施建议部分普通高中部分比较受关注。

其次，在隐性渗透方面，五个维度分布均范围非常广，在课程标准文本四个部分各个阶段均有所涉及。

同时，就义务教育—普通高中阶段衔接情况而言，五个维度衔接程度均非常强，在文本四个部分两个阶段均有所衔接。

此外，五个维度受关注程度均非常高，在文本四个部分两个阶段均比较受关注。

五　生物学课程中的德育内容

全面深化阶段（2001—2023）官方共颁布中学生物学课程标准 6 份。其中义务教育阶段 3 份，高中阶段 3 份。

根据全面深化阶段中学生物学课程德育内容频次统计表，绘制出全面深化阶段生物学课程标准文本（均值）德育内容频次统计图、分布图，如图7-28、图7-29所示。

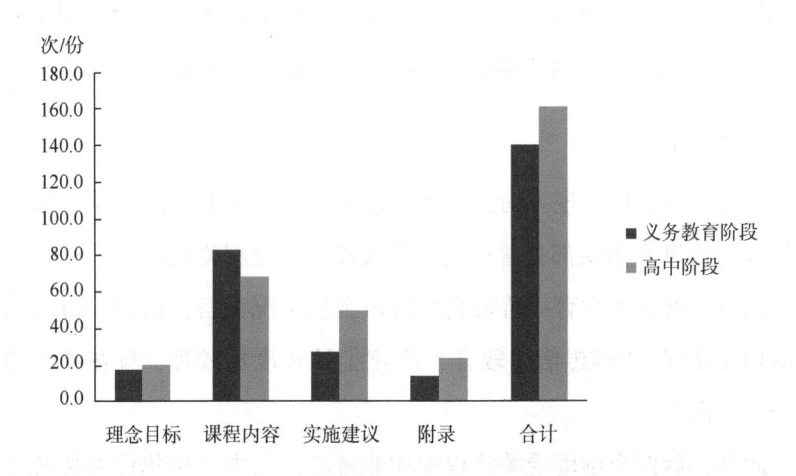

图7-28 全面深化阶段生物学课程德育内容频次

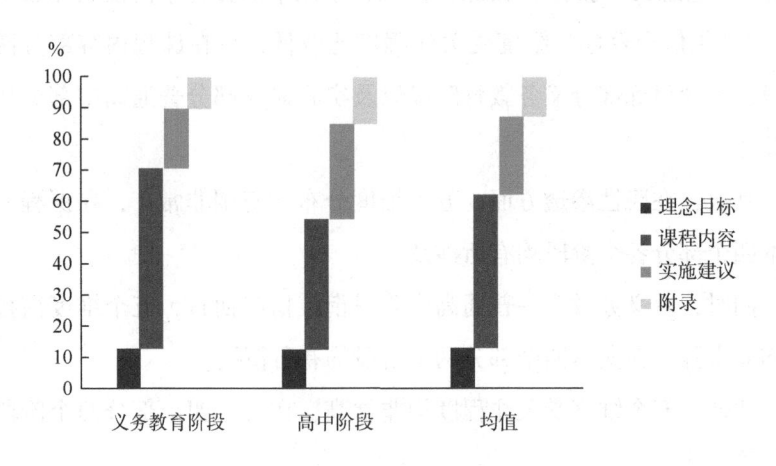

图7-29 全面深化阶段生物学课程德育内容分布

可以看出：

首先，就整体而言，义务教育阶段德育内容频次明显低于高中阶段德育内容频次，两者相差-20.1次/份。

第七章 中国中小学理科课程德育内容的全面深化阶段（2001—2023）

其次，就课程文本四个部分而言，德育内容集中分布在"课程内容"部分。除了"课程内容"部分，其他三个部分高中阶段德育内容频次皆高于义务教育阶段。义务教育—高中阶段德育内容频次文本差异性指数为49.5。

最后，就分布情况而言，整体分布上"课程内容"占比最高，"理念目标"和"附录"部分比较相近。德育内容分布比较均衡，均衡性指数为37.7%。

其中，义务教育阶段在"课程内容"部分占比最高，在"理念目标"和"附录"部分比较相近，德育内容分布比较均衡，均衡性指数为48.4%；高中阶段在"课程内容"部分占比最高，在"理念目标"和"附录"部分占比比较相似，德育内容分布比较均衡，均衡性指数为29.9%。

在生物学课程德育内容统计表的基础上，根据全面深化阶段理论分析框架进行内容分析进而编码，得到德育内容编码表，在此基础上得到德育内容编码统计表。

基于德育内容编码统计表，可以得到图7-30、图7-31、图7-32。

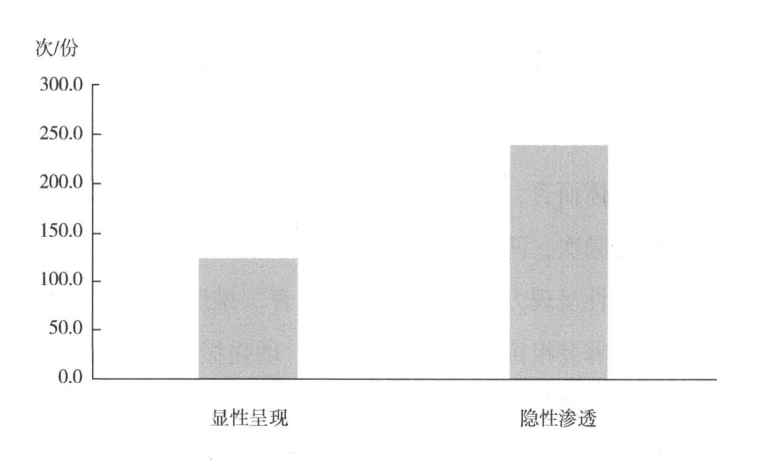

图7-30 全面深化阶段生物学课程德育内容编码频次

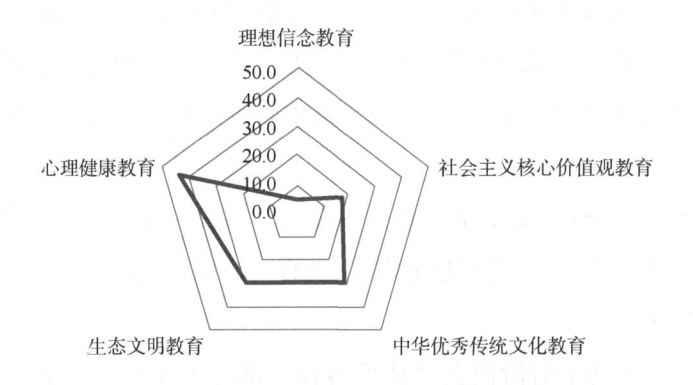

图 7-31　生物学课程显性呈现频次

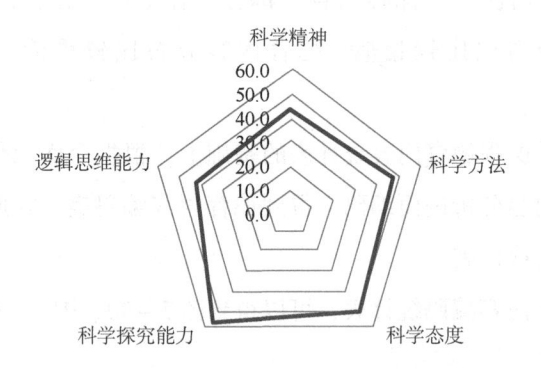

图 7-32　生物学课程隐性渗透频次

可以发现：

首先，就整体而言，本阶段生物学课程中显性呈现德育内容频次明显低于隐性渗透频次，两者相差 -118.9 次/份。

其次，在显性呈现方面，"理想信念教育"维度（4.3）呈现频次很低，主要涉及培养爱祖国、爱家乡的情感，增强振兴祖国和改变祖国面貌的使命感与责任感等内容。

"社会主义核心价值观教育"维度（17.3）呈现频次很高，主要涉及通过自主学习体会实现人的自由发展是社会主义的理想价值追求，树

第七章　中国中小学理科课程德育内容的全面深化阶段（2001—2023）

立规则意识和安全意识；培养学生爱祖国、爱人民、爱社会的情感等内容。比如："了解我国的生物资源状况和生物科学技术发展状况，培养爱祖国、爱家乡的情感，增强振兴祖国和改变祖国面貌的使命感与责任感"；"要注意实验安全教育"①［2001年《全日制义务教育生物课程标准（实验稿）》］。

"中华优秀传统文化教育""生态文明教育""心理健康教育"维度呈现频次非常高。其中，"中华优秀传统文化教育"维度（27.8）主要涉及通过学习内容增强国家认同，形成爱国情感，树立民族自信；正确处理个人与他人、个人与社会、个人与自然的关系；引导学生遵纪守法、奋发向上，积极争做敢创新的中国人等内容，比如："了解科学、技术和社会的相互关系，关注和参与与生物科学技术有关的社会问题的讨论和决策，是生物科学素养的重要组成部分，也是培养学生对自然和社会责任感的重要途径"；"特别要引导学生关注我国和学校所在地区的相关问题，培养他们爱祖国和爱家乡的情感"②［2012年《义务教育生物学课程标准（2011年版）》］。

"生态文明教育"维度（29.7）主要涉及知道人与大自然之间的密切关系；形成文明的自然观；引导学生了解人类自身行为对环境所产生的正面与负面的影响，对影响环境的行为采取节能、环保等审慎的态度，自觉践行可持续发展理念等内容，比如："生物科学与人们的日常生活、医疗保障、环境保护、经济活动等方面密切相关"；"为学生树立人与自然和谐发展的观念，形成生态意识和环境保护意识奠定基础"③［2003年《普通高中生物学课程标准（实验）》］。

---

① 《全日制义务教育生物课程标准（实验稿）》，北京师范大学出版社2001年版，第5、35页。
② 《义务教育生物学课程标准（2011年版）》，北京师范大学出版社2012年版，第34页。
③ 《普通高中生物学课程标准（实验）》，人民教育出版社2003年版，第3、19页。

"心理健康教育"维度（42.7）主要涉及尊重生命和保护生命；引导学生了解人际交往的基本道德规范，通过合作与交流等学习方式建立良好的人际关系；尊重并包容每个人的差异；具有终身学习的意识和能力；了解自身条件，能正确认识和理解学习的价值，爱学习、会学习等内容，比如："生物学课程要求学生主动地参与学习，在亲历提出问题、获取信息、寻找证据、检验假设、发现规律等过程中习得生物学知识，养成科学思维的习惯，形成积极的科学态度，发展终身学习及创新实践能力"①［2020年《普通高中生物学课程标准（2017年版2020年修订）》］。

　　显性呈现方面各个维度的分布比较均衡（31.6%）。

　　最后，在隐性渗透方面，五个维度渗透频次都非常高。其中，"逻辑思维能力"维度（42.3）渗透频次最低，主要涉及归纳与演绎、分析与综合、抽象与概括、推理和推断、比较等内容，比如："意识到科学探究既需要观察、实验、调查，又需要进行推理和推断"②［2001年《全日制义务教育生物课程标准（实验稿）》］。

　　"科学精神"维度（44.0）主要涉及实证精神、探索精神、创新精神、协作精神、实践精神等内容，比如："发展学生的科学素养与人文精神、创新精神与实践能力、国际视野与民族精神、社会责任感与人生规划能力，对国家的兴盛、社会的进步、个人的终身发展都具有重要意义"③［2003年《普通高中生物学课程标准（实验)》］。

　　"科学方法"维度（47.3）要设计模型法、实验法、观察法等生物学常用的科学方法，比如："学生应该在学习过程中逐步发展科学思维，

---

① 《普通高中生物学课程标准（2017年版2020年修订）》，人民教育出版社2020年版，第1页。
② 《全日制义务教育生物课程标准（实验稿）》，北京师范大学出版社2001年版，第7页。
③ 《普通高中生物学课程标准（实验)》，人民教育出版社2003年版，第1页。

如能够基于生物学事实和证据运用归纳与概括、演绎与推理、模型与建模、批判性思维、创造性思维等方法，探讨、阐释生命现象及规律，审视或论证生物学社会议题"[1][2020年《普通高中生物学课程标准（2017年版2020年修订）》]。

"科学态度"和"科学探究能力"维度渗透频次比较相近。其中，"科学态度"维度（51.0）主要涉及尊重实践、善于思考、好奇心、尊重实证、灵活性、探究兴趣、追求创新、合作分享等内容，比如："生物学课程要求学生主动地参与学习，在亲历提出问题、获取信息、寻找证据、检验假设、发现规律等过程中习得生物学知识，养成科学思维的习惯，形成积极的科学态度，发展终身学习及创新实践能力"[2][2020年《普通高中生物学课程标准（2017年版2020年修订）》]。"科学探究能力"维度（56.0）主要涉及提出问题、做出假设、制订计划、搜集证据、得出结论、表达交流等内容，比如："这种有目的、有步骤的学生自主学习活动主要包括对生物及其相关事物进行观察、描述、提出问题、从各种信息渠道查找信息、提出假设、验证假设、思维判断、做出解释，并能与他人合作和交流等"[3][2001年《全日制义务教育生物课程标准（实验稿）》]，此维度渗透频次最高可能与标准文本中课程内容直接有"科学探究"模块有关。

隐性渗透方面各个维度的分布非常均衡（5.7%）。

通过生物学课程中德育内容编码统计表，分别绘制出全面深化阶段生物学课程TMME显性呈现和隐性渗透情况，如图7-33、图7-34所示。

---

[1] 《普通高中生物学课程标准（2017年版2020年修订）》，人民教育出版社2020年版，第4—5页。
[2] 《普通高中生物学课程标准（2017年版2020年修订）》，人民教育出版社2020年版，第1—2页。
[3] 《全日制义务教育生物课程标准（实验稿）》，北京师范大学出版社2001年版，第34页。

显性呈现	理念目标		课程内容		实施建议		附录	
	义务教育	普通高中	义务教育	普通高中	义务教育	普通高中	义务教育	普通高中
理想信念教育	○	○	◉	○	◉	◌	◌	
社会主义核心价值观教育	●	●	●	●	●	●	◌	◉
中华优秀传统文化教育	●	●	●	●	●	●	○	
生态文明教育	●	●	●	●	●	●	◉	●
心理健康教育	●	●	●	●	●	●	●	●

图 7－33　全面深化阶段生物学课程 TMME（显性呈现）

隐性渗透	理念目标		课程内容		实施建议		附录	
	义务教育	普通高中	义务教育	普通高中	义务教育	普通高中	义务教育	普通高中
科学精神	●	●	●	●	●	●	◉	●
科学方法	●	●	●	●	●	●	●	●
科学态度	●	●	●	●	●	●	●	●
科学探究能力	●	●	●	●	●	●	●	●
逻辑思维能力	●	●	●	●	●	●	●	●

图 7－34　全面深化阶段生物学课程 TMME（隐性渗透）

不难看出：

首先，在显性呈现方面，五个维度分布范围均非常广，其中“理想信念教育”“中华优秀传统文化教育”维度仅在附录部分高中阶段没有涉及。

同时，就义务教育—普通高中阶段衔接情况而言，“社会主义核心价值观教育”“生态文明教育”“心理健康教育”三个维度衔接程度非常强。“理想信念教育”“中华优秀传统文化教育”维度衔接程度比较强，仅在文本附录部分没有衔接。

此外，“社会主义核心价值观教育”“生态文明教育”“心理健康教育”维度受关注程度非常高，后两个维度在文本四个部分两个阶段均比较受关注。“中华优秀传统文化教育”受关注程度比较高，在文本前三个部分均比较受关注。“理想信念教育”维度受关注程度非常低，仅在义务教育阶段课程内容、实施建议两个部分比较受关注。

其次，在隐性渗透方面，五个维度分布范围均非常广，在课程标准文本四个部分两个阶段均有所涉及。

第七章　中国中小学理科课程德育内容的全面深化阶段（2001—2023）

同时，就义务教育—普通高中阶段衔接情况而言，五个维度衔接程度均非常强，在文本四个部分两个阶段均有所衔接。

此外，五个维度受关注程度均非常高，在文本四个部分均比较受关注。

六　小学科学课程中的德育内容[①]

全面深化阶段（2001—2023）官方共颁布小学科学课程标准3份。

根据全面深化阶段小学科学课程德育内容频次统计表，绘制出全面深化阶段科学课程标准文本（均值）德育内容频次统计图、分布图，如图7-35、图7-36所示。

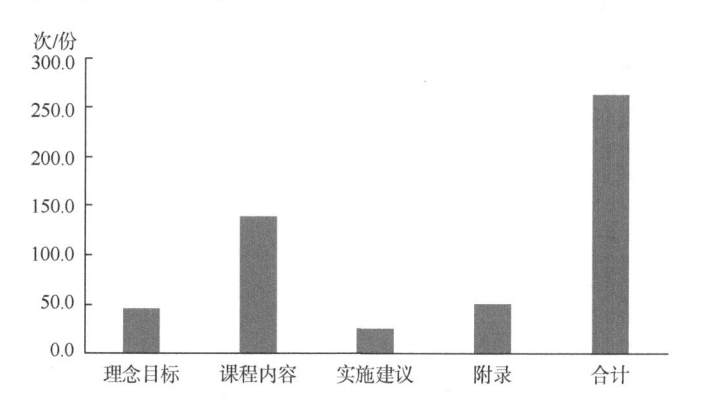

图7-35　全面深化阶段科学课程德育内容频次

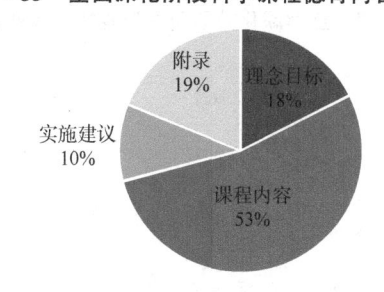

图7-36　全面深化阶段科学课程德育内容分布

---

① 进入21世纪以来，自然课程更名为科学课程，课程标准文本选择为对应小学阶段，以及包含小学阶段的义务教育阶段。

可以看出：

首先，就整体而言，小学科学课程德育内容频次为263.1次/份。

其次，就课程文本四个部分而言，"课程内容"德育内容频次非常高，"附录""理念目标"频次非常接近，"实施建议"频次最低。

最后，就分布情况而言，整体分布上"课程内容"占比最高，"实施建议"占比最低，德育内容分布比较均衡，均衡性指数为43.4%。

在小学科学课程德育内容统计表的基础上，根据全面深化阶段理论分析框架进行内容分析进而编码，得到德育内容编码表，进而得到德育编码频次统计表。

基于德育编码频次统计表，可以得到图7-37、图7-38、图7-39。

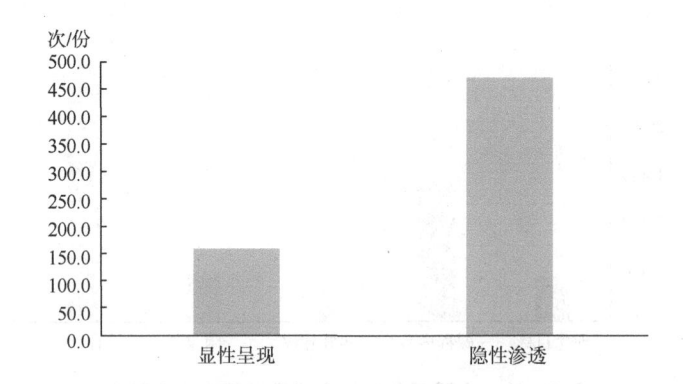

图7-37 全面深化阶段科学课程德育编码频次

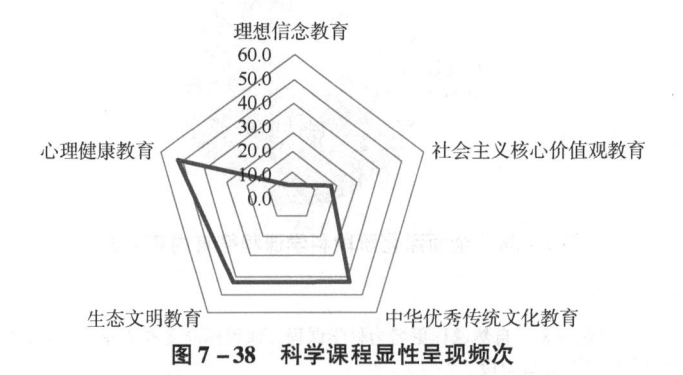

图7-38 科学课程显性呈现频次

第七章 中国中小学理科课程德育内容的全面深化阶段（2001—2023）

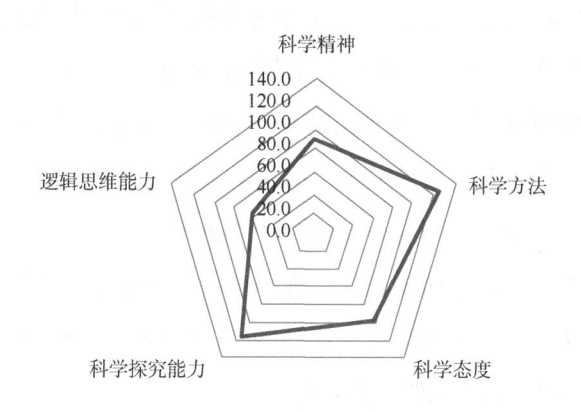

图 7-39 科学课程隐性渗透频次

可以发现：

首先，就整体而言，本阶段科学课程中显性呈现德育内容频次明显低于隐性渗透频次，两者相差-315.0次/份。

其次，在显性呈现方面，"理想信念教育"维度（5.3）呈现频次很低，主要涉及通过培养学生爱国情感进而增强学生对党的政治认同、情感认同、价值认同。

"社会主义核心价值观教育"维度（17.3）呈现频次很高，主要涉及实现学生的自由全面发展，追求课堂平等的师生关系，培养学生爱国家、爱人民、爱社会的情感等内容，比如："教师是科学学习活动的组织者、引领者和亲密的伙伴，对学生在科学学习活动中的表现应给予充分的理解和尊重，并以自己的教学行为对学生产生积极的影响"①[2001年《全日制义务教育科学（3—6年级）课程标准（实验稿）》]；"小学科学课程都要为全体学生提供适合的、公平的学习和发展机会"②[2017年《义务教育小学科学课程标准》]。

---

① 《全日制义务教育科学（3—6年级）课程标准（实验稿）》，北京师范大学出版社2001年版，第2页。

② 《义务教育小学科学课程标准》，北京师范大学出版社2017年版，第3页。

"中华优秀传统文化教育""生态文明教育""心理健康教育"维度呈现频次非常高。其中,"中华优秀传统文化教育"(42.3)主要涉及引导学生增强国家认同,形成爱国情感,引导学生正确处理个人与他人、个人与社会、个人与自然的关系,引导学生坚忍豁达、奋发向上,积极争做敢创新的中国人等内容,比如:"了解科学、技术与社会的关系,乐于与人合作,与环境和谐相处,为后继的科学学习、为其他学科的学习、为终身学习和全面发展打下基础"①[2001年《全日制义务教育科学(3—6年级)课程标准(实验稿)》]。

"生态文明教育"(43.0)主要涉及知道人与大自然之间的密切关系,积极保护大自然,对影响环境的行为采取节能、环保等审慎的态度,自觉践行可持续发展理念等内容,比如"亲近自然、欣赏自然、珍爱生命,积极参与资源与环境的保护,关心科技的新发展"②[2001年《全日制义务教育科学(3—6年级)课程标准(实验稿)》];"科学课程有助于学生保持对自然现象的好奇心,从亲近自然走向亲近科学,初步从整体上认识自然世界,理解科学、技术、社会与环境的关系"③[2022年《义务教育科学课程标准(2022年版)》];等等。

"心理健康教育"(51.0)主要涉及尊重生命、保护生命,通过与他人合作交流建立良好的人际关系,提高学习能力,具有终身学习的意识和能力,正确认识和理解学习的价值,爱学习、会学习等内容,比如:"培养对自然的好奇心,以及批判和创新意识、环境保护意识、合作意识和社会责任感,为今后的学习、生活以及终身发展奠定良好的基础"④

---

① 《全日制义务教育科学(3—6年级)课程标准(实验稿)》,北京师范大学出版社2001年版,第1页。
② 《全日制义务教育科学(3—6年级)课程标准(实验稿)》,北京师范大学出版社2001年版,第5页。
③ 《义务教育科学课程标准(2022年版)》,北京师范大学出版社2022年版,第1页。
④ 《义务教育小学科学课程标准》,北京师范大学出版社2017年版,第2页。

第七章　中国中小学理科课程德育内容的全面深化阶段（2001—2023）

（2017年《义务教育小学科学课程标准》）。

显性呈现方面各个维度的分布比较均衡（28.8%）。

最后，在隐性渗透方面，五个维度渗透频次均非常高，其中，"逻辑思维能力"（59.0）主要涉及分析与综合、比较、推理等内容，比如："体验科学探究中证据、逻辑推理及运用想象建立假设和理解的重要性"①［2001年《全日制义务教育科学（3—6年级）课程标准（实验稿）》］。

"科学精神"（85.0）主要涉及实证精神、探索精神、创新精神、协作精神、实践精神等内容，比如："培养对自然的好奇心，以及批判和创新意识、环境保护意识、合作意识和社会责任感"②（2017年《义务教育小学科学课程标准》）。

"科学态度"（96.0）主要涉及尊重实践、好奇心、灵活性、探究兴趣、实事求是、追求创新、合作分享等内容，比如："具有基于证据和推理发表自己见解的意识；重视人与人之间的合作愉快交流，勇于表达，乐于倾听，尊重他人不同意见的态度"③（2017年《义务教育小学科学课程标准》）。

"科学探究能力"（113.3）主要涉及完整科学探究的各个过程，比如："能通过对身边自然事物的观察，发现和提出问题"；"能根据假想答案，制订简单的科学探究活动计划"；"能通过观察、实验、制作等活动进行探究"④［2001年《全日制义务教育科学（3—6年级）课程标准（实验稿）》］。渗透频次较高与课程内容中有"科学探究"内容直

---

① 《全日制义务教育科学（3—6年级）课程标准（实验稿）》，北京师范大学出版社2001年版，第9页。
② 《义务教育小学科学课程标准》，北京师范大学出版社2017年版，第2页。
③ 《义务教育小学科学课程标准》，北京师范大学出版社2017年版，第66页。
④ 《全日制义务教育科学（3—6年级）课程标准（实验稿）》，北京师范大学出版社2001年版，第5页。

接相关。

"科学方法"（120.7）主要涉及实验、观察、模型、类比等常见科学方法，比如："通过实验，学习简单测量工具的使用，学习一些量的特征的测量和记录方法"；"观察水、油、醋和牛奶等液体，尝试归纳总结它们的共同性质"①（2017年《义务教育小学科学课程标准》）。渗透频次较高与课程内容中有大量"观察""实验"内容直接相关。

隐性渗透方面各个维度的分布非常均衡（13.1%）。

通过科学课程中德育编码频次统计表，分别绘制出全面深化阶段科学课程 TMME 显性呈现和隐性渗透情况，如图 7-40、图 7-41 所示。

显性呈现	小学阶段			
	理念目标	课程内容	实施建议	附录
理想信念教育	○	●	●	○
社会主义核心价值观教育	●	●	●	○
中华优秀传统文化教育	●	●	●	●
生态文明教育	●	●	●	●
心理健康教育	●	●	●	●

图 7-40　全面深化阶段科学课程 TMME（显性呈现）

隐性渗透	小学阶段			
	理念目标	课程内容	实施建议	附录
科学精神	●	●	●	●
科学方法	●	●	●	●
科学态度	●	●	●	●
科学探究能力	●	●	●	●
逻辑思维能力	●	●	●	●

图 7-41 全面深化阶段科学课程 TMME（隐性渗透）

不难看出：

首先，在显性呈现方面，就分布情况而言，后四个维度分布范围均非常广，在课程标准文本四个部分均有所涉及；"理想信念教育"维度

---

① 《义务教育小学科学课程标准》，北京师范大学出版社2017年版，第19页。

第七章　中国中小学理科课程德育内容的全面深化阶段（2001—2023）

分布范围比较广，仅在实施建议部分没有涉及。

就受关注程度而言，后三个维度受关注程度非常高，在课程标准文本四个部分均比较受关注；"社会主义核心价值观教育"维度关注程度比较高，在文本前三个部分均比较受关注；"理想信念教育"维度受关注程度非常低，仅在课程内容部分比较受关注。

其次，在隐性渗透方面，就分布情况而言，五个维度分布范围均非常广，在课程标准文本四个部分均有所涉及。

就受关注程度而言，五个维度受关注程度均非常高，在课程标准文本四个部分均比较受关注。

第四节　理科课程中德育内容的比较分析

全面深化阶段中小学理科课程中德育内容呈现特征各有不同。图7-42中可见不同阶段（义务教育、普通高中）各门理科课程德育内容频次，图7-43中可见不同文本部分（理念目标、课程内容、实施建议、其他）各门理科课程德育内容分布。

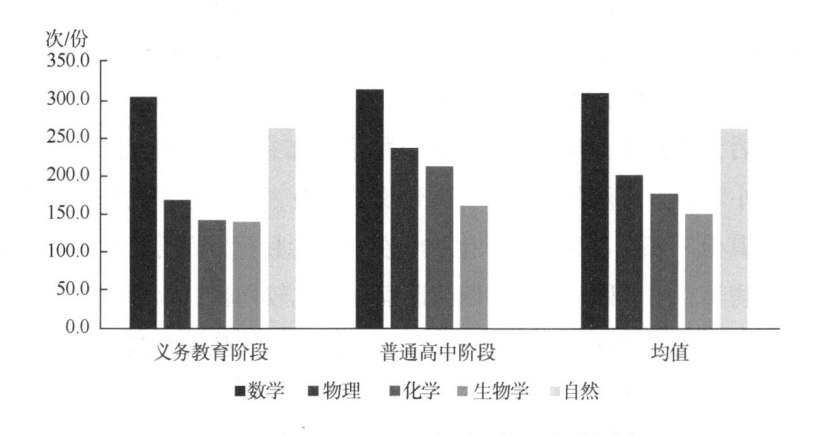

图7-42　全面深化阶段理科课程德育内容频次

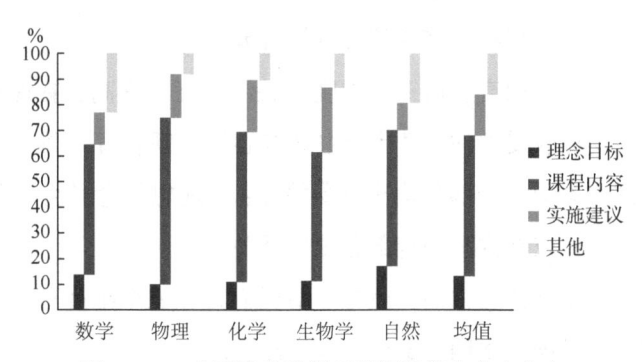

图 7-43 全面深化阶段理科课程德育内容分布

可以看出：

首先，从整体上看，五门课程中数学课程德育内容频次最高（307.9次/份），其次是小学科学课程（263.1次/份），生物学课程频次最低（151.4次/份）。五门理科课程德育内容频次均值从高到低依次为：数学，小学科学，物理，化学，生物学。全面深化阶段中小学理科课程德育内容频次学科差异性指数为156.5。

其次，从阶段上看，义务教育阶段五门课程中数学课程德育内容频次最高（302.7次/份），其次是小学科学课程（263.1次/份），其余三门理科课程频次比较接近；普通高中阶段四门课程德育内容频次逐渐降低。其中，数学课程在两个学段频次明显高于其他理科课程；生物学课程在两个学段频次低于其他理科课程。义务教育、高中阶段德育内容频次学科差异性指数分别为161.4和151.6。

最后，从分布上看，五门课程均集中分布在课程内容部分，其中，数学、小学科学课程在"文本实施建议"部分占比最小；物理、化学课程在"其他"部分占比最小；生物学在"理念目标"部分占比最小。数学、生物学、小学科学、化学四门课程分布比较均衡；物理课程分布比较不均衡。五门理科课程德育内容分布均衡性指数从低到高依次为：数学，生物学，小学科学，化学，物理。

将理科课程中的德育内容逐条进行编码并统计之后，可以得出各个学科德育内容编码频次图，由于每个德育内容条目当中往往涉及不止一

第七章 中国中小学理科课程德育内容的全面深化阶段（2001—2023）

个二级编码内容，因此各门课程合计编码频次高于内容频次，如图 7 - 44 至图 7 - 46 所示。

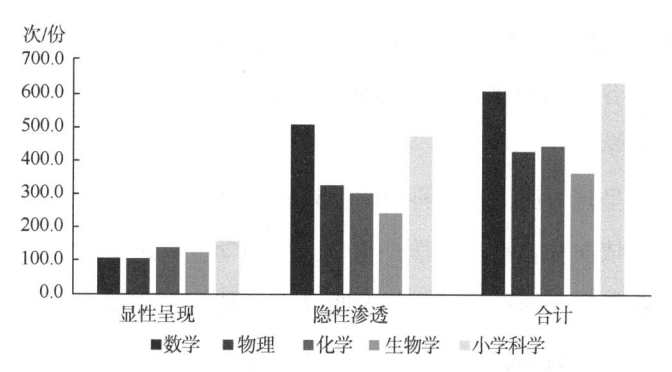

图 7 - 44 全面深化阶段理科课程德育内容编码频次

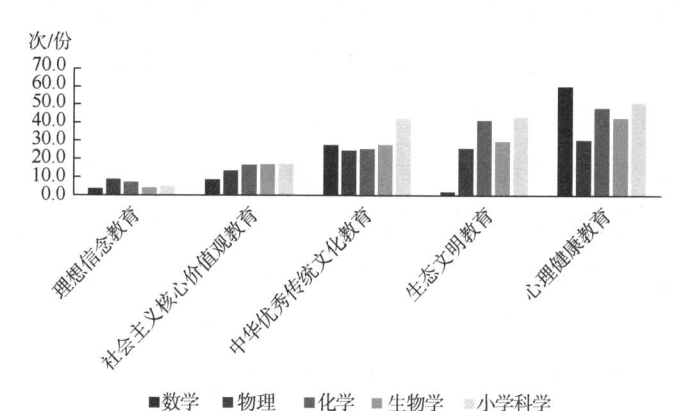

图 7 - 45 理科课程显性呈现频次

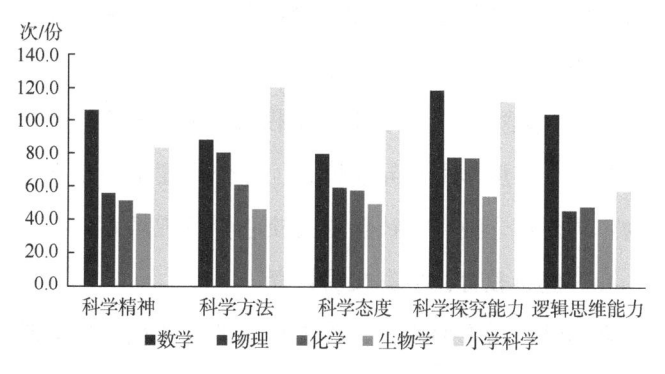

图 7 - 46 理科课程隐性渗透频次

可以看出：

首先，就整体而言，小学科学、数学课程德育内容编码频次比较相近，其余三门课程编码频次比较相近，生物学课程编码频次最低。五门课程德育内容编码频次合计从高到低依次为：小学科学，数学，化学，物理，生物学。

在显性呈现方面，小学科学课程频次略高于其他理科课程，五门课程从高到低依次为：小学科学，化学，生物学，物理，数学；在隐性渗透方面，数学、小学科学课程频次明显高于其他理科课程，五门课程从高到低依次为：数学，小学科学，物理，化学，生物学。

就显性呈现、隐性渗透差异性而言，五门理科课程显性呈现频次都明显低于隐性渗透频次。五门课程差异性从大到小依次为：数学，小学科学，物理，化学，生物学。

其次，就显性呈现方面而言，五门课程主要在后三个维度编码频次较高，前两个维度编码频次较低。较之其他理科课程，数学课程在"心理健康教育"维度频次最高，而在"理想信念教育""社会主义核心价值观教育""生态文明教育"维度频次最低；物理课程在"理想信念教育"维度频次最高，而在"中华优秀传统文化教育""心理健康教育"维度频次最低；生物学课程在"社会主义核心价值观教育"维度频次最高；小学科学课程在"社会主义核心价值观教育""中华优秀传统文化教育""生态文明教育"维度频次最高。

其中，"理想信念教育""社会主义核心价值观教育"维度学科差异性较小，其余三个维度学科差异性较大。各个维度学科差异性指数从小到大依次为：理想信念教育，社会主义核心价值观教育，中华优秀传统文化教育，心理健康教育，生态文明教育。

最后，就隐性渗透方面而言，较之其他理科课程，数学课程在"科学精神""科学探究能力""逻辑思维能力"三个维度渗透频次最高，且明显高于其他理科课程；生物学课程在五个维度渗透频次均最低；小学科学在"科学方法""科学态度"维度渗透频次最高，且在"科学方法"维度明显高于其他理科课程。

其中，"科学精神""科学探究能力""逻辑思维能力"三个维度学科差异性比较接近，各个维度学科差异性指数从小到大依次为：科学态度，科学精神，逻辑思维能力，科学探究能力，科学方法。

第五节　本章小结

第一，在德育内容整体频次方面，数学课程频次明显高于其他理科课程，大于 300 次/份；化学、生物学课程频次比较接近且明显低于其他理科课程。数学课程在义务教育、普通高中阶段频次明显高于其他理科课程；生物学课程则在这两个阶段频次低于其他理科课程。理科课程文本分布比较均衡；其中，仅物理课程分布均衡性指数大于其他理科课程，文本分布比较不均衡。各门课程在文本"课程内容"部分占比最大。

第二，在德育内容编码频次方面，显性呈现频次小学科学课程明显高于其他理科课程，数学课程则低于其他理科课程；隐性渗透频次数学课程明显高于其他理科课程，生物学课程则明显低于其他理科课程。编码频次总和小学科学课程频次明显高于其他理科课程，生物学课程频次则明显低于其他理科课程。各门理科课程德育内容编码显性呈现频次皆低于隐性渗透频次，其中数学课程差额明显大于其他理科课程，生物学课程差额明显小于其他理科课程。

第三，在德育内容显性呈现方面，小学科学课程在"社会主义核心价值观""中华优秀传统文化""生态文明教育"维度频次高于其他理科课程；数学课程则在"理想信念""社会主义核心价值观""生态文明教育"维度频次低于其他理科课程，且在"生态文明教育"维度明显低于其他理科课程，但在"心理健康教育"维度频次最高。"生态文明教育"维度学科差异性指数明显大于其他维度；"理想信念""社会主义核心价值观教育"维度学科差异性指数比较接近且较小，皆在0—10的范围内。

第四，在德育内容隐性渗透方面，数学课程在"科学精神""科学探究能力""逻辑思维能力"维度频次高于其他理科课程，且在"逻辑思维能力"维度明显大于其他理科课程；生物学课程在各个维度频次皆低于其他理科课程。"科学方法"维度学科差异性指数大于其他维度；"科学态度"维度学科差异性指数明显小于其他维度。

第五，根据德育内容 TMME 图可得出以下结论：

显性呈现方面，各个维度分布皆非常广，在涉及学段皆有所分布。就义务教育—高中学段而言，衔接程度非常强，在相邻学段皆有所衔接。"中华优秀传统文化""生态文明教育""心理健康教育"维度受关注程度非常高，在涉及学段皆比较受关注；"社会主义核心价值观教育"维度受关注程度比较高，仅在附录部分没有比较受关注；"理想信念教育"维度受关注程度非常低，仅在文本课程内容部分比较受关注。

隐性渗透方面，各个维度分布范围皆非常广，在涉及学段皆有所分布。就义务教育—高中学段而言，衔接程度非常强，在相邻学段皆有所衔接。各个维度受关注程度皆非常高，在文本各个部分皆比较受关注。

总而言之，就全面深化阶段而言，数学德育内容频次明显大于其他理科课程，化学、生物学频次明显低于其他理科课程。数学在德育内容编码两个方面分布极端性比较大。在显性呈现方面，小学科学重视程度比较高，数学分布极端性比较大；在隐性渗透方面，数学重视程度较高，生物学重视程度较低。

数学德育内容频次为307.9，化学、生物学德育内容频次分别为

178.0、151.4。数学在显性呈现方面频次最低,而在隐性渗透方面频次明显低于其他理科课程。在显性呈现方面,小学科学课程在"社会主义核心价值观""中华优秀传统文化""生态文明教育"维度理科课程中频次皆最高;数学课程在"理想信念教育""社会主义核心价值观教育""生态文明教育"维度频次皆最低,而在"心理健康教育"维度频次最高。在隐性渗透方面,数学在"科学精神""科学探究能力""逻辑思维能力"维度理科课程中频次皆最高;生物学则在各个维度频次皆最低。

第八章 中国中小学理科课程德育内容百年嬗变的总体分析

第一节 文本总体情况

一 理科课程文本总体情况概述

综合第二章至第七章中五门理科课程德育内容频次相关数据，分别绘制中小学理科课程德育内容总体频次图，如图8-1所示，图8-2、图8-3分别是理科课程德育内容文本频次图以及理科课程德育内容学段频次图。

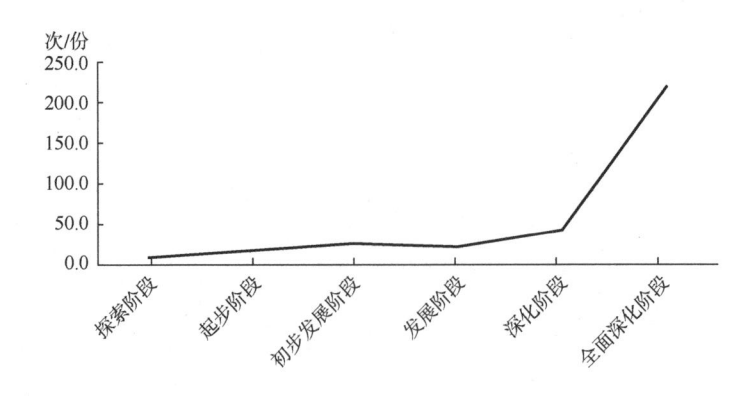

图8-1 中小学理科课程德育内容总体频次

第八章 中国中小学理科课程德育内容百年嬗变的总体分析

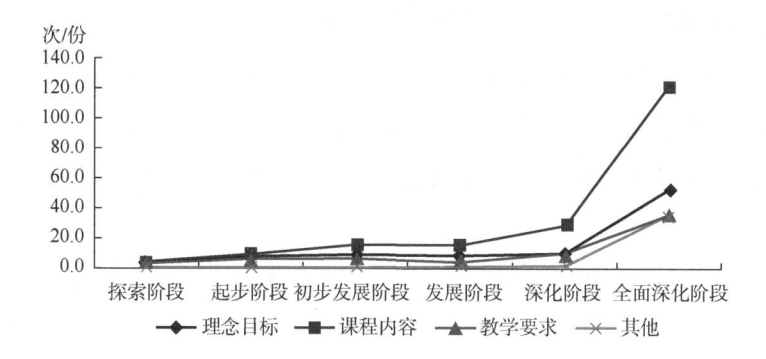

图 8-2 理科课程德育内容文本频次

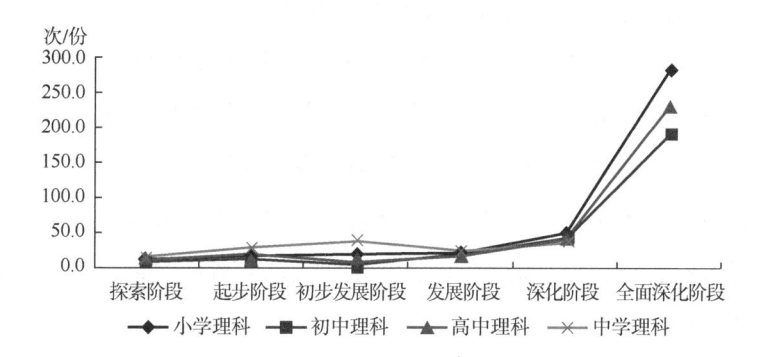

图 8-3 理科课程德育内容学段频次

由此可见：

第一，中小学理科课程德育内容总体频次在各历史阶段变化特征：呈现"N"形变化特征，在探索阶段频次最低，发展阶段频次有所下降，全面深化阶段陡升。其中，全面深化阶段频次明显高于其他历史阶段。

第二，中小学理科课程德育内容文本理念目标、课程内容、教学要求①部分总体频次在各历史阶段变化特征与文本总体频次变化特征一致。文本其他部分总体频次变化特征：呈现"V"形变化特征，在初步发展

---

① 在全面深化阶段，课程标准文本划分为理念目标、课程内容、实施建议、其他四个部分，教学要求部分对应全面深化阶段文本实施建议部分。下同。

阶段频次最低，在全面深化阶段频次最高。

第三，就历史阶段文本分布而言，课程内容部分在探索阶段之外的其他历史阶段频次皆最高，且在深化阶段、全面深化阶段，尤其是全面深化阶段频次明显高于其他文本部分。其他部分在各个历史阶段频次皆最低。

第四，不同学段理科课程德育内容文本总体频次在各历史阶段变化特征：

小学理科课程德育内容文本总体频次呈现随历史阶段逐渐升高特征，在全面深化阶段①明显高于其他历史阶段。

初中理科课程文本在发展阶段之外的其他五个历史阶段皆有所分布，总体频次呈现"N"形变化特征，在初步发展阶段频次有所下降且最低，在全面发展阶段频次最高，且明显高于其他历史阶段。

高中理科课程德育内容文本总体频次呈现"N"形变化特征，在初步发展阶段频次有所下降且最低，在全面发展阶段频次最高，且明显高于其他历史阶段。

中学理科课程文本在全面深化阶段之外的其他五个历史阶段皆有所分布，总体频次呈现"N"形变化特征，在探索阶段频次最低，在发展阶段频次有所下降，在初步发展阶段频次最高。

其中，中学理科课程在探索阶段、起步阶段、初步发展阶段、发展阶段德育内容频次皆高于其他学段理科课程，且在初步发展阶段明显高于其他学段；在深化阶段频次低于其他学段理科课程。小学阶段理科课程在深化阶段、全面深化阶段频次高于其他学段理科课程，且在全面深化阶段明显高于其他理科课程；而在探索阶段、起步阶段略低于其他学段理科课程。

---

① 在全面深化阶段，数学课程标准文本划分为义务教育和普通高中两个阶段，为了增强与其他历史阶段的可比性，将义务教育阶段数据作为此阶段小学和初中的共同数据。下同。

第八章　中国中小学理科课程德育内容百年嬗变的总体分析

二　数学课程文本总体情况

根据第二章至第七章中数学课程德育内容频次相关数据，绘制中小学数学课程德育内容总体频次图，如图8-4所示。

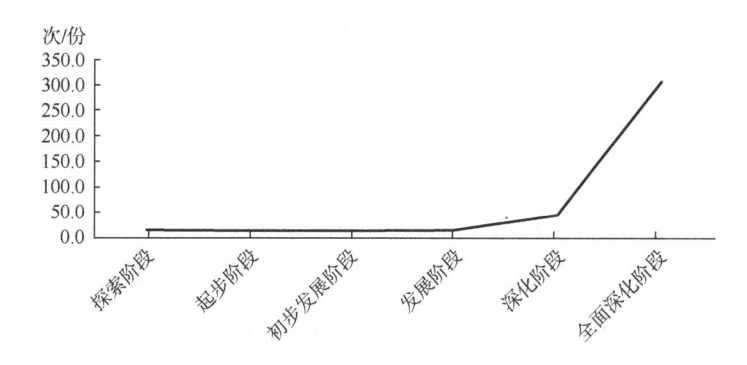

图8-4　中小学数学课程德育内容总体频次图

可以看出：就德育内容总体频次而言，中小学数学课程德育内容频次呈现"V"形变化特征，在起步阶段频次最低，在深化阶段、全面深化阶段频次明显高于其他历史阶段，且在全面深化阶段陡升。

此外，就德育内容文本频次情况而言，四个部分变化特征不尽相同。其中，理念目标部分，德育内容频次呈现"N"形变化特征，在探索阶段频次最低，在发展阶段频次有所下降，在全面深化阶段陡升；课程内容部分，德育内容频次呈现逐阶段上升特征，在深化阶段、全面深化阶段明显高于其他历史阶段；教学要求部分，德育内容频次呈现"V"形变化特征，在起步阶段频次最低，在全面深化阶段陡升；其他部分，德育内容频次呈现"W"形变化特征。文本四个部分均在全面深化阶段德育内容频次最高，理念目标、课程内容部分在探索阶段频次最低，教学要求部分在起步阶段频次最低，其他部分在初步发展阶段频次最低。

就历史阶段文本分布而言，探索阶段在教学要求部分德育内容频次

· 311 ·

最高，在理念目标部分德育内容频次最低；起步阶段则正好相反；初步发展阶段、发展阶段、深化阶段、全面深化阶段均在文本课程内容部分频次最高，前三个阶段在其他部分频次最低，后一个阶段在教学要求部分频次最低。

除了深化阶段，其余阶段德育内容文本分布都比较均衡，深化阶段文本分布比较不均衡。文本分布均衡性指数从低到高依次是：发展阶段，探索阶段，全面深化阶段，初步发展阶段，起步阶段，深化阶段。

另外，就德育内容学段频次情况而言，小学、初中数学在全面深化阶段德育内容频次最高，高中数学亦在全面深化阶段德育内容频次最高；小学、中学数学自起步阶段起德育内容频次逐阶段升高，到深化阶段、全面深化阶段陡升；初中数学在探索阶段频次最低；高中数学在初步发展阶段频次最低。

就历史阶段学段差异[①]而言，除了深化阶段，其余阶段的低学段德育内容频次皆低于高学段频次；在深化阶段，仅小学阶段德育内容频次低于初中阶段，初中—高中阶段、小学—中学阶段都是后者德育内容频次高于前者。

就小学—中学阶段差异性而言，前五个历史阶段中（全面深化阶段没有中学阶段课程文本）探索阶段差异性指数[②]（21.1）明显大于其余四个历史阶段，从小到大依次为：初步发展阶段，发展阶段，起步阶段，深化阶段，探索阶段。就初中—高中阶段差异性[③]而言，深化阶段差异性指数（29.7）明显大于全面深化阶段、探索阶段。

[①] 按照相邻原则，分为小学—初中、初中—高中、小学—中学三组相邻学段考察其差异性。下同。
[②] 历史阶段学段差异性指数，是指该历史阶段不同学段德育内容频次的差额。下同。
[③] 全面深化阶段此数值对应义务教育—高中阶段数值。下同。

第八章 中国中小学理科课程德育内容百年嬗变的总体分析

三 物理课程文本总体情况

根据第二章至第七章中物理课程德育内容频次相关数据，绘制物理课程德育内容总体频次图，如图8-5所示。

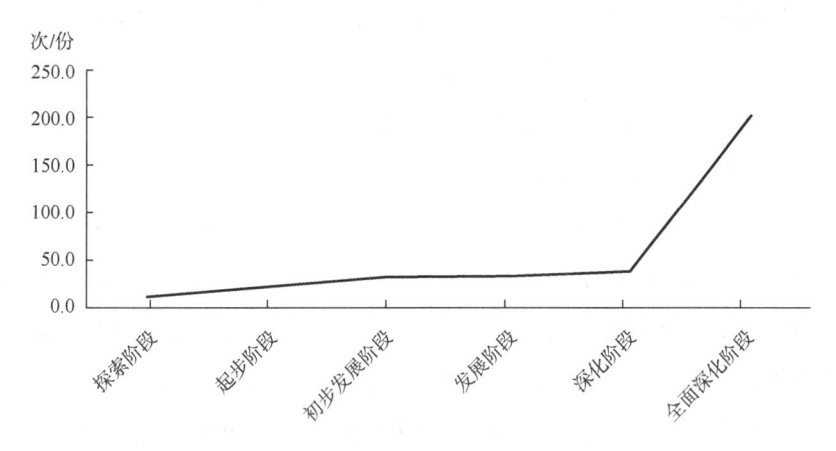

图8-5 物理课程德育内容总体频次

可以看出：就德育内容总体频次而言，物理课程德育内容频次呈现逐阶段上升趋势，其中，在探索阶段明显低于其他历史阶段，而在全面深化阶段明显高于其他历史阶段。

此外，就德育内容文本频次情况而言，文本四个部分皆在全面深化阶段陡升。其中，理念目标部分，德育内容频次呈现"N"形变化特征，在发展阶段有所下降；课程内容部分，变化比较复杂，在初步发展、深化阶段皆有所下降；教学要求部分，变化呈现"W"形变化特征，在起步阶段、发展阶段皆有所下降；其他部分，变化呈现"凹"形变化特征，在起步阶段、初步发展阶段、发展阶段皆最低。

文本四个部分皆在全面深化阶段德育内容频次最高，理念目标、课程内容部分在探索阶段频次最低，教学要求部分在起步阶段频次最低，其他部分在起步阶段、初步发展阶段频次最低。

· 313 ·

从历史阶段文本分布而言，除了探索阶段，其余五个阶段均在文本课程内容部分德育内容频次最高，在文本其他部分德育内容频次最低。探索阶段在文本教学要求部分德育内容频次最高，在文本其他部分德育内容频次最低。

发展阶段德育内容文本分布非常不均衡；起步阶段、全面深化阶段德育内容文本分布比较不均衡；其余三个阶段德育内容分布比较均衡。分布均衡性指数从低到高依次是：探索阶段，深化阶段，初步发展阶段，全面深化阶段，起步阶段，发展阶段。

另外，就德育内容学段频次情况而言，初中、高中阶段均在全面深化阶段德育内容频次最高[①]，在探索阶段德育内容频次最低，均在所涉及阶段频次逐级升高，在全面深化阶段频次陡升。中学阶段在深化阶段德育内容频次最高，在探索阶段德育内容频次最低。

从历史阶段学段差异而言，物理课程仅涉及初中—高中阶段，除了初步发展阶段、发展阶段没有相关数据（这两个历史阶段没有对应的初中课程文本），其余四个阶段初中阶段德育内容频次都低于高中阶段。

在涉及的四个历史阶段中，探索阶段差异性指数（1.2）明显小于其他三个历史阶段，全面深化阶段差异性指数（69.2）明显大于其他三个历史阶段，从小到大依次为：探索阶段，深化阶段，起步阶段，全面深化阶段。

四 化学课程文本总体情况

根据第二章于第七章中化学课程德育内容频次相关数据，绘制化学课程德育内容总体频次图，如图8-6所示。

[①] 在全面深化阶段，物理课程标准文本划分为义务教育和普通高中两个阶段，为了增强与其他历史阶段的可比性，将义务教育阶段数据作为此阶段初中课程数据。下同。

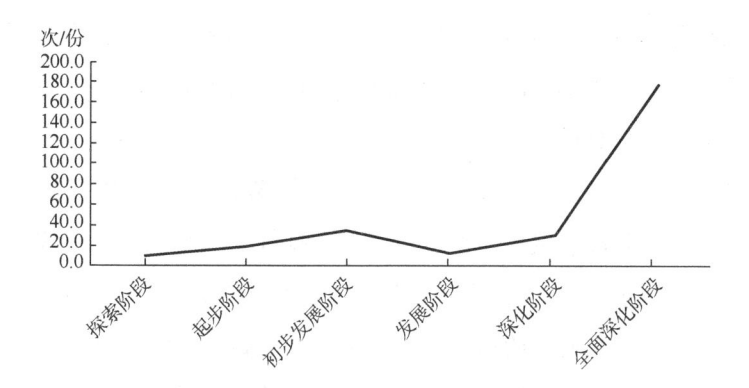

第八章 中国中小学理科课程德育内容百年嬗变的总体分析

图8-6 化学课程德育内容总体频次

可以看出：就德育内容总体频次而言，化学课程德育内容频次变化呈现"N"形特征，在发展阶段有所下降，在全面深化阶段陡升。

此外，就德育内容文本频次情况而言，探索阶段在文本理念目标、课程内容、教学要求三个部分频次皆最低；全面深化阶段在文本四个部分频次皆最高，且明显高于其他历史阶段。其中，在理念目标、课程内容、教学要求三个部分皆呈现"N"形变化特征，皆在发展阶段频次有所下降。其他部分变化呈现"W"形变化特征，在起步、发展阶段皆有所下降。

就历史阶段文本分布而言，各个历史阶段德育内容皆在文本课程内容部分占比最大；除了探索阶段，其他历史阶段皆在文本其他部分占比最小，探索阶段则在教学要求部分占比最小。

探索阶段德育内容文本分布非常均衡；初步发展阶段、发展阶段、全面深化阶段德育内容文本分布比较均衡；但是起步阶段、深化阶段德育内容文本分布比较不均衡。分布均衡性指数从低到高依次是：探索阶段，发展阶段，初步发展阶段，全面深化阶段，深化阶段，起步阶段。

另外，就德育内容学段频次情况而言，初中、高中阶段均在全面深化阶段德育内容频次最高,在探索阶段德育内容频次最低,在全面深化阶段频次陡升。中学阶段在初步发展阶段德育内容频次最高,在探索阶段德育内容频次最低。

从历史阶段学段差异情况而言,化学课程仅涉及初中—高中阶段,除了初步发展阶段、发展阶段没有相关数据(这两个历史阶段没有对应的初中课程文本),探索阶段初中阶段德育内容频次高于高中阶段频次;其余三个阶段都是初中阶段德育内容频次低于高中阶段频次。

在涉及的四个历史阶段当中,全面深化阶段差异性指数(72.0)明显大于其余三个历史阶段,从小到大依次为:探索阶段,起步阶段,深化阶段,全面深化阶段。

五 生物学课程文本总体情况

根据第二章至第七章中生物学课程德育内容频次相关数据,绘制生物学课程德育内容总体频次图,如图8-7所示。

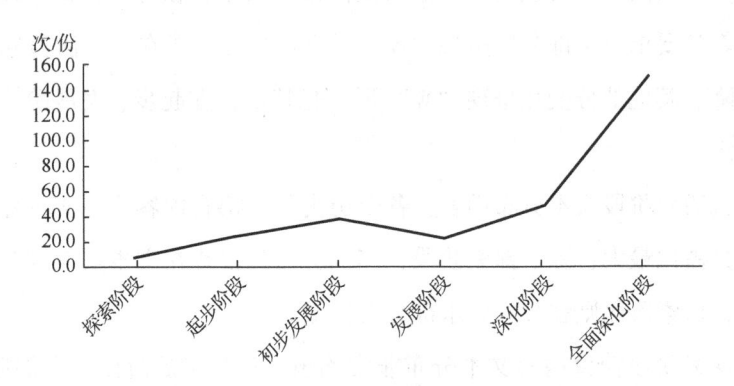

图8-7 生物学课程德育内容总体频次

可以看出:就德育内容总体频次而言,生物学课程德育内容频次呈现"N"形变化趋势,在探索阶段频次明显低于其他历史阶段,在发展阶段有所下降,在全面深化阶段明显高于其他历史阶段。

此外,就德育内容文本频次情况而言,文本四个部分德育内容频次

第八章 中国中小学理科课程德育内容百年嬗变的总体分析

皆在全面深化阶段明显高于其他历史阶段，理念目标、课程内容部分在探索阶段频次最低，教学要求、其他部分在发展阶段频次最低。其中，文本前三个部分皆呈现"N"形变化特征，分别在发展阶段、初步发展阶段频次有所下降；文本其他部分呈现"凹"形变化特征，在初步发展阶段、发展阶段频次最低。

就历史阶段文本分布而言，各个历史阶段都在文本课程内容部分占比最大；起步阶段、初步发展阶段、发展阶段、深化阶段在文本其他部分占比最小，探索阶段在文本教学要求部分占比最小，全面深化阶段在文本理念目标部分占比最小。

探索阶段德育内容文本分布非常均衡；起步阶段、全面深化阶段德育内容文本分布比较均衡；但是深化阶段德育内容文本分布比较不均衡，初步发展阶段、发展阶段分布非常不均衡。分布均衡性指数从低到高依次是：探索阶段，全面深化阶段，起步阶段，深化阶段，初步发展阶段，发展阶段。

另外，就德育内容学段频次情况而言，初中学段在全面深化阶段德育内容频次最高，在初步发展阶段频次最低；高中学段在全面深化阶段德育内容频次最高，在探索阶段、发展阶段频次较低；中学阶段在初步发展阶段德育内容频次最低，在探索阶段频次最低。

从历史阶段学段差异而言，生物学课程仅涉及初中—高中阶段，除了初步发展阶段、发展阶段没有相关数据（其中，初步发展阶段没有高中课程文本，发展阶段没有初中课程文本），探索阶段、深化阶段初中阶段德育内容频次高于高中阶段频次；其余两个阶段都是初中阶段德育内容频次低于高中阶段德育内容频次。

在涉及的四个历史阶段中，全面深化阶段、深化阶段差异性指数（20.1，17.8）明显大于其余两个历史阶段，从小到大依次为：探索阶段，起步阶段，深化阶段，全面深化阶段。

六 自然（科学）课程文本总体情况

根据第二章至第七章当中自然课程德育内容频次相关数据，绘制自然（科学）课程德育内容总体频次图，如图8-8所示。

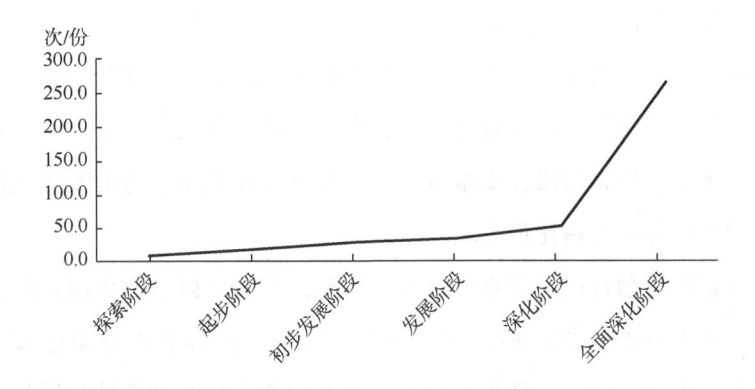

图8-8 自然（科学）课程德育内容总体频次

可以看出：就德育内容总体频次而言，自然课程德育内容频次呈现逐阶段上升特征，在全面深化阶段频次明显高于其他历史阶段。

此外，就德育内容文本频次情况而言，文本四个部分皆在全面深化阶段频次明显高于其他历史阶段，教学要求之外的其余文本部分皆在起步阶段频次最低，而教学要求部分则在探索阶段频次最低。其中，在理念目标部分呈现"W"形变化特征；课程内容部分呈现"V"形变化特征，在起步阶段频次有所下降；教学要求部分呈现"N"形变化特征，在发展阶段开始下降；其他部分呈现"凹"形变化特征，在起步阶段、初步发展阶段、发展阶段频次皆最低。

就历史阶段文本分布而言，除了起步阶段，其余五个历史阶段在文本课程内容部分德育内容占比皆最大，起步阶段在教学要求部分占比最大；除了全面深化阶段，其余五个历史阶段在文本其他部分德育内容占比皆最小，全面深化阶段在教学要求部分占比最小。

第八章 中国中小学理科课程德育内容百年嬗变的总体分析

探索阶段德育内容文本分布非常均衡；初步发展阶段、全面深化阶段德育内容文本分布比较均衡；但是发展阶段、深化阶段德育内容文本分布比较不均衡，起步阶段分布非常不均衡。分布均衡性指数从低到高依次是：探索阶段，初步发展阶段，全面深化阶段，发展阶段，深化阶段，起步阶段。

七　理科课程文本总体情况的比较分析

综合各个历史阶段理科课程德育内容总体情况，可以得到图 8-9。根据中小学理科课程德育内容不同文本部分频次图，分别得到图 8-10 至图 8-13。

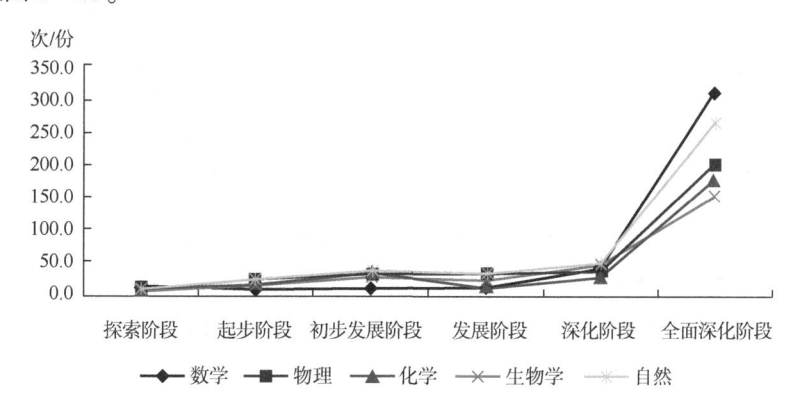

图 8-9　中小学理科课程德育内容总体频次

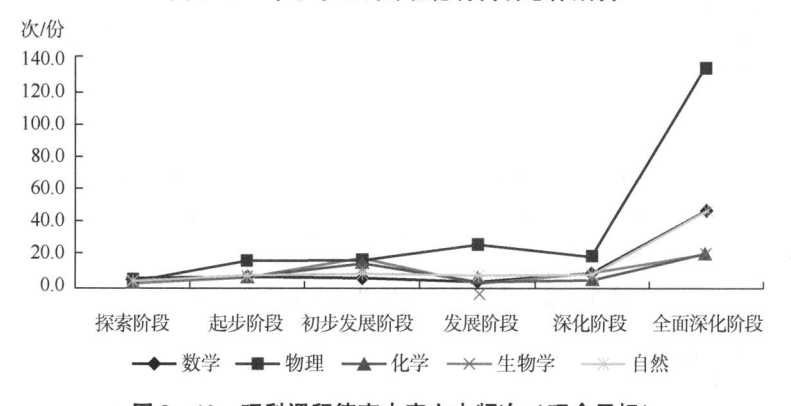

图 8-10　理科课程德育内容文本频次（理念目标）

中国中小学理科课程德育内容的百年嬗变

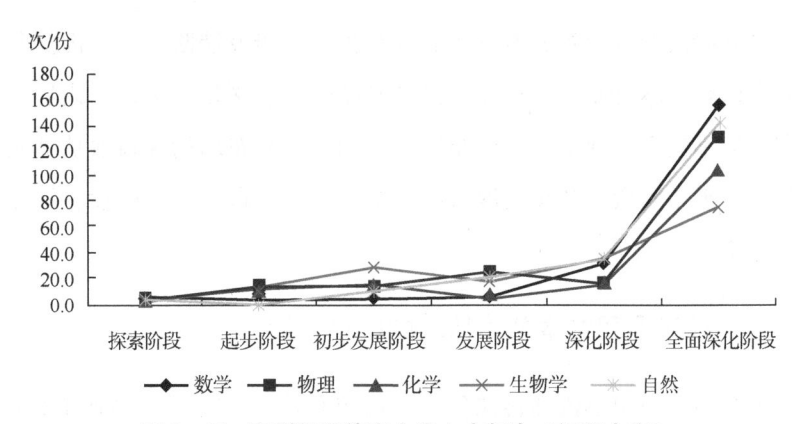

图 8-11 理科课程德育内容文本频次（课程内容）

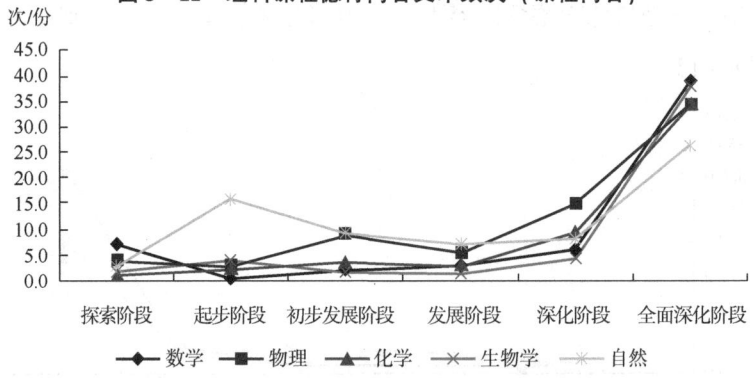

图 8-12 理科课程德育内容文本频次（教学要求）

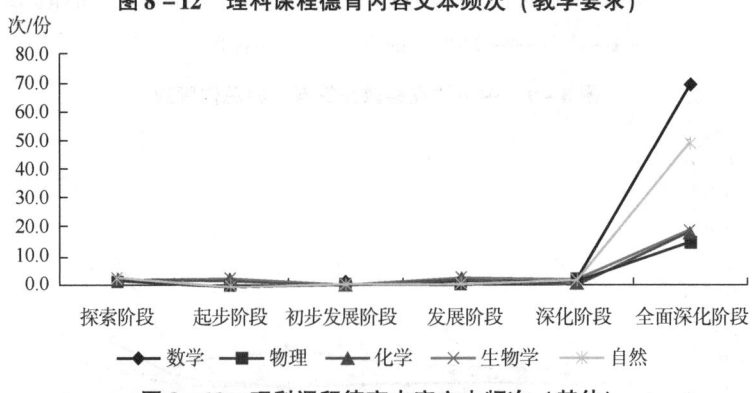

图 8-13 理科课程德育内容文本频次（其他）

可以看出：

第一，就德育内容总体频次而言，物理、自然课程德育内容频次变化特征一致，呈现逐阶段上升特征，在全面深化阶段陡升；化学、生物学课程变化特征一致，呈现"N"形变化特征，在发展阶段频次有所下降，在全面深化阶段频次陡升；数学课程则呈现"V"形变化特征，在起步阶段频次有所下降。

第二，就历史阶段学科总体差异而言，数学课程在探索阶段、全面深化阶段理科课程中德育内容频次是最高的①，在起步阶段、初步发展阶段频次最低②；生物学课程则与数学课程正好相反。

在历史阶段学科总体差异性方面，探索阶段差异性明显低于其他历史阶段，全面深化阶段差异性明显高于其他历史阶段，这与理科课程在探索阶段德育内容频次总体偏低以及全面深化阶段频次总体偏高相关。学科差异性指数③从小到大依次为：探索阶段，起步阶段，深化阶段，发展阶段，初步发展阶段，全面深化阶段。

第三，就历史阶段学科文本差异而言，有以下特征。

第一，在文本理念目标部分，物理课程在各个历史阶段理科课程中频次皆最高，且在发展阶段、深化阶段、全面深化阶段明显高于同一历史阶段其他理科课程。

在历史阶段学科文本差异性方面，在理念目标部分，探索阶段差异性明显低于其他历史阶段，全面深化阶段差异性明显高于其他历史阶段。学科差异性指数从小到大依次为：探索阶段，初步发展阶段，起步阶段，深化阶段，发展阶段，全面深化阶段。

第二，在文本课程内容部分，物理课程在起步阶段、发展阶段频次高于其他理科课程，而在探索阶段频次低于其他理科课程；自然课程在

---

① 含并列最高情况，下同。
② 含并列最低情况，下同。
③ 为了更好地度量历史阶段学科差异性，引入历史阶段学科差异性指数，即该历史阶段当中，理科学科中德育内容最高频次与最低频次之差，差异性指数越高，表明理科科学差异性越大；反之亦然。下同。

探索阶段、深化阶段频次高于其他理科课程,而在起步阶段频次低于其他理科课程。

在历史阶段学科文本差异性方面,在课程内容部分,探索阶段差异性明显低于其他历史阶段,全面深化阶段差异性明显高于其他历史阶段。学科差异性指数从小到大依次为:探索阶段,起步阶段,发展阶段,深化阶段,初步发展阶段,全面深化阶段。

第三,在文本教学要求部分,自然课程在起步阶段、初步发展阶段、发展阶段频次皆高于其他理科课程,尤其在起步阶段频次明显高于其他理科课程;而在全面深化阶段频次低于其他理科课程。

在历史阶段学科文本差异性方面,在教学要求部分,各个历史阶段差异性比较接近。学科差异性指数从小到大依次为:发展阶段,探索阶段,初步发展阶段,深化阶段,全面深化阶段,起步阶段。

第四,在文本其他部分,物理课程在深化阶段之外的其他历史阶段频次皆最低;数学课程在探索阶段、发展阶段、全面深化阶段频次皆最高,且在全面深化阶段明显高于其他理科课程,而在初步发展阶段、深化阶段频次最低;自然课程则在起步阶段、初步发展阶段、发展阶段频次皆最低[1],仅在深化阶段频次略高于其他理科课程。

在历史阶段学科文本差异性方面,在其他部分,除了全面深化阶段,其他历史阶段差异性比较接近。学科差异性指数从小到大依次为:初步发展阶段,探索阶段,深化阶段,起步阶段,发展阶段,全面深化阶段。

另外,从理科课程德育内容学段频次情况,可以发现:

第一,就历史阶段学科差异而言,在小学阶段,除了全面深化阶段,数学课程德育内容频次在其他历史阶段皆低于自然课程德育内容频次。

---

[1] 包含与其他课程并列最低的情况,下同。

第二，就历史阶段学科差异而言，在初中阶段，理科课程历史阶段发展特征比较趋同。其中，数学课程在所涉及的探索阶段、深化阶段、全面深化阶段理科课程中德育内容频次皆最高，且在全面深化阶段频次明显高于其他理科课程；化学课程在起步阶段频次最高，在探索阶段、深化阶段频次最低。

在历史阶段学科学段差异性方面，探索阶段、起步阶段差异性比较接近，深化阶段、全面深化阶段差异性比较接近且明显大于前两个历史阶段。学科差异性指数从小到大依次为：探索阶段，起步阶段，深化阶段，全面深化阶段。

第三，就历史阶段学科差异而言，在高中阶段，理科课程历史阶段发展特征比较趋同。其中，化学课程在探索阶段、起步阶段、发展阶段频次皆最低，在深化阶段、频次最高；数学课程在所涉及的探索阶段、全面深化阶段理科课程中德育内容频次皆为最高，且在全面深化阶段频次明显高于其他理科课程，在深化阶段理科课程中德育内容频次最低。

在历史阶段学科学段差异性方面，全面深化阶段学科差异性明显大于其他历史阶段。学科差异性指数从小到大依次为：探索阶段，起步阶段，深化阶段，发展阶段，全面深化阶段。

第四，就历史阶段学科差异而言，在中学阶段，生物学课程历史阶段发展特征与其他理科课程差异性较大。其中，生物学课程在探索阶段之外的其余历史阶段频次皆最高，且明显高于其他理科课程，在探索阶段频次最低；数学课程在探索阶段理科课程中德育内容频次最高且明显高于其他理科课程，在起步阶段、初步发展阶段理科课程中德育内容频次最低且明显低于其他理科课程。

在历史阶段学科学段差异性方面，前五个涉及的历史阶段频次比较接近。学科差异性指数从小到大依次为：探索阶段，发展阶段，起步阶段，深化阶段，初步发展阶段。

第二节 编码总体情况

一 理科课程编码总体情况概述

根据第二章至第七章中理科课程德育内容编码相关数据,绘制中小学理科课程德育内容编码总体频次图,如图8-14所示;由各个阶段显性呈现与隐性渗透频次的总和与差额,得到中小学理科课程德育内容编码和差频次图,如图8-15所示;最后分别绘制中小学理科课程德育内容显性呈现、隐性渗透学段频次图,如图8-16、图8-17所示。

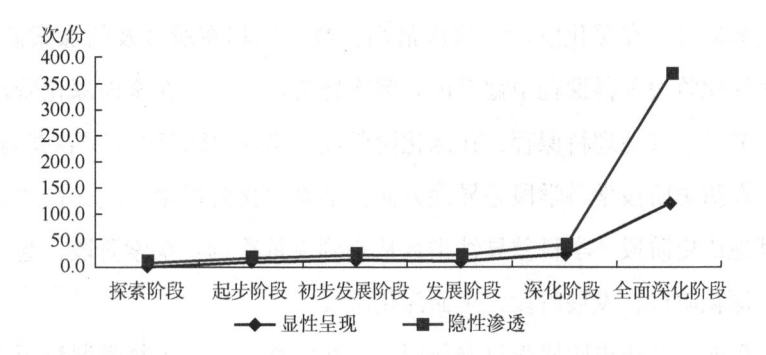

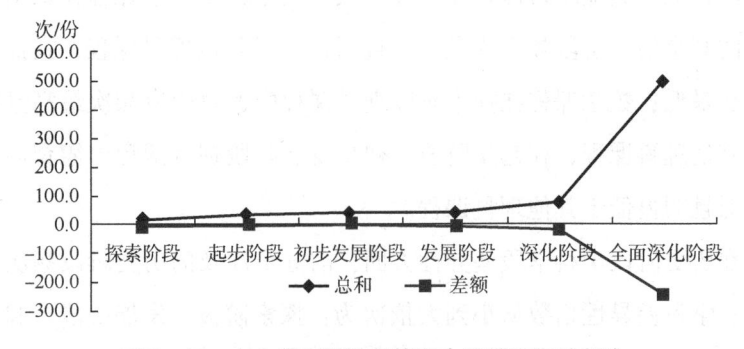

图8-14 中小学理科课程德育内容编码总体频次

图8-15 中小学理科课程德育内容编码和差频次

第八章 中国中小学理科课程德育内容百年嬗变的总体分析

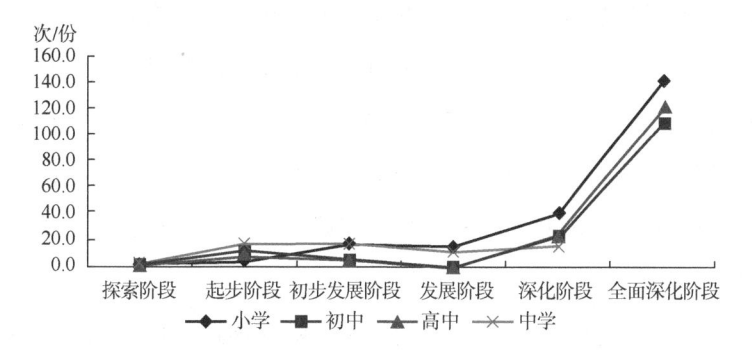

图 8-16 理科课程德育内容显性呈现学段频次

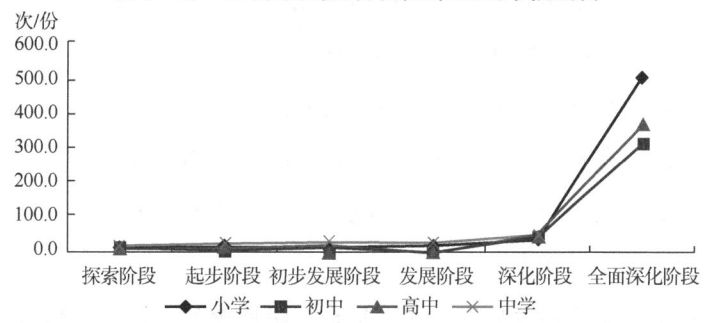

图 8-17 理科课程德育内容隐性渗透学段频次

由此可见：

第一，中小学理科课程德育内容编码总体频次在各历史阶段变化特征：在显性呈现方面，理科课程编码频次在各历史阶段变化呈现"N"形特征，在探索阶段频次最低，且明显低于其他历史阶段；在发展阶段略有下降；在全面深化阶段频次最高，且明显高于其他历史阶段。在隐性渗透方面，理科课程频次在各历史阶段呈现逐渐升高的特征，在全面深化阶段明显高于其他历史阶段。

第二，中小学理科课程德育内容编码总和频次在各历史阶段变化特征：理科课程编码频次在各历史阶段的变化呈现"N"形特征，在探索阶段频次最低，且明显低于其他历史阶段；在发展阶段略有下降；在全面深化阶段频次最高，且明显高于其他历史阶段。中小学理科课程德育内容编码差额频次在各历史阶段变化特征：在各个历史阶段，显性呈现频次皆低于隐性渗透频次，且在全面深化阶段差额明显大于其他历史阶段差额；前三个历史阶段差额比较接近且较小，皆在 0— -10 的范围内；发展阶段、深化阶段差异比较接近，皆在 -10— -20 的范围内。

第三，各个学段理科课程德育内容编码总体频次在各历史阶段有以下变化特征。

小学理科课程德育内容在显性呈现、隐性渗透方面，总体频次在各历史阶段的变化皆呈现"N"形特征，前者在发展阶段频次有所下降；后者在初步发展阶段频次有所下降，在全面深化阶段陡升。除了初步发展阶段，显性呈现频次皆低于隐性渗透频次。

初中理科课程德育内容在显性呈现、隐性渗透方面，总体频次在各历史阶段的变化是与小学学段一致的。除了初步发展阶段，显性呈现频次皆低于隐性渗透频次。

高中理科课程德育内容在显性呈现、隐性渗透方面，总体频次在各历史阶段的变化皆呈现"N"形特征，两者在发展阶段频次最低，在全面深化阶段频次陡升。除了初步发展阶段，显性呈现频次皆低于隐性渗透频次。

中学理科课程德育内容在显性呈现、隐性渗透方面，总体频次在各历史阶段的变化皆呈现"N"形特征，两者在发展阶段频次最低。显性呈现频次在涉及历史阶段皆低于隐性渗透频次。

此外，在显性呈现方面，小学—初中学段，除了起步阶段，其余涉及历史阶段小学频次皆高于初中频次；初中—高中学段，除了探索阶段，其余涉及历史阶段初中频次皆低于高中频次；小学—中学学段，除了起步阶段、初步发展阶段，其余涉及历史阶段小学频次皆高于中学频次。在隐性渗透方面，小学—初中学段，除了深化阶段，其余涉及历史阶段小学频次皆高于初中频次；初中—高中学段，除了起步阶段、初步

第八章　中国中小学理科课程德育内容百年嬗变的总体分析

发展阶段，其余涉及历史阶段初中频次皆低于高中频次；小学—中学学段，涉及历史阶段小学频次皆低于中学频次。

二　数学课程编码总体情况

根据第二章至第七章中数学课程德育内容编码相关数据，绘制中小学数学课程德育内容编码频次图，如图8-18所示。

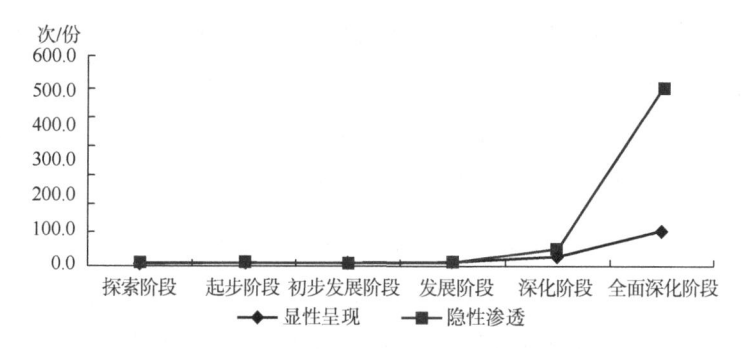

图8-18　中小学数学课程德育内容编码频次

可以看出：

第一，就显性呈现方面而言，中小学数学课程德育内容编码频次呈现"N"形变化特征，在探索阶段频次最低，在发展阶段频次有所下降，在全面深化阶段陡升。

第二，就隐性渗透方面而言，中小学数学课程德育内容编码频次呈现"V"形变化特征，在初步发展阶段频次最低，在全面深化阶段陡升。

另外，就显性呈现、隐性渗透总体性而言，前三个历史阶段编码总和比较接近且较低，皆低于20.0次/份；发展阶段略高；深化阶段明显高于前四个历史阶段；全面深化阶段则明显高于其他历史阶段。就显性呈现、隐性渗透差异性而言，仅在初步发展阶段显性呈现频次略高于隐性渗透频次，其他历史阶段则正好相反；在全面深化阶段差异性显著大

· 327 ·

于其他历史阶段。两者差额从小到大依次为：初步发展阶段，起步阶段，发展阶段，探索阶段，深化阶段，全面深化阶段。

此外，根据小学、初中、高中、中学学段数学课程德育内容编码频次情况，可以发现：

第一，就小学阶段①而言，在显性呈现方面，数学课程德育内容频次呈现"N"形变化特征，在探索阶段频次最低，在发展阶段频次有所下降，在全面深化阶段陡升；在隐性渗透方面，数学课程呈现"V"形变化特征，在初步发展阶段频次最低，在全面深化阶段陡升。

第二，就初中阶段而言，数学课程文本仅涉及探索、深化、全面深化三个历史阶段。在显性呈现方面，数学课程德育内容频次在涉及历史阶段逐阶段上升；在隐性渗透方面，在涉及历史阶段逐阶段上升。

第三，就高中阶段而言，数学课程文本仅涉及探索、初步发展、深化、全面深化四个历史阶段。在显性呈现方面，数学课程德育内容频次在涉及历史阶段逐阶段上升，在全面深化阶段陡升；在隐性渗透方面，自初步发展阶段开始，逐阶段上升，在全面深化阶段陡升。

第四，就中学阶段而言，数学课程文本仅涉及前五个历史阶段。在显性呈现方面，数学课程德育内容频次自探索阶段开始逐阶段上升，在发展阶段有所下降，随后继续逐阶段上升，在深化阶段明显高于其他历史阶段。在隐性渗透方面，自探索阶段开始逐阶段下降，在发展阶段有所上升，随后继续逐阶段上升。

三 物理课程编码总体情况

根据第二章至第七章中物理课程德育内容编码相关数据，绘制物理课程德育内容编码频次图，如图8-19所示。

---

① 在全面深化阶段，数学课程标准文本划分为义务教育和普通高中两个阶段，为了增强与其他历史阶段的可比性，将义务教育阶段数据作为此阶段小学和初中的共同数据。下同。

第八章　中国中小学理科课程德育内容百年嬗变的总体分析

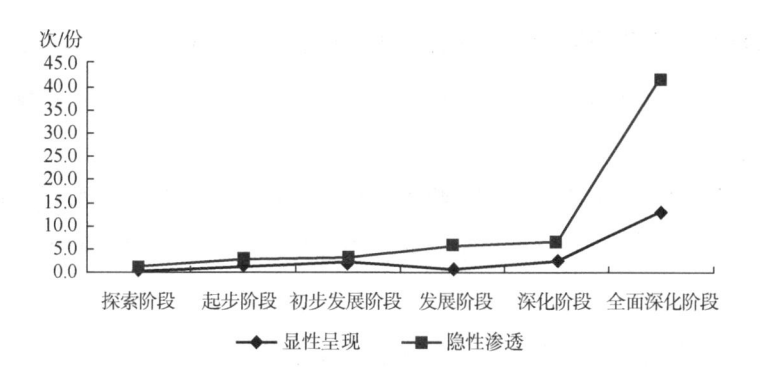

图 8-19　物理课程德育内容编码频次

可以看出：

第一，就显性呈现方面而言，物理课程德育内容编码频次呈现"N"形变化特征，在探索阶段频次最低，在发展阶段频次有所下降，在全面深化阶段陡升。

第二，就隐性渗透方面而言，物理课程德育内容编码频次呈现随历史阶段逐渐上升的变化特征，在探索阶段频次明显低于其他历史阶段，而在全面深化阶段频次则明显高于其他历史阶段。

另外，就显性呈现、隐性渗透总体性而言，物理课程编码总和自探索阶段开始逐阶段上升，在全面深化阶段陡升。就显性呈现、隐性渗透差异性而言，各个历史阶段显性呈现频次皆低于隐性渗透频次；在全面深化阶段差异性显著大于其他历史阶段。两者差额从小到大依次为：初步发展阶段，探索阶段，起步阶段，深化阶段，发展阶段，全面深化阶段。

此外，根据初中、高中、中学学段物理课程德育内部编码频次情况，可以发现：

第一，就初中阶段①而言，物理课程文本仅涉及探索、起步、深化、

---

① 在全面深化阶段，物理课程标准文本划分为义务教育和普通高中两个阶段，为了增强与其他历史阶段的可比性，将义务教育阶段数据作为此阶段初中课程数据。下同。

全面深化四个历史阶段。在显性呈现方面，物理课程德育内容频次在涉及历史阶段逐阶段上升；在隐性渗透方面，亦在涉及历史阶段逐阶段上升。

第二，就高中阶段而言，物理课程文本涉及初步发展阶段之外的其他五个历史阶段。在显性呈现方面，物理课程德育内容频次自探索阶段起逐阶段上升，在发展阶段有所下降，之后逐阶段上升，在全面深化阶段陡升；在隐性渗透方面，自探索阶段起逐阶段上升，在全面深化阶段陡升。

第三，就中学阶段而言，物理课程文本涉及前五个历史阶段。在显性呈现方面，物理课程德育内容频次自探索阶段开始逐阶段上升，在发展阶段有所下降，继续逐阶段上升。在隐性渗透方面，自探索阶段开始逐阶段上升，在初步发展阶段有所下降，随后继续逐阶段上升，在深化阶段陡升。

四 化学课程编码总体情况

根据第二章至第七章中化学课程德育内容编码相关数据，绘制化学课程德育内容编码频次图，如图8-20所示。

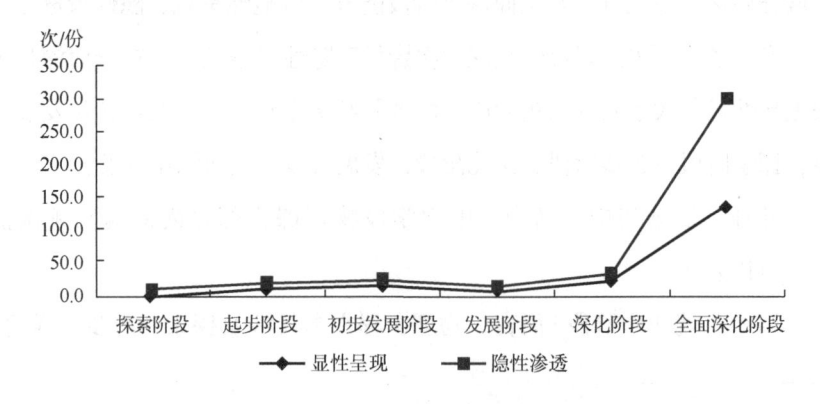

图8-20 化学课程德育内容编码频次

第八章 中国中小学理科课程德育内容百年嬗变的总体分析

可以看出：

第一，就显性呈现方面而言，化学课程德育内容编码频次呈现"N"形变化特征，在探索阶段频次最低，在发展阶段频次有所下降，在全面深化阶段陡升。

第二，就隐性渗透方面而言，化学课程德育内容编码频次变化特征与显性呈现方面一致。

另外，就显性呈现、隐性渗透总体性而言，化学课程编码总和在探索阶段明显低于其他历史阶段，在发展阶段有所下降，在全面深化阶段则明显高于其他历史阶段。就显性呈现、隐性渗透差异性而言，化学课程编码差额在各个历史阶段显性呈现频次皆低于隐性渗透频次；前五个历史阶段差异性比较接近；在全面深化阶段差异性显著大于其他历史阶段。两者差额从小到大依次为：起步阶段，发展阶段，深化阶段，探索阶段，初步发展阶段，全面深化阶段。

此外，根据初中、高中、中学学段化学课程德育内容编码频次情况，可以发现：

第一，就初中阶段而言，化学课程文本涉及探索、起步、深化、全面深化四个历史阶段。在显性呈现方面，德育内容频次在涉及历史阶段逐阶段上升；在隐性渗透方面，亦在涉及历史阶段逐阶段上升。

第二，就高中阶段而言，化学课程文本涉及初步发展阶段之外的其他五个历史阶段。在显性呈现方面，德育内容频次自探索阶段起逐阶段上升，在发展阶段有所下降，之后逐阶段上升，在全面深化阶段陡升；在隐性渗透方面，自探索阶段起逐阶段上升，在发展阶段有所下降，之后逐阶段上升，在全面深化阶段陡升。

第三，就中学阶段而言，化学课程文本在前五个历史阶段皆有所涉及。在显性呈现方面，德育内容频次自探索阶段开始逐阶段上升，自起步阶段开始逐阶段下降。在隐性渗透方面，自探索阶段开始逐阶段下降,在初步发展阶段有所上升,随后继续逐阶段下降。两个方面的历史阶段发展特征差异性较大。

五 生物学课程编码总体情况

根据第二章至第七章中生物学课程德育内容编码相关数据,绘制生物学课程德育内容编码频次图,如图8-21所示。

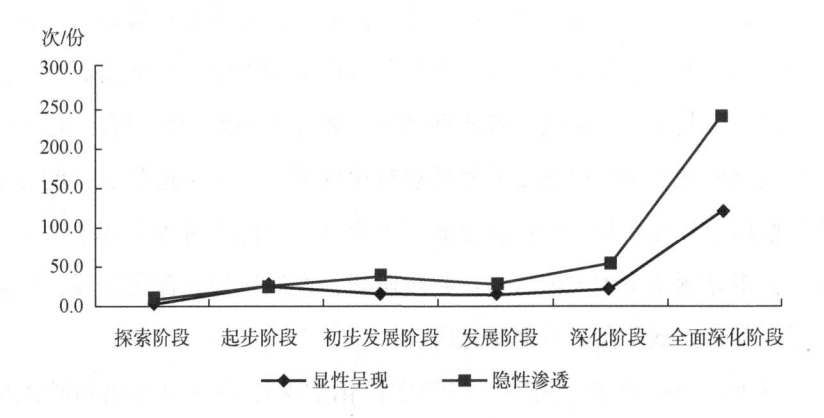

图8-21 生物学课程德育内容编码频次

可以看出:

第一,就显性呈现方面而言,生物学课程德育内容编码频次呈现"N"形变化特征,在探索阶段频次最低,在初步发展阶段、发展阶段有所下降,在全面深化阶段陡升。

第二,就隐性渗透方面而言,生物学课程德育内容编码频次呈现"N"形变化特征,在探索阶段频次最低,在发展阶段有所下降,在全面深化阶段陡升。

另外,就显性呈现、隐性渗透总体性而言,生物学课程频次总和在探索阶段明显低于其他历史阶段,而在全面深化阶段则明显高于其他历史阶段。就显性呈现、隐性渗透差异性而言,生物学课程频次差额除了起步阶段，其余五个历史阶段显性呈现频次皆低于隐性渗透频次；在起步阶段差异性明显小于其他历史阶段；在全面深化阶段差异性显著大于其他历史阶段。两者差额从小到大依次为：起步阶段，探索阶段，发展阶段，初步发展阶段，深化阶段，全面深化阶段。

此外，根据初中、高中、中学学段生物学课程德育内部编码频次情况，可以发现：

第一，就初中阶段而言，生物学课程文本涉及发展阶段之外的其他五个历史阶段。在显性呈现方面，德育内容频次自探索阶段开始逐阶段升高，在初步发展阶段有所下降，之后继续逐阶段上升，在全面深化阶段频次陡升；在隐性渗透方面，德育内容频次与显性呈现变化特征相同。

第二，就高中阶段而言，生物学课程文本涉及初步发展阶段之外的其他五个历史阶段。在显性呈现方面，德育内容频次自探索阶段起逐阶段上升，在发展阶段有所下降，之后逐阶段上升，在全面深化阶段陡升；在隐性渗透方面，德育内容频次与显性呈现变化特征相同。

第三，就中学阶段而言，生物学课程文本涉及全面深化阶段之外的其他五个历史阶段。在显性呈现方面，德育内容频次自探索阶段开始逐阶段上升，自起步阶段开始逐阶段下降。在隐性渗透方面，自探索阶段开始逐阶段上升，在初步发展阶段有所下降，在发展阶段有所上升。两个方面的历史阶段发展特征差异性较大。

六 自然（科学）课程编码总体情况

根据第二章至第七章中自然课程德育内容编码相关数据，绘制自然课程德育内容编码频次图，如图 8-22 所示。

中国中小学理科课程德育内容的百年嬗变

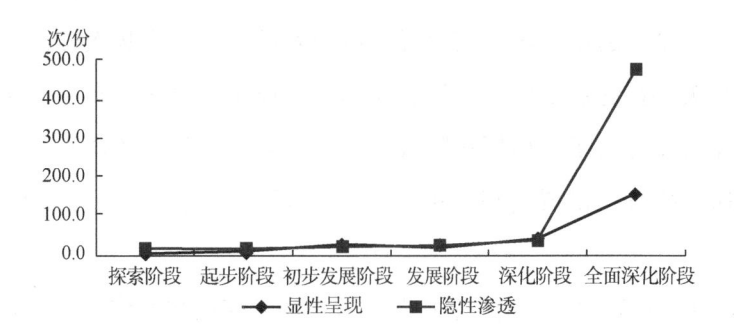

图 8-22　自然（科学）课程德育内容编码频次

可以看出：

第一，就显性呈现方面而言，自然课程德育内容编码频次[①]呈现随历史阶段逐渐上升的变化特征，在探索阶段、起步阶段频次比较接近且较低，在全面深化阶段陡升。

第二，就隐性渗透方面而言，自然课程德育内容编码频次呈现"N"形变化特征，在探索阶段频次最低，在初步发展阶段有所下降，在全面深化阶段陡升。

另外，就显性呈现、隐性渗透总体性而言，自然课程频次总和在探索阶段频次明显低于其他历史阶段，而在全面深化阶段频次明显高于其他历史阶段。就显性呈现、隐性渗透差异性而言，自然课程频次差额仅在初步发展阶段、深化阶段显性呈现频次高于隐性渗透频次，其他历史阶段则正好相反；前五个历史阶段差异性比较接近；在全面深化阶段差异性显著大于其他历史阶段。两者差额从小到大依次为：发展阶段，初步发展阶段，深化阶段，探索阶段，起步阶段，全面深化阶段。

七　理科课程编码总体情况的比较分析

综合理科课程编码总体情况，分别得到理科课程德育内容编码频次

[①] 在全面深化阶段科学课程文本中，将《义务教育科学课程标准（2022年版）》数据作为该阶段小学自然课程数据。下同。

第八章　中国中小学理科课程德育内容百年嬗变的总体分析

图（显性呈现）、德育内容编码频次图（隐性渗透）以及理科课程德育内容编码总和图、德育内容编码差额图，如图 8-23 至图 8-26 所示。

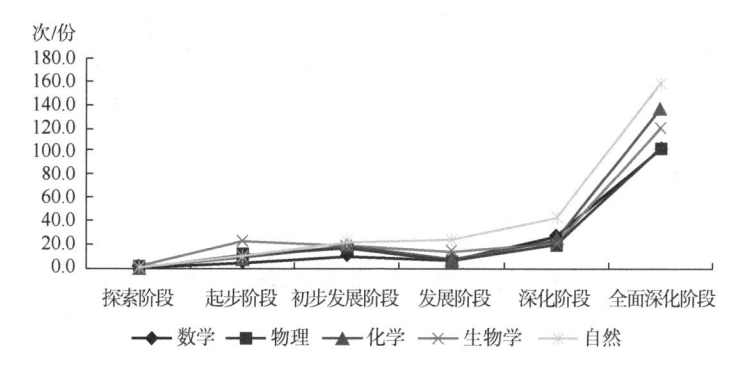

图 8-23　中小学理科课程德育内容编码频次（显性呈现）

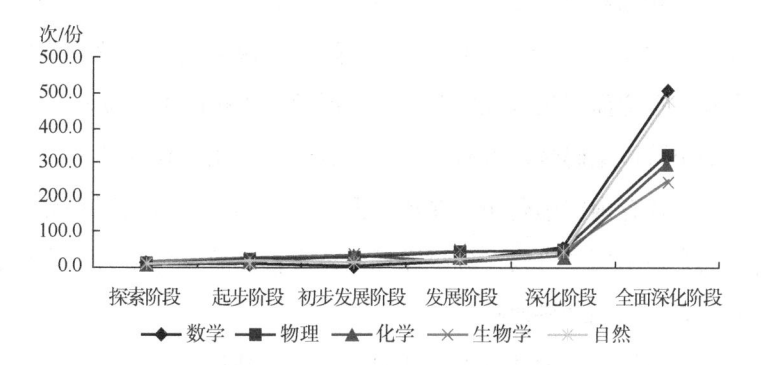

图 8-24　中小学理科课程德育内容编码频次（隐性渗透）

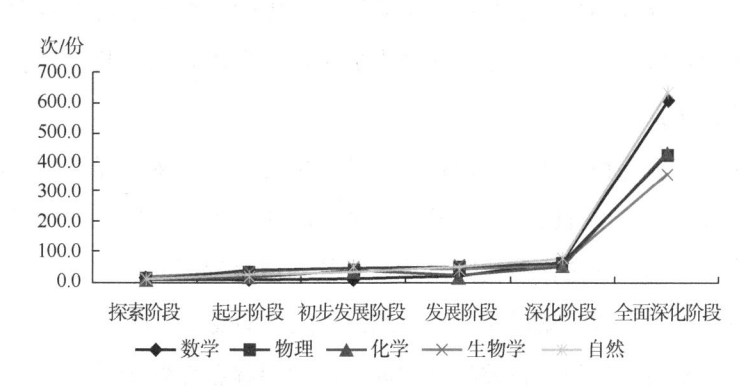

图 8-25　理科课程德育内容编码总和

```
          次/份
           50.0
            0.0
          -50.0
         -100.0    探索阶段  起步阶段  初步发展阶段  发展阶段  深化阶段  全面深化阶段
         -150.0
         -200.0
         -250.0
         -300.0
         -350.0
         -400.0
         -450.0
              ◆ 数学  ■ 物理  ▲ 化学  ✳ 生物学  ＊ 自然
```

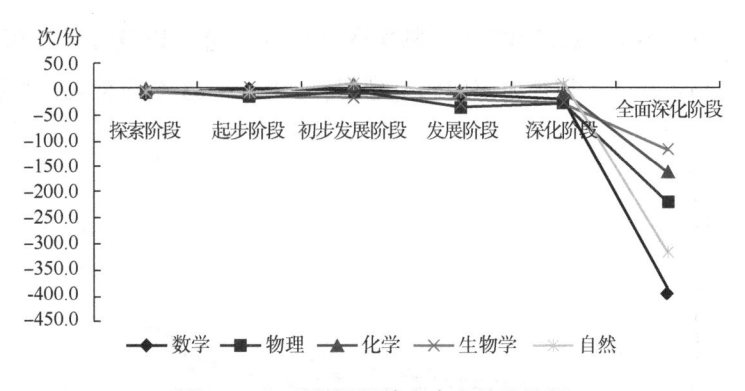

图 8-26　理科课程德育内容编码差额

不难看出：

第一，就显性呈现方面而言，数学、物理、化学、生物学课程编码频次皆呈现"N"形变化特征，在探索阶段频次最低，在发展阶段频次有所下降，在全面深化阶段陡升；自然课程编码频次逐阶段上升。

在历史阶段编码学科差异性方面，数学课程除了深化阶段，其余各个历史阶段德育内容编码频次在理科课程中皆最低；自然课程除了起步阶段，其余各个历史阶段在理科课程中皆最高，且在深阶段、全面深化阶段明显高于其他理科课程。

另外，在探索阶段学科差异性明显小于其他历史阶段，在全面深化阶段学科差异性明显大于其他历史阶段。历史阶段编码学科差异性指数从小到大依次为：探索阶段，初步发展阶段，发展阶段，起步阶段，深化阶段，全面深化阶段。

第二，就隐性渗透方面而言，化学、生物学、自然课程编码频次皆呈现"N"形变化特征，在探索阶段频次最低，在发展阶段或初步发展阶段有所下降，在全面深化阶段陡升；数学课程编码频次呈现"V"形变化特征；物理课程编码频次呈现逐阶段上升的变化特征。

在历史阶段编码学科差异性方面，数学课程在探索阶段、全面深化阶段德育内容编码频次在理科课程中最高，且在全面深化阶段明显高于

第八章 中国中小学理科课程德育内容百年嬗变的总体分析

其他理科课程,在起步阶段、初步发展阶段、发展阶段理科课程中最低;生物学课程在初步发展阶段、深化阶段德育内容编码频次在理科课程中最高,在探索阶段、全面深化阶段理科课程中最低,且在全面深化阶段明显低于其他理科课程。

另外,在探索阶段学科差异性明显低于其他历史阶段,在全面深化阶段学科差异性明显高于其他历史阶段。历史阶段编码学科差异性指数从小到大依次为:探索阶段,起步阶段,深化阶段,发展阶段,初步发展阶段,全面深化阶段。

第三,就理科课程德育内容编码总和而言,化学、生物学课程频次呈现"N"形变化特征,在发展阶段有所下降;物理、自然课程频次逐阶段上升;数学课程则呈现"V"形变化特征。

在历史阶段编码总和学科差异性方面,自然课程德育内容频次在探索阶段、发展阶段、深化阶段、全面深化阶段理科课程中皆最高,且在全面深化阶段明显高于其他理科课程。

另外,在探索阶段编码总和学科差异性明显低于其他历史阶段,在全面深化阶段编码总和明显高于其他历史阶段。历史阶段总和学科差异性指数从小到大依次为:探索阶段,深化阶段,起步阶段,发展阶段,初步发展阶段,全面深化阶段。

第四,就理科课程德育内容编码差额而言,仅数学、自然课程在初步发展阶段,生物学课程在起步阶段显性呈现频次皆略高于隐性渗透频次。

在历史阶段差额学科差异性方面,生物学课程在初步发展阶段、深化阶段频次差额皆为理科课程中最大,而在探索阶段、起步阶段、全面深化阶段频次差额皆为理科课程中最小。

另外,在探索阶段差额学科差异性显著低于其他历史阶段,在全面深化阶段显著高于其他历史阶段。历史阶段差额学科差异性指数从小到大依次为:探索阶段,起步阶段,初步发展阶段,深化阶段,发展阶段，全面深化阶段。

综合各个历史阶段理科课程德育内容编码学段情况，得到理科课程德育内容学段编码频次图，如图8-27至图8-34所示。

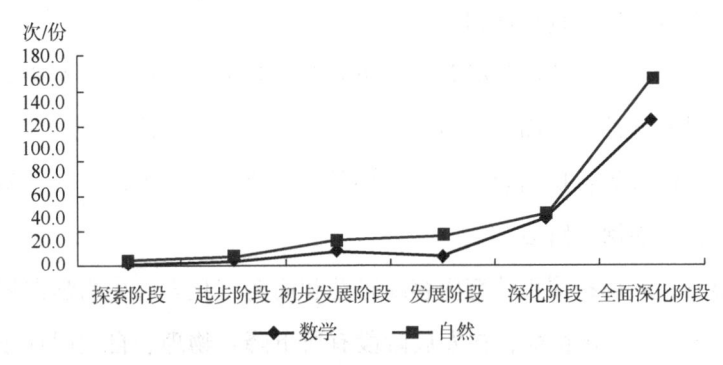

图8-27 理科课程显性呈现学段频次（小学）

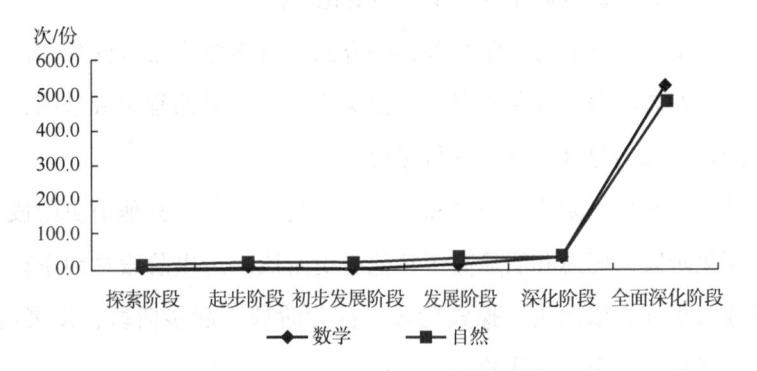

图8-28 理科课程隐性渗透学段频次（小学）

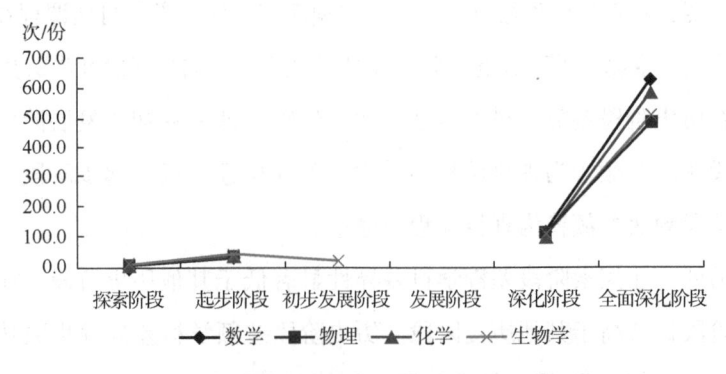

图8-29 理科课程显性呈现学段频次（初中）

第八章 中国中小学理科课程德育内容百年嬗变的总体分析

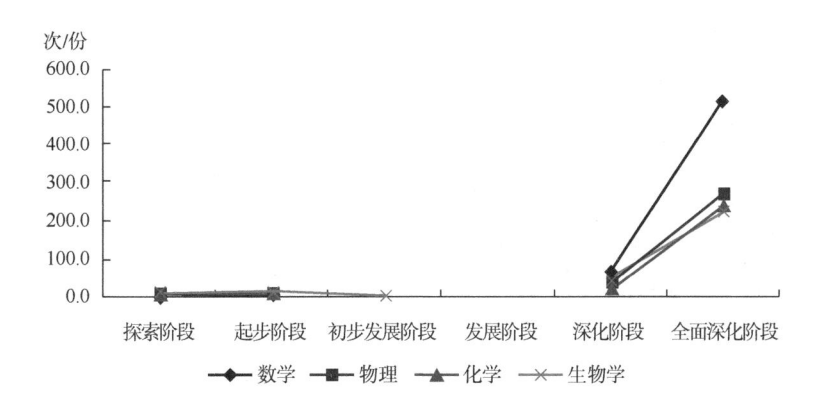

图8-30 理科课程隐性渗透学段频次（初中）

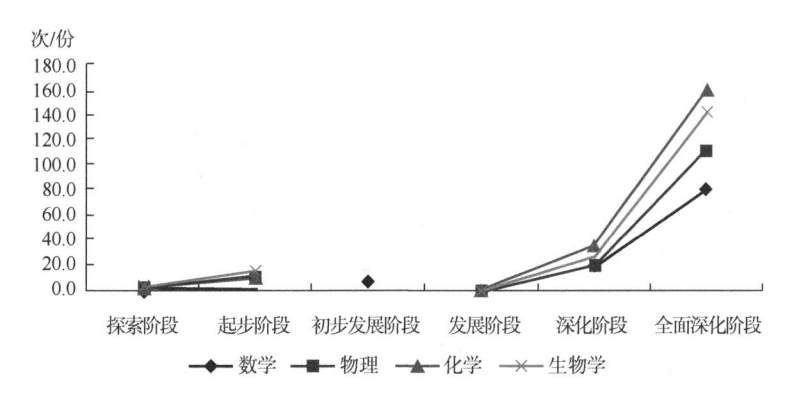

图8-31 理科课程显性呈现学段频次（高中）

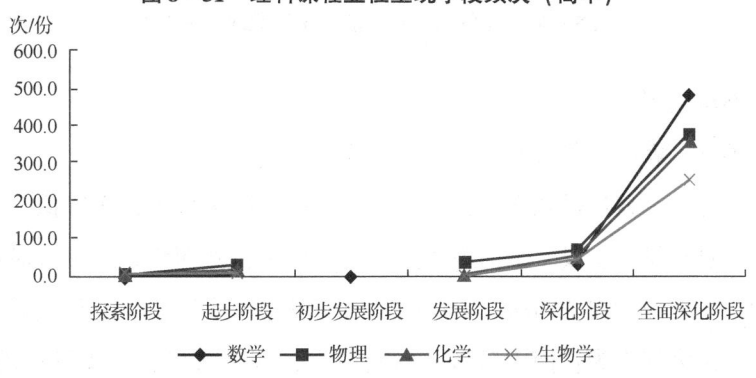

图8-32 理科课程隐性渗透学段频次（高中）

中国中小学理科课程德育内容的百年嬗变

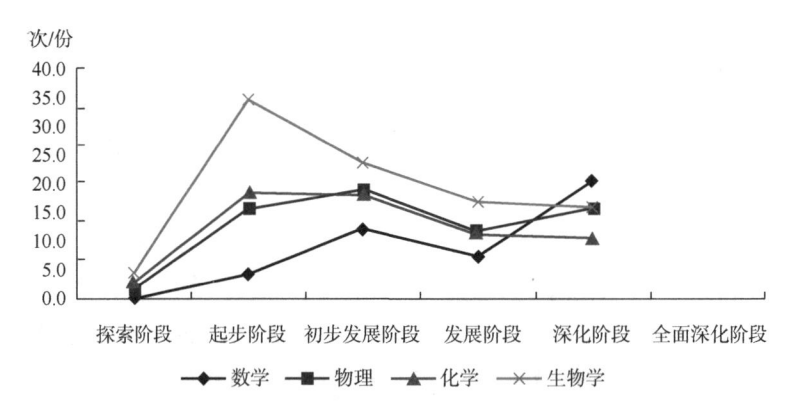

图 8-33　理科课程显性呈现学段频次（中学）

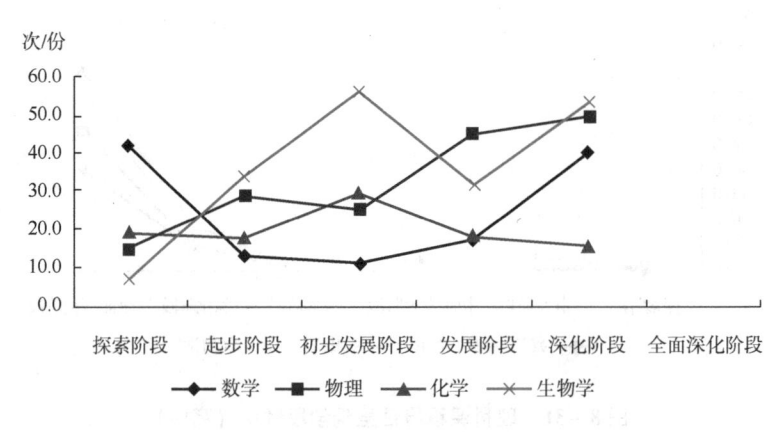

图 8-34　理科课程隐性渗透学段频次（中学）

不难发现：

第一，就小学阶段而言，有以下特征。

首先，在显性呈现方面，数学课程在各个历史阶段频次皆低于自然课程，且在发展阶段、全面深化阶段明显低于自然课程。历史阶段显性呈现学科差异性在全面深化阶段明显大于其他历史阶段。学科差异性指数从小到大依次为：探索阶段，深化阶段，起步阶段，初步发展阶段，发展阶段，全面深化阶段。

· 340 ·

第八章 中国中小学理科课程德育内容百年嬗变的总体分析

其次，在隐性渗透方面，数学课程在前四个历史阶段频次皆低于自然课程，在后两个历史阶段则相反，在起步阶段、初步发展阶段、发展阶段明显低于自然课程，在全面深化阶段则明显高于自然课程。历史阶段隐性渗透学科差异性在全面深化阶段显著大于其他历史阶段。学科差异性指数从小到大依次为：深化阶段，探索阶段，初步发展阶段，起步阶段，发展阶段，全面深化阶段。

第二，就初中阶段而言，有以下特征。

首先，在显性呈现方面，数学课程在深化阶段、全面深化阶段理科课程中频次最高，且在全面深化阶段明显高于其他理科课程，而在探索阶段频次最低。理科课程在探索阶段、起步阶段、深化阶段学科差异性比较接近，在全面深化阶段显著大于其他历史阶段。学科差异性指数从小到大依次为：起步阶段，探索阶段，深化阶段，全面深化阶段。

其次，在隐性渗透方面，数学课程在所涉及的历史阶段，即探索阶段、深化阶段、全面深化阶段理科课程中频次皆最高，且明显高于其他理科课程。理科课程在探索阶段、起步阶段学科差异性比较接近，在全面深化阶段学科差异性明显大于其他历史阶段。学科差异性指数从小到大依次为：起步阶段，探索阶段，深化阶段，全面深化阶段。

第三，就高中阶段而言，有以下特征。

首先，在显性呈现方面，数学课程在探索阶段、深化阶段、全面深化阶段理科课程中频次皆最低，且在全面深化阶段显著低于其他理科课程；化学课程在深化阶段、全面深化阶段理科课程中频次最高；生物学课程在探索阶段、起步阶段理科课程中频次最高。理科课程在探索阶段、起步阶段、发展阶段学科差异性比较接近，在全面深化阶段显著大于其他历史阶段。学科差异性指数从小到大依次为：发展阶段，探索阶段，起步阶段，深化阶段，全面深化阶段。

其次，在隐性渗透方面，物理课程在起步阶段、发展阶段、深化阶段理科课程中频次皆最高，且明显高于其他理科课程，在探索阶段频次最低；数学课程在探索阶段、全面深化阶段理科课程中频次皆最高，且在全面深化阶段频次明显高于其他理科课程，在深化阶段频次最低；生物学课程在探索阶段、起步阶段、全面深化阶段理科课程中频次皆最低，且在全面深化阶段频次明显低于其他理科课程。理科课程在起步阶段、发展阶段、深化阶段学科差异性比较接近，在全面深化阶段学科差异性显著大于其他历史阶段。学科差异性指数从小到大依次为：探索阶段，起步阶段，深化阶段，发展阶段，全面深化阶段。

第四，就中学阶段而言，有以下特征。

首先，在显性呈现方面，数学课程在前四个历史阶段理科课程中频次皆最低，且在起步阶段、发展阶段明显低于其他理科课程，在深化阶段频次最高。生物学课程在前四个历史阶段理科课程中频次皆最高，且在起步阶段、初步发展阶段明显高于其他理科课程。理科课程在初步发展阶段、发展阶段、深化阶段学科差异性比较接近，在起步阶段学科差异性略大于其他历史阶段。学科差异性指数从小到大依次为：探索阶段，发展阶段，深化阶段，起步阶段。

其次，在隐性渗透方面，数学课程在探索阶段理科课程中频次最高，且明显高于其他理科课程，在起步阶段、初步发展阶段、发展阶段理科课程中频次最低，且在初步发展阶段理科课程中频次明显低于其他理科课程；生物学课程在起步阶段、初步发展阶段、深化阶段理科课程中频次最高，且在初步发展阶段频次明显高于其他理科课程，在探索阶段频次明显低于其他理科课程。理科课程在所涉及历史阶段学科差异性比较接近。学科差异性指数从小到大依次为：起步阶段，发展阶段，探索阶段，深化阶段，初步发展阶段。

第三节 显性呈现方面总体情况

由于理科课程德育内容的显性呈现方面具有时代性特征，在六个不同历史阶段具体内容不尽相同，但是亦有一定的共性，为了确保研究的可比性，本书特做出以下基本划定，以便进一步了解德育内容历史阶段的发展情况。

第一，关于思想政治教育维度的比较分析。本书中将探索阶段中的国家民族意识纳入此维度；起步阶段中的政治思想教育，初步发展阶段、发展阶段、深化阶段中的思想政治教育纳入此维度；将全面深化阶段中的"理想信念教育""社会主义核心价值观教育"[1]"中华优秀传统文化教育"[2] 纳入此维度。

第二，关于社会公德教育维度的比较分析。本书中将探索阶段、起步阶段中的"国民公德教育"纳入此维度；将初步发展阶段、发展阶段、深化阶段中的"社会公德教育"纳入此维度；将全面深化阶段中的"社会主义核心价值观教育""中华优秀传统文化教育"纳入此维度。

第三，关于个人品德教育维度的比较分析。本书中将探索阶段中的"个人修养教育"纳入此维度；将起步阶段、初步发展阶段、发展阶段、深化阶段中的"个人品德教育"纳入此维度；将全面深化阶段中的"社会主义核心价值观教育""中华优秀传统文化教育"纳入此维度。

---

[1] 因为"社会主义核心价值观教育"内容横跨思想政治、社会公德、个人品德三个维度，所以将此维度1/3频次记入"思想政治教育"范畴，1/3频次记入"社会公德教育"范畴，1/3频次记入"个人品德教育"范畴。

[2] 因为"中华优秀传统文化教育"内容横跨思想政治、社会公德、个人品德三个维度，所以将此维度1/3频次记入"思想政治教育"范畴，1/3频次记入"社会公德教育"范畴，1/3频次记入"个人品德教育"范畴。

第四,关于其他维度的比较分析。本书中将初步发展阶段中的"劳动教育",发展阶段中的"法制教育",深化阶段中的"纪律法制教育""心理健康教育",以及全面深化阶段中的"生态文明教育""心理健康教育"纳入此维度。

第五,其中探索阶段(1919—1948)主要涉及民国时期理科课程标准。对于民国时期课程标准中关于国民道德基础、知理知义、爱国爱群、民族意识、民权思想等内容,第二章当中运用历史唯物主义的方法,正确辨析,合理评价。此阶段理科课程中的德育内容,与新中国成立之后课程标准中的德育内容是有本质区别的。本章对于该阶段内容主要涉及显性呈现编码频次方面,不过多与新中国成立之后历史阶段进行内容比较。

一 理科课程显性呈现情况概述

(一) 基于基本情况分析

综合中小学理科课程在各个历史阶段显性呈现各个维度的基本情况,分别得到中小学数学课程显性呈现主要维度频次图、中小学理科课程显性呈现其他维度频次图,如图8-35、图8-36所示。

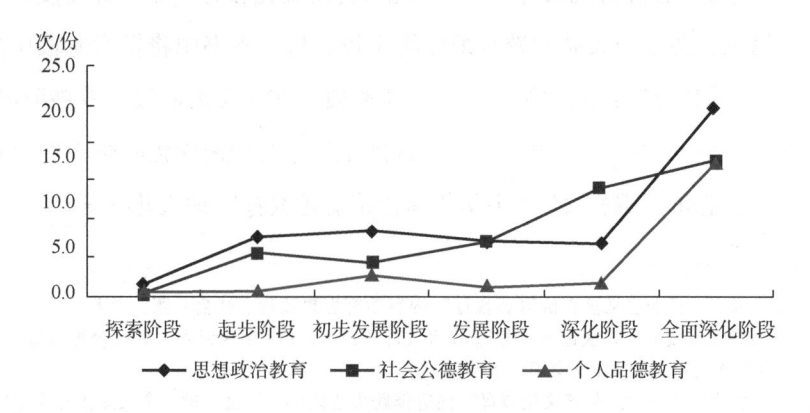

图8-35 中小学理科课程显性呈现主要维度频次

第八章　中国中小学理科课程德育内容百年嬗变的总体分析

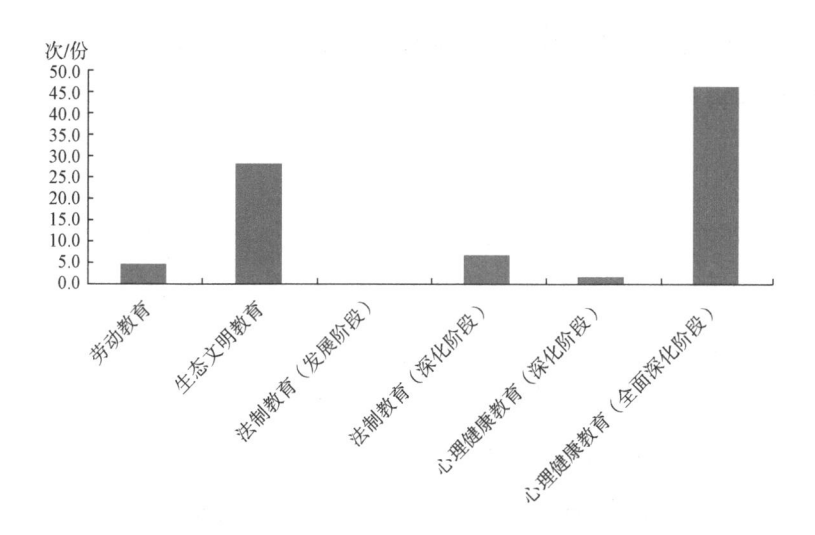

图 8-36　中小学理科课程显性呈现其他维度频次

由此可见：

第一，中小学理科课程德育内容显性呈现主要维度频次在各历史阶段的变化特征：在"思想政治教育""社会公德教育""个人品德教育"维度变化皆呈现"N"形特征。其中，"思想政治教育""个人品德教育"维度在发展阶段有所下降，在全面深化阶段陡升；"社会公德教育"在初步发展阶段有所下降。"思想政治教育"维度在深化阶段之外的其他历史阶段主要维度中频次皆最高；"个人品德教育"维度在探索阶段之外的其他历史阶段主要维度中频次皆最低。

主要维度频次之和呈现"N"形变化特征，在探索阶段频次明显低于其他历史阶段，在发展阶段频次略有下降，在全面深化阶段频次明显高于其他历史阶段。

第二，中小学理科课程德育内容显性呈现其他维度频次在各历史阶段变化特征："法制教育"维度在深化阶段频次略高于发展阶段；"心理健康教育"维度在全面深化阶段频次明显高于深化阶段；在全面深化阶段"生态文明教育"维度频次仅次于"心理健康教育"维度。

中国中小学理科课程德育内容的百年嬗变

分别绘制各个学段理科课程显性呈现主要维度频次图，如图 8-37 至图 8-40 所示。

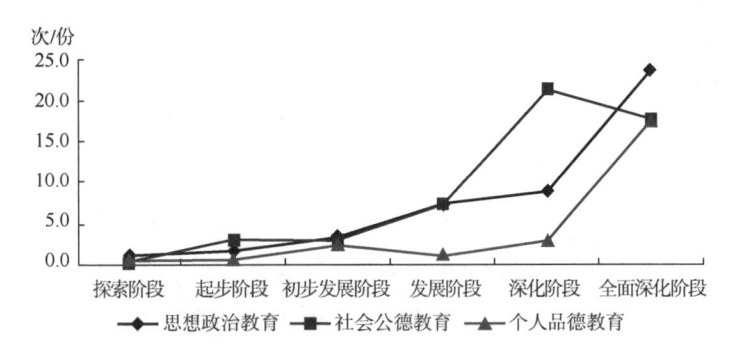

图 8-37 小学理科课程显性呈现主要维度频次

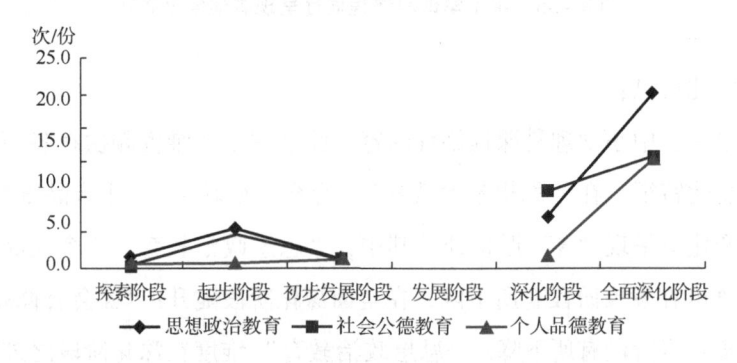

图 8-38 初中理科课程显性呈现主要维度频次

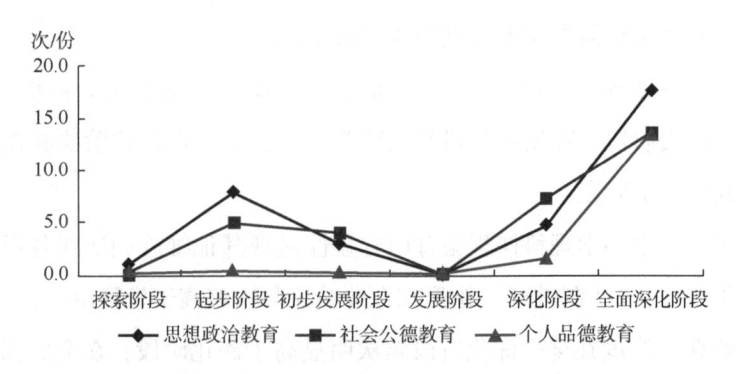

图 8-39 高中理科课程显性呈现主要维度频次

第八章 中国中小学理科课程德育内容百年嬗变的总体分析

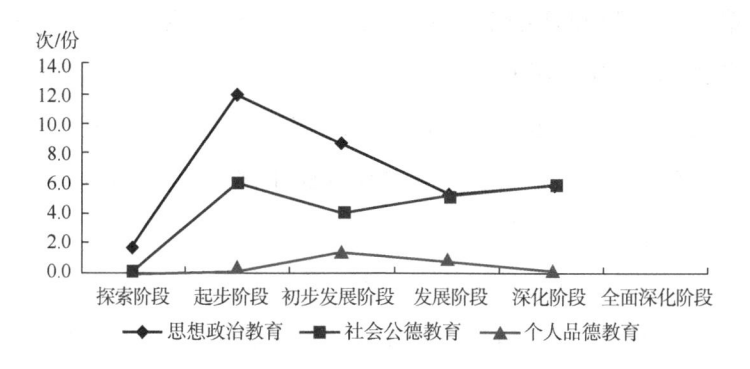

图 8-40 中学理科课程显性呈现主要维度频次

可以看出，中小学理科课程德育内容显性呈现主要维度学段频次在各历史阶段有以下变化特征。

第一，在小学理科课程方面，"思想政治教育"维度变化呈现逐渐升高的特征；"社会公德教育"维度变化情况比较复杂；"个人品德教育"维度变化呈现"N"形特征，在发展阶段有所下降，在全面深化阶段陡升。"个人品德教育"维度在各个历史阶段主要维度中频次皆最低；"思想政治教育"维度除了起步阶段、深化阶段，在其他历史阶段主要维度中频次皆最高。主要维度频次之和逐阶段上升，在前三个历史阶段比较接近且较小，皆在 0—10 的范围内；在全面深化阶段频次明显大于其他历史阶段。

第二，在初中理科课程方面，"思想政治教育""社会公德教育"维度变化呈现"N"形特征，在初步发展阶段频次有所下降；"个人品德教育"维度变化呈现"V"形特征，在初步发展阶段频次最低，在全面深化阶段频次陡升。"思想政治教育"维度在探索阶段、起步阶段、全面深化阶段频次皆最高；"个人品德教育"维度在起步阶段、深化阶段、全面深化阶段频次皆最低。主要维度频次之和在所涉及的五个历史阶段呈现"N"形变化特征，在探索阶段频次最低，在初步发展阶段频次有所下降，在全面深化阶段陡升。

第三，在高中理科课程方面，三个维度变化呈现"N"形特征，在初步发展阶段频次有所下降。"个人品德教育"维度在各个历史阶段频次皆最低。主要维度频次之和在所涉及的六个历史阶段呈现"N"形变化特征，在初步发展阶段、发展阶段连续下降，且在发展阶段频次最低；在全面深化阶段频次陡升。

第四，在中学理科课程方面，"思想政治教育""社会公德教育"维度变化呈现"N"形特征，在初步发展阶段频次有所下降；"个人品德教育"维度变化呈现倒"V"形特征，在初步发展阶段频次最高。"个人品德教育"维度在各个历史阶段频次皆最低；"思想政治教育"维度在深化阶段之外的其他历史阶段频次皆最高。主要维度频次之和在所涉及的五个历史阶段呈现"N"形变化特征，在探索阶段频次最低，在初步发展阶段、发展阶段频次连续下降，在起步阶段频次最高。

除此之外，根据各个学段理科课程显性呈现其他维度频次，可以看出，在各历史阶段的变化具有以下基本特征。

在小学理科课程方面，"法制教育"维度频次在深化阶段高于发展阶段，"心理健康教育"维度频次在全面深化阶段明显高于深化阶段，"生态文明教育"维度频次仅仅低于全面深化阶段"心理健康教育"维度频次。

在初中理科课程方面，"法制教育"维度仅在深化阶段有所分布，"心理健康教育"维度频次在全面深化阶段明显高于深化阶段，"劳动教育"维度仅略高于深化阶段心理健康教育。

在高中理科课程方面，"法制教育"维度频次在深化阶段高于发展阶段，"心理健康"教育维度频次在全面深化阶段明显高于深化阶段，"劳动教育""法制教育"维度没有相关内容频次，"生态文明教育"维度频次仅仅低于全面深化阶段"心理健康教育"维度频次。

第八章　中国中小学理科课程德育内容百年嬗变的总体分析

在中学理科课程方面,"法制教育"维度频次在深化阶段高于发展阶段,"劳动教育"维度在其他维度中频次最高。

(二) 基于 TMME 图分析

综合已有理科课程德育内容显性呈现相关数据,绘制中小学理科课程显性呈现 TMME 图,如图 8-41 所示。

显性呈现	探索阶段	起步阶段	初步发展阶段	发展阶段	深化阶段	全面深化阶段
思想政治教育	○	○	○	○	●	●
社会公德教育	○	○	○	○	◉	●
个人品德教育	○	○	○	○	○	●
劳动教育			○			
法制教育				○	○	
心理健康教育					○	●
生态文明教育						●

图 8-41　中小学理科课程显性呈现 TMME

注:

1. 因为历史阶段 TMME 图总和了课程文本四个部分,各种图释的相应指标对应扩大 4 倍。图释 ○ 表示出现频次小于 4 次/份课程文本;图释 ○ 表示出现频次大于等于 4 次/份,小于 8 次/份;图释 ◉ 表示出现频次大于等于 8 次/份,小于 12 次/份;图释 ● 表示出现频次在 12 次/份及以上。① 下同。

2. 其他维度中的阴影部分代表该维度存在的历史阶段,比如"劳动教育"维度仅在初步发展阶段存在,"法制教育"维度仅在发展阶段和深化阶段存在。下同。

由此可得出以下结论。

中小学理科课程德育内容显性呈现分布情况:主要维度中三个维度分布皆非常广,在六个历史阶段皆有所分布;其他维度中各个维度分布皆非常广,在所涉及历史阶段皆有所分布。

中小学理科课程德育内容显性呈现衔接情况:主要维度中三个维度衔接程度皆非常强,在每两个相邻历史阶段皆有所衔接;其他维度中,"法制教育"在涉及的发展—深化阶段有所衔接,"心理健康教育"在涉

---

① 本书第二章至第七章 TMME 数据是把课程标准文本分为理念目标、课程内容、教学要求以及其他四个部分进行相应图释表示,第八章 TMME 数据是研究课程标准文本整体,为了数据的对应性和可比性,此编中图释对应频次都扩大四倍。下同。

及的深化—全面深化阶段有所衔接。

中小学理科课程德育内容显性呈现受关注程度：主要维度中，"思想政治教育""个人品德教育"维度受关注程度非常低，仅在全面深化阶段比较受关注；社会公德教育受关注程度比较低，仅在深化阶段、全面深化阶段比较受关注。其他维度中，"劳动教育""法制教育"维度受关注程度非常低，没有比较受关注的历史阶段；"心理健康教育"维度受关注程度比较低，仅在全面深化阶段比较受关注；"生态文明教育"受关注程度非常高，在所涉及的历史阶段即全面深化阶段比较受关注。

在总体情况基础上分别绘制各个学段理科课程显性呈现 TMME 图，如图 8-42 至图 8-45 所示。

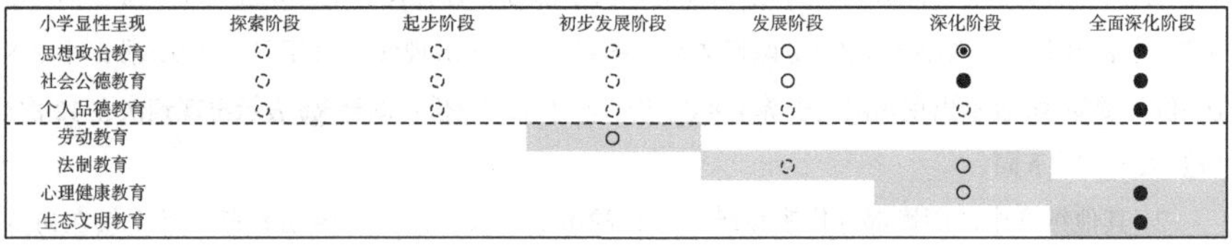

图 8-42 小学理科课程显性呈现 TMME[①]

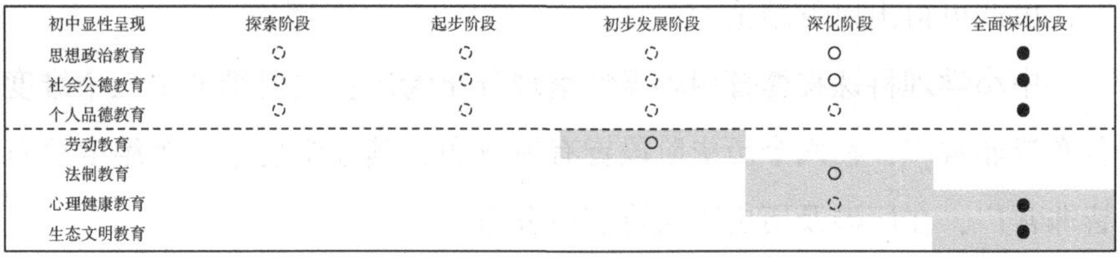

图 8-43 初中理科课程显性呈现 TMME[②]

[①] 全面深化阶段理科课程标准文本分为义务教育阶段、高中阶段，为了确保历史阶段的可比性，将义务教育阶段数值分别视作小学、初中阶段数值，下同。

[②] 学段理科课程显性呈现 TMME 图仅呈现理科课程标准文本所涉及的历史阶段，下同。比如，初中理科课程标准仅涉及探索阶段、起步阶段、初步发展阶段、深化阶段、全面深化阶段，在发展阶段没有初中理科课程标准文本，仅有中学理科课程标准文本。

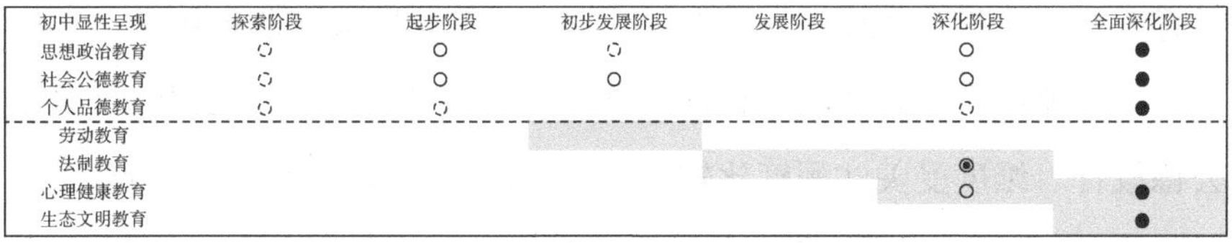

第八章　中国中小学理科课程德育内容百年嬗变的总体分析

图 8-44　高中理科课程显性呈现 TMME

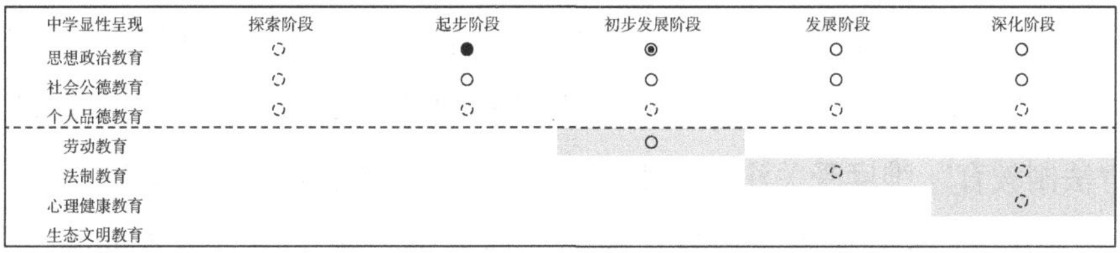

图 8-45　中学理科课程显性呈现 TMME①

由此可得出以下结论。

第一，小学理科课程德育内容显性呈现分布情况：与总体情况相同。小学理科课程德育内容显性呈现衔接情况：与总体情况相同。小学理科课程德育内容显性呈现受关注程度：主要维度中，"思想政治教育""社会公德教育"维度受关注程度比较低，仅在深化阶段、全面深化阶段比较受关注；"个人品德教育"受关注程度非常低，仅在全面深化阶段比较受关注。其他维度的受关注程度与总体情况相同。

第二，初中理科课程德育内容显性呈现分布情况：主要维度中三个维度分布范围皆非常广，在所涉及的历史阶段皆有所分布。其他维度中各个维度分布范围皆非常广，在所涉及的历史阶段皆有所分布。

初中理科课程德育内容显性呈现衔接情况：主要维度中三个维度衔接程度皆非常强，在相邻历史阶段皆有所衔接。其他维度，"心理健康

---

① 学段理科课程显性呈现 TMME 图仅呈现理科课程标准文本涉及的历史阶段，下同。比如，中学理科课程标准仅涉及探索阶段、起步阶段、初步发展阶段、发展阶段、深化阶段，在全面深化阶段没有中学理科课程标准文本，仅有初中（义务教育）、高中阶段理科课程标准文本。

教育"维度衔接程度非常强，在深化—全面深化阶段有所衔接。

初中理科课程德育内容显性呈现受关注程度：主要维度中，"社会公德教育"维度受关注程度比较低，仅在深化阶段、全面深化阶段比较受关注；"思想政治教育""个人品德教育"维度受关注程度非常低，仅在全面深化阶段比较受关注。其他维度中，"生态文明教育"维度受关注程度非常高，在所涉及的历史阶段皆比较受关注；"心理健康教育"维度受关注程度比较低，仅在全面深化阶段比较受关注；"劳动教育""法制教育"维度受关注程度非常低，没有比较受关注的历史阶段。

第三，高中理科课程德育内容显性呈现分布情况：主要维度中，"思想政治教育""社会公德教育"维度分布范围非常广，仅在发展阶段没有分布；"个人品德教育维度分布"范围比较广，仅在初步发展阶段、发展阶段没有分布。其他维度中，"心理健康教育""生态文明教育"维度分布范围非常广，在所涉及的历史阶段皆有所分布；"法制教育"维度分布范围比较窄，仅在深化阶段有所分布；"劳动教育"维度分布范围非常窄，没有相关内容分布。

高中理科课程德育内容显性呈现衔接情况：主要维度中，"思想政治教育""社会公德教育"维度衔接程度比较强，仅在初步发展—发展阶段，发展—深化阶段没有衔接；"个人品德教育"维度衔接程度比较弱，仅在探索—起步阶段，深化—全面深化阶段有所衔接。其他维度中，"心理健康教育"维度衔接程度非常强，在相邻历史阶段，即深化—全面深化阶段有所衔接；"法制教育"维度衔接程度非常弱，没有衔接。

高中理科课程德育内容显性呈现受关注程度：主要维度中，三个维度受关注程度皆非常低，仅在全面深化阶段比较受关注。其他维度中，"生态文明教育"维度受关注程度非常高，在涉及历史阶段即全面深化阶段比较受关注；"心理健康教育""法制教育"受关注程度比较低；

第八章　中国中小学理科课程德育内容百年嬗变的总体分析

"劳动教育"受关注程度非常低。

第四，中学理科课程德育内容显性呈现分布情况：主要维度中，三个维度分布范围皆非常广，在所涉及的历史阶段皆有所分布。其他维度中，前三个维度分布范围皆非常广，在所涉及的历史阶段皆有所分布。

中学理科课程德育内容显性呈现衔接情况：主要维度中，三个维度衔接程度皆非常强，在相邻历史阶段皆有所衔接。其他维度中，"法制教育"维度衔接程度非常强，在发展—深化阶段有所衔接。

中学理科课程德育内容显性呈现受关注程度：主要维度中，"思想政治教育"受维度关注程度比较低，仅在起步阶段、初步发展阶段比较受关注；"社会公德教育""个人品德教育"受关注程度非常低，没有比较受关注的历史阶段。其他维度受关注程度皆非常低，没有比较受关注的历史阶段。

二　数学课程显性呈现情况

综合中小学数学课程在各个历史阶段显性呈现各个维度的基本情况，分别得到中小学数学课程显性呈现主要维度频次图、中小学数学课程显性呈现其他维度频次图，如图8-46、图8-47所示。

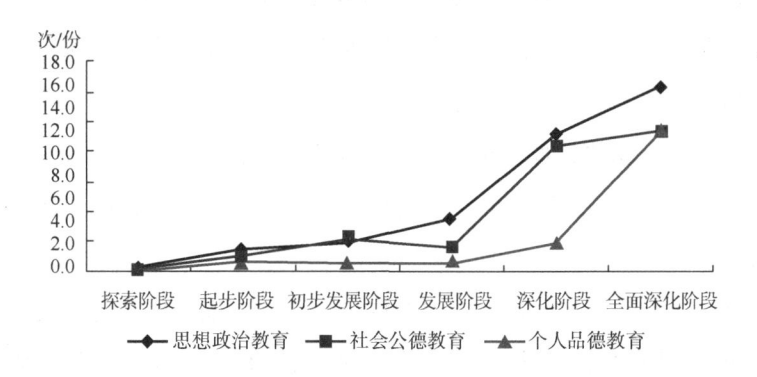

图8-46　中小学数学课程显性呈现主要维度频次

· 353 ·

中国中小学理科课程德育内容的百年嬗变

	劳动教育	法制教育	心理健康教育	生态文明教育
■ 探索阶段				
■ 起步阶段				
■ 初步发展阶段	5.6			
■ 发展阶段		0.2		
■ 深化阶段		0.3	2.2	
■ 全面深化阶段			59.8	1.8

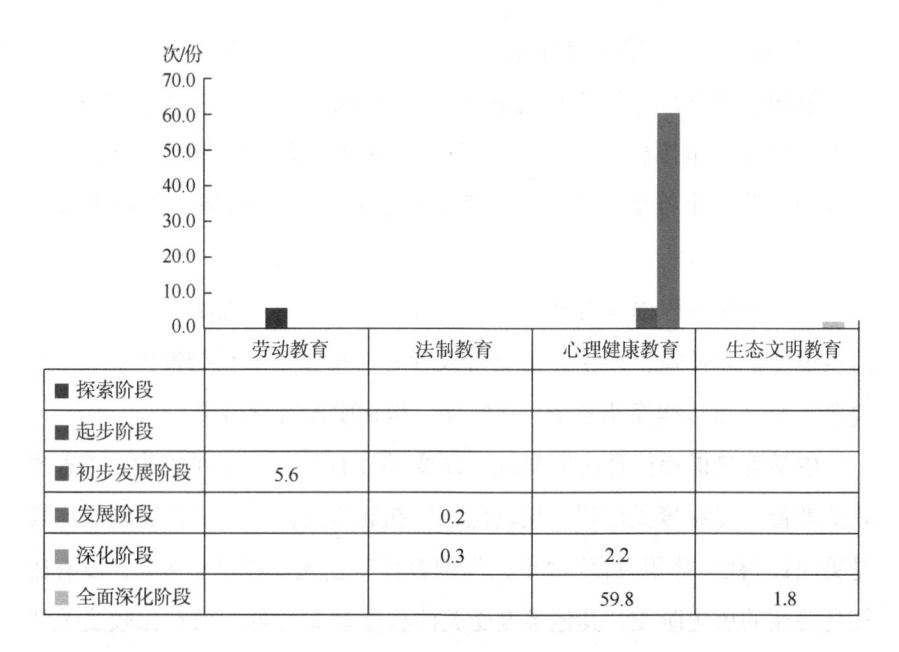

图 8-47　中小学数学课程显性呈现其他维度频次

可以看出：

第一，就显性呈现主要维度而言。

在"思想政治教育"维度，中小学数学课程频次呈现逐阶段升高的变化特征。

在"社会公德教育"维度，中小学数学课程频次呈现"N"形变化特征，在探索阶段频次最低，在发展阶段有所下降，在全面深化阶段频次最高。

在"个人品德教育"维度，中小学数学课程频次呈现"N"形变化特征，在探索阶段频次最低，在初步发展阶段有所下降，在全面深化阶段频次最高。

就三个维度总和而言，中小学数学课程频次逐阶段升高，其中，前四个历史阶段频次比较接近且较小，皆小于10.0次/份，深化阶段频次较高，全面深化阶段频次明显高于其他历史阶段。

就三个维度差异而言,"思想政治教育"维度在探索阶段、起步阶段、发展阶段、全面深化阶段频次皆最高,且在全面深化阶段显著高于其他维度;"个人品德教育"维度在各个历史阶段频次皆最低;"社会公德教育"维度在初步发展阶段频次最高。其中,历史阶段维度差异性指数从小到大依次为:探索阶段,起步阶段,初步发展阶段,发展阶段,全面深化阶段,深化阶段。

第二,就显性呈现其他维度而言。

"法制教育"维度频次在深化阶段、发展阶段比较接近且非常小,皆在0—1的范围内;"心理健康教育"维度频次在全面深化阶段明显高于深化阶段,且是其他维度在各个历史阶段当中频次最高的。

分别统计数学课程各个学段(小学、初中、高中、中学)显性呈现维度频次情况。

可以发现:

第一,就小学阶段而言,数学课程文本涉及全部六个历史阶段。

首先,"思想政治教育"维度频次逐阶段上升;"社会公德教育"维度频次呈现倒"V"形变化特征,在探索阶段频次最低,在深化阶段频次最高;"个人品德教育"维度频次呈现"N"形变化特征,在初步发展阶段有所下降。

其次,在三个维度总和方面,前四个历史阶段频次比较接近且较小,皆在10.0以内,逐阶段上升,在深化阶段、全面深化阶段陡升。

最后,在三个维度差异方面,"社会公德教育"维度在前五个历史阶段频次皆最高,"个人品德教育"维度在各个历史阶段频次皆最低。在深化阶段维度差异明显大于其他阶段,其余五个历史阶段差异比较接近;历史阶段维度差异性指数从小到大依次为:起步阶段,探索阶段,发展阶段,初步发展阶段,全面深化阶段,深化阶段。

第二,就初中阶段而言,数学课程文本仅涉及探索、深化、全面深

· 355 ·

化三个历史阶段。①

首先，各个维度皆在探索阶段频次最低，在全面深化阶段频次最高。

其次，在三个维度总和方面，在所涉及的探索阶段、全面深化阶段、深化阶段逐渐上升。

最后，在三个维度差异方面，"思想政治教育"维度在所涉及的三个历史阶段频次皆最高；"个人品德教育"维度在所涉及的三个历史阶段频次皆最低。在涉及的三个历史阶段差异比较接近；历史阶段维度差异性指数从小到大依次为：探索阶段，全面深化阶段，深化阶段。

第三，就高中阶段而言，数学课程文本涉及探索、初步发展、深化、全面深化四个历史阶段。

首先，"思想政治教育"维度频次呈现倒"V"形变化特征，在深化阶段频次最高；"社会公德教育"维度呈现"N"形变化特征，在深化阶段频次有所下降；"个人品德教育"维度仅在全面深化阶段涉及相应内容。

其次，在三个维度总和方面，在所涉及的探索阶段、初步发展阶段、深化阶段、全面深化阶段逐渐上升。

最后，在三个维度差异方面，"个人品德教育"维度在所涉及的其他三个历史阶段频次皆最低。在所涉及的四个历史阶段差异比较接近；历史阶段维度差异性指数从小到大依次为：探索阶段，全面深化阶段，初步发展阶段，深化阶段。

第四，就中学阶段而言，数学课程文本涉及前五个历史阶段。

首先，"思想政治教育"维度频次逐阶段上升；"社会公德教育""个人品德教育"维度频次呈现"N"形变化特征，在探索阶段频次最

---

① 每个学段维度变化特征仅针对该学段课程标准文本存在的历史阶段进行分析。下同。

第八章 中国中小学理科课程德育内容百年嬗变的总体分析

低,在发展阶段有所下降,在深化阶段频次最高。

其次,在三个维度总和方面,在所涉及的探索阶段、起步阶段、初步发展阶段、发展阶段、深化阶段逐渐上升,在深化阶段陡升。

最后,在三个维度差异方面,"思想政治教育"维度在起步阶段、初步发展阶段、发展阶段、深化阶段频次皆最高,且在深化阶段显著高于其他维度;"个人品德教育"维度在所涉及的历史阶段频次皆最低。在所涉及的前四个历史阶段差异比较接近,在深化阶段差异明显大于其他阶段;历史阶段维度差异性指数从小到大依次为:探索阶段,起步阶段,初步发展阶段,发展阶段,深化阶段。

另外,在显性呈现其他维度方面,有以下特征。

小学阶段,"法制教育"维度在发展阶段、深化阶段频次比较接近;"心理健康教育"维度频次在全面深化阶段明显高于深化阶段,同时明显高于其他维度在相应历史阶段的频次。

初中阶段,"心理健康教育"维度频次在全面深化阶段明显高于深化阶段,同时明显高于其他维度在相应历史阶段的频次。

高中阶段,"心理健康教育"维度频次在全面深化阶段明显高于深化阶段,同时明显高于其他维度在相应历史阶段的频次。

中学阶段,"法制教育"维度在发展阶段、深化阶段皆没有德育内容呈现;"劳动教育"维度频次高于其他维度频次。

根据各个历史阶段显性呈现各个维度的频次情况,分别绘制中小学数学课程显性呈现 TMME 图,如图 8-48 所示。

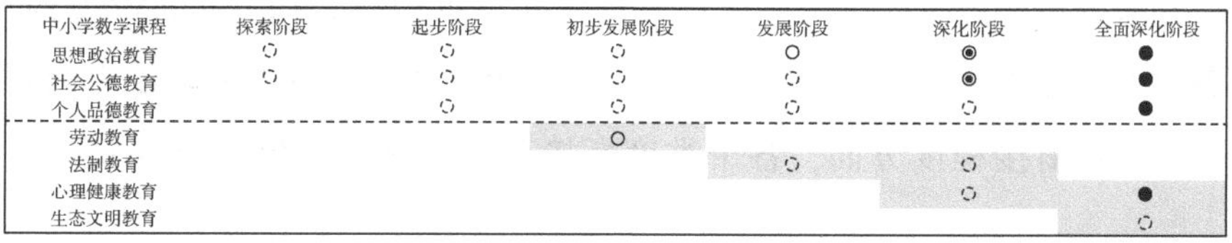

图 8-48 中小学数学课程显性呈现 TMME

可以看出：

第一，就数学课程显性呈现主要维度而言，在分布情况方面，各个维度分布范围皆非常广，仅"个人品德教育"维度在探索阶段没有分布。在衔接情况方面，各个维度衔接程度皆非常强，仅"个人品德教育"维度在探索—起步阶段没有衔接。在受关注程度方面，前两个维度受关注程度比较低，仅在深化阶段、全面深化阶段比较受关注；"个人品德教育"维度受关注程度非常低，仅在全面深化阶段比较受关注。

第二，就数学课程显性呈现其他维度而言，在受关注程度方面，"心理健康教育"维度受关注程度比较低，仅在全面深化阶段比较受关注；其他维度受关注程度皆非常低，没有比较受关注阶段。

根据历史阶段各个学段（小学、初中、高中、中学）显性程度各个维度的频次情况，分别绘制各个学段数学课程显性呈现主要维度 TMME 图和其他维度 TMME 图，如图 8-49 至图 8-52 所示。

小学数学课程	探索阶段	起步阶段	初步发展阶段	发展阶段	深化阶段	全面深化阶段
思想政治教育	○	○	○	○	◉	●
社会公德教育	○	○	○	○	◉	●
个人品德教育		○	○	○	○	●
劳动教育			○		○	
法制教育				○	○	
心理健康教育					○	●
生态文明教育						○

图 8-49　小学数学课程显性呈现 TMME①

根据图 8-49 可以发现：

第一，就小学数学课程显性呈现主要维度而言，在分布情况方面，各个维度分布范围均非常广，仅"个人品德教育"在探索阶段没有内容分布；在衔接程度方面，各个维度衔接程度非常强，仅"个人品德教

---

① 小学数学课程标准文本在六个历史阶段皆有所分布（全面深化阶段以义务教育阶段课程文本数据作为小学阶段数据），TMME 图中呈现六个历史阶段。

第八章　中国中小学理科课程德育内容百年嬗变的总体分析

育"在探索—起步阶段没有衔接;在受关注程度方面,"思想政治教育""社会公德教育"维度受关注程度比较低,仅在深化阶段、全面深化阶段比较受关注,"个人品德教育"维度受关注程度非常低,仅在全面深化阶段比较受关注。

第二,就小学数学课程显性呈现其他维度而言,在分布范围方面,各个维度分布范围均非常广,在相应历史阶段皆有所分布;在衔接情况方面,"法制教育""心理健康教育"维度衔接程度非常强,在相应历史阶段皆有所衔接;在受关注程度方面,"心理健康教育"维度的受关注程度比较低,仅在全面深化阶段比较受关注,其他维度的受关注程度皆非常低,没有比较受关注的阶段。

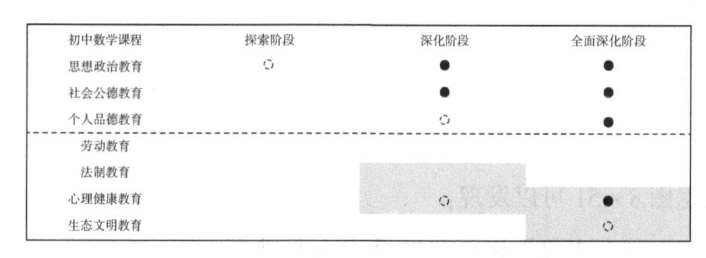

图 8-50　初中数学课程显性呈现 TMME①

根据图 8-50 可以发现:

第一,就初中数学课程显性呈现主要维度而言,在分布情况方面,"思想政治教育"维度分布范围非常广,在所涉及的历史阶段皆有所分布;"社会公德教育""个人品德教育"分布范围比较广,仅在探索阶段没有分布。在衔接情况方面,深化—全面深化阶段皆有所衔接。在受关注程度方面,"思想政治教育""社会公德教育"受关注程度比较高,仅在探索阶段没有比较受关注的内容;"个人品德教育"受关注程度比较

---

① 初中数学课程标准文本仅出现在探索、深化、全面深化三个历史阶段。因此,此处仅呈现出存在该学段课程标准文本的历史阶段,下同。

低，仅在全面深化阶段比较受关注。

第二，就初中数学课程显性呈现其他维度而言，在分布情况方面，"法制教育"在深化阶段没有德育内容分布；"心理健康教育""生态文明教育"分布范围皆非常广，在所涉及的历史阶段皆有所分布。在衔接情况方面，"心理健康教育"在深化—全面深化阶段有所衔接。在受关注程度方面，仅"心理健康教育"维度受关注程度比较低，在全面深化阶段比较受关注；其他维度受关注程度皆非常低，没有比较受关注的历史阶段。

高中数学课程	探索阶段	初步发展阶段	发展阶段	全面深化阶段
思想政治教育		○	●	●
社会公德教育		○	○	●
个人品德教育				●
劳动教育				
法制教育				
心理健康教育			○	●
生态文明教育				○

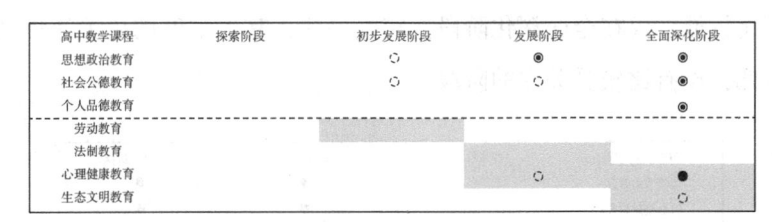

图8-51 高中数学课程显性呈现 TMME

根据图8-51可以发现：

第一，就高中数学课程显性呈现主要维度而言，在分布情况方面，"思想政治教育""社会公德教育"维度分布范围比较广，仅在探索阶段没有分布；"个人品德教育"维度分布范围非常窄，仅在全面深化阶段有所分布。在衔接情况方面，"思想政治教育""社会公德教育"维度在深化—全面深化阶段有所衔接，"个人品德教育"则没有衔接。在受关注程度方面，"思想政治教育"受关注程度比较低，仅在深化阶段、全面深化阶段比较受关注，其余维度受关注程度非常低，仅在全面深化阶段比较受关注。

第二，就高中数学课程显性呈现其他维度而言，在分布情况方面，"心理健康教育""生态文明教育"维度分布范围非常广，在所涉及的历史阶段皆有所分布，其他维度则没有内容分布。在衔接情况方面，"心理健康教育"维度衔接程度非常强，在深化—全面深化阶段皆有所衔

第八章 中国中小学理科课程德育内容百年嬗变的总体分析

接。在受关注程度方面，"心理健康教育"受关注程度比较低，仅在全面深化阶段比较受关注，生态文明教育受关注程度非常低，没有比较受关注的历史阶段。

中学物理课程	探索阶段	起步阶段	初步发展阶段	发展阶段	深化阶段
思想政治教育		○	○	○	●
社会公德教育		○	○	○	○
个人品德教育		○	○	○	○
劳动教育			○		
法制教育					
心理健康教育					○
生态文明教育					

图 8-52　中学数学课程显性呈现 TMME

根据图 8-52 可以发现：

第一，就中学数学课程显性呈现主要维度而言，在分布情况方面，三个维度分布范围皆非常广，仅在探索阶段没有分布。在衔接情况方面，三个维度衔接程度皆比较强，仅在探索—起步阶段没有衔接。在受关注程度方面，三个维度受关注程度皆非常低，仅思想政治教育维度在深化阶段比较受关注。

第二，就中学数学课程显性呈现其他维度而言，在分布情况方面，"劳动教育""心理健康教育"在所涉及的历史阶段皆有所分布，而"法制教育"则没有相关内容分布。在受关注程度方面，"劳动教育""心理健康教育"受关注程度皆非常低，没有比较受关注的历史阶段。

三　物理课程显性呈现情况

综合物理课程在各个历史阶段显性呈现各个维度的基本情况，分别得到物理课程显性呈现主要维度频次图、数学课程显性呈现其他维度频次图，如图 8-53、图 8-54 所示。

· 361 ·

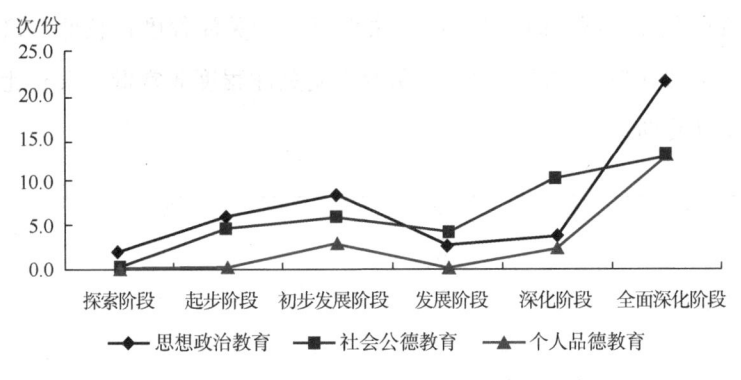

中国中小学理科课程德育内容的百年嬗变

图 8-53 物理课程显性呈现主要维度频次

	劳动教育	法制教育	心理健康教育	生态文明教育
■ 探索阶段				
■ 起步阶段				
■ 初步发展阶段	2.0			
■ 发展阶段		1.0		
■ 深化阶段		3.3	1.7	
■ 全面深化阶段			30.8	26.2

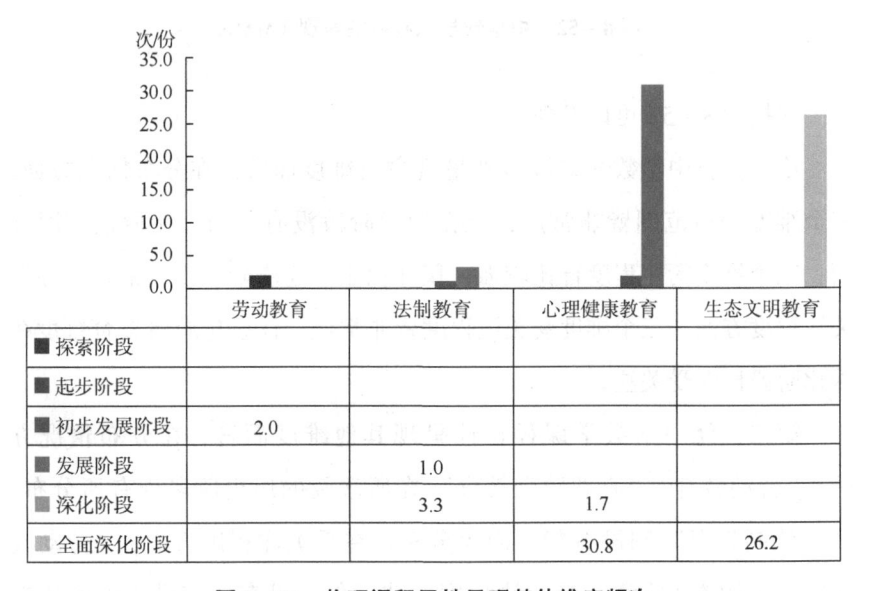

图 8-54 物理课程显性呈现其他维度频次

可以看出：

第一，就显性呈现主要维度而言。

首先，在"思想政治教育"维度，物理课程编码频次呈现"N"形变化特征，在探索阶段最低，在发展阶段有所下降，在全面深化阶段明显大于其他历史阶段。

其次，在"社会公德教育"维度，物理课程编码频次呈现"N"形变化特征，在探索阶段最低，在发展阶段有所下降，在全面深化阶段最高。

再次，在"个人品德教育"维度，物理课程编码频次呈现"N"形变化特征，在发展阶段最低，在全面深化阶段明显大于其他历史阶段。

最后，就三个维度总和而言，自探索阶段开始，逐阶段增加，在发展阶段有所下降，之后继续升高，在全面深化阶段陡升。

就三个维度差异而言，"个人品德教育"维度在各个历史阶段维度中频次皆最低；"思想政治教育"维度在探索阶段、起步阶段、初步发展阶段、全面深化阶段频次皆最高，且在全面深化阶段显著高于其他维度。其中，各个历史阶段维度差异比较接近，皆在0—10的范围内，历史阶段维度差异性指数从小到大依次为：探索阶段，发展阶段，初步发展阶段，起步阶段，深化阶段，全面深化阶段。

第二，就显性呈现其他维度而言，"法制教育"维度在发展阶段、深化阶段频次比较接近；"心理健康教育"维度在全面深化阶段频次明显高于深化阶段频次；在全面深化阶段，"生态文明教育"维度频次仅次于"心理健康教育"维度频次。

分别统计物理课程各个学段（初中、高中、中学）显性呈现维度频次情况。

可以发现：

第一，就初中阶段而言，物理课程文本涉及探索、起步、深化、全面深化四个历史阶段。

首先，"思想政治教育"维度逐阶段上升；"社会公德教育"维度呈现倒"V"形变化特征，在深化阶段频次最高；"个人品德教育"维度呈现"V"形变化特征，在起步阶段频次最低。

其次，三个维度总和，在探索阶段、起步阶段、全面深化阶段、深化阶段逐阶段上升。

最后，在三个维度差异方面，"个人品德教育"维度在所涉及的历史阶段频次皆最低；"思想政治教育"维度在探索阶段、起步阶段、全面深化阶段频次皆最高。在所涉及的三个历史阶段差异比较接近；历史阶段维度差异性指数从小到大依次为：探索阶段，起步阶段，深化阶段，全面深化阶段。

第二，就高中阶段而言，物理课程文本涉及初步发展阶段之外的其他五个历史阶段。

首先，三个维度编码频次皆呈现"N"形变化特征，在发展阶段有所下降，在全面深化阶段最高。

其次，在三个维度的总和方面，除了发展阶段德育内容没有呈现，自探索阶段开始，所涉及的历史阶段逐阶段上升，在全面深化阶段陡升。

最后，在三个维度差异方面，"个人品德教育"维度在所涉及的其他三个历史阶段频次皆最低；"思想政治教育"维度在探索阶段、起步阶段、全面深化阶段频次皆最高。在所涉及的五个历史阶段差异比较接近；历史阶段维度差异性指数从小到大依次为：发展阶段，探索阶段，起步阶段，全面深化阶段，深化阶段。

第三，就中学阶段而言，物理课程文本涉及全面深化阶段之外的其他五个历史阶段。

首先，"思想政治教育"维度在探索阶段频次最低，在起步阶段频次最高；"社会公德教育"呈现"N"形变化特征，在探索阶段频次最低，在初步发展阶段有所下降；"个人品德教育"仅在初步发展阶段有相关内容。

其次，在三个维度的总和方面，频次总和呈现倒"V"形变化特征，在探索阶段最低，在初步发展阶段最高。

最后，在三个维度的差异方面，"个人品德教育"维度在所涉及的

第八章　中国中小学理科课程德育内容百年嬗变的总体分析

历史阶段频次皆最低,且仅在初步发展阶段有德育内容呈现;"思想政治教育"维度在探索阶段、起步阶段、初步发展阶段频次皆最高。在所涉及的各个历史阶段维度差异比较接近;历史阶段维度差异性指数从小到大依次为:探索阶段,初步发展阶段,起步阶段,深化阶段,起步阶段。

另外,在显性呈现其他维度方面,有以下特征。

初中阶段,"心理健康教育"维度频次在全面深化阶段明显高于深化阶段,同时明显高于其他维度在相应历史阶段的频次。在全面深化阶段,"生态文明教育"维度频次仅次于"心理健康教育"。

高中阶段,"心理健康教育"维度的频次在全面深化阶段明显高于深化阶段,同时明显高于其他维度在相应历史阶段的频次。在全面深化阶段,"生态文明教育"维度频次仅次于"心理健康教育"。

中学阶段,"劳动教育""法制教育""心理健康教育"维度频次皆不高,在0—5的范围内。

根据各个历史阶段显性呈现各个维度的频次情况,分别绘制物理课程显性呈现 TMME 图,如图8-55所示。

物理课程	探索阶段	起步阶段	初步发展阶段	深化阶段	深化阶段	全面深化阶段
思想政治教育	○	○	○	●	○	●
社会公德教育	○	○	○	●	●	●
个人品德教育	○	○	○			
劳动教育						
法制教育						
心理健康教育					○	●
生态文明教育						●

图8-55　物理课程显性呈现 TMME

可以看出:

第一,就物理课程显性呈现主要维度而言,在分布情况方面,三个维度分布皆范围非常广,仅"个人品德教育"在发展阶段没有分布。在衔接情况方面,"思想政治教育""社会公德教育"衔接程度非常强,在相邻历史阶段皆有所衔接;"个人品德教育"衔接程度比较强,仅在初步发展—发展阶段、发展—深化阶段没有衔接。在受关注程度方面,前两个维度受关注程度比较低,前者仅在初步发展阶段、全面深化阶段比较受关注,后者仅在深化阶段、全面深化阶段比较受关注;"个人品德教育"受关注程度非常低,仅在全面深化阶段比较受关注。

第二,就物理课程显性呈现其他维度而言,在受关注程度方面,"心理健康教育""生态文明教育"维度受关注程度比较低,仅在全面深化阶段比较受关注;其他维度受关注程度皆非常低,没有比较受关注的阶段。

根据历史阶段各个学段(初中、高中、中学)显性呈现各个维度频次情况,分别绘制各个学段物理课程显性呈现主要维度 TMME 图和其他维度 TMME 图,如图 8-56 至图 8-58 所示。

初中物理课程	探索阶段	起步阶段	深化阶段	全面深化阶段
思想政治教育	○	○	○	●
社会公德教育	○	○	●	◉
个人品德教育		○	○	●
劳动教育				
法制教育			○	
心理健康教育			○	●
生态文明教育				●

图 8-56 初中物理课程显性呈现 TMME

可以发现:

第一,就初中物理课程显性呈现主要维度而言,在分布情况方面,前两个维度分布范围都非常广,在涉及历史阶段皆有所分布;个人品德教育维度分布范围比较广,仅在起步阶段没有分布。在衔接情况方面,前两个维度衔接程度都非常强,在探索—起步,深化—全面深化阶段皆有所衔接;个人品德教育维度衔接程度比较弱,仅在深化—全面深化阶段有所衔接。在受关注程度方面,社会公德教育维度受关注程度比较低,仅在深化阶段、全面深化阶段比较受关注;其他维度受关注程度非常低,仅在全面深化阶段比较受关注。

第八章　中国中小学理科课程德育内容百年嬗变的总体分析

第二，就初中物理课程显性呈现其他维度而言，在分布情况方面，法制教育、心理健康教育、"生态文明教育"维度分布范围皆非常广，在涉及历史阶段皆有所分布。在衔接情况方面，心理健康教育在深化—全面深化阶段有所衔接。在受关注程度方面，生态文明教育受关注程度非常高，在涉及历史阶段皆比较受关注；心理健康教育受关注程度比较低，仅在全面深化阶段比较受关注；法制教育受关注程度非常低，没有比较受关注的历史阶段。

高中物理课程	探索阶段	起步阶段	发展阶段	深化阶段	全面深化阶段
思想政治教育	○	○		●	○
社会公德教育		○		●	●
个人品德教育		○		○	●
劳动教育					
法制教育				○	
心理健康教育				○	●
生态文明教育					●

图 8-57　高中物理课程显性呈现 TMME

可以发现：

第一，就高中物理课程显性呈现主要维度而言，在分布情况方面，思想政治教育分布范围非常广，仅在发展阶段没有分布；其他维度分布范围比较广，仅在探索阶段、发展阶段没有分布。在衔接情况方面，思想政治教育衔接程度比较强，仅在发展—深化阶段没有衔接；其他维度衔接程度比较弱，仅在深化—全面深化阶段有所衔接。在受关注程度方面，社会公德教育受关注程度比较低，仅在深化、全面深化阶段比较受关注，其他维度受关注程度非常低，仅在全面深化阶段比较受关注。

第二，就高中物理课程显性呈现其他维度而言，在分布情况方面，心理健康、生态文明教育分布范围非常广，在涉及历史阶段皆有所分布；法制教育分布范围比较窄，仅在深化阶段有所分布。在衔接情况方面，心理健康教育在深化—全面深化阶段有所衔接；法制教育则在发

· 367 ·

展—深化阶段没有衔接。在受关注程度方面，生态文明教育受关注程度非常高，在涉及历史阶段皆比较受关注；心理健康教育受关注程度比较低，仅在全面深化阶段比较受关注；法制教育受关注程度非常低，没有比较受关注的历史阶段。

中学物理课程	探索阶段	起步阶段	初步发展阶段	发展阶段	深化阶段
思想政治教育	◎	●	●	○	○
社会公德教育	◎	○	○	○	○
个人品德教育			○		
劳动教育			◎		
法制教育				◎	○
心理健康教育					◎
生态文明教育					

图 8-58　中学物理课程显性呈现 TMME

可以发现：

第一，就中学物理课程显性呈现主要维度而言，在分布情况方面，前两个维度分布范围都非常广，后者仅在探索阶段没有分布；个人品德教育分布范围非常窄，仅在初步发展阶段有所分布。在衔接情况方面，思想政治教育衔接程度非常强，在相邻历史阶段皆有所衔接；社会公德教育衔接程度比较强，仅在探索—起步阶段没有衔接；个人品德教育衔接程度非常弱，没有相邻历史阶段衔接。在受关注程度方面，仅思想政治教育受关注程度比较低，在起步阶段、初步发展阶段比较受关注；其他维度受关注程度皆非常低，没有比较受关注的历史阶段。

第二，就中学物理课程显性呈现其他维度而言，在分布情况方面，劳动教育、法制教育、心理健康教育维度在涉及历史阶段皆有所分布。在衔接情况方面，法制教育在发展—深化阶段有所衔接。在受关注程度方面，前三个维度受关注程度皆非常低，没有比较受关注的历史阶段。

四 化学课程显性呈现情况

综合化学课程在各个历史阶段显性呈现各个维度的基本情况，分别得到化学课程显性呈现主要维度频次图、化学课程显性呈现其他维度频次图，如图 8-59、图 8-60 所示。

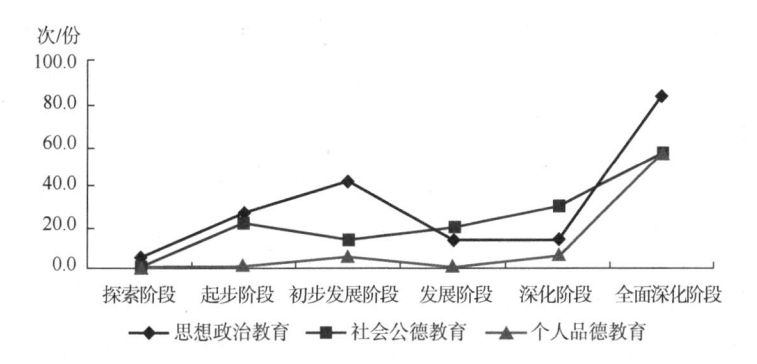

图 8-59 化学课程显性呈现主要维度频次

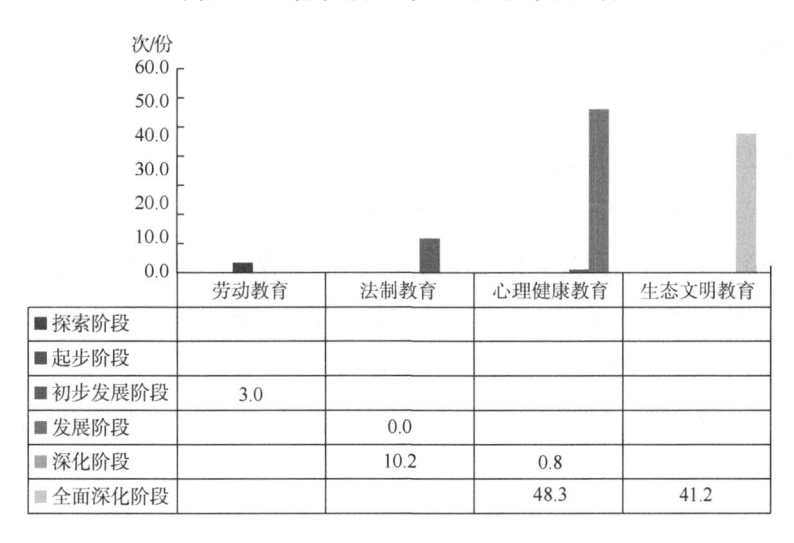

	劳动教育	法制教育	心理健康教育	生态文明教育
■探索阶段				
■起步阶段				
■初步发展阶段	3.0			
■发展阶段		0.0		
■深化阶段		10.2	0.8	
■全面深化阶段			48.3	41.2

图 8-60 化学课程显性呈现其他维度频次

可以看出：

第一，就显性呈现主要维度而言：

首先，在思想政治教育维度，化学课程编码频次在探索阶段最低，在发展阶段、深化阶段有所下降，在全面深化阶段最高。

其次，在社会公德教育维度，化学课程编码频次呈现"N"形变化特征，在探索阶段频次最低，在初步发展阶段频次有所下降，在全面深化阶段频次最高。

再次，在个人品德教育维度，化学课程编码频次呈现"N"形变化特征，在探索阶段频次最低，在发展阶段频次有所下降，在全面深化阶段频次最高。

最后，就三个维度总和而言，自探索阶段开始，逐阶段升高，在发展阶段有所下降，之后继续升高，在全面深化阶段陡升。

就三个维度差异而言，"个人品德教育"维度在探索阶段以外的其他历史阶段频次皆最低；"思想政治教育"维度在探索阶段、起步阶段、初步发展阶段、全面深化阶段频次皆最高，且在全面深化阶段频次明显高于其他维度。

其中，各个历史阶段维度差异比较接近，皆在 0—10 的范围内，历史阶段维度差异性指数从小到大依次为：探索阶段，发展阶段，深化阶段，起步阶段，全面深化阶段，初步发展阶段。

第二，就显性呈现其他维度而言，"法制教育"维度在深化阶段频次明显高于发展阶段频次；"心理健康教育"维度在全面深化阶段频次明显高于深化阶段频次，且在其他维度当中频次最高。

分别统计化学课程各个学段（初中、高中、中学）显性呈现维度频次情况。

可以发现：

第一，就初中阶段而言，化学课程文本仅涉及探索、起步、深化、全面深化四个历史阶段。

首先，思想政治教育频次呈现"N"形变化特征，在探索阶段最低，在深化阶段有所下降，在全面深化阶段陡升。社会公德教育频次随历史阶段逐渐升高。个人品德教育频次呈现"V"形变化特征，在起步阶段频次最低，全面深化阶段陡升。

其次，在三个维度总和方面，在涉及的探索阶段、起步阶段、深化阶段、全面深化阶段逐阶段上升，且在全面深化阶段明显高于其他历史阶段。

最后，在三个维度差异方面，"思想政治教育"维度在探索阶段、起步阶段、全面深化阶段频次皆最高，且在全面深化阶段明显高于其他维度；"社会公德教育"维度在起步阶段、深化阶段频次最高，在探索阶段、全面深化阶段频次最低；"个人品德教育"维度在起步阶段、深化阶段、全面深化阶段频次皆最低。在所涉及的历史阶段差异比较接近。历史阶段维度差异性指数从小到大依次为：探索阶段，起步阶段，深化阶段，全面深化阶段。

第二，就高中阶段而言，化学课程文本涉及初步发展阶段之外的其他五个历史阶段。

首先，三个维度频次皆呈现"N"形变化特征，在发展阶段有所下降，在全面深化阶段频次最高。

其次，在三个维度总和方面，自探索阶段开始，在所涉及的历史阶段逐阶段上升，在发展阶段有所下降，之后逐阶段上升，在全面深化阶段陡升。

最后，在三个维度差异方面，发展阶段没有相关德育内容呈现。"社会公德教育"维度在起步阶段、深化阶段频次最高，在探索阶段、全面深化阶段频次最低；"思想政治教育"维度在探索阶段、全面深化阶段频次最高，在深化阶段频次最低；"个人品德教育"维度在探索阶段、起步阶段、全面深化阶段频次最低，在涉及历史阶段差异比较接近且较低。历史阶段维度差异性指数从小到大依次为：发展阶段，探索阶段,起步阶段,全面深化阶段,深化阶段。

第三,就中学阶段而言,化学课程文本涉及全面深化阶段之外的其他五个历史阶段。

首先,思想政治教育频次呈现倒"V"形变化特征,在起步阶段频次最高,在深化阶段频次最低。社会公德教育呈现"M"形变化特征,在探索阶段最低,在发展阶段最高。个人品德教育仅在初步发展阶段有所涉及。

其次,在三个维度总和方面,自起步阶段开始,在所涉及的历史阶段逐阶段下降。

最后,在三个维度差异方面,"个人品德教育"维度在所涉及的历史阶段频次皆最低,且仅在初步发展阶段有德育内容呈现;"思想政治教育"维度在探索阶段、起步阶段、初步发展阶段频次皆最高;"社会公德教育"维度在发展阶段、深化阶段频次最高。历史阶段维度差异性指数从小到大依次为:探索阶段,深化阶段,发展阶段,初步发展阶段,起步阶段。

另外,在显性呈现其他维度方面,有以下特征。

初中阶段,"心理健康教育"维度频次在全面深化阶段明显高于深化阶段,同时明显高于其他维度在相应历史阶段的频次。在全面深化阶段,"生态文明教育"维度频次仅次于"心理健康教育"。

高中阶段,"法制教育"维度频次在深化阶段明显高于发展阶段;"心理健康教育"维度频次在全面深化阶段明显高于深化阶段,同时明显高于其他维度在相应历史阶段的频次。在全面深化阶段,"生态文明教育"维度频次仅次于"心理健康教育"。

中学阶段,"劳动教育""法制教育""心理健康教育"维度频次皆不高,在0—5的范围内。

根据各个历史阶段显性呈现各个维度的频次情况,分别绘制化学课

第八章 中国中小学理科课程德育内容百年嬗变的总体分析

程显性呈现 TMME 图,如图 8-61 所示。

化学课程	探索阶段	起步阶段	初步深化阶段	发展阶段	深化阶段	全面深化阶段
思想政治教育	○	○	●	○	●	●
社会公德教育		○				●
个人品德教育	○	○	○		○	●
劳动教育			○			
法制教育					●	
心理健康教育					○	●
生态文明教育						●

图 8-61 化学课程显性呈现 TMME

可以看出:

第一,就化学课程显性呈现主要维度而言,在分布情况方面,三个维度分布范围皆非常广,社会公德教育仅在探索阶段,个人品德教育仅在发展阶段没有分布。在衔接情况方面,思想政治、社会公德教育衔接程度非常强,后者仅在探索—起步阶段没有衔接;个人品德教育衔接程度比较强,仅在初步发展—发展,在发展—深化阶段没有衔接。在受关注程度方面,思想政治教育受关注程度比较低,仅在初步发展阶段、全面深化阶段比较受关注;后两个维度受关注程度非常低,仅在全面深化阶段比较受关注。

第二,就化学课程显性呈现其他维度而言,在分布情况方面,劳动教育、心理健康教育、生态文明教育分布范围皆非常广,在涉及历史阶段皆有所分布;法制教育分布范围比较窄,仅在深化阶段有所分布。在衔接情况方面,心理健康教育在深化—全面深化阶段有所衔接,法制教育衔接程度非常弱。在受关注程度方面,生态文明教育受关注程度非常高,在所涉及的历史阶段皆比较受关注;法制教育、心理健康教育受关注程度比较低,前者仅在深化阶段,后者仅在全面深化阶段比较受关注。

根据历史阶段各个学段(初中、高中、中学)显性呈现各个维度频次情况,分别绘制各个学段化学课程显性呈现 TMME 图,如图 8-62 至图 8-64 所示。

初中化学课程	探索阶段	起步阶段	深化阶段	全面深化阶段
思想政治教育	◌	○	○	●
社会公德教育		○		●
个人品德教育			◌	●
劳动教育				
法制教育			○	
心理健康教育			◌	●
生态文明教育				●

图 8-62　初中化学课程显性呈现 TMME

可以发现：

第一，就初中化学课程显性呈现主要维度而言，在分布情况方面，思想政治教育分布范围非常广，在涉及历史阶段皆有所分布；后两个维度分布范围比较广，社会公德教育仅在探索阶段，个人品德教育仅在起步阶段没有分布。在衔接情况方面，思想政治教育衔接程度非常强，在探索—起步阶段、深化—全面深化阶段皆有所衔接；后两个维度衔接程度比较弱，仅在深化—全面深化阶段有所衔接。在受关注程度方面，三个维度受关注程度皆非常低，仅在全面深化阶段比较受关注。

第二，就初中化学课程显性呈现其他维度而言，在分布情况方面，法制教育、心理健康教育、生态文明教育分布范围皆非常广，在涉及历史阶段皆有所分布。在衔接情况方面，心理健康教育在深化—全面深化阶段有所衔接。在受关注程度方面，生态文明教育受关注程度非常高，在涉及历史阶段皆比较受关注；心理健康教育受关注程度比较低，仅在全面深化阶段比较受关注；法制教育受关注程度非常低，没有比较受关注的历史阶段。

高中化学课程	探索阶段	起步阶段	发展阶段	深化阶段	全面深化阶段
思想政治教育	◌	○		○	●
社会公德教育		○		⦿	●
个人品德教育			◌		●
劳动教育					
法制教育				●	
心理健康教育				◌	●
生态文明教育				●	●

图 8-63　高中化学课程显性呈现 TMME

第八章　中国中小学理科课程德育内容百年嬗变的总体分析

可以发现：

第一，就高中化学课程显性呈现主要维度而言，在分布情况方面，思想政治教育维度分布范围非常广，仅在发展阶段没有分布；后两个维度分布范围比较广，仅在探索阶段、发展阶段没有分布。在衔接情况方面，思想政治教育衔接程度比较强，仅在发展—深化阶段没有衔接；后两个维度衔接程度比较弱，仅在深化—全面深化阶段有所衔接。在受关注程度方面，社会公德教育维度受关注程度比较低，仅在深化阶段、全面深化阶段比较受关注；其他维度受关注程度非常低，仅在全面深化阶段比较受关注。

第二，就高中化学课程显性呈现其他维度而言，在分布情况方面，心理健康教育、生态文明教育分布范围非常广，在涉及历史阶段皆有所分布；法制教育分布范围比较窄，仅在深化阶段有所分布。在衔接情况方面，心理健康教育在深化—全面深化阶段有所衔接；法制教育衔接程度非常弱，在发展—深化阶段没有衔接。在受关注程度方面，生态文明教育受关注程度非常高，在涉及历史阶段皆比较受关注；心理健康教育、法制教育受关注程度比较低。

中学化学课程	探索阶段	起步阶段	初步发展阶段	深化阶段	深化阶段
思想政治教育	◌	●	◉	○	◌
社会公德教育		○	◉	○	○
个人品德教育			◉		
劳动教育			◌		
法制教育					○
心理健康教育					
生态文明教育					

图 8-64　中学化学课程显性呈现 TMME

可以发现：

第一，就中学化学课程显性呈现主要维度而言，在分布情况方面，前两个维度分布范围非常广，后者仅在探索阶段没有分布；个人品德教育分布范围非常窄，仅在初步发展阶段有所分布。在衔接情况方面，思想政治教育维度衔接程度非常强，在相邻历史阶段皆有所衔接；社会公德教育衔接程度比较强，仅在探索—起步阶段没有衔接；个人品德教育衔接程度非常弱，没有相邻历史阶段衔接。在受关注程度方面，思想政治教育受关注程度比较低，仅在起步阶段、初步发展阶段比较受关注；其他维度受关注程度非常低，没有比较受关注的历史阶段。

第二，就中学化学课程显性呈现其他维度而言，在分布情况方面，劳动教育在涉及历史阶段皆有所分布；法制教育分布范围比较窄，仅在深化阶段有所分布；心理健康教育没有内容分布。在衔接情况方面，法制教育衔接程度非常弱。在受关注程度方面，劳动教育、法制教育受关注程度非常低，没有比较受关注的历史阶段。

五 生物学课程显性呈现情况

综合生物学课程在各个历史阶段显性呈现各个维度的基本情况，分别得到生物学课程显性呈现主要维度频次图、生物学课程显性呈现其他维度频次图，如图8-65、图8-66所示。

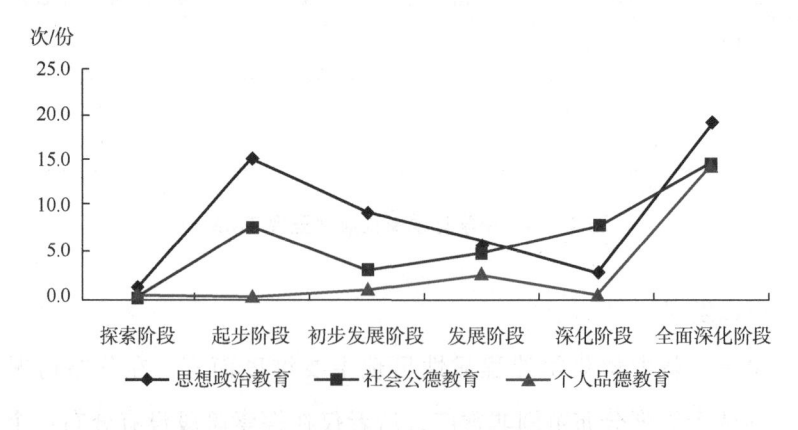

图8-65 生物学课程显性呈现主要维度频次

第八章 中国中小学理科课程德育内容百年嬗变的总体分析

	劳动教育	法制教育	心理健康教育	生态文明教育
■ 探索阶段				
■ 起步阶段				
■ 初步发展阶段	3.7			
■ 发展阶段		0.0		
■ 深化阶段		8.1	2.3	
■ 全面深化阶段			42.7	29.7

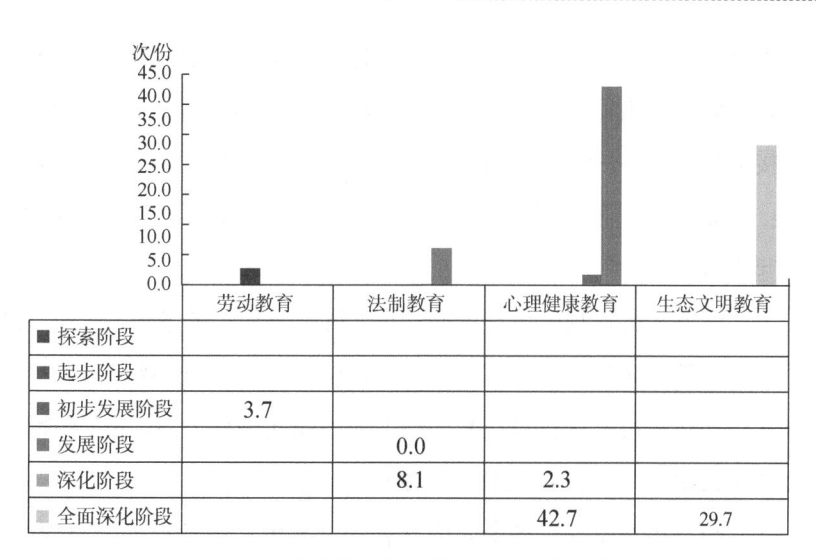

图 8-66 生物学课程显性呈现其他维度频次

可以看出：

第一，就显性呈现主要维度而言，有以下特征。

首先，在思想政治教育维度，生物学课程编码频次呈现"N"形变化特征，在探索阶段频次最低，中间有所下降，在全面深化阶段最高。

其次，在社会公德教育维度，生物学课程编码频次呈现"N"形变化特征，在探索阶段频次最低，在初步发展阶段频次有所下降，在全面深化阶段频次最高。

再次，在个人品德教育维度，生物学课程编码频次呈现"W"形变化特征，在起步阶段、深化阶段有所下降，在全面深化阶段频次明显高于其他历史阶段。

最后，就三个维度总和而言，自探索阶段开始，逐阶段升高，在初步发展阶段有所下降，在深化阶段继续下降，在全面深化阶段陡升；其中，探索阶段频次明显低于其他历史阶段，全面深化阶段频次明显高于其他历史阶段。

就三个维度差异而言，"思想政治教育"维度在深化阶段之外的其他历史阶段频次皆最高;"个人品德教育"维度在探索阶段之外的其他历史阶段频次皆最低。其中,在起步阶段之外的其他历史阶段维度差异比较接近,皆在0—10的范围内,历史阶段维度差异性指数从小到大依次为:探索阶段,发展阶段,全面深化阶段,深化阶段,初步发展阶段,起步阶段。

第二,就显性呈现其他维度而言,"法制教育"维度在深化阶段频次明显高于发展阶段频次;"心理健康教育"维度在全面深化阶段频次明显高于深化阶段频次,且在其他维度当中频次最高。"生态文明教育"维度频次仅次于"心理健康教育"维度。

分别统计生物学课程各个学段(初中、高中、中学)显性呈现维度频次情况。

可以发现:

第一,就初中阶段而言,生物学课程文本涉及发展阶段之外的其他五个历史阶段。

首先,"思想政治教育""社会公德教育"维度频次呈现"N"形变化特征,在初步发展阶段有所下降,在全面深化阶段最高。"个人品德教育"维度在深化阶段频次最低,在全面深化阶段频次明显高于其他历史阶段。

其次,在三个维度总和方面,自探索阶段开始,在所涉及的历史阶段逐阶段上升,在初步发展阶段有所下降,之后有所上升,在全面深化阶段陡升。

最后,在三个维度差异方面,"个人品德教育"维度在起步阶段、深化阶段、全面深化阶段频次皆最低,在探索阶段频次最高;"思想政治教育"维度在起步阶段、全面深化阶段频次最高;"社会公德教育"维度在深化阶段频次最高,在探索阶段、全面深化阶段频次最低,在涉及的各个历史阶段频次皆比较接近。历史阶段维度差异性指数从小到大依次为：初步发展阶段，探索阶段，起步阶段，全面深化阶段，深化阶段。

第二，就高中阶段而言，生物学课程文本涉及初步发展阶段之外的其他五个历史阶段。

首先，思想政治教育、社会公德教育频次呈现"N"形变化特征，发展阶段频次最低，全面深化阶段频次明显高于其他历史阶段。"个人品德教育"在起步阶段、发展阶段频次最低，在全面深化阶段频次明显高于其他历史阶段。

其次，在三个维度总和方面，自探索阶段开始，在所涉及的历史阶段逐阶段上升，在发展阶段有所下降，之后逐阶段上升，在全面深化阶段陡升。

最后，在三个维度差异方面，发展阶段没有相关德育内容呈现。"个人品德教育"维度在探索阶段、起步阶段、深化阶段、全面深化阶段频次皆为最低；"思想政治教育"维度在探索阶段、起步阶段、全面深化阶段频次皆最高；"社会公德教育"维度在深化阶段频次最高。历史阶段维度差异性指数从小到大依次为：发展阶段，探索阶段，全面深化阶段，深化阶段，起步阶段。

第三，就中学阶段而言，生物学课程文本涉及全面深化阶段之外的其他五个历史阶段。

首先，"思想政治教育"频次呈现倒"V"形变化特征，探索阶段频次最低，起步阶段频次最高；"社会公德教育"呈现"N"形变化特征，探索阶段频次最低，起步阶段频次最高，初步发展阶段有所下降；"个人品德教育"在发展阶段频次最高，在起步阶段、深化阶段频次最低。

其次，三个维度总和，在起步阶段频次明显高于其他历史阶段。

最后，在三个维度差异方面，"个人品德教育"维度在所涉及的历史阶段频次皆为最低，且仅在起步阶段频次明显低于其他维度；"思想政治教育"维度在前四个历史阶段频次皆最高，且在起步阶段、初步发展阶段频次明显高于其他维度；"社会公德教育"维度在深化阶段频次最高。在探索阶段、发展阶段、深化阶段差异比较接近且比较低，在起步阶段差异明显大于其他历史阶段。历史阶段维度差异性指数从小到大依次为：探索阶段，发展阶段，深化阶段，初步发展阶段，起步阶段。

另外，在显性呈现其他维度方面，有以下特征。

初中阶段，"心理健康教育"维度频次在全面深化阶段明显高于深化阶段，同时明显高于其他维度在相应历史阶段的频次。在全面深化阶段，"生态文明教育"维度频次仅次于"心理健康教育"。

高中阶段，"法制教育"维度频次在深化阶段明显高于发展阶段；"心理健康教育"维度频次在全面深化阶段明显高于深化阶段，同时明显高于其他维度在相应历史阶段的频次。在全面深化阶段，"生态文明教育"维度频次仅次于"心理健康教育"。

中学阶段，"劳动教育""法制教育""心理健康教育"维度频次皆不高，在 0—10 的范围内。

根据各个历史阶段显性呈现各个维度的频次情况，分别绘制生物学课程显性呈现 TMME 图，如图 8-67 所示。

生物学课程	探索阶段	起步阶段	初步发展阶段	发展阶段	深化阶段	全面深化阶段
思想政治教育	○	●	◉	○	○	●
社会公德教育	○	●	○		○	●
个人品德教育	○			○		●
劳动教育			◉			
法制教育					●	
心理健康教育					○	●
生态文明教育						●

图 8-67　生物学课程显性呈现 TMME

可以看出：

第一，就生物学课程显性呈现主要维度而言，在分布情况方面，三个维度分布范围皆非常广，在各个历史阶段皆有所分布。在衔接情况方面，三个维度衔接程度非常强，在相邻历史阶段皆有所衔接。在受关注程度方面，"思想政治教育"维度受关注程度比较低，仅在起步阶段、初步发展阶段、全面深化阶段比较受关注；后两个维度受关注程度非常低。

第二，就生物学课程显性呈现其他维度而言，在分布情况方面，"劳动教育""心理健康教育""生态文明教育"维度分布范围非常广，在涉及历史阶段皆有所分布；"法制教育"维度分布范围比较窄，仅在深化阶段有所分布。在衔接情况方面，心理健康教育在深化—全面深化阶段有所衔接；法制教育衔接程度非常弱。在受关注程度方面，生态文明教育受关注程度非常高，在涉及历史阶段比较受关注；心理健康、法制教育受关注程度比较低；劳动教育受关注程度非常低，没有比较受关注的历史阶段。

根据历史阶段各个学段（初中、高中、中学）显性程度各个维度频次情况，分别绘制各个学段生物学课程显性呈现 TMME 图，如图 8-68、图 8-69 所示。

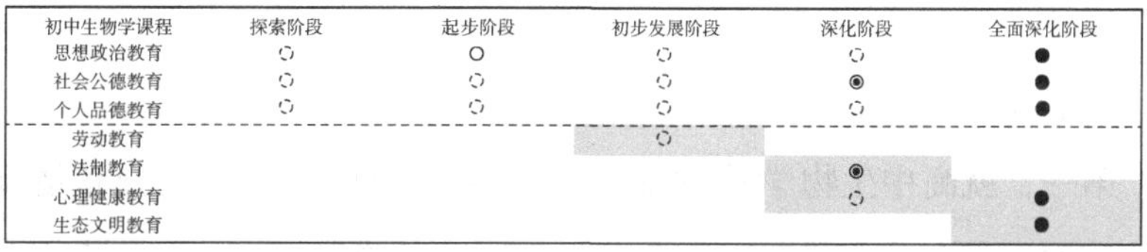

图 8-68　初中生物学课程显性呈现 TMME

可以发现：

第一，就初中生物学课程显性呈现主要维度而言，在分布情况方面，三个维度分布范围皆非常广，在涉及历史阶段皆有所分布。在衔接情况方面，三个维度衔接程度皆非常强，在相邻历史阶段皆有所衔接。在受关注程度方面，仅社会公德教育受关注程度比较低，在深化阶段、全面深化阶段皆比较的关注；其他维度受关注程度皆非常低，仅在全面深化阶段比较受关注。

第二，就初中生物学课程显性呈现其他维度而言，在分布情况方面，"劳动教育""心理健康教育""生态文明教育"维度分布范围非常广，在涉及历史阶段皆有所分布；"法制教育"维度分布范围比较窄，仅在深化阶段有所分布。在衔接情况方面，"心理健康教育"维度衔接程度非常强，在深化—全面深化阶段有所衔接；法制教育仅在深化阶段有所衔接。在受关注程度方面，生态文明教育受关注程度非常高，在全面深化阶段比较受关注；法制教育、心理健康教育维度受关注程度比较低，分别在深化阶段、全面深化阶段比较受关注；劳动教育维度受关注程度非常低，没有阶段比较受关注。

高中生物学课程	探索阶段	起步阶段	发展阶段	深化阶段	全面深化阶段
思想政治教育	◌	●		◌	●
社会公德教育	◌	○		○	●
个人品德教育	◌			◌	●
劳动教育					
法制教育				●	
心理健康教育				○	●
生态文明教育					●

图 8-69 高中生物学课程显性呈现 TMME

可以发现：

第一，就高中生物学课程显性呈现主要维度而言，在分布情况方面，前两个维度分布范围皆非常广，仅在发展阶段没有分布；个人品德教育分布范围比较广，仅在起步阶段、发展阶段没有分布。在衔接情况方面，前两个维度衔接程度比较强，仅在发展—深化阶段有所衔接；个人品德教育衔接程度比较弱，仅在深化—全面深化阶段有所衔接。在受关注程度方面，仅思想政治教育维度受关注程度比较低，在起步阶段、全面深化阶段比较受关注；其他维度受关注程度非常低，仅在全面深化阶段比较受关注。

第二，就高中生物学课程显性呈现其他维度而言，在分布情况方面，心理健康教育、生态文明教育分布范围非常广，在涉及历史阶段皆有所分布；法制教育分布范围比较窄，仅在深化阶段有所分布。在衔接情况方面，心理健康教育在深化—全面深化阶段有所衔接；法制教育衔接程度非常弱。在受关注程度方面，生态文明教育受关注程度非常高，在涉及历史阶段皆比较关注；心理健康教育、法制教育维度受关注程度比较低。

中学生物学课程	探索阶段	起步阶段	初步发展阶段	深化阶段	深化阶段
思想政治教育	○	●	●	○	○
社会公德教育	○	○	○	○	○
个人品德教育		○	○		○
劳动教育			○		
法制教育					○
心理健康教育					
生态文明教育					

图 8-70　中学生物学课程显性呈现 TMME

可以发现：

第一，就中学生物学课程显性呈现主要维度而言，在分布情况方面，前两个维度分布范围非常广，在涉及历史阶段皆有所分布；个人品德教育维度分布范围比较广，仅在起步阶段、深化阶段没有分布。在衔接情况方面，前两个维度衔接程度非常强，在相邻历史阶段皆有所衔接；个人品德教育衔接程度非常弱，仅在初步发展—发展阶段有所衔接。在受关注程度方面，思想政治教育受关注程度比较低，仅在起步阶段、初步发展阶段比较受关注；后两个维度受关注程度非常低。

第二，就中学生物学课程显性呈现其他维度而言，在分布情况方面，劳动教育维度分布范围非常广，在涉及历史阶段皆有所分布；法制教育分布范围比较窄，仅在深化阶段有所分布；心理健康教育则没有相关内容分布。在衔接情况方面，法制教育衔接程度非常弱。在受关注程度方面，各个维度受关注程度非常低，没有比较受关注的历史阶段。

六 自然（科学）课程显性呈现情况

综合自然课程在各个历史阶段显性呈现各个维度的基本情况，分别得到自然课程显性呈现主要维度频次图、自然课程显性呈现其他维度频次图，如图8-71、图8-72所示。

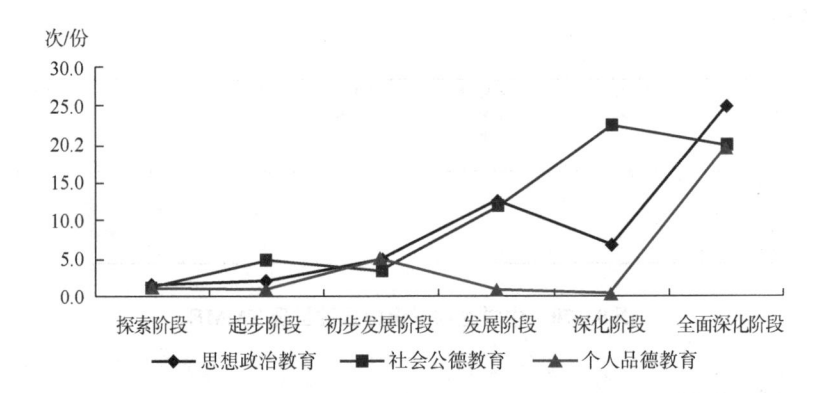

图8-71 自然（科学）课程显性呈现主要维度频次

	劳动教育	法制教育	心理健康教育	生态文明教育
■ 探索阶段				
■ 起步阶段				
■ 初步发展阶段	9.5			
■ 发展阶段		0.0		
■ 深化阶段		12.5	2.0	
■ 全面深化阶段			51.0	43.0

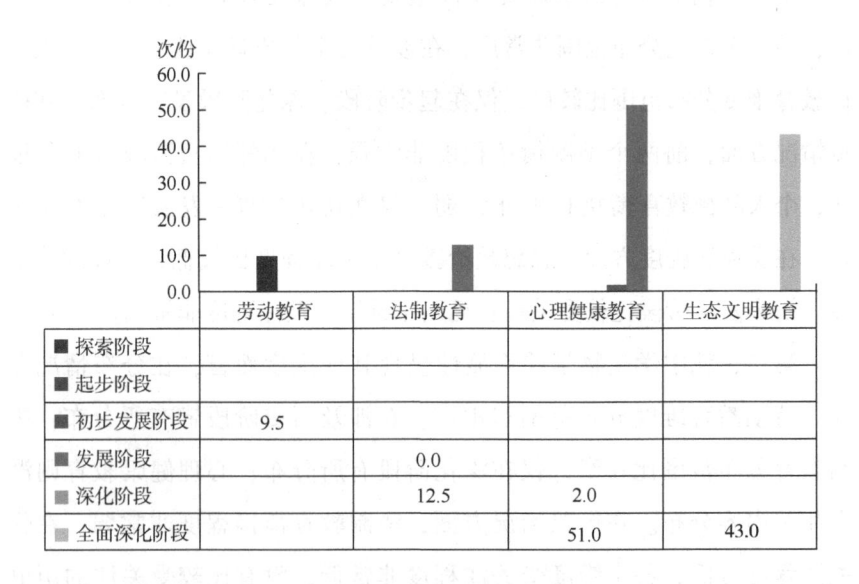

图8-72 自然（科学）课程显性呈现其他维度频次

第八章 中国中小学理科课程德育内容百年嬗变的总体分析

可以看出：

第一，就显性呈现主要维度而言，有以下特征。

首先，在思想政治教育维度，自然课程编码频次呈现"N"形变化特征，在探索阶段频次最低，在深化阶段有所下降，在全面深化阶段明显高于其他历史阶段。

其次，在社会公德教育维度，自然课程编码频次呈现"M"形变化特征，在探索阶段频次最低，在深化阶段频次最高。

再次，在个人品德教育维度，自然课程编码频次呈现"W"形变化特征，在起步阶段、深化阶段有所下降，在全面深化阶段明显高于其他历史阶段。

最后，就三个维度总和而言，自探索阶段开始，逐阶段增加，在全面深化阶段陡增。

就三个维度差异而言，"思想政治教育"维度在探索阶段、初步发展阶段、发展阶段、全面深化阶段频次皆最高；"个人品德教育"维度在起步阶段、发展阶段、深化阶段、全面深化阶段频次皆最低，且在发展阶段、深化阶段频次明显低于其他维度；"社会公德教育"维度在起步阶段、深化阶段频次最高，且在深化阶段频次明显高于其他维度，在探索阶段、初步发展阶段频次最低。其中，发展阶段、深化阶段维度差异性明显大于其他历史阶段，历史阶段维度差异性指数从小到大依次为：探索阶段，初步发展阶段，起步阶段，全面深化阶段，发展阶段，深化阶段。

第二，就显性呈现其他维度而言，"法制教育"维度频次在深化阶段明显高于发展阶段；"心理健康教育"维度频次在全面深化阶段明显高于深化阶段，且是其他维度在各个历史阶段当中频次最高。

根据各个历史阶段显性呈现各个维度的频次情况，绘制生物学课程显性呈现 TMME 图，如图 8-73 所示。

自然课程	探索阶段	起步阶段	初步发展阶段	发展阶段	深化阶段	全面深化阶段
思想政治教育	○	○	○	●	○	●
社会公德教育	○	○	○	◉	○	●
个人品德教育	○	○	○	○	○	●
劳动教育			●			
法制教育					●	
心理健康教育					◌	●
生态文明教育					●	

图 8-73 自然（科学）课程显性呈现 TMME

可以看出：

第一，就自然课程显性呈现主要维度而言，在分布情况方面，三个维度分布范围皆非常广，在涉及历史阶段皆有所分布。在衔接情况方面，三个维度衔接程度皆非常强，在相邻历史阶段皆有所衔接。在受关注程度方面，前两个维度受关注程度比较低，社会公德教育仅在发展阶段、深化阶段、全面深化阶段比较受关注；思想政治教育在发展阶段、全面深化阶段比较受关注；个人品德教育受关注程度非常低，仅在全面深化阶段比较受关注。

第二，就自然课程显性呈现其他维度而言，在分布情况方面，劳动教育、心理健康教育、"生态文明教育"维度分布范围非常广，在涉及历史阶段皆有所分布；法制教育分布范围比较窄，仅在深化阶段有所分布。在衔接情况方面，心理健康教育在深化—全面深化阶段有所衔接；法制教育衔接程度非常弱。在受关注程度方面，劳动教育、生态文明教育受关注程度非常高，在涉及历史阶段皆比较受关注；法制教育、心理健康教育受关注程度比较低，前者仅在深化阶段，后者仅在全面深化阶段比较受关注。

七 理科课程显性呈现情况的比较分析

（一）整体情况的比较分析

综合中小学理科课程各个历史阶段显性呈现不同维度的情况，分别

第八章 中国中小学理科课程德育内容百年嬗变的总体分析

绘制中小学理科课程思想政治教育维度频次图、中小学理科课程社会公德教育维度频次图、中小学理科课程个人品德教育维度频次图，以及中小学理科课程显性呈现其他维度频次图，如图 8-74 至图 8-77 所示。

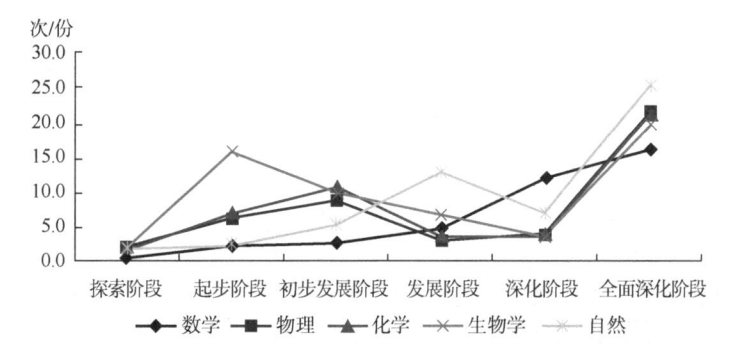

图 8-74 中小学理科课程思想政治教育维度频次

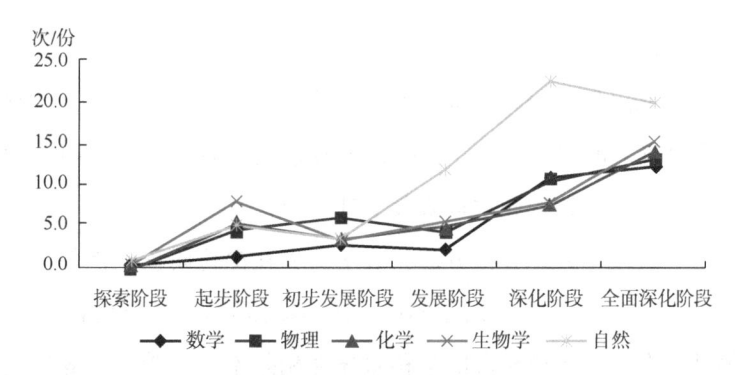

图 8-75 中小学理科课程社会公德教育维度频次

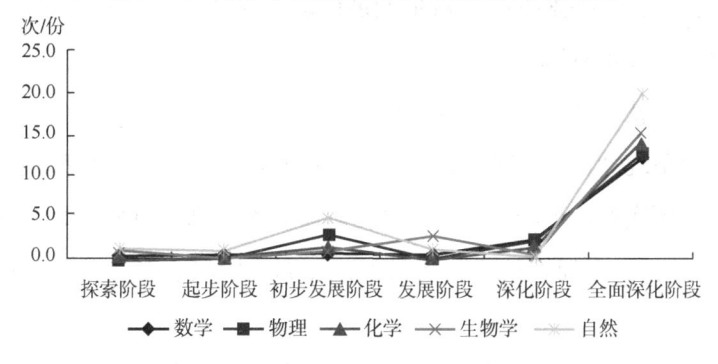

图 8-76 中小学理科课程个人品德教育维度频次

	数学	物理	化学	生物学	自然
■ 劳动教育	5.6	2.0	3.7	3.7	9.5
■ 生态文明教育	1.8	26.2	41.2	29.7	43.0
■ 法制教育(发展阶段)	0.2	1.0	0.0	0.0	0.0
■ 法制教育(深化阶段)	0.3	3.3	10.2	8.1	12.5
■ 心理健康教育(深化阶段)	2.2	1.7	0.8	2.3	2.0
■ 心理健康教育(全面深化阶段)	59.8	30.8	48.3	42.7	51.0

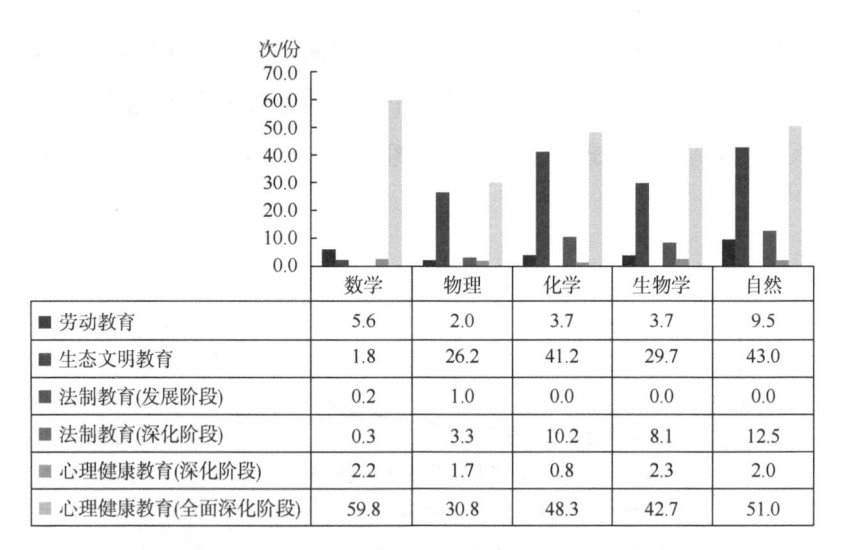

图 8-77 中小学理科课程显性呈现其他维度频次

不难看出：

第一，就思想政治教育维度而言，物理、化学、生物学、自然课程频次呈现"N"形变化特征，在探索阶段频次皆最低，在全面深化阶段频次皆最高；数学课程频次逐阶段上升。

在历史阶段学科差异性方面，数学课程在深化阶段频次最高，在探索阶段、起步阶段、初步发展阶段、全面深化阶段频次皆为最低。

另外，在各个历史阶段的学科差异性相差不大，学科差异性指数从小到大依次为：探索阶段、初步发展阶段，深化阶段，全面深化阶段，发展阶段，起步阶段。

第二，就社会公德教育维度而言，数学、物理、化学、生物学课程频次变化呈现"N"形特征，在探索阶段频次最低，在发展阶段、初步发展阶段频次有所下降，在全面深化阶段频次最高。自然课程变化呈现"M"形特征，在探索阶段频次最低，在起步阶段、深化阶段频次有所上升。

在历史阶段学科差异性方面，数学课程在起步阶段、初步发展阶

第八章　中国中小学理科课程德育内容百年嬗变的总体分析

段、发展阶段、全面深化阶段频次皆最低；自然课程在探索阶段、发展阶段、深化阶段、全面深化阶段频次皆为最高，且在深化阶段明显高于其他理科课程。

另外，除了深化阶段，其他历史阶段学科差异性比较接近，都在0—10的范围内。学科差异性指数从小到大依次为：探索阶段，初步发展阶段，起步阶段，全面深化阶段，发展阶段，深化阶段。

第三，就个人品德教育维度而言，数学、物理、化学课程频次呈现"N"形变化特征，分别在初步发展阶段、发展阶段有所下降，在全面深化阶段最高；生物学、自然课程频次呈现"W"形变化特征，在起步阶段、深化阶段有所下降，在全面深化阶段频次最高。

在历史阶段学科差异性方面，数学课程在探索阶段、初步发展阶段、全面深化阶段频次皆最低，仅在深化阶段频次最高；自然课程在探索阶段、起步阶段、初步发展阶段、全面深化阶段频次皆最高。

另外，各个历史阶段学科差异性比较接近，都在0—10的范围内。学科差异性指数从小到大依次为：起步阶段，探索阶段，深化阶段，发展阶段，初步发展阶段，全面深化阶段。

第四，就其他维度而言，"心理健康教育"维度在全面深化阶段在各门理科课程中频次皆最高；"法制教育"维度在发展阶段各门理科课程中频次皆最低。

在其他维度学科差异性方面，自然课程在"劳动教育""生态文明教育""法制教育"（深化阶段）维度频次高于其他理科课程，而在"法制教育"（发展阶段）维度频次低于其他理科课程；数学课程在"心理健康教育"维度频次最高，在"生态文明教育""法制教育"（深化阶段）维度频次最低，且在"生态文明教育"维度频次明显低于其他理科课程。物理课程在"法制教育"（发展阶段）维度频次最高，在"劳动教育""心理健康教育"（全面深化阶段）维度频次最低，且在

· 389 ·

"心理健康教育"(全面深化阶段)维度频次明显低于其他理科课程。

另外,"法制教育"(发展阶段)、"心理健康教育"(深化阶段)、"劳动教育"维度学科差异性比较接近,皆在0—10的范围内;"生态文明教育"维度差异性明显大于其他维度。学科差异性指数从小到大依次为:法制教育(发展阶段),心理健康教育(深化阶段),劳动教育,法制教育(深化阶段),心理健康教育,生态文明教育。

(二) 学段情况的比较分析

综合各个历史阶段理科课程德育内容显性呈现各个维度的学段情况,得到各个学段理科课程显性呈现主要维度频次、其他维度频次情况。

不难发现:

第一,就小学理科课程显性呈现主要维度而言,有以下特征。

在"思想政治教育"维度,数学课程频次逐阶段升高,在全面深化阶段明显高于其他历史阶段;自然课程频次呈现"N"形变化特征,在探索阶段频次最低,在深化阶段有所下降,在全面深化阶段明显高于其他历史阶段。另外,历史阶段学科差异性方面,数学课程除了在深化阶段频次高于自然课程,在其他历史阶段频次皆低于自然课程。

在"社会公德教育"维度,数学课程频次呈现倒"V"形变化特征,在探索阶段频次最低,在深化阶段频次最高;自然课程频次呈现"M"形变化特征,在探索阶段频次最低,在起步阶段、深化阶段有所升高。另外,在历史阶段学科差异性方面,探索阶段两门课程频次相同,数学课程在其他历史阶段频次皆低于自然课程。

在"个人品德教育"维度,数学课程频次呈现"N"形变化特征,在探索阶段频次最低,在初步发展阶段有所下降,在全面深化阶段频次最高;自然课程频次呈现"W"形变化特征,在全面深化阶段明显高于其他历史阶段,在起步阶段、深化阶段分别有所下降。另外,历史阶段学科差异性方面，数学课程在发展阶段、深化阶段频次高于自然课程，其他历史阶段皆低于自然课程。

第二，就小学理科课程显性呈现其他维度而言，有以下特征。

小学理科课程（数学、自然）在"心理健康教育"（全面深化发展）维度频次最高，在"法制教育"（发展阶段）维度频次最低。其中，自然课程在"生态文明教育"维度频次明显高于数学课程。

第三，就初中理科课程显性呈现主要维度而言，有以下特征。

在"思想政治教育"维度，化学、生物学课程频次呈现"N"形变化特征，在探索阶段频次最低，在深化阶段、初步发展阶段有所下降，在全面深化阶段频次明显高于其他历史阶段；物理课程频次逐阶段升高，在全面深化阶段明显高于其他历史阶段。在历史阶段学科差异性方面，物理课程在探索阶段、全面深化阶段理科课程中频次最高，在起步阶段频次最低；化学课程在深化阶段、全面深化阶段频次最低，在起步阶段频次最高。另外，四门理科课程差异性比较接近，皆在0—10的范围内，差异性指数从小到大依次为：起步阶段，探索阶段，全面深化阶段，深化阶段。

在"社会公德教育"维度，物理课程频次呈现倒"V"形变化特征，在探索阶段频次最低，在深化阶段频次最高；化学课程频次逐阶段升高；生物学课程频次呈现"N"形变化特征，在探索阶段频次最低，在初步发展阶段频次有所下降，在全面深化阶段频次最高。在历史阶段学科差异性方面，物理课程在探索阶段、深化阶段理科课程中频次最高，在全面深化阶段频次最低；化学课程在探索阶段、深化阶段频次最低，在起步阶段频次最高。另外，四门理科课程差异性比较接近，皆在0—5的范围内，差异性指数从小到大依次为：探索阶段，起步阶段，全面深化阶段，深化阶段。

在"个人品德教育"维度，物理、化学课程频次呈现"V"形变化特征，在起步阶段频次最低，在全面深化阶段频次最高；生物学课程频次呈现"凹"形变化特征，在起步阶段、初步发展阶段频次最低，在全面深化阶段频次最高。在历史阶段学科差异性方面，物理课程在起步阶段、全面深化阶段理科课程中频次最低，在深化阶段频次最高；生物学课程在探索阶段、起步阶段频次最高，在深化阶段频次最低。另外，四门理科课程差异性比较接近，皆在0—5的范围内，差异性指数从小到大依次为：起步阶段，探索阶段，深化阶段，全面深化阶段。

第四，就初中理科课程显性呈现其他维度而言，有以下特征。

初中理科课程（数学、物理、化学、生物学）在"心理健康教育"（全面深化发展）维度频次最高，物理、化学、生物学课程在"心理健康教育"（深化阶段）维度频次最低，数学课程在"法制教育"（深化阶段）维度频次最低。

在其他维度学科差异性方面，数学课程在"心理健康教育"（深化阶段）、"心理健康教育"（全面深化阶段）维度理科课程中频次最高，且在后者明显高于其他理科课程，在"生态文明教育""法制教育"（深化阶段）维度频次最低，且在前一维度明显高于其他理科课程。另外，四门理科课程差异性比较大，差异性指数从小到大依次为：心理健康教育（深化阶段），法制教育（深化阶段），生态文明教育，心理健康教育（全面深化阶段）。

第五，就高中理科课程显性呈现主要维度而言，有以下特征。

在"思想政治教育"维度，物理、化学、生物学课程频次呈现"N"形变化特征，皆在发展阶段频次最低，在全面深化阶段频次明显高于其他历史阶段；数学课程频次呈现倒"V"形特征，在深化阶段频次最高。在历史阶段学科差异性方面，物理课程在探索阶段、全面深化阶段理科课程中频次最高，在发展阶段、深化阶段频次最低；数学课程在

第八章 中国中小学理科课程德育内容百年嬗变的总体分析

深化阶段频次最高,在探索阶段、全面深化阶段频次最低;化学课程在起步阶段、发展阶段、深化阶段频次最低。另外,四门理科课程差异性比较接近,差异性指数从小到大依次为:发展阶段,起步阶段,探索阶段,发展阶段,全面深化阶段。

在"社会公德教育"维度,四门理科课程频次皆呈现"N"形变化特征,数学课程在探索阶段频次最低,在深化阶段有所下降,在全面深化阶段频次最高;物理、化学、生物学课程在发展阶段频次最低,在全面深化阶段频次最高。在历史阶段学科差异性方面,数学课程在探索阶段、深化阶段、全面深化阶段理科课程中频次皆最低;物理课程在探索阶段、起步阶段、发展阶段频次皆为最低,在深化阶段频次最高。另外,四门理科课程差异性比较接近,皆在0—10的范围内,差异性指数从小到大依次为:发展阶段,探索阶段,起步阶段,深化阶段,全面深化阶段。

在"个人品德教育"维度,数学课程仅在全面深化阶段涉及相关内容;物理、化学课程频次呈现"N"形变化特征,在发展阶段频次最低,在全面深化阶段频次明显高于其他历史阶段;生物学课程频次呈现"凹"形变化特征,在起步阶段、发展阶段频次最低,在全面深化阶段频次明显高于其他历史阶段。在历史阶段学科差异性方面,数学课程在探索阶段、深化阶段、全面深化阶段理科课程中频次皆最低;化学课程在起步阶段、深化阶段频次最高,在探索阶段、发展阶段频次最低;生物学课程在探索阶段、全面深化阶段频次最高,在起步阶段、发展阶段频次最低。另外,四门理科课程差异性比较接近,皆在0—10的范围内,差异性指数从小到大依次为:发展阶段,探索阶段,起步阶段,深化阶段,全面深化阶段。

第六,就高中理科课程显性呈现其他维度而言,有以下特征。

高中理科课程(数学、物理、化学、生物学)在"心理健康教育"(全面深化发展)维度频次最高,且明显高于其他维度;物理、化学、生物学课程在"法制教育"（发展阶段）维度频次最低，数学课程在"劳动教育"维度频次最低。

在其他维度学科差异性方面，化学课程在"生态文明教育""法制教育"（深化阶段）、"心理健康教育"（全面深化阶段）维度频次明显高于其他理科课程，在"法制教育"（发展阶段）、"心理健康教育"（深化阶段）维度中频次最低；物理课程在"法制教育"（发展阶段）、"心理健康教育"（深化阶段）、"心理健康教育"（全面深化阶段）维度频次最低，且在"心理健康教育"（全面深化教育）维度频次明显低于其他理科课程。另外，四门理科课程差异性比较大，在"生态文明教育"维度，化学课程频次远高于数学课程，学科差异性指数从小到大依次为：法制教育（发展阶段），心理健康教育（深化阶段），法制教育（深化阶段），心理健康教育（全面深化阶段），生态文明教育。

第七，就高中理科课程显性呈现主要维度而言，有以下特征。

在"思想政治教育"维度，数学课程频次逐阶段上升；物理课程在探索阶段频次最低，在起步阶段频次最高，在发展阶段、深化阶段频次有所下降；化学、生物学课程频次呈现倒"V"形特征，在起步阶段频次最高。在历史阶段学科差异性方面，数学课程在探索阶段、起步阶段、初步发展阶段理科课程中频次最低，在深化阶段频次最高，且明显高于其他理科课程；生物学课程在探索阶段、起步阶段、初步发展阶段、发展阶段频次高于其他理科课程，且在起步阶段明显高于其他理科课程。另外，四门理科课程差异性比较大，在起步阶段生物学课程频次明显高于数学课程频次，差异性指数从小到大依次为：探索阶段，发展阶段，初步发展阶段，深化阶段，起步阶段。

在"社会公德教育"维度，数学、物理、生物学课程频次皆呈现"N"形变化特征，在探索阶段频次最低，在发展阶段、初步发展阶段频次有所下降；化学课程频次呈现"M"形变化特征，在探索阶段频次最低,在起步阶段、发展阶段频次分别有所上升。在历史阶段学科差异性方面,数学课程在涉及历史阶段理科课程中频次皆最低;化学课程在发展阶段频次最高,在探索阶段、深化阶段频次最低;生物学课程在探索阶段、起步阶段、深化阶段频次皆为最高。另外,起步阶段学科差异性较其他阶段较大,差异性指数从小到大依次为:探索阶段,深化阶段,初步发展阶段,发展阶段。

在"个人品德教育"维度,数学课程频次呈现"N"形变化特征,在探索阶段频次最低,在发展阶段频次有所下降;物理、化学课程仅在初步发展阶段涉及相关内容;生物学课程在起步阶段频次最低,在发展阶段频次最高。在历史阶段学科差异性方面,物理课程在初步发展阶段理科课程中频次最高,在其他历史阶段频次皆为零;生物学课程在探索阶段、发展阶段频次最高,在其他历史阶段频次皆最低。另外,四门理科课程差异性比较接近,皆在0—5的范围内,差异性指数从小到大依次为:探索阶段,起步阶段,深化阶段,初步发展阶段,发展阶段。

第八,就中学理科课程显性呈现其他维度而言,数学课程在"劳动教育"维度频次最高,物理、化学、生物学课程在"法制教育"(深化阶段)维度频次皆最高;数学、化学、生物学课程在"法制教育"(发展阶段)维度频次皆最低。

在其他维度学科差异性方面,数学课程在"劳动教育""心理健康教育"(深化阶段)维度频次最高,在"法制教育"(发展阶段)、"法制教育"(深化阶段)维度频次最低。另外,四门理科课程差异性比较大,在"生态文明教育"维度,化学课程频次远高于数学课程,学科差异性指数从小到大依次为:心理健康教育(深化阶段),法制教育(发展阶段),劳动教育,法制教育(深化阶段)。

(三)TMME 图的比较分析

根据各个历史阶段显性呈现各个维度的频次情况,绘制中小学理科课程 TMME 图，如图 8-78 至 8-81 所示。

思想政治教育	探索阶段	起步阶段	初步发展阶段	发展阶段	深化阶段	全面深化阶段
数学	○	○	○	○	◉	●
物理	○	○	◉	○	○	●
化学	○	○	◉	○	○	●
生物学	○	●	◉	○	○	●
自然	○	○	○	●	○	●

图 8-78　中小学理科课程思想政治教育维度 TMME

社会公德教育	探索阶段	起步阶段	初步发展阶段	发展阶段	深化阶段	全面深化阶段
数学	○	○	○	○	◉	●
物理	○	○	○	◉	○	●
化学	○	○	○	○	○	●
生物学	○	◉	○	○	○	●
自然	○	○	◉	○	○	●

图 8-79　中小学理科课程社会公德教育维度 TMME

个人品德教育	探索阶段	起步阶段	初步发展阶段	发展阶段	深化阶段	全面深化阶段
数学	○	○	○	○	○	●
物理	○	○	○	○	○	●
化学	○	○	○	○	○	●
生物学	○	○	○	○	○	●
自然	○	○	○	○	○	●

图 8-80　中小学理科课程个人品德教育维度 TMME

	劳动教育 初步发展阶段	法制教育 发展阶段	法制教育 深化阶段	心理健康教育 深化阶段	心理健康教育 全面深化阶段	生态文明教育 全面深化阶段
数学	○	○	○	○	●	○
物理	○	○	○	○	●	●
化学	○	○	◉	○	●	●
生物学	○	○	◉	○	●	●
自然	●	○	●	○	●	●

图 8-81　中小学理科课程显性呈现其他维度 TMME

不难看出：

第一，就中小学理科课程思想政治教育维度而言，在分布情况方面，五门课程分布范围皆非常广，在涉及历史阶段皆有所分布。在衔接情况方面，五门课程衔接程度皆非常强，在相邻历史阶段皆有所衔接。在受关注程度方面，五门课程受关注程度皆比较低，其中仅生物学课程在起步阶段、初步发展阶段、全面深化阶段比较受关注，其他课程只在两个历史阶段比较受关注。

第二，就中小学理科课程社会公德教育维度而言，在分布情况方面，五门课程分布范围皆非常广，仅化学课程在探索阶段没有分布，其

第八章　中国中小学理科课程德育内容百年嬗变的总体分析

他课程在各个历史阶段皆有所分布。在衔接情况方面，五门课程衔接程度皆非常强，仅化学课程在探索—起步阶段没有衔接，其他课程在相邻历史阶段皆有所衔接。在受关注程度方面，除了化学课程之外的其他理科课程受关注程度皆比较低，其中，自然课程在发展阶段、深化阶段、全面深化阶段比较受关注，数学、物理课程在深化阶段、全面深化阶段比较受关注，生物学在起步阶段、全面深化阶段比较受关注；化学课程受关注程度非常低，仅在全面深化阶段比较受关注。

第三，就中小学理科课程个人品德教育维度而言，在分布情况方面，五门课程分布范围皆非常广，其中，数学仅在探索阶段没有分布，物理、化学仅在发展阶段没有分布，生物学、自然在所有历史阶段皆有所分布。在衔接情况方面，数学、生物学、自然课程衔接程度非常强，其中，仅数学在探索—起步阶段没有分布；物理、化学课程衔接程度比较强，仅在初步发展—发展阶段、发展—深化阶段没有衔接。在受关注程度方面，五门课程受关注程度皆非常低，仅在全面深化阶段比较受关注。

第四，就中小学理科课程显性呈现其他维度而言，有以下特征。

在劳动教育维度，自然课程受关注程度高于其他理科课程。

在"生态文明教育"维度，数学课程受关注程度低于其他理科课程。

在法制教育维度，化学、生物学、自然课程受关注程度比较低，仅在深化阶段比较受关注；数学、物理课程受关注程度非常低，没有比较受关注的阶段。

在心理健康教育维度，各门理科课程受关注程度皆比较低，仅在全面深化阶段比较受关注。

根据历史阶段各个学段（小学、初中、高中、中学）显性呈现各个维度的频次情况，绘制各个学段理科课程显性呈现 TMME 图，如图 8-82 至图 8-85 所示。

小学思想政治教育	探索阶段	起步阶段	初步发展阶段	发展阶段	深化阶段	全面深化阶段
数学	○	○	○	○	◉	●
自然	○	○	○	●	○	●
小学社会公德教育	探索阶段	起步阶段	初步发展阶段	发展阶段	深化阶段	全面深化阶段
数学	○	○	○	○	●	●
自然	○	○	○	◉	●	●
小学个人品德教育	探索阶段	起步阶段	初步发展阶段	发展阶段	深化阶段	全面深化阶段
数学		○	○	○	○	●
自然	○	○	○	○	○	●
小学其他维度	劳动教育 初步发展阶段	法制教育 发展阶段	法制教育 深化阶段	心理健康教育 深化阶段	心理健康教育 全面深化阶段	生态文明教育 全面深化阶段
数学	○	○	○	○	○	○
自然	◉	○	●	○	●	○

图8-82 小学理科课程显性呈现各个维度TMME①

不难看出：

第一，就小学理科课程思想政治教育维度而言，在分布情况方面，数学、自然课程分布范围非常广，在各个历史阶段皆有所分布。在衔接情况方面，数学、自然课程衔接程度非常强，在相邻历史阶段皆有所衔接。在受关注程度方面，数学、自然课程受关注程度比较低，前者仅在深化阶段、全面深化阶段比较受关注，后者仅在发展阶段、全面深化阶段比较受关注。

第二，就小学理科课程社会公德教育维度而言，在分布情况方面，数学、自然课程分布范围非常广，在各个历史阶段皆有所分布。在衔接情况方面，数学、自然课程衔接程度非常强，在相邻历史阶段皆有所衔接。在受关注程度方面，数学、自然课程受关注程度比较低，前者仅在深化阶段、全面深化阶段比较受关注，后者仅在发展阶段、深化阶段、全面深化阶段比较受关注。

第三，就小学理科课程个人品德教育维度而言，在分布情况方面，数学、自然课程分布范围非常广，其中数学课程在探索阶段没有内容分布；在衔接情况方面，其中数学课程在探索—起步阶段没有衔接。在受关注程度方面，数学、自然课程受关注程度皆非常低，仅在全面深化阶

---

① 图中阴影部分表示该历史阶段存在对应学科课程标准文本。下同。

第八章 中国中小学理科课程德育内容百年嬗变的总体分析

段比较受关注。

第四,就小学理科课程显性呈现其他维度而言,有以下特征。

在"劳动教育""生态文明教育"维度,自然课程受关注程度高于数学课程。

在法制教育维度,数学自然课程分布范围非常广,在涉及历史阶段皆有所分布,自然课程分布范围比较窄,仅在深化阶段有所分布;数学课程衔接情况非常好,在涉及历史阶段皆有所衔接;自然课程受关注程度比较低,仅在深化阶段比较受关注,数学课程受关注程度非常低,没有比较受关注的阶段。

在心理健康教育维度,数学、自然课程分布范围非常广,在涉及历史阶段皆有所分布;衔接情况非常好,在涉及历史阶段皆有所衔接;自然课程受关注程度非常高,在涉及历史阶段皆比较受关注,数学课程受关注程度比较低,仅在全面深化阶段比较受关注。

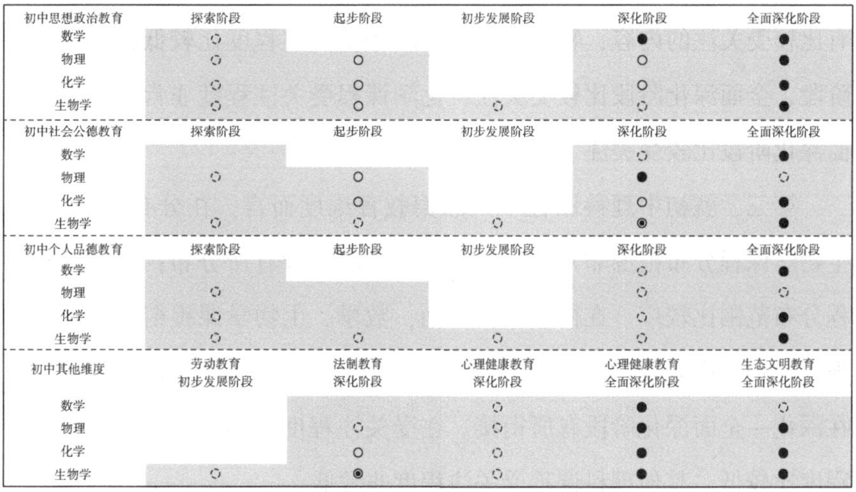

图 8-83 初中理科课程显性呈现各个维度 TMME[①]

---

① 图中阴影部分表示该历史阶段存在对应学科课程标准文本。下同。

不难看出：

第一，就初中理科课程思想政治教育维度而言[①]，在分布情况方面，四门课程分布范围皆非常广，在涉及历史阶段皆有所分布。在衔接情况方面，四门课程衔接程度皆非常强，在相邻历史阶段皆有所衔接。在受关注程度方面，仅数学课程受关注程度比较高，仅在探索阶段没有比较受关注的内容；其他课程受关注程度皆非常低，仅在全面深化阶段比较受关注。

第二，就初中理科课程社会公德教育维度而言，在分布情况方面，物理、生物学课程分布范围非常广，在涉及历史阶段皆有所分布；化学、数学课程分布范围比较广，仅在探索阶段没有分布。在衔接情况方面，数学、物理、生物学课程衔接程度皆非常强，在相邻历史阶段皆有所衔接；化学课程衔接程度比较弱，仅在深化—全面深化阶段有所衔接。在受关注程度方面，数学课程受关注程度比较高，仅在探索阶段没有比较受关注的内容；物理、生物学课程受关注程度比较低，仅在深化阶段、全面深化阶段比较受关注；化学课程受关注程度非常低，仅在全面深化阶段比较受关注。

第三，就初中理科课程个人品德教育维度而言，在分布情况方面，生物学课程分布范围非常广，在涉及历史阶段皆有所分布；其他理科课程分布范围比较广。在衔接情况方面，数学、生物学课程衔接程度非常强，在相邻历史阶段皆有所衔接；物理、化学课程衔接程度比较弱，仅在深化—全面深化阶段有所衔接。在受关注程度方面，数学课程受关注程度比较低，其他理科课程受关注程度非常低。

[①] 在各个学段 TMME 图中，关于分布情况、衔接情况、受关注程度的分析，以该学段具体学科中具有课程文本的历史阶段数量作为分母，比如，初中思想政治教育维度中数学课程文本涉及探索、深化、全面深化三个历史阶段，因此计算分母为 3 而非 6。下同。

第八章　中国中小学理科课程德育内容百年嬗变的总体分析

第四，就初中理科课程显性呈现其他维度而言，有以下特征。

在"劳动教育"维度，仅生物学课程具有该阶段课程文本且有相关内容分布。

在"生态文明教育"维度，各门理科课程在涉及历史阶段皆有所分布，但是仅数学课程没有比较受关注的内容。

在法制教育维度，物理、化学、生物学课程皆有所分布；仅生物学课程在深化阶段比较受关注。

在心理健康教育维度，各门理科课程分布范围皆非常广，在涉及历史阶段皆有所分布；衔接情况皆非常好，在涉及历史阶段皆有所衔接；受关注程度皆比较低，仅在全面深化阶段比较受关注。

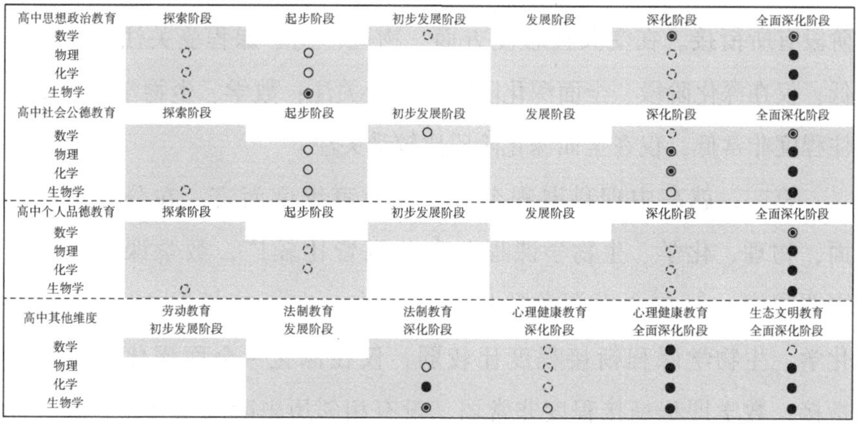

图 8-84　高中理科课程显性呈现各个维度 TMME

不难看出：

第一，就高中理科课程思想政治教育维度而言，在分布情况方面，物理、化学、生物学课程分布范围皆非常广，仅在发展阶段没有相关内容分布；数学课程分布范围比较广。在衔接情况方面，数学课程衔接程度非常强，在相邻历史阶段，即深化—全面深化阶段有所衔接；物理、

· 401 ·

化学、生物学课程衔接程度比较强，仅在发展—深化阶段没有衔接。在受关注程度方面，数学、生物学课程受关注程度比较低，数学仅在深化阶段、全面深化阶段，生物学仅在起步阶段、全面深化阶段比较受关注；物理、化学课程受关注程度非常低，仅在全面深化阶段比较受关注。

第二，就高中理科课程社会公德教育维度而言，在分布情况方面，生物学课程分布范围非常广，仅在发展阶段没有分布，其他理科课程分布范围比较广，其中，数学仅在探索阶段，物理、化学仅在探索阶段、发展阶段没有分布。在衔接情况方面，数学课程衔接程度非常强，在相邻历史阶段皆有所衔接；生物学课程衔接程度比较强，仅在发展—深化阶段没有衔接；物理、化学课程衔接程度比较弱，仅在深化—全面深化阶段有所衔接。在受关注程度方面，物理、化学课程受关注程度比较低，仅在深化阶段、全面深化阶段比较受关注；数学、生物学课程受关注程度非常低，仅在全面深化阶段比较受关注。

第三，就高中理科课程个人品德教育维度而言，在分布情况方面，物理、化学、生物学课程分布范围皆比较广，数学课程分布范围非常窄，仅在全面深化阶段有所分布。在衔接情况方面，物理、化学、生物学课程衔接程度比较弱，仅在深化—全面深化阶段有所衔接；数学课程衔接程度非常弱，没有相邻历史阶段衔接。在受关注程度方面，各门课程受关注程度皆非常低，仅在全面深化阶段比较受关注。

第四，就高中理科课程显性呈现其他维度而言，有以下特征。

在劳动教育维度，仅数学课程有该阶段文本但是没有相关内容分布。

在"生态文明教育"维度，各门理科课程在涉及历史阶段皆有所分布，但是仅数学课程没有比较受关注的内容。

第八章　中国中小学理科课程德育内容百年嬗变的总体分析

在法制教育维度，物理、化学、生物学课程分布范围比较窄，仅在深化阶段有所分布；数学课程在深化阶段没有相关内容。衔接程度皆非常弱，在发展—深化阶段没有衔接。仅化学、生物学课程受关注程度比较低，在深化阶段比较受关注。

在心理健康教育维度，各门理科课程分布范围皆非常广，在涉及历史阶段皆有所分布；衔接情况皆非常好，在涉及历史阶段皆有所衔接；受关注程度皆比较低，仅在全面深化阶段比较受关注。

中学思想政治教育	探索阶段	起步阶段	初步发展阶段	深化阶段	深化阶段
数学		○	○	○	●
物理	○	●	●	○	○
化学	○	●	●	○	○
生物学	○	●	○	○	○

中学社会公德教育	探索阶段	起步阶段	初步发展阶段	深化阶段	深化阶段
数学		○	○	○	○
物理		○	○	○	○
化学		○	○	○	○
生物学	○	●	○	○	○

中学个人品德教育	探索阶段	起步阶段	初步发展阶段	深化阶段	深化阶段
数学		○			
物理					
化学					
生物学	○				

中学其他维度	劳动教育 初步发展阶段	法制教育 发展阶段	法制教育 深化阶段	心理健康教育 深化阶段
数学	○			
物理	○	○	○	
化学	○		○	
生物学	○		○	

图 8-85　中学理科课程显性呈现各个维度 TMME

不难看出：

第一，就中学理科课程思想政治教育维度而言，在分布情况方面，四门课程分布范围皆非常广，仅数学课程在探索阶段没有内容分布。在衔接情况方面，物理、化学、生物学课程衔接程度皆非常强；数学课程衔接程度比较强，仅在探索—起步阶段没有衔接。在受关注程度方面，物理、化学、生物学课程受关注程度比较低，仅在起步阶段、初步发展阶段比较受关注；数学课程受关注程度非常低，仅在深化阶段比较受关注。

第二，就中学理科课程社会公德教育维度而言，在分布情况方面，四门课程分布范围皆非常广，数学、物理、化学课程在探索阶段没有内容分布。在衔接情况方面，生物学衔接程度非常强，在相邻历史阶段皆有所衔接；数学、物理、化学课程衔接程度比较强，仅在探索—起步阶段没有衔接。在受关注程度方面，四门课程受关注程度皆非常低，其中，仅生物学课程在起步阶段比较受关注。

第三，就中学理科课程个人品德教育维度而言，在分布情况方面，仅数学课程分布范围非常广，仅在探索阶段没有分布；生物学课程分布范围比较广，仅在起步阶段、深化阶段没有分布；物理、化学课程分布范围则非常窄，仅在初步发展阶段有所分布。在衔接情况方面，数学课程衔接程度比较强，仅在探索—起步阶段没有衔接；其他课程衔接程度皆非常弱，物理、化学课程没有相邻历史阶段衔接，生物学仅在初步发展—发展阶段有所衔接。在受关注程度方面，四门课程受关注程度皆非常低，没有比较受关注的历史阶段。

第四，就中学理科课程显性呈现其他维度而言，有以下特征。

在劳动教育维度，各门理科课程在初步发展阶段皆有所分布，但是没有比较受关注的内容。

在法制教育维度，仅物理课程分布非常广，在涉及历史阶段皆有所分布，化学、生物学课程分布范围比较窄，仅在深化阶段有所分布。仅物理课程衔接程度非常强，在发展—深化阶段有所衔接；化学、生物学衔接程度非常弱。各门理科课程受关注程度皆非常低，没有比较受关注的内容。

在心理健康教育维度，仅数学、物理课程在涉及历史阶段有所分布；但是受关注程度非常低，没有比较受关注的历史阶段。

第八章 中国中小学理科课程德育内容百年嬗变的总体分析

第四节 隐性渗透方面总体情况

一 理科课程隐性渗透情况概述

（一）基于基本情况分析

综合中小学理科课程在各个历史阶段隐性渗透各个维度的基本情况，得到中小学理科课程隐性渗透维度频次图，如图 8-86 所示。

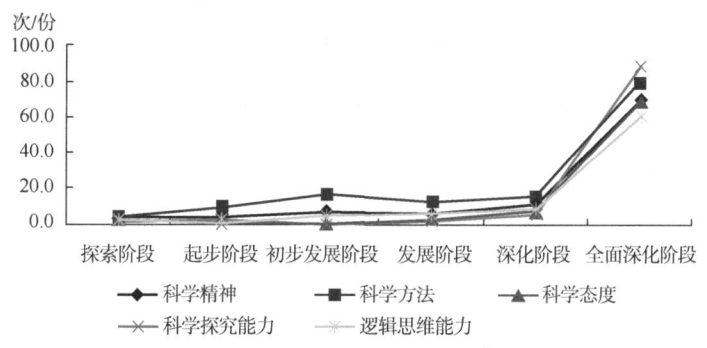

图 8-86 中小学理科课程隐性渗透各个维度频次

由此可见中小学理科课程德育内容隐性渗透各个维度频次随历史阶段变化特征。

在科学精神、科学方法、科学态度维度变化皆呈现"N"形特征，其中，科学方法维度在发展阶段有所下降，科学精神、科学态度维度在初步发展阶段有所下降；科学探究能力维度变化呈现"凹"形特征，在起步阶段、初步发展阶段频次最低；逻辑思维能力维度变化呈现逐渐升高特征；各个维度皆在全面深化阶段陡升。

另外，科学方法维度在全面深化阶段之外的其他历史阶段隐性渗透中频次皆最高，科学探究能力维度在全面深化阶段频次最高，在探索阶段、起步阶段、深化阶段频次皆最低。探索阶段、起步阶段维度差异性指数比较接近且较小，全面深化阶段维度差异性指数明显大于其他历史阶段。

· 405 ·

分别绘制各个学段理科课程隐性渗透维度频次图，如图8-87至图8-90所示。

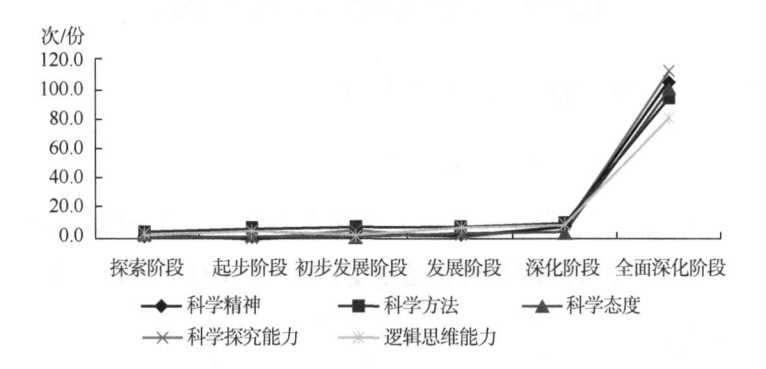

图8-87　小学理科课程隐性渗透维度频次

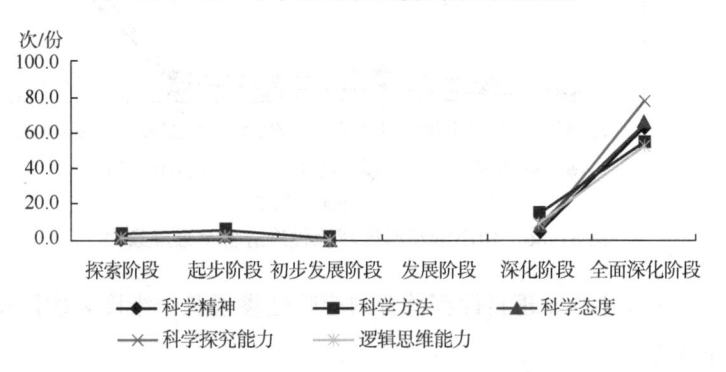

图8-88　初中理科课程隐性渗透维度频次

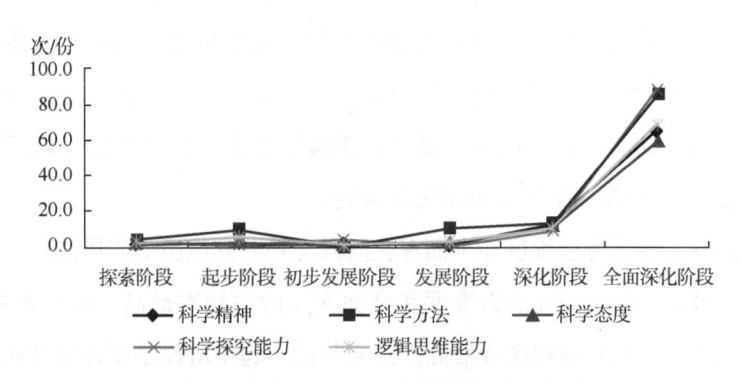

图8-89　高中理科课程隐性渗透维度频次

第八章　中国中小学理科课程德育内容百年嬗变的总体分析

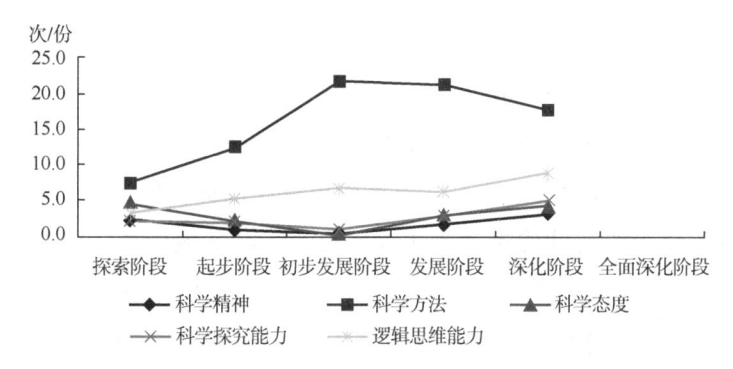

图8-90　中学理科课程隐性渗透维度频次

由此可见中小学理科课程德育内容隐性渗透各个维度学段频次在各历史阶段的变化特征。

在小学理科课程方面，各个维度在全面深化阶段频次明显大于其他历史阶段，其中，科学精神、科学探究能力维度变化呈现"V"形特征，在初步发展阶段频次最低；科学态度、逻辑思维能力维度变化呈现"N"形特征，在初步发展阶段有所下降；科学方法维度变化呈现逐渐升高的特征。科学方法维度在全面深化阶段之外的其他历史阶段隐性渗透中频次皆最高，科学精神维度在探索阶段、初步发展阶段、发展阶段频次皆最低。另外，除了全面深化阶段，其他五个历史阶段隐性渗透差异性指数比较接近且较低，皆在0—10的范围内；全面深化阶段维度差异性指数明显大于其他历史阶段。

在初中理科课程方面，各个维度在全面深化阶段频次明显大于其他历史阶段，其中，各个维度变化呈现"N"形特征，在初步发展阶段有所下降。科学方法维度在探索阶段、起步阶段、初步发展阶段、深化阶段各个维度中频次皆最高，科学探究能力维度在前三个历史阶段频次皆最低，在全面深化阶段频次明显高于其他维度。另外，前三个历史阶段隐性渗透维度差异性指数比较接近且较低，皆在0—10的范围内；全面深化阶段维度差异性指数明显大于其他历史阶段。

在高中理科课程方面，各个维度在全面深化阶段频次明显大于其他历史阶段，其中，科学精神、科学方法、逻辑思维能力维度变化呈现"N"形特征，在初步发展阶段有所下降；科学态度、科学探究能力维度变化呈现"V"形特征，在初步发展阶段频次最低。科学探究能力维度在全面深化阶段隐性渗透维度中频次最高，在其他历史阶段频次皆最低；科学方法维度在全面深化阶段之外的其他历史阶段频次皆最高。另外，全面深化阶段维度差异性指数明显大于其他历史阶段。

在中学理科课程方面，科学精神、科学态度、科学探究能力维度变化呈现"V"形特征，在初步发展阶段频次最低；科学方法维度变化呈现倒"V"形特征，在初步发展阶段频次最高；逻辑思维能力维度变化呈现"N"形特征，在发展阶段有所下降。科学方法维度在涉及的五个历史阶段隐性渗透维度中频次皆最高，且在初步发展、发展阶段频次明显高于其他维度；科学精神维度在探索阶段之外的其他涉及历史阶段频次皆最低。另外，探索阶段维度差异性指数最小，初步发展阶段维度差异性指数最大。

（二）基于 TMME 图分析

综合已有理科课程德育内容隐性渗透相关数据，绘制中小学理科课程隐性渗透 TMME 图，如图 8-91 所示。

隐性渗透	探索阶段	起步阶段	初步发展阶段	发展阶段	深化阶段	全面深化阶段
科学精神	○	○	○	○	◉	●
科学方法	○	◉	●	●	●	●
科学态度	○	●	●	○	○	●
科学探究能力	○	○	○	○	●	●
逻辑思维能力	○	○	○	○	◉	●

图 8-91 中小学理科课程隐性渗透 TMME

由此可见中小学理科课程德育内容各项情况。

中小学理科课程德育内容隐性渗透分布情况：五个维度分布范围皆非常广，在各个历史阶段皆有所分布。

中小学理科课程德育内容隐性渗透衔接情况：五个维度衔接程度皆

第八章　中国中小学理科课程德育内容百年嬗变的总体分析

非常强,在每对相邻历史阶段皆有所衔接。

中小学理科课程德育内容隐性渗透受关注程度:科学方法维度受关注程度非常高,仅在探索阶段没有比较受关注的内容;科学精神、逻辑思维能力受关注程度比较低,仅在深化阶段、全面深化阶段比较受关注;科学态度、科学探究能力受关注程度非常低,仅在全面深化阶段比较受关注。

在总体情况基础上分别绘制各个学段理科课程显性呈现 TMME 图,如图 8-92 至图 8-95 所示。

图 8-92　小学理科课程隐性渗透 TMME

图 8-93　初中理科课程隐性渗透 TMME

图 8-94　高中理科课程隐性渗透 TMME

图 8-95　中学理科课程隐性渗透 TMME

· 409 ·

小学理科课程德育内容隐性渗透分布情况：五个维度分布范围皆非常广，在各个历史阶段皆有所分布。小学理科课程德育内容隐性渗透衔接情况：五个维度衔接程度皆非常强，在每对相邻历史阶段皆有所衔接。小学理科课程德育内容隐性渗透受关注程度：科学方法、逻辑思维能力维度受关注程度比较低，仅在深化阶段、全面深化阶段比较受关注；其他维度受关注程度非常低，仅在全面深化阶段比较受关注。

初中理科课程德育内容隐性渗透分布情况：除了科学探究能力维度，其他维度分布范围皆非常广，其中，科学方法在涉及历史阶段皆有所分布。科学探究能力分布范围比较广，仅在起步阶段、初步发展阶段没有分布。初中理科课程德育内容隐性渗透衔接情况：科学方法维度衔接程度非常强，在相邻历史阶段皆有所衔接；科学探究能力衔接程度比较弱，仅在深化—全面深化阶段有所衔接；其他维度衔接程度皆比较强，仅在起步—初步发展阶段没有衔接。初中理科课程德育内容隐性渗透受关注程度：科学方法、科学态度、逻辑思维能力受关注程度比较低，仅在深化阶段、全面深化阶段比较受关注；其他维度受关注程度非常低，仅在全面深化阶段比较受关注。

高中理科课程德育内容隐性渗透分布情况：各个维度分布范围皆非常广，其中，科学方法、逻辑思维能力维度在涉及历史阶段皆有所分布。高中理科课程德育内容隐性渗透衔接情况：科学方法、逻辑思维能力维度衔接程度非常强，在相邻历史阶段皆有所衔接；其他三个维度衔接程度比较强，仅在起步—初步发展阶段、初步发展—发展阶段没有衔接。高中理科课程德育内容隐性渗透受关注程度：仅科学方法维度受关注程度比较高，仅在探索阶段、初步发展阶段没有比较受关注的内容；其他维度受关注程度皆比较低，仅在深化阶段、全面深化阶段比较受关注。

中学理科课程德育内容隐性渗透分布情况：五个维度分布范围皆非

第八章　中国中小学理科课程德育内容百年嬗变的总体分析

常广，在各个历史阶段皆有所分布。中学理科课程德育内容隐性渗透衔接情况：五个维度衔接程度皆非常强，在涉及相邻历史阶段皆有所衔接。中学理科课程德育内容隐性渗透受关注程度：科学方法维度受关注程度非常高，仅在探索阶段没有比较受关注的内容；其他维度关注程度皆非常低，仅逻辑思维能力在深化阶段比较受关注。

二　数学课程隐性渗透情况

综合中小学数学课程在各个历史阶段隐性渗透各个维度的基本情况，得到中小学数学课程隐性渗透维度频次图，如图8-96所示。

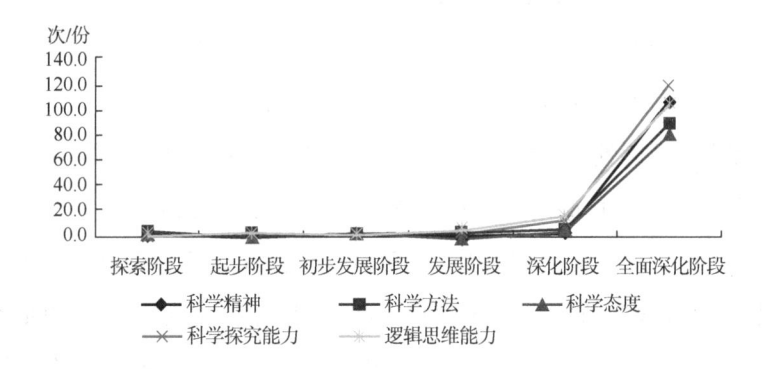

图8-96　中小学数学课程隐性渗透维度频次

可以看出：

第一，就中小学数学课程隐性渗透各个维度而言，各个维度频次在各历史阶段变化特征比较一致，频次呈现"V"形变化特征，在初步发展阶段频次最低，在全面深化阶段频次明显高于其他历史阶段。

第二，就中小学数学课程历史阶段维度差异而言，"逻辑思维能力"维度在前五个历史阶段频次皆最高；"科学精神"维度在探索阶段、初步发展阶段、发展阶段、深化阶段频次皆最低。另外，前四个历史阶段维度差异比较接近，全面深化阶段维度差异明显大于其他历史阶段，维度差异性指数从小到大依次为：探索阶段，起步阶段，初步发展阶段，

· 411 ·

发展阶段，深化阶段，全面深化阶段。

分别统计数学课程各个学段（小学、初中、高中、中学）隐性渗透维度频次情况。

可以发现：

第一，就小学阶段而言，数学课程文本涉及各个历史阶段。

首先，在隐性渗透各个维度，"科学精神"维度在初步发展阶段频次最低，在全面深化阶段陡升；"科学方法"维度在初步发展阶段频次最低，在全面深化阶段陡升；"科学态度"维度频次呈现"N"形变化特征，在初步发展阶段频次最低，在全面深化阶段陡升；"科学探究能力""逻辑思维能力"维度频次呈现"V"形变化特征，在起步阶段频次最低，在全面深化阶段陡升。

其次，在隐性渗透维度差异方面，"科学精神"维度频次在全面深化阶段明显高于其他维度，在探索阶段、初步发展阶段、发展阶段最低；"科学方法"维度频次在深化阶段、全面深化阶段最低，在发展阶段最高；"逻辑思维能力"维度频次在探索阶段、起步阶段、初步发展阶段皆为最高。另外，前五个历史阶段维度差异性比较接近，全面深化阶段维度差异性明显大于其他历史阶段，差异性指数从小到大依次为：起步阶段，探索阶段，初步发展阶段，发展阶段，深化阶段，全面深化阶段。

第二，就初中阶段而言，数学课程文本仅涉及探索、深化、全面深化三个历史阶段。

首先，隐性渗透各个维度皆在探索阶段频次最低，在全面深化阶段频次明显高于其他涉及历史阶段。

其次，在隐性渗透维度差异方面，"科学精神"维度在全面深化阶段频次明显高于其他维度，在深化阶段频次明显低于其他维度；"逻辑思维能力"维度在探索阶段、深化阶段频次最高。另外，三个

第八章 中国中小学理科课程德育内容百年嬗变的总体分析

历史阶段维度差异性比较大，全面深化阶段维度差异性明显大于其他历史阶段，差异性指数从小到大依次为：探索阶段，深化阶段，全面深化阶段。

第三，就高中阶段而言，数学课程文本涉及探索、初步发展、深化、全面深化四个历史阶段。

首先，隐性渗透各个维度频次皆呈现"V"形变化特征，在初步发展阶段频次最低，在全面深化阶段频次明显高于其他涉及的历史阶段。

其次，在隐性渗透维度差异方面，"科学方法"维度在探索阶段、初步发展阶段各维度中频次最高，在深化阶段频次最低；"科学探究能力"维度在深化阶段、全面深化阶段频次最高，在初步发展阶段频次最低。另外，在全面深化阶段维度差异性明显大于其他历史阶段，维度差异性指数从小到大依次为：初步发展阶段，探索阶段，深化阶段，全面深化阶段。

第四，就中学阶段而言，数学课程文本涉及全面深化阶段之外的其他五个历史阶段。

首先，隐性渗透各个维度频次皆呈现"V"形变化特征，其中，"科学精神""科学方法"维度在探索阶段频次最高，在初步发展阶段频次最低；"科学态度"维度在探索阶段频次最高，在起步阶段频次最低；"科学探究能力"维度在初步发展阶段频次最低，在深化阶段频次最高；"逻辑思维能力"维度在起步阶段频次最低，在深化阶段频次最高。

其次，在隐性渗透维度差异方面，"逻辑思维能力"维度在起步阶段、初步发展阶段、发展阶段、深化阶段各维度中频次皆最高，"科学精神"维度在初步发展阶段、发展阶段、深化阶段频次皆最低。另外，各个历史阶段维度差异性比较接近，差异性指数从小到大依次为：起步阶段，初步发展阶段，发展阶段，探索阶段，深化阶段。

根据各个历史阶段隐性渗透各个维度的频次情况，绘制中小学数学

· 413 ·

课程 TMME 图，如图 8-97 所示。

数学课程	探索阶段	起步阶段	初步发展阶段	发展阶段	深化阶段	全面深化阶段
科学精神	○	○		○	○	●
科学方法	○	○	○	○	○	●
科学态度	○	○	○	○	○	●
科学探究能力	○	○	○	○	●	●
逻辑思维能力	○	○	○	○	●	●

图 8-97　中小学数学课程隐性渗透 TMME

可以看出：

在分布情况方面，各个维度分布范围皆非常广，仅"科学精神"维度在初步发展阶段没有分布。在衔接情况方面，除了科学精神，其他维度衔接程度皆非常强，在相邻历史阶段皆有所衔接；"科学精神"维度衔接程度比较强，仅在起步—初步发展阶段、初步发展—发展阶段没有衔接。在受关注程度方面，"科学探究能力""逻辑思维能力"维度受关注程度比较低，仅在深化阶段、全面深化阶段比较受关注；其他三个维度受关注程度非常低，仅在全面深化阶段比较受关注。

根据历史阶段各个学段（小学、初中、高中、中学阶段）隐性渗透各个维度的频次情况，分别绘制各个学段数学课程隐性渗透 TMME 图，如图 8-98 至图 8-101 所示。

小学数学课程	探索阶段	起步阶段	初步发展阶段	发展阶段	深化阶段	全面深化阶段
科学精神	○	○		○	○	●
科学方法	○	○	○	○	○	●
科学态度	○	○	○	○	○	●
科学探究能力	○	○	○	○	●	●
逻辑思维能力	○	○	○	○	◉	●

图 8-98　小学数学课程隐性渗透 TMME

初中数学课程	探索阶段	深化阶段	全面深化阶段
科学精神	○	●	●
科学方法	○		●
科学态度	○	●	●
科学探究能力		◉	●
逻辑思维能力	○	●	●

图 8-99　初中数学课程隐性渗透 TMME

第八章 中国中小学理科课程德育内容百年嬗变的总体分析

高中数学课程	探索阶段	初步发展阶段	深化阶段	全面深化阶段
科学精神			○	●
科学方法	◐	◐		●
科学态度	◐		○	●
科学探究能力	◐	◐	●	●
逻辑思维能力	○	◐	●	●

图 8-100　高中数学课程隐性渗透 TMME

中学数学课程	探索阶段	起步阶段	初步发展阶段	发展阶段	深化阶段
科学精神	○	◐		◐	◐
科学方法	●	○	◐	○	○
科学态度	◉		◐	◐	◐
科学探究能力	◐	◐	◐	◐	●
逻辑思维能力	◐	○	○	◉	●

图 8-101　中学数学课程隐性渗透 TMME

可以发现：

第一，就小学数学课程而言，在分布情况方面，各个维度分布范围皆非常广，其中，仅科学精神和科学态度维度在初步发展阶段没有分布。在衔接情况方面，科学方法、科学探究能力、逻辑思维能力维度衔接程度非常强，在相邻历史阶段皆有所衔接；科学精神、科学态度维度衔接程度比较强，仅在起步—初步发展阶段、初步发展—发展阶段没有衔接。在受关注程度方面，科学探究能力、逻辑思维能力维度受关注程度比较低，仅在深化阶段、全面深化阶段比较受关注；其他维度受关注程度非常低，仅在全面深化阶段比较受关注。

第二，就初中数学课程而言，在分布情况方面，各个维度分布范围皆非常广，在涉及历史阶段皆有所分布。在衔接情况方面，各个维度衔接程度皆非常强，在深化—全面深化阶段皆有所衔接。在受关注程度方面，除了科学精神维度，其他维度受关注程度皆比较高，仅在探索阶段没有比较受关注的内容；科学精神维度受关注程度则比较低，仅在全面深化阶段比较受关注。

第三，就高中数学课程而言，在分布情况方面，科学方法、逻辑思

· 415 ·

维能力维度分布范围非常广，在涉及历史阶段皆有所分布；其他维度分布范围比较广，仅在初步发展阶段没有分布。在衔接情况方面，各个维度衔接程度皆非常强，在相邻历史阶段，即深化—全面深化阶段皆有所衔接。在受关注程度方面，科学探究能力、逻辑思维能力受关注程度比较低，仅在深化、全面深化阶段比较受关注；其他维度受关注程度非常低，仅在全面深化阶段比较受关注。

第四，就中学数学课程而言，在分布情况方面，各个维度分布皆范围非常广，其中，科学精神维度在初步发展阶段，科学态度在起步阶段没有分布。在衔接情况方面，科学方法、科学探究能力、逻辑思维能力维度衔接程度皆非常强，在相邻历史阶段皆有所衔接；科学精神、科学态度维度衔接程度比较弱。在受关注程度方面，逻辑思维能力受关注程度比较高，仅在起步阶段、初步发展阶段没有比较受关注的内容；其他维度受关注程度皆非常低，其中，科学精神维度没有比较受关注的历史阶段。

三 物理课程隐性渗透情况

综合物理课程在各个历史阶段隐性渗透各个维度的基本情况，得到物理课程隐性渗透维度频次图，如图 8-102 所示。

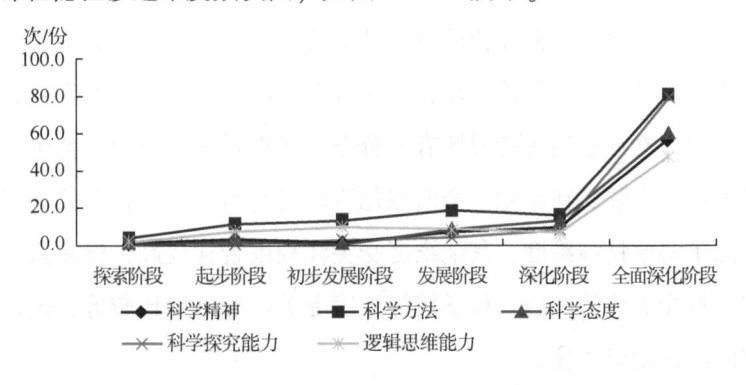

图 8-102 物理课程隐性渗透维度频次

第八章 中国中小学理科课程德育内容百年嬗变的总体分析

可以看出：

第一，就物理课程隐性渗透各个维度而言，除了科学探究能力，其他维度频次皆呈现"N"形变化特征，科学方法、逻辑思维能力在探索阶段频次最低；科学精神、科学态度在初步发展阶段频次有所下降；科学方法、逻辑思维能力在深化阶段频次有所下降；四个维度在全面深化阶段频次陡升。科学探究能力维度频次呈现"V"形变化特征，在起步阶段频次最低，在全面深化阶段陡升。

第二，就物理课程历史阶段维度差异而言，"科学方法"维度在各个历史阶段频次皆最高，且在起步阶段、发展阶段频次明显高于其他隐性渗透维度；"科学探究能力"维度在起步阶段、发展阶段、深化阶段频次低于其他维度。另外，前五个历史阶段维度差异比较接近，全面深化阶段维度差异明显大于其他历史阶段，维度差异性指数从小到大依次为：探索阶段，深化阶段，起步阶段，初步发展阶段，发展阶段，全面深化阶段。

分别统计物理课程各个学段（初中、高中、中学）隐性渗透维度频次情况。

可以发现：

第一，就初中阶段而言，物理课程文本涉及探索、起步、深化、全面深化四个历史阶段。

首先，在隐性渗透各个维度，除了科学探究能力维度，其他四个维度频次皆呈现逐阶段上升的特征，皆在全面深化阶段陡升；科学探究能力维度频次呈现"V"形变化特征，在起步阶段频次最低，在全面深化阶段陡升。

其次，在隐性渗透维度差异方面，"科学探究能力"维度在全面深化阶段频次明显高于其他维度，而在探索阶段、起步阶段频次最低。另外，探索阶段、起步阶段、强化阶段维度差异比较接近，皆在0—10的范围内，全面深化阶段维度差异性明显大于其他历史阶段，差异性指数从小到大依次为：探索阶段，起步阶段，深化阶段，全面深化阶段。

第二，就高中阶段而言，物理课程文本涉及初步发展阶段之外的其他五个历史阶段。

首先，在隐性渗透各个维度中，科学精神、科学态度维度频次呈现逐阶段上升的特征，在全面深化阶段陡升；科学方法、逻辑思维能力维度频次呈现"N"形变化特征，在全面深化阶段陡升；科学探究能力呈现"V"形变化特征，在起步阶段频次最低，在全面深化阶段频次陡升。

其次，在隐性渗透维度差异方面，"科学方法"维度在涉及历史阶段频次皆最高，且在发展阶段、深化阶段、全面深化阶段频次明显高于其他维度；"科学探究能力"维度在起步阶段、发展阶段、深化阶段频次皆低于其他维度。另外，探索阶段维度差异明显小于其他历史阶段，全面深化阶段维度差异明显大于其他历史阶段，维度差异性指数从小到大依次为：探索阶段，深化阶段，起步阶段，发展阶段，全面深化阶段。

第三，就中学阶段而言，物理课程文本涉及全面深化阶段之外的其他五个历史阶段。

首先，在隐性渗透各个维度中，科学精神、科学态度维度呈现"N"形变化特征，在初步发展阶段频次最低，在深化阶段频次最高；科学方法维度逐阶段升高；科学探究能力维度在初步发展阶段频次最低，在发展阶段频次最高；逻辑思维能力维度呈现倒"V"形变化特征，在探索阶段频次最低，在发展阶段频次最高。

其次，在隐性渗透维度差异方面，"科学方法"维度在涉及历史阶段频次皆最高；"科学精神"维度在探索阶段、起步阶段、初步发展阶段频次皆最低。另外，各个历史阶段维度差异性比较接近，差异性指数从小到大依次为：探索阶段，起步阶段，发展阶段，初步发展阶段，深化阶段。

第八章　中国中小学理科课程德育内容百年嬗变的总体分析

根据各个历史阶段隐性渗透各个维度的频次情况，绘制物理课程 TMME 图，如图 8-103 所示。

物理课程	探索阶段	起步阶段	初步发展阶段	发展阶段	深化阶段	全面深化阶段
科学精神	○	○	○	○	◉	●
科学方法	○	●	●	●	●	●
科学态度	○	○	●	○	●	●
科学探究能力	○	○	○	○	○	●
逻辑思维能力	○	○	●	○	○	●

图 8-103　物理课程隐性渗透 TMME

可以看出：

在分布情况方面，各个维度分布范围皆非常广，在涉及历史阶段皆有所分布。在衔接情况方面，各个维度衔接程度皆非常强，在相邻历史阶段皆有所衔接。在受关注程度方面，科学方法受关注程度非常强，仅在探索阶段没有比较受关注的内容；科学精神、科学态度、逻辑思维能力受关注程度比较弱；科学探究能力受关注程度非常弱，仅在全面深化阶段比较受关注。

根据历史阶段各个学段（初中、高中、中学）隐性渗透各个维度的频次情况，分别绘制各个学段数学课程隐性渗透 TMME 图，如图 8-104 至图 8-106 所示。

初中物理课程	探索阶段	起步阶段	深化阶段	全面深化阶段
科学精神	○	○	○	●
科学方法	○	○	◉	●
科学态度	○	○	◉	●
科学探究能力	○	○	○	●
逻辑思维能力	○	○	○	●

图 8-104　初中物理课程隐性渗透 TMME

高中物理课程	探索阶段	起步阶段	发展阶段	深化阶段	全面深化阶段
科学精神	○	○	○	●	●
科学方法	○	●	●	●	●
科学态度	○	○	○	●	●
科学探究能力	○	○	○	◉	●
逻辑思维能力	○	●	○	◉	●

图 8-105　高中物理课程隐性渗透 TMME

·419·

中学物理课程	探索阶段	起步阶段	初步发展阶段	发展阶段	深化阶段
科学精神	○	○	○	○	●
科学方法	○	●	●	●	●
科学态度	○	●	●	●	●
科学探究能力	○	○	○	○	○
逻辑思维能力	○	○	●	●	●

图 8-106　中学物理课程隐性渗透 TMME

可以发现：

第一，就初中物理课程而言，在分布情况方面，除了科学探究能力，其他维度分布范围皆非常广，在涉及历史阶段皆有所分布；科学探究能力维度分布范围比较广，仅在起步阶段没有分布。在衔接情况方面，除了科学探究能力，其他维度衔接程度皆非常强，在相邻历史阶段皆有所衔接；科学探究能力维度衔接程度比较弱，仅在深化—全面深化阶段有所衔接。在受关注程度方面，科学方法、科学态度受关注程度比较低，仅在深化阶段、全面深化阶段比较受关注；其他维度受关注程度非常低，仅在全面深化阶段比较受关注。

第二，就高中物理课程而言，在分布情况方面，各个维度分布范围皆非常广，在各个涉及历史阶段皆有所分布。在衔接情况方面，各个维度衔接程度皆非常强，在相邻历史阶段皆有所衔接。在受关注程度方面，科学方法维度受关注程度非常高，仅在探索阶段没有比较受关注的内容；逻辑思维能力维度受关注程度比较高，仅在探索阶段、发展阶段没有比较受关注的内容；其他维度受关注程度比较低，仅在深化阶段、全面深化阶段比较受关注。

第三，就中学物理课程而言，在分布情况方面，各个维度分布范围皆非常广，在各个涉及历史阶段皆有所分布。在衔接情况方面，各个维度衔接程度皆非常强，在相邻历史阶段皆有所衔接。在受关注程度方面，科学方法维度受关注程度非常高，仅在探索阶段比较受关注；逻辑思维能力受关注程度比较高，仅在探索阶段、起步阶段比较受关注；科学态度维度受关注程度比较低，仅在发展阶段、深化阶段比较受关注；科学精神、科学探究能力维度受关注程度非常低。

四 化学课程隐性渗透情况

综合化学课程在各个历史阶段隐性渗透各个维度的基本情况，得到化学课程隐性渗透维度频次图，如图 8－107 所示。

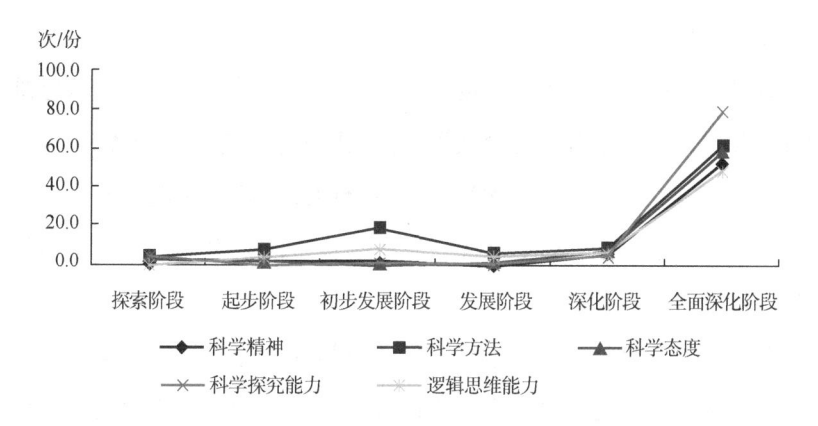

图 8－107 化学课程隐性渗透维度频次

可以看出：

第一，就化学课程隐性渗透各个维度而言，科学精神、科学态度、科学探究能力维度频次呈现"V"形变化特征，分别在初步发展阶段、发展阶段、起步阶段频次最低，在全面深化阶段频次陡升；科学方法、逻辑思维能力维度频次呈现"N"形变化特征，在探索阶段频次最低，在发展阶段频次有所下降，在全面深化阶段频次陡升。

第二，就化学课程历史阶段维度差异而言，科学方法维度在前五个历史阶段频次皆最高，且在初步发展阶段频次明显高于其他维度；科学探究能力维度在全面深化阶段频次明显高于其他维度，在起步阶段、深化阶段频次最低。另外，探索阶段、起步阶段、发展阶段、深化阶段维度差异比较接近且较小，皆在 0—10 的范围内，维度差异性指数从小到大依次为：探索阶段，深化阶段，发展阶段，起步阶段，初步发展阶段，全面深化阶段。

分别统计化学课程各个学段（初中、高中、中学）隐性渗透维度频次情况。

可以发现：

第一，就初中阶段而言，化学课程文本涉及探索、起步、深化、全面深化四个历史阶段。

首先，在隐性渗透各个维度中，科学精神、科学态度、逻辑思维能力维度频次逐阶段上升，在全面深化阶段陡升；科学方法维度呈现"N"形变化特征，在深化阶段频次最低，在全面深化阶段频次陡升；科学探究能力维度呈现"V"形变化特征，在起步阶段频次最低，在全面深化阶段频次陡升。

其次，在隐性渗透维度差异方面，科学探究能力维度在全面深化阶段频次明显高于其他维度，在探索阶段、起步阶段、深化阶段频次皆最低；科学方法维度在探索阶段、起步阶段频次最高。另外，探索阶段、起步阶段、深化阶段维度差异比较接近且较小，皆在0—10的范围内，全面深化阶段维度差异明显大于其他历史阶段，维度差异性指数从小到大依次为：深化阶段，探索阶段，起步阶段，全面深化阶段。

第二，就高中阶段而言，化学课程文本在初步发展阶段之外的其他五个历史阶段有以下特征。

首先，在隐性渗透各个维度中，科学精神、科学方法维度频次呈现"N"形变化特征，在发展阶段频次最低，在全面深化阶段频次陡升；科学态度、科学探究能力维度呈现"V"形变化特征，在发展阶段频次最低；逻辑思维能力频次逐阶段上升，在全面深化阶段陡升。

其次，在隐性渗透维度差异方面，科学探究能力维度在全面深化阶段频次明显高于其他维度，在起步阶段、发展阶段、深化阶段频次皆为

第八章 中国中小学理科课程德育内容百年嬗变的总体分析

最低；科学方法维度在探索阶段、起步阶段、深化阶段频次皆为最高；逻辑思维能力维度在发展阶段维度中频次最高，在探索阶段、全面深化阶段频次皆为最低。另外，探索阶段、起步阶段、发展阶段维度差异比较接近且较小，皆在0—10的范围内，全面深化阶段维度差异明显大于其他历史阶段。维度差异性指数从小到大依次为：探索阶段，发展阶段，起步阶段，深化阶段，全面深化阶段。

第三，就中学阶段而言，化学课程文本涉及全面深化阶段之外的其他五个历史阶段。

首先，在隐性渗透各个维度中，科学精神、科学方法维度频次呈现"V"形变化特征，在探索阶段频次最高；科学方法维度频次呈现倒"V"形变化特征，在初步发展阶段频次最高，在深化阶段频次最低；科学探究能力频次比较接近；逻辑思维能力呈现"N"形变化特征，在初步发展阶段频次最高，在发展阶段频次最低。

其次，在隐性渗透维度差异方面，科学方法维度在前四个历史阶段频次皆最高，且在初步发展阶段频次明显高于其他维度；科学精神维度在起步阶段、初步发展阶段、发展阶段频次皆最低。另外，探索阶段、发展阶段、深化阶段维度差异比较接近且较小，皆在0—10的范围内，维度差异性指数从小到大依次为：探索阶段，深化阶段，发展阶段，起步阶段，初步发展阶段。

根据各个历史阶段隐性渗透各个维度的频次情况，绘制化学课程TMME图，如图8-108所示。

中学物理课程	探索阶段	起步阶段	初步发展阶段	发展阶段	发展阶段	全面深化阶段
科学精神	○	○	○	○	○	●
科学方法	○	◉	●	○	◉	●
科学态度	○	○	○	○	○	●
科学探究能力	○	○	○	○	○	●
逻辑思维能力	○	○	◉	○	○	●

图8-108 化学课程隐性渗透TMME

可以看出：

在分布情况方面，各个维度分布范围皆非常广，在各个历史阶段皆有所分布。在衔接情况方面，各个维度衔接程度皆非常强，在相邻历史阶段皆有所衔接。在受关注程度方面，科学方法维度受关注程度比较高，仅在探索阶段、发展阶段比较受关注；逻辑思维能力受关注程度比较低，仅在初步发展阶段、全面深化阶段比较受关注；其他维度受关注程度皆非常低，仅在全面深化阶段比较受关注。

根据历史阶段各个学段（初中、高中、中学）隐性渗透各个维度的频次情况，分别绘制各个学段化学课程隐性渗透 TMME 图，如图 8-109 至图 8-111 所示。

初中化学课程	探索阶段	起步阶段	深化阶段	全面深化阶段
科学精神	○	○	○	●
科学方法	○	●	○	●
科学态度	○	○	○	●
科学探究能力	○	○	○	●
逻辑思维能力	○	○	○	●

图 8-109　初中化学课程隐性渗透 TMME

高中化学课程	探索阶段	起步阶段	发展阶段	深化阶段	全面深化阶段
科学精神	○	○	○	●	○
科学方法	○	○	○	●	●
科学态度	○	○	○	●	●
科学探究能力	○	○	○	○	●
逻辑思维能力	○	○	○	●	●

图 8-110　高中化学课程隐性渗透 TMME

中学化学课程	探索阶段	起步阶段	初步发展阶段	发展阶段	深化阶段
科学精神	○	○	○	○	○
科学方法	○	●	●	●	○
科学态度	○	○	○	○	○
科学探究能力	○	○	○	○	○
逻辑思维能力	○	○	●	○	○

图 8-111　中学化学课程隐性渗透 TMME

可以发现：

第一，就初中化学课程而言，在分布情况方面，除了科学探究能力，其他维度分布范围皆非常广，在涉及历史阶段皆有所分布；科学探究能力维度分布范围比较广，仅在起步阶段没有分布。在衔接情况方面，除了科学探究能力，其他维度衔接程度非常强，在相邻历史阶段皆有所衔接；科学探究能力维度衔接程度比较弱，仅在深化—全面深化阶段有所衔接。在受关注程度方面，科学方法维度受关注程度比较低，仅在起步阶段、全面深化阶段比较受关注；其他维度受关注程度皆非常低，仅在全面深化阶段比较受关注。

第二，就高中化学课程而言，在分布情况方面，除了科学探究能力，其他维度分布范围皆非常广，其中，科学精神、科学态度维度仅在发展阶段没有分布；科学探究能力维度分布范围比较广，仅在起步阶段、发展阶段没有分布。在衔接情况方面，科学方法、逻辑思维能力维度衔接程度非常强，在相邻历史阶段皆有所衔接；科学精神、科学态度维度衔接程度比较强，仅在发展—深化阶段没有衔接；科学探究能力维度衔接程度比较弱，仅在深化—全面深化阶段有所衔接。在受关注程度方面，除了科学探究能力，其他维度受关注程度皆比较低，仅在深化阶段、全面深化阶段比较受关注；科学探究能力受关注程度非常低，仅在全面深化阶段比较受关注。

第三，就中学化学课程而言，在分布情况方面，各个维度分布范围皆非常广，其中，科学精神维度在起步阶段没有分布。在衔接情况方面，除了科学精神维度，其他维度衔接程度皆非常强，在相邻历史阶段皆有所衔接；科学精神衔接程度比较弱，仅在发展—深化阶段有所衔接。在受关注程度方面，科学方法维度受关注程度比较高，仅在探索阶段、深化阶段比较受关注；其他维度受关注程度皆非常低，仅逻辑思维能力在初步发展阶段比较受关注。

五 生物学课程隐性渗透情况

综合生物学课程在各个历史阶段隐性渗透各个维度的基本情况，得到生物学课程隐性渗透维度频次图,如图 8 – 112 所示。

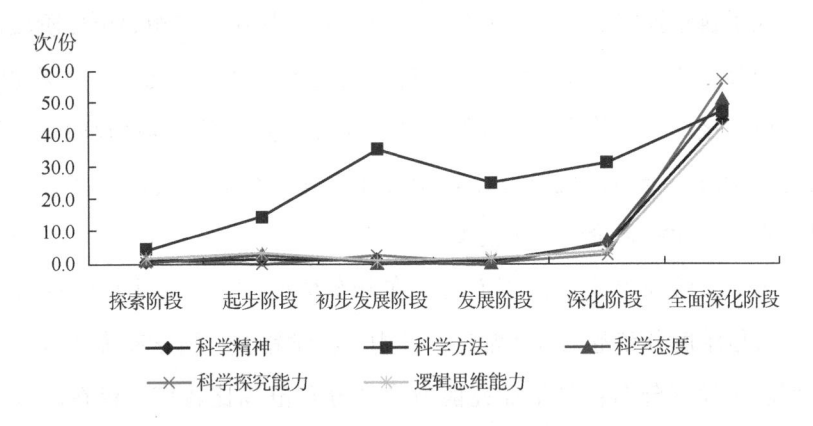

图 8 – 112　生物学课程隐性渗透维度频次

可以看出:

第一,就生物学课程隐性渗透各个维度而言,科学方法维度频次在中间四个历史阶段明显高于其他维度。除了科学探究能力,其他维度频次呈现"N"形变化特征,分别在初步发展阶段、发展阶段有所下降,在全面深化阶段陡升;科学探究能力维度频次呈现"凹"形变化特征,在起步阶段、初步发展阶段频次最低,在全面深化阶段频次陡升。

第二,就生物学课程历史阶段维度差异而言,科学方法维度在前五个历史阶段频次皆明显高于同历史阶段其他维度;科学探究能力维度在全面深化阶段频次最高,在探索阶段、起步阶段、初步发展阶段频次皆最低。另外,探索阶段维度差异明显小于其他历史阶段,各个历史阶段维度差异比较大,维度差异性指数从小到大依次为:探索阶段,全面深化阶段,起步阶段,发展阶段,深化阶段,初步发展阶段。

分别统计生物学课程各个学段(初中、高中、中学)隐性渗透维度频次情况。

可以发现:

第一,就初中阶段而言,生物学课程文本涉及发展阶段之外的其他

第八章　中国中小学理科课程德育内容百年嬗变的总体分析

五个历史阶段。

首先，在隐性渗透各个维度中，科学精神、科学态度维度频次呈现"N"形变化特征，在初步发展阶段有所下降且频次最低，在全面深化阶段陡升；其他维度变化呈现"V"形变化特征，在初步发展阶段频次最低，在全面深化阶段陡升。

其次，在隐性渗透维度差异方面，科学探究能力维度在全面深化阶段各个维度中频次最高，在探索阶段、起步阶段、初步发展阶段、深化阶段各个维度中频次最低；科学方法维度在涉及的前四个历史阶段频次最高，且在深化阶段频次明显高于其他维度。另外，探索阶段、起步阶段、初步发展阶段维度差异比较接近且较小，皆在0—5的范围内；深化阶段维度差异明显大于其他历史阶段，差异性指数从小到大依次为：初步发展阶段，起步阶段，探索阶段，全面深化阶段，深化阶段。

第二，就高中阶段而言，生物学课程文本涉及初步发展阶段之外的其他五个历史阶段。

首先，在隐性渗透各个维度中，科学精神维度频次呈现"N"形变化特征，在发展阶段频次有所下降且最低，在全面深化阶段频次陡升；科学方法维度呈现逐阶段上升的特征；科学态度、科学探究能力维度呈现"V"形变化特征，在发展阶段频次最低，在全面深化阶段频次陡升；逻辑思维能力在发展阶段频次最低，在全面深化阶段频次明显高于其他历史阶段。

其次，在隐性渗透维度差异方面，科学方法维度在探索阶段、起步阶段、发展阶段各个维度中频次皆最高；科学态度维度在深化阶段、全面深化阶段频次皆最高，在发展阶段频次最低；科学探究能力维度在探索阶段、起步阶段、发展阶段频次皆为最低；逻辑思维能力维度在发展阶段、深化阶段、全面深化阶段频次皆最低。另外，探索阶段、起步阶段、发展阶段、深化阶段维度差异比较接近且较小，皆在0—10的范围内，维度差异性指数从小到大依次为：探索阶段，起步阶段，发展阶段，深化阶段，全面深化阶段。

第三，就中学阶段而言，生物学课程文本涉及全面深化阶段之外的其他五个历史阶段。

首先，在隐性渗透各个维度中，科学精神、科学态度、逻辑思维能力维度频次皆呈现"N"形变化特征，前两者在初步发展阶段频次有所下降且最低，科学精神在深化阶段、科学态度在起步阶段频次最高；科学方法呈现倒"V"形变化特征，在探索阶段频次明显低于其他历史阶段，在发展阶段频次最高；科学探究能力在各个阶段频次比较接近。

其次，在隐性渗透维度差异方面，科学方法维度在所涉及的五个历史阶段频次皆最高，且在后四个历史阶段频次明显高于其他维度；科学探究能力维度在发展阶段之外的其他历史阶段频次皆最低。另外，探索阶段维度差异明显小于其他历史阶段；其他历史阶段维度差异皆比较大；维度差异性指数从小到大依次为：探索阶段，起步阶段，深化阶段，初步发展阶段，发展阶段。

根据各个历史阶段隐性渗透各个维度的频次情况，绘制生物学课程TMME图，如图8–113所示。

生物学课程	探索阶段	起步阶段	初步发展阶段	发展阶段	深化阶段	全面深化阶段
科学精神	○	○		○	○	●
科学方法	○	●	●	●	●	●
科学态度		○		○	○	●
科学探究能力	○			○	○	●
逻辑思维能力	○	○		○	○	●

图8–113　生物学课程隐性渗透TMME

可以看出：

在分布情况方面，除了科学探究能力，其他四个维度分布范围皆非常广，其中，科学精神、科学态度维度仅在初步发展阶段没有分布；

第八章 中国中小学理科课程德育内容百年嬗变的总体分析

科学探究能力维度分布范围比较广，仅在起步阶段、初步发展阶段没有分布。在衔接情况方面，科学方法、逻辑思维能力维度衔接程度非常强，在相邻历史阶段皆有所衔接；科学精神、科学态度维度衔接程度比较强，仅在起步—初步发展、初步发展—发展阶段没有衔接；科学探究能力维度衔接程度比较弱，仅在发展—深化、深化—全面深化阶段有所衔接。在受关注程度方面，科学方法维度受关注程度非常高，仅在探索阶段没有比较受关注的内容；其他四个维度受关注程度皆非常低，仅在全面深化阶段比较受关注。

根据历史阶段各个学段（初中、高中、中学）隐性渗透各个维度的频次情况，分别绘制各个学段生物学课程隐性渗透 TMME 图，如图 8-114 至图 8-116 所示。

初中生物学课程	探索阶段	起步阶段	初步发展阶段	深化阶段	全面深化阶段
科学精神	○	○		○	●
科学方法	○		○	●	●
科学态度	○			○	●
科学探究能力	○				●
逻辑思维能力	○	○		○	●

图 8-114　初中生物学课程隐性渗透 TMME

高中生物学课程	探索阶段	起步阶段	发展阶段	深化阶段	全面深化阶段
科学精神				●	●
科学方法	○	○	◉	◉	●
科学态度	○	○	○	○	●
科学探究能力				○	●
逻辑思维能力				○	●

图 8-115　高中生物学课程隐性渗透 TMME

中学生物学课程	探索阶段	起步阶段	初步发展阶段	发展阶段	深化阶段
科学精神	○	○		○	○
科学方法	○	●	●	●	●
科学态度	○			○	○
科学探究能力				○	
逻辑思维能力	○	○	○	○	

图 8-116　中学生物学课程隐性渗透 TMME

可以发现：

第一，就初中生物学课程而言，在分布情况方面，除了科学探究能力，其他维度分布范围皆非常广，其中，科学精神、科学态度、逻辑思维能力仅在初步发展阶段没有分布；科学探究能力分布范围比较广，仅在起步阶段、初步发展阶段没有分布。在衔接情况方面，科学方法维度衔接程度非常强，在相邻历史阶段皆有所衔接；科学精神、科学态度、逻辑思维能力衔接程度比较强，仅在起步—初步发展阶段没有衔接；科学探究能力衔接程度比较弱，仅在深化—全面深化阶段有所衔接。在受关注程度方面，科学方法维度受关注程度比较低，仅在深化阶段、全面深化阶段比较受关注；其他维度受关注程度非常低，仅在全面深化阶段比较受关注。

第二，就高中生物学课程而言，在分布情况方面，除了科学探究能力，其他维度分布范围皆非常广，其中，科学精神、科学态度、逻辑思维能力仅在发展阶段没有分布；科学探究能力分布范围比较广，仅在起步阶段、发展阶段没有分布。在衔接情况方面，科学方法维度衔接程度非常强，在相邻历史阶段皆有所衔接；科学精神、科学态度、科学探究能力衔接程度比较强，仅在发展—深化阶段没有衔接；科学探究能力衔接程度比较弱，仅在深化—全面深化阶段有所衔接。在受关注程度方面，仅科学方法维度受关注程度比较高，在发展阶段、深化阶段、全面深化阶段皆比较受关注；科学精神、科学态度维度受关注程度比较低，仅在深化阶段、全面深化阶段比较受关注；后两个维度受关注程度非常低，仅在全面深化阶段比较受关注。

第三，就中学生物学课程而言，在分布情况方面，除了科学探究能力，其他维度分布范围皆非常广，其中，科学精神、科学态度仅在初步发展阶段没有分布；科学探究能力分布范围比较广，仅在起步阶段、初步发展阶段没有分布。在衔接情况方面，科学方法、逻辑思维能力维度衔接程度非常强，在相邻历史阶段皆有所衔接；科学精神、科学态度维度衔接程度比较弱，仅在探索—起步阶段、发展—深化阶段有所衔接；科学探究能力维度衔接程度非常弱，仅在发展—深化阶段有所衔接。在受关注程度方面，仅科学方法维度受关注程度非常高，仅在探索阶段没有比较受关注的内容；其他维度受关注程度皆非常低，没有比较受关注的历史阶段。

六 自然（科学）课程隐性渗透情况

综合自然课程在各个历史阶段隐性渗透各个维度的基本情况，分别得到自然课程隐性渗透维度频次图，如图 8-117 所示。

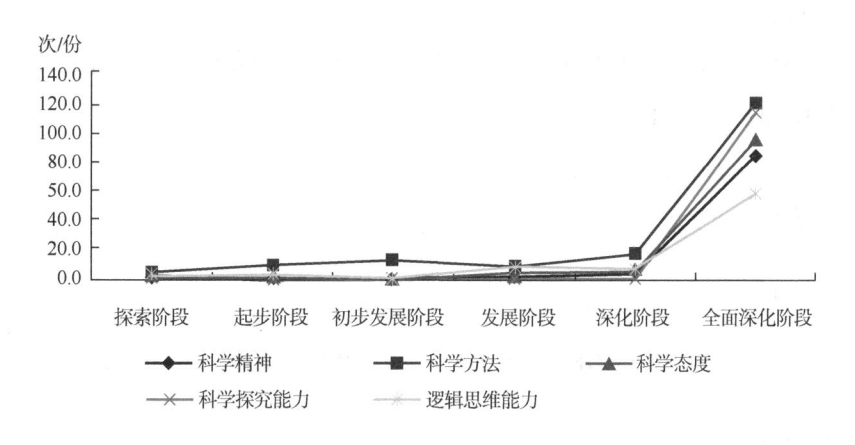

图 8-117 自然（科学）课程隐性渗透维度频次

可以看出：

第一，就自然课程隐性渗透各个维度而言，科学精神维度频次呈现"V"形变化特征，在初步发展阶段频次最低，在全面深化阶段频次陡升；科学方法、科学态度维度呈现"N"形变化特征，前者在探索阶段频次最低，在发展阶段有所下降，后者在初步发展阶段频次有所下降且最低，两者皆在全面深化阶段频次陡升。科学探究能力频次呈现"W"

形变化特征，分别在初步发展阶段、深化阶段有所下降，在全面深化阶段陡升；逻辑思维能力则在探索阶段频次最低，在全面深化阶段频次明显高于其他历史阶段。

第二，就生物学课程历史阶段维度差异而言，科学方法维度在各个历史阶段频次皆最高，且在初步发展阶段、深化阶段频次明显高于其他维度；科学探究能力维度在起步阶段、初步发展阶段、发展阶段、深化阶段各个维度中频次皆最低。另外，探索阶段、起步阶段、发展阶段维度差异比较接近且较小，皆在0—10的范围内；全面深化阶段维度差异明显大于其他历史阶段；维度差异性指数从小到大依次为：探索阶段，发展阶段，起步阶段，初步发展阶段，深化阶段，全面深化阶段。

根据各个历史阶段隐性渗透各个维度的频次情况，绘制自然课程TMME图，如图8-118所示。

自然课程	探索阶段	起步阶段	初步发展阶段	发展阶段	深化阶段	全面深化阶段
科学精神	○	○	○	○	○	●
科学方法	○	●	●	●	●	●
科学态度	○	○	○	○	●	●
科学探究能力	○	○		○	○	●
逻辑思维能力	○	○	○	●	●	●

图8-118　自然（科学）课程隐性渗透TMME

可以看出：

在分布情况方面，各个维度分布范围皆非常广，其中，仅科学探究能力维度在初步发展阶段没有分布。在衔接情况方面，除了科学探究能力，其他维度衔接程度皆非常强，在相邻历史阶段皆有所衔接；科学探究能力衔接程度比较强，仅在起步—初步发展阶段、初步发展—发展阶段没有衔接。在受关注程度方面，科学方法维度受关注程度非常高，仅在探索阶段没有受关注；逻辑思维能力受关注程度比较低，仅在发展阶段、深化阶段、全面深化阶段比较受关注；其他维度受关注程度

第八章 中国中小学理科课程德育内容百年嬗变的总体分析

非常低，仅在全面深化阶段比较受关注。

七 理科课程隐性渗透情况的比较分析

（一）整体情况的比较分析

综合中小学理科课程各个历史阶段隐性渗透不同维度的情况，分别绘制中小学理科课程科学精神维度频次图、科学方法维度频次图、科学态度维度频次图、科学探究能力维度频次图以及逻辑思维能力维度频次图，如图8-119至图8-123所示。

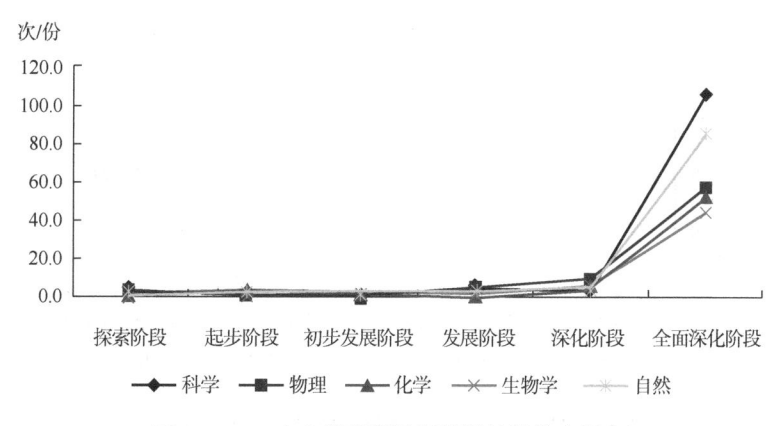

图 8-119 中小学理科课程科学精神维度频次

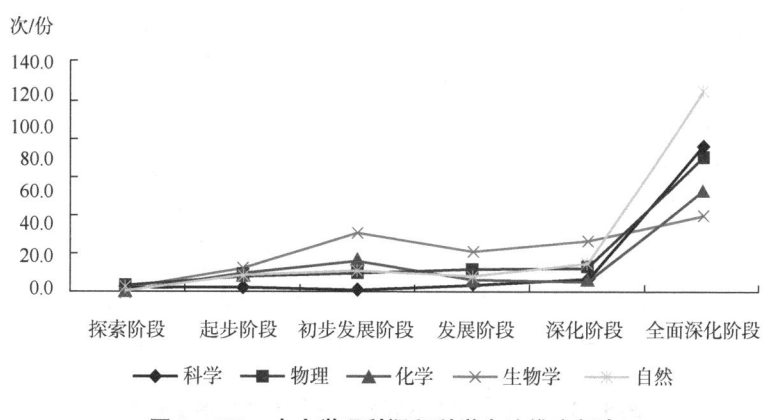

图 8-120 中小学理科课程科学方法维度频次

中国中小学理科课程德育内容的百年嬗变

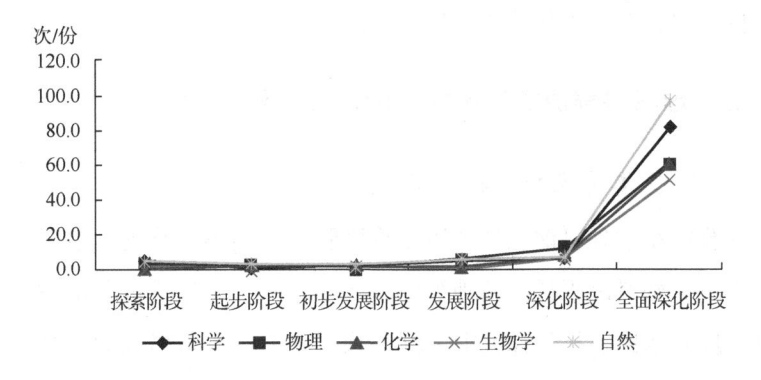

图 8-121 中小学理科课程科学态度维度频次

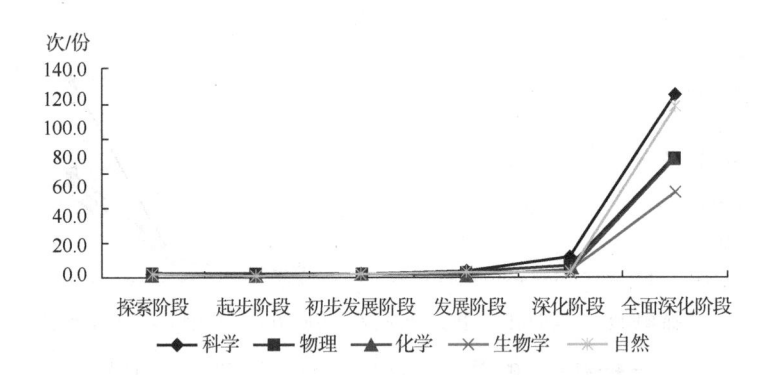

图 8-122 中小学理科课程科学探究能力维度频次

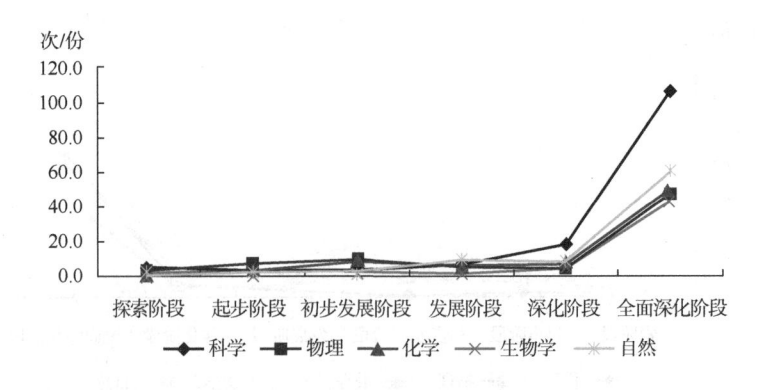

图 8-123 中小学理科课程逻辑思维能力维度频次

不难看出：

第一，就科学精神维度而言，科学精神、科学态度、逻辑思维能力维度频次皆呈现"V"形变化特征，在初步发展阶段频次最低，在全面深化阶段频次陡升；科学方法、逻辑思维能力维度呈现"N"形变化特征，在初步发展阶段频次有所下降且最低，在全面深化阶段频次明显高于其他历史阶段。

在历史阶段学科差异性方面，数学课程在起步阶段、初步发展阶段、发展阶段、深化阶段频次皆最低，在全面深化阶段频次明显高于其他理科课程；物理课程在探索阶段之外的其他历史阶段频次皆最高，在探索阶段频次最低。

另外，探索阶段学科差异明显小于其他历史阶段，全面深化阶段学科差异明显大于其他历史阶段，学科差异性指数从小到大依次为：初步发展阶段，起步阶段，探索阶段，发展阶段，深化阶段，全面深化阶段。

第二，就科学方法维度而言，中小学理科课程中学科频次皆在全面深化阶段陡升。其中，后三个维度频次呈现"N"形变化特征，在探索阶段频次最低，在发展阶段频次有所下降；科学精神维度频次呈现"V"形变化特征，在初步发展阶段频次最低；科学方法维度频次逐阶段上升。

在历史阶段学科差异性方面，生物学课程在起步阶段、初步发展阶段、发展阶段、深化阶段频次皆最高，且在后三个历史阶段频次明显高于其他理科课程，而在全面深化阶段频次明显低于其他理科课程；数学课程在起步阶段、初步发展阶段、发展阶段、深化阶段频次皆最低，且在初步发展阶段频次明显低于其他理科课程。

另外，探索阶段学科差异明显小于其他历史阶段，全面深化阶段学科差异明显大于其他历史阶段；学科差异性指数从小到大依次为：探索阶段，起步阶段，发展阶段，深化阶段，初步发展阶段，全面深化阶段。

第三，就科学态度维度而言，中小学理科课程中学科频次皆在全面深化阶段陡升。其中，科学精神、科学态度频次呈现"V"形变化特征，在初步发展阶段频次最低；其他维度频次呈现"N"形变化特征，在起步阶段频次有所下降且最低。

在历史阶段学科差异性方面，物理课程在初步发展阶段、发展阶段、深化阶段理科课程中频次最高，在探索阶段频次最低；自然课程在探索阶段、起步阶段、初步发展阶段、全面深化阶段理科课程中频次最高，且在全面深化阶段频次明显高于其他理科课程。

另外，前五个历史阶段学科差异比较接近且较小，差异性指数皆在0—10的范围内，全面深化阶段学科差异明显大于其他历史阶段；学科差异性指数从小到大依次为：初步发展阶段，探索阶段，起步阶段，深化阶段，发展阶段，全面深化阶段。

第四，就科学探究能力维度而言，中小学理科课程中学科频次皆在全面深化阶段陡升。其中，数学、物理、化学、生物学课程频次随历史阶段发展呈现"V"形变化特征，数学课程在初步发展阶段，其他课程在起步阶段频次最低；自然课程频次随历史阶段发展呈现"W"形变化特征，分别在初步发展阶段、深化阶段有所下降。

在历史阶段学科差异性方面，数学课程在初步发展阶段之外的其他历史阶段频次皆最高；生物学课程在深化阶段之外的其他历史阶段频次皆最低。

另外，前四个历史阶段学科差异比较接近且较小，差异性指数皆在0—5的范围内，全面深化阶段学科差异明显大于其他历史阶段；学科差异性指数从小到大依次为：起步阶段，探索阶段，发展阶段，初步发展阶段，深化阶段，全面深化阶段。

第八章　中国中小学理科课程德育内容百年嬗变的总体分析

第五，就逻辑思维能力维度而言，中小学理科课程中学科频次皆在全面深化阶段陡升。其中，物理、化学、生物学课程频次随历史阶段发展呈现"N"形变化特征，物理、化学课程在发展阶段，生物学课程在深化阶段频次最低；数学课程频次随历史阶段发展呈现"V"形变化特征，在初步发展阶段频次最低；自然课程频次变化特征比较复杂。

在历史阶段学科差异性方面，生物学课程在起步阶段、初步发展阶段、深化阶段、全面深化阶段理科课程中频次皆最低；数学课程在探索阶段、深化阶段、全面深化阶段频次皆最高，且在后两个历史阶段频次明显高于其他理科课程。

另外，前四个历史阶段学科差异比较接近且较小，差异性指数皆在0—10的范围内，全面深化阶段学科差异明显大于其他历史阶段；学科差异性指数从小到大依次为：探索阶段，起步阶段，发展阶段，初步发展阶段，深化阶段，全面深化阶段。

(二) 学段情况的比较分析

综合各个历史阶段理科课程德育内容显性呈现各个维度的学段情况，得到各个学段（小学、初中、高中、中学）理科课程隐性渗透各个维度基本情况。

小学阶段基本情况如下：

第一，就小学阶段科学精神维度而言，理科课程（数学、自然）频次随历史阶段发展呈现"V"形变化特征，在初步发展阶段频次最低。在历史阶段学科差异方面，自然课程在前四个历史阶段频次略高于数学课程，数学课程在后两个历史阶段，尤其是全面深化阶段明显高于自然课程。

第二，就小学阶段科学方法维度而言，数学课程频次在各个历史阶段的变化特征比较复杂，自然课程频次随历史阶段发展呈现"N"形变化特征，在发展阶段频次有所下降。在历史阶段学科差异方面，自然课程在各个历史阶段频次皆高于数学课程，在初步发展阶段、深化阶段、全面深化阶段频次明显高于数学课程。

第三，就小学阶段科学态度维度而言，理科课程（数学、自然）频次随历史阶段发展呈现"N"形变化特征，在初步发展阶段频次最低。在历史阶段学科差异方面，自然课程在前五个历史阶段频次略高于数学课程，数学课程在全面深化阶段频次明显高于自然课程。

第四，就小学阶段科学探究能力维度而言，数学课程频次随历史阶段发展呈现"V"形变化特征，在起步阶段频次最低；自然课程频次随历史阶段发展呈现"W"形变化特征。在历史阶段学科差异方面，数学课程在探索阶段、初步发展阶段、深化阶段频次高于自然课程，自然课程在其他三个历史阶段频次略高于数学课程。

第五，就小学阶段逻辑思维能力维度而言，数学课程频次随历史阶段发展呈现"V"形变化特征，在起步阶段频次最低；自然课程频次在各个历史阶段的变化特征比较复杂。在历史阶段学科差异方面，数学课程频次在探索阶段、初步发展阶段、深化阶段、全面深化阶段频次皆高于自然课程，且在全面深化阶段明显高于自然课程；自然课程频次在起步阶段、发展阶段高于数学课程。

初中阶段基本情况如下：

第一，就初中阶段科学精神维度而言，理科课程学科频次皆在全面深化阶段陡升。其中，数学、物理、化学课程自探索阶段，在涉及的历史阶段，频次逐阶段上升；生物学课程频次在涉及的历史阶段呈现"N"形变化特征。在历史阶段学科差异方面，数学课程在探索阶段、全面深化阶段学科中频次皆最高，且在全面深化阶段频次明显高于其他理科课程，在深化阶段频次最低；物理课程在起步阶段、深化阶段频次最高，在探索阶段频次最低。另外，全面深化阶段学科差异性明显大于涉及的其他历史阶段，学科差异性指数从小到大依次为：起步阶段，探索阶

第八章 中国中小学理科课程德育内容百年嬗变的总体分析

段,深化阶段,全面深化阶段。

第二,就初中阶段科学方法维度而言,理科课程学科频次皆在全面深化阶段陡升。其中,数学、物理课程频次在涉及历史阶段逐阶段上升;化学课程频次在涉及的历史阶段呈现"N"形变化特征,在深化阶段有所下降;生物学课程频次在涉及的历史阶段呈现"V"形变化特征,在初步发展阶段频次最低。在历史阶段学科差异方面,化学课程在探索阶段、起步阶段理科课程中频次最高,深化阶段、全面深化阶段频次最低。另外,探索阶段、起步阶段学科差异比较接近且较小,皆在0—5的范围内,学科差异性指数从小到大依次为:探索阶段,起步阶段,全面深化阶段,深化阶段。

第三,就初中阶段科学态度维度而言,理科课程学科频次皆在全面深化阶段陡升。其中,数学、物理、化学课程频次在涉及的历史阶段逐阶段上升;生物学课程频次在涉及的历史阶段呈现"N"形变化特征,在初步发展阶段有所下降。在历史阶段学科差异方面,数学课程在探索阶段、深化阶段、全面深化阶段理科课程中频次皆最高,且在全面深化阶段频次明显高于其他理科课程;生物学课程在起步阶段频次最高,在探索阶段、全面深化阶段频次最低。另外,探索阶段、起步阶段、深化阶段学科差异比较接近且较小,全面深化阶段学科差异明显大于其他历史阶段,学科差异性指数从小到大依次为:起步阶段,探索阶段,深化阶段,全面深化阶段。

第四,就初中阶段科学探究能力维度而言,理科课程学科频次皆在全面深化阶段陡升。其中,数学课程频次在涉及的历史阶段逐阶段上升;物理、化学、生物学课程频次在涉及的历史阶段呈现"N"形变化特征,在起步阶段有所下降。在历史阶段学科差异方面,生物学课程在涉及的历史阶段理科课程中频次皆最低;数学课程在涉及的历史阶段理科课程中频次皆最高,且在全面深化阶段频次明显高于其他理科课程。

另外，探索阶段、起步阶段、深化阶段学科差异比较接近且较小，全面深化阶段学科差异明显大于其他历史阶段，学科差异性指数从小到大依次为：起步阶段，探索阶段，深化阶段，全面深化阶段。

第五，就初中阶段逻辑思维能力维度而言，理科课程学科频次皆在全面深化阶段陡升。其中，数学、物理、化学课程频次在涉及的历史阶段逐阶段上升；生物学课程频次在涉及的历史阶段呈现"V"形变化特征，在初步发展阶段有所下降。在历史阶段学科差异方面，数学课程在涉及的历史阶段理科课程中频次皆最高，且在深化阶段、全面深化阶段频次明显高于其他理科课程；物理课程在涉及的历史阶段频次皆最低，且在全面深化阶段频次明显低于其他理科课程。另外，全面深化阶段学科差异性明显大于其他历史阶段，学科差异性指数从小到大依次为：起步阶段，探索阶段，深化阶段，全面深化阶段。

高中阶段基本情况如下：

第一，就高中阶段科学精神维度而言，理科课程学科频次皆在全面深化阶段陡升。其中，化学、生物学课程频次在涉及的历史阶段呈现"N"形变化特征，在发展阶段有所下降；数学课程频次在涉及的历史阶段呈现"V"形变化特征，在初步发展阶段频次最低；物理课程频次在涉及的历史阶段逐渐升高。在历史阶段学科差异方面，生物学课程在探索阶段、起步阶段、深化阶段理科课程中频次皆最高，在发展阶段、全面深化阶段频次最低；物理课程在发展阶段、深化阶段频次最高，在探索阶段频次最低；化学课程在探索阶段频次最高，在起步阶段、发展阶段频次最低。另外，全面深化阶段学科差异性明显大于涉及的其他历史阶段，学科差异性指数从小到大依次为：探索阶段，起步阶段，发展阶段，深化阶段，全面深化阶段。

第二，就高中阶段科学方法维度而言，理科课程学科频次皆在全面深化阶段陡升。其中，物理、化学课程频次在涉及的历史阶段呈现

"N"形变化特征；数学课程频次在涉及的历史阶段呈现"V"形变化特征，在初步发展阶段频次最低；生物学课程频次在涉及的历史阶段逐阶段上升。在历史阶段学科差异方面，物理课程在起步阶段、发展阶段、深化阶段理科课程中频次皆为最高，在探索阶段频次最低；数学课程在探索阶段、全面深化阶段频次皆最高，在深化阶段频次最低。另外，全面深化阶段学科差异明显大于其他历史阶段，学科差异性指数从小到大依次为：探索阶段，起步阶段，深化阶段，发展阶段，全面深化阶段。

第三，就高中阶段科学态度维度而言，理科课程学科频次皆在全面深化阶段陡升。其中，数学、化学、生物学课程频次在涉及的历史阶段呈现"V"形变化特征，物理课程频次在涉及的历史阶段逐阶段上升。在历史阶段学科差异方面，物理课程在起步阶段、发展阶段、深化阶段、全面深化阶段理科课程中频次皆最高，在探索阶段频次最低。另外，学科差异性指数从小到大依次为：探索阶段，起步阶段，发展阶段，深化阶段，全面深化阶段。

第四，就高中阶段科学探究能力维度而言，理科课程学科频次皆在全面深化阶段陡升。其中，各门理科课程频次在涉及的历史阶段呈现"V"形变化特征，数学课程在初步发展阶段，物理、化学、生物学课程在发展阶段频次皆最低。在历史阶段学科差异方面，化学、生物学课程皆在探索阶段、起步阶段、发展阶段频次最低。此外，化学课程在深化阶段频次最低，生物学课程在全面深化阶段频次明显低于其他理科课程，物理课程在探索阶段、起步阶段、发展阶段频次皆最高。另外，探索阶段、起步阶段、发展阶段、深化阶段学科差异比较接近且较小，全面深化阶段学科差异明显大于其他历史阶段，学科差异性指数从小到大依次为：起步阶段，发展阶段，探索阶段，深化阶段，全面深化阶段。

第五,就高中阶段逻辑思维能力维度而言,理科课程学科频次皆在全面深化阶段陡升。其中,数学、生物学课程频次在涉及的历史阶段呈现"V"形变化特征,分别在初步发展阶段、发展阶段频次最低;物理课程频次在涉及的历史阶段呈现"N"形变化特征,在发展阶段有所下降;化学课程频次在涉及的历史阶段逐阶段上升。在历史阶段学科差异方面,生物学课程在探索阶段之外的其他涉及历史阶段频次皆最低,且在全面深化阶段频次明显低于其他理科课程;数学课程在探索阶段、深化阶段、全面深化阶段频次皆最高,且在全面深化阶段明显高于其他理科课程。另外,全面深化阶段学科差异性明显大于其他历史阶段,学科差异性指数从小到大依次为:探索阶段,发展阶段,深化阶段,起步阶段,全面深化阶段。

中学阶段基本情况如下:

第一,就中学阶段科学精神维度而言,数学、化学课程频次在涉及的历史阶段呈现"V"形变化特征;物理、生物学课程频次在涉及的历史阶段呈现"N"形变化特征,在初步发展阶段有所下降。在历史阶段学科差异方面,数学课程在探索阶段理科课程中频次最高,在初步发展阶段、发展阶段、深化阶段频次皆最低;物理课程在起步阶段、初步发展阶段、发展阶段、深化阶段频次皆为最高。另外,涉及的五个历史阶段学科差异性比较接近且较小,差异性指数皆在0—10的范围内;学科差异性指数从小到大依次为:初步发展阶段,起步阶段,探索阶段,发展阶段,深化阶段。

第二,就中学阶段科学方法维度而言,生物学课程维度频次明显高于中间四个历史阶段其他理科课程频次。其中,化学、生物学课程频次在涉及的历史阶段呈现倒"V"形变化特征,分别在初步发展阶段、发展阶段频次最高;数学课程频次在涉及的历史阶段呈现"V"形变化特征,在初步发展阶段频次最低;物理课程频次在涉及的历史阶段逐阶段

第八章　中国中小学理科课程德育内容百年嬗变的总体分析

上升。在历史阶段学科差异方面，生物学课程在探索阶段理科课程中频次最低，在涉及的其他历史阶段频次皆最高，且明显高于同历史阶段其他理科课程；数学课程在探索阶段频次最高，在起步阶段、初步发展阶段、发展阶段频次皆最低。另外，探索阶段、起步阶段学科差异比较接近，初步发展阶段、发展阶段、深化阶段学科差异比较接近；学科差异性指数从小到大依次为：探索阶段，起步阶段，深化阶段，初步发展阶段，发展阶段。

第三，就中学阶段科学态度维度而言，数学、化学课程频次在涉及的历史阶段呈现"V"形变化特征，分别在起步阶段、初步发展阶段频次最低；物理、生物学课程频次在涉及的历史阶段呈现"N"形变化特征，皆在初步发展阶段频次有所下降。在历史阶段学科差异方面，生物学课程在起步阶段理科课程中频次最高，在涉及的其他历史阶段频次皆最低；数学课程在探索阶段、初步发展阶段频次最高，在起步阶段、深化阶段频次最低；物理课程在探索阶段之外的其他历史阶段频次皆最高。另外，涉及的五个历史阶段学科差异比较接近且较小，皆在0—10的范围内，学科差异性指数从小到大依次为：初步发展阶段，起步阶段，探索阶段，发展阶段，深化阶段。

第四，就中学阶段科学探究能力维度而言，数学课程频次在涉及的历史阶段呈现"V"形变化特征，在初步发展阶段频次最低，在深化阶段频次明显高于其他历史阶段；其他理科课程变化特征则比较复杂。在历史阶段学科差异方面，生物学课程在涉及的五个历史阶段理科课程中频次皆最低；物理课程在涉及的前四个历史阶段频次皆最高；数学课程在深化阶段频次明显高于其他理科课程。另外，涉及的前四个历史阶段学科差异比较接近，皆在0—10的范围内；学科差异性指数从小到大依次为：初步发展阶段，探索阶段，起步阶段，发展阶段，深化阶段。

· 443 ·

第五，就中学阶段逻辑思维能力维度而言，化学、生物学课程频次在涉及的历史阶段呈现“N”形变化特征，分别在发展阶段、初步发展阶段频次有所下降；数学课程频次在涉及的历史阶段呈现“V”形变化特征，在起步阶段频次最低；物理课程频次在涉及的历史阶段呈现倒“V”形变化特征，在发展阶段频次最高。在历史阶段学科差异方面，生物学课程在涉及的五个历史阶段频次皆最低；物理课程在起步阶段、初步发展阶段、发展阶段频次皆最高。另外，前四个历史阶段学科差异比较接近且较小，皆在0—10的范围内，学科差异性指数从小到大依次为：起步阶段，初步发展阶段，发展阶段，探索阶段，深化阶段。

（三）TMME图的比较分析

根据各个历史阶段隐性渗透各个维度的频次情况，绘制中小学理科课程TMME图，如图8－124至图8－128所示。

科学精神	探索阶段	起步阶段	初步发展阶段	发展阶段	深化阶段	全面深化阶段
数学	◌	◌		◌	○	●
物理	◌	◌	◌	○	◉	●
化学	◌	◌	◌	◌	○	●
生物学	◌	◌		◌	○	●
自然	◌	◌	◌	◌	○	●

图8－124　中小学理科课程科学精神维度TMME

科学方法	探索阶段	起步阶段	初步发展阶段	发展阶段	深化阶段	全面深化阶段
数学	○	◌	◌	○	○	●
物理	◌	◉	●	●	●	●
化学	○	◉	●	○	◉	●
生物学	○	●	●	●	●	●
自然	○	◉	●	◉	●	●

图8－125　中小学理科课程科学方法维度TMME

科学态度	探索阶段	起步阶段	初步发展阶段	发展阶段	深化阶段	全面深化阶段
数学	◌	◌	◌	◌	○	●
物理	◌	◌	◌	○	●	●
化学	◌	◌	◌	◌	○	●
生物学	◌	◌		◌	○	●
自然	◌	○	◌	○	○	●

图8－126　中小学理科课程科学态度维度TMME

第八章 中国中小学理科课程德育内容百年嬗变的总体分析

科学探究能力	探索阶段	起步阶段	初步发展阶段	发展阶段	深化阶段	全面深化阶段
数学	○	○	○	○	●	●
物理	○	○	○	○	○	●
化学	○	○	○	○	○	●
生物学	○	○	○	○	●	●
自然	○	○	○	○	○	●

图 8-127 中小学理科课程科学探究能力维度 TMME

逻辑思维课程	探索阶段	起步阶段	初步发展阶段	发展阶段	深化阶段	全面深化阶段
数学	○	○	○	○	○	●
物理	○	○	●	○	○	●
化学	○	○	●	○	○	●
生物学	○	○	○	○	○	●
自然	○	○	○	●	●	●

图 8-128 中小学理科课程逻辑思维能力维度 TMME

不难看出：

第一，就中小学理科课程科学精神维度而言，在分布情况方面，各门课程分布范围皆非常广，其中，数学、生物学课程仅在初步发展阶段没有分布。在衔接情况方面，物理、化学、自然课程衔接程度非常强，在相邻历史阶段皆有所衔接；数学、生物学课程衔接程度比较强，仅在起步—初步发展阶段、初步发展—发展阶段没有衔接。在受关注程度方面，仅物理课程受关注程度比较低，在深化阶段、全面深化阶段比较受关注；其他课程受关注程度非常低，仅在全面深化阶段比较受关注。

第二，就中小学理科课程科学方法维度而言，在分布情况方面，各门课程分布范围皆非常广，在各个历史阶段皆有所分布。在衔接情况方面，各门课程衔接程度皆非常强，在相邻历史阶段皆有所衔接。在受关注程度方面，物理、生物学、自然课程受关注程度非常高，仅在探索阶段没有比较受关注的内容；科学态度受关注程度比较高，仅在探索阶段、发展阶段没有比较受关注的内容；科学精神受关注程度非常低，仅在全面深化阶段比较受关注。

第三，就中小学理科课程科学态度维度而言，在分布情况方面，各个维度分布范围皆非常广，其中，生物学课程仅在初步发展阶段没有分布。在衔接情况方面，除了生物学，其他理科课程衔接程度皆非常强，在相邻历史阶段皆有所衔接；生物学课程衔接程度比较强，仅在起步—初步发展阶段、初步发展—发展阶段没有衔接。在受关注程度方面，仅物理课程关注程度比较低，仅在深化阶段、全面深化阶段比较受关注；其他课程受关注程度皆非常低，仅在全面深化阶段比较受关注。

第四，就中小学理科课程科学探究能力维度而言，在分布情况方面，除了生物学课程，其他理科课程分布范围皆非常广，其中，自然课程仅在初步发展阶段没有分布；生物学课程分布范围比较广，仅在起步阶段、初步发展阶段没有分布。在衔接情况方面，前三门理科课程衔接程度非常强，在相邻历史阶段皆有所衔接；自然课程衔接程度比较强，仅在起步—初步发展阶段、初步发展—发展阶段没有衔接；生物学衔接程度比较弱，仅在发展—深化阶段、深化—全面深化阶段有所衔接。在受关注程度方面，仅数学课程受关注程度比较低，在深化阶段、全面深化阶段比较受关注；其他课程受关注程度非常低，仅在全面深化阶段比较受关注。

第五，就中小学理科课程逻辑思维能力维度而言，在分布情况方面，各门理科课程分布范围皆非常广，在涉及历史阶段皆有所分布。在衔接情况方面，各门理科课程衔接程度皆非常强，在相邻历史阶段皆有所衔接。在受关注程度方面，除了生物学课程，其他课程受关注程度皆比较低，其中，自然课程在发展阶段、深化阶段、全面深化阶段比较受关注；生物学课程受关注程度非常低，仅在全面深化阶段比较受关注。

根据历史阶段各个学段（小学、初中、高中、中学）隐性渗透各个维度的频次情况，绘制各个学段理科课程隐性渗透 TMME 图，如图 8-129 至图 8-133 所示。

第八章　中国中小学理科课程德育内容百年嬗变的总体分析

小学科学精神	探索阶段	起步阶段	初步发展阶段	发展阶段	深化阶段	全面深化阶段
数学	☆	☆		☆	○	●
自然	☆	☆	☆	☆	○	●
小学科学方法	探索阶段	起步阶段	初步发展阶段	发展阶段	深化阶段	全面深化阶段
数学	○	☆	○	○	○	☆
自然	○	●	●	●	●	●
小学科学态度	探索阶段	起步阶段	初步发展阶段	发展阶段	深化阶段	全面深化阶段
数学	☆	☆		☆	☆	●
自然	☆	☆	☆	☆	☆	●
小学科学探究能力	探索阶段	起步阶段	初步发展阶段	发展阶段	深化阶段	全面深化阶段
数学	☆	☆	☆	☆	●	●
自然	☆	☆	☆	☆	●	●
小学逻辑思维能力	探索阶段	起步阶段	初步发展阶段	发展阶段	深化阶段	全面深化阶段
数学	○	☆	○	○	◉	●
自然	☆	☆	☆	●	●	●

图 8-129　小学理科课程科学隐性渗透各个维度 TMME

由图 8-129 不难发现：

第一，就小学理科课程科学精神维度而言，在分布情况方面，数学、自然课程分布范围非常广，其中，数学课程在初步发展阶段没有分布。在衔接情况方面，自然课程衔接程度非常强；数学课程衔接程度比较强，仅在起步—初步发展阶段、初步发展—发展阶段没有衔接。在受关注程度方面，两门课程受关注程度皆非常低，仅在全面深化阶段比较受关注。

第二，就小学理科课程科学方法维度而言，在分布情况方面，数学、自然课程分布范围非常广，在涉及的历史阶段皆有所分布。在衔接情况方面，两门课程衔接程度非常强，在相邻历史阶段皆有所衔接。在受关注程度方面，自然课程受关注程度非常高，仅在探索阶段没有比较受关注的内容；数学课程受关注程度非常低，仅在全面深化阶段没有比较受关注的内容。

第三，就小学理科课程科学态度维度而言，在分布情况方面，数学、自然课程分布范围非常广，其中，数学课程在初步发展阶段没有分布。在衔接情况方面，自然课程衔接程度非常强；数学课程衔接程度比较强，仅在起步—初步发展阶段、初步发展—发展阶段没有衔接。在受关注程度方面，两门课程受关注程度皆非常低，仅在全面深化阶段比较受关注。

· 447 ·

中国中小学理科课程德育内容的百年嬗变

第四，就小学理科课程科学探究能力维度而言，在分布情况方面，数学、自然课程分布范围非常广，其中，自然课程在初步发展阶段没有分布。在衔接情况方面，数学课程衔接程度非常强；自然课程衔接程度比较强，仅在起步—初步发展阶段、初步发展—发展阶段没有衔接。在受关注程度方面，数学课程受关注程度比较低，仅在深化阶段、全面深化阶段比较受关注；自然课程受关注程度非常低，仅在全面深化阶段比较受关注。

第五，就小学理科课程逻辑思维能力维度而言，在分布情况方面，数学、自然课程分布范围非常广，在涉及历史阶段皆有所分布。在衔接情况方面，两门课程衔接程度非常强，在相邻历史阶段皆有所衔接。在受关注程度方面，两门课程受关注程度比较低，其中，数学仅在深化阶段、全面深化阶段比较受关注；自然仅在发展阶段、深化阶段、全面深化阶段比较受关注。

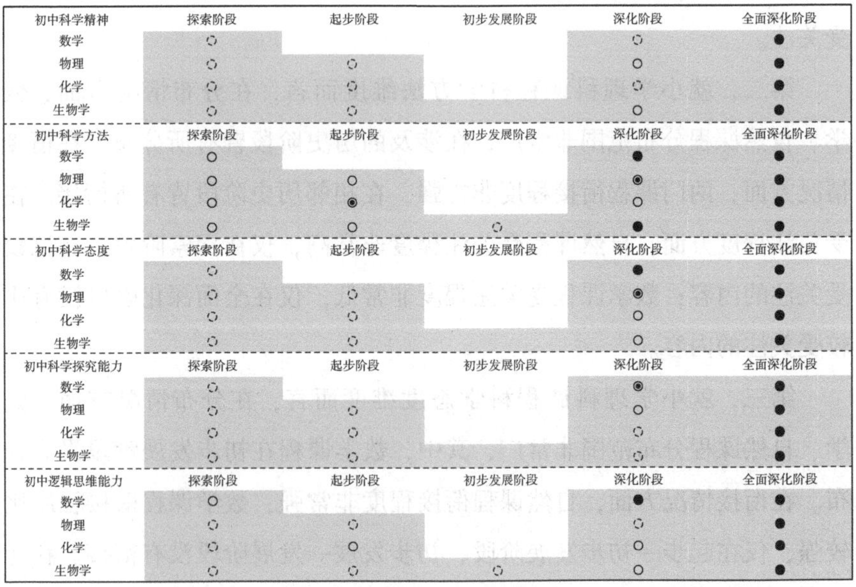

图 8-130 初中理科课程隐性渗透各个维度 TMME

第八章　中国中小学理科课程德育内容百年嬗变的总体分析

由图 8 – 130 不难发现：

第一，就初中理科课程隐性渗透方面而言，在分布情况方面，科学精神、科学态度、逻辑思维能力维度各门课程分布范围皆非常广，其中，仅生物学课程在初步发展阶段没有分布。科学方法维度各门课程分布范围皆非常广，在涉及历史阶段皆有所分布。科学探究能力维度，数学课程分布范围非常广，在涉及历史阶段皆有所分布；其他课程分布范围比较广，其中，生物学课程在起步阶段、初步发展阶段没有分布。

第二，就初中理科课程隐性渗透方面而言，在衔接情况方面，科学精神、科学态度维度，数学、物理、化学课程衔接程度非常强，在相邻历史阶段皆有所衔接；生物学课程衔接程度比较强，仅在起步—初步发展阶段没有衔接。在科学方法、逻辑思维能力维度，各门课程衔接程度皆非常强，在相邻历史阶段皆有所衔接。科学探究能力维度数学课程衔接程度非常强，在相邻历史阶段皆有所衔接；其他课程衔接程度比较弱，其中，生物学仅在深化—全面深化阶段有所衔接。

第三，就初中理科课程隐性渗透方面而言，在受关注程度方面，科学精神维度数学课程受关注程度比较低；其他课程受关注程度皆非常低。科学方法维度数学课程受关注程度比较高，仅在探索阶段没有比较受关注的内容；其他课程受关注程度皆比较低。科学态度维度数学课程受关注程度比较高，仅在探索阶段没有比较受关注的内容；物理课程受关注程度比较低；化学、生物学课程受关注程度非常低。科学探究能力、逻辑思维能力维度数学课程受关注程度比较高，仅在探索阶段没有比较受关注的内容；其他维度受关注程度非常低。

高中科学精神	探索阶段	起步阶段	初步发展阶段	发展阶段	深化阶段	全面深化阶段
数学	○	○	○			●
物理	○	○		○	●	●
化学	○	○			◉	●
生物学	○	○		○	●	●

高中科学方法	探索阶段	起步阶段	初步发展阶段	发展阶段	深化阶段	全面深化阶段
数学	○	○	○	○	○	●
物理	○	●		●	●	●
化学	○	○		○	○	●
生物学	○	◉		○	○	●

高中科学态度	探索阶段	起步阶段	初步发展阶段	发展阶段	深化阶段	全面深化阶段
数学						
物理	○	○		○	●	●
化学	○	○			●	●
生物学	○	○			●	●

高中科学探究能力	探索阶段	起步阶段	初步发展阶段	发展阶段	深化阶段	全面深化阶段
数学	○	○	○	○	○	●
物理	○	○		○	◉	●
化学	○				○	●
生物学	○				○	●

高中逻辑思维能力	探索阶段	起步阶段	初步发展阶段	发展阶段	深化阶段	全面深化阶段
数学	○	○		○	○	●
物理	○	●		○	◉	●
化学	○	○		○	◉	●
生物学	○	○			●	●

图 8-131 高中理科课程隐性渗透各个维度 TMME

由图 8-131 不难发现：

第一，就高中理科课程隐性渗透方面而言，在分布情况方面，科学精神、科学态度维度除了数学课程，其他理科课程分布范围皆非常广，其中，化学、生物学课程仅在发展阶段没有分布；数学课程分布范围比较广。科学方法维度，各门课程分布范围皆非常广，在涉及历史阶段皆有所分布。科学探究能力维度，物理课程分布范围非常广，在涉及历史阶段皆有所分布；其他课程分布范围比较广，其中，化学、生物学课程仅在起步阶段、发展阶段没有分布。逻辑思维能力维度，各门课程分布范围皆非常广，其中，生物学课程仅在发展阶段没有分布。

第二，就高中理科课程隐性渗透方面而言，在衔接情况方面，科学精神、科学态度维度，数学、物理课程衔接程度非常强，在相邻历史阶段皆有所衔接；化学、生物学课程衔接程度比较强，仅在发展—深化阶段没有衔接。科学方法维度，各门课程衔接程度皆非常强，在相邻历史阶段皆有所衔接。科学探究能力维度，数学、物理课程衔接程度非常强，在相邻历史阶段皆有所衔接；化学、生物学课程衔接程度比较弱，仅在深化—全面深化阶段有所衔接。逻辑思维能力维度，前三门课程衔

第八章　中国中小学理科课程德育内容百年嬗变的总体分析

接程度皆非常强，在相邻历史阶段皆有所衔接；生物学课程衔接程度比较强，仅在发展—深化阶段有所衔接。

第三，就高中理科课程隐性渗透方面而言，在受关注程度方面，科学精神、科学态度维度，除了数学课程，其他课程受关注程度皆比较低，仅在深化阶段、全面深化阶段比较受关注；数学课程受关注程度则非常低，仅在全面深化阶段比较受关注。科学方法维度，物理课程受关注程度非常高，仅在探索阶段没有比较受关注的内容，生物学课程受关注程度比较高，仅在探索阶段、起步阶段没有比较受关注的内容；化学课程受关注程度比较低，数学课程受关注程度非常低。科学探究能力维度，数学、物理课程受关注程度比较低；化学、生物学课程受关注程度非常低，仅在全面深化阶段比较受关注。逻辑思维能力维度，物理课程受关注程度比较高，仅在探索阶段、发展阶段比较受关注；数学、化学课程受关注程度比较低，生物学课程受关注程度非常低，仅在全面深化阶段比较受关注。

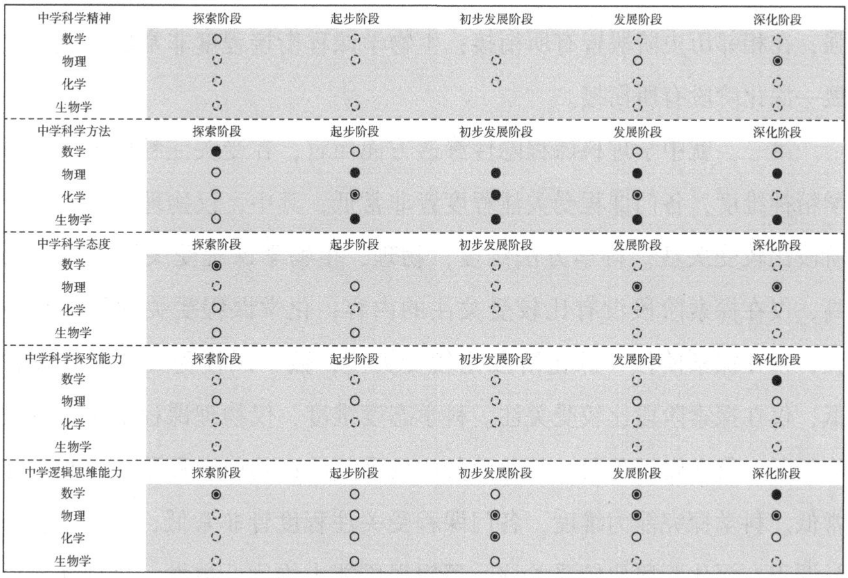

图 8-132　中学理科课程隐性渗透各个维度 TMME

由图 8-132 不难发现：

第一，就中学理科课程隐性渗透方面而言，在分布情况方面有以下特征。科学精神维度，各门课程分布范围皆非常广，其中，物理课程在涉及历史阶段皆有所分布。科学方法、逻辑思维能力维度，各门课程分布范围皆非常广，其中，物理、化学课程在涉及的历史阶段皆有所分布。科学探究能力维度，除了生物学课程，其他理科课程分布范围皆非常广，在涉及历史阶段皆有所分布；生物学课程分布范围比较广，仅在起步阶段、初步发展阶段没有分布。

第二，就中学理科课程隐性渗透方面而言，在衔接情况方面，科学精神维度，仅物理课程衔接程度非常强，在相邻历史阶段皆有所衔接；其他课程衔接程度比较弱。科学方法、逻辑思维能力维度，各门课程衔接程度皆非常强，在相邻历史阶段皆有所衔接。科学态度维度，物理、化学课程衔接程度非常强，在相邻历史阶段皆有所衔接；数学、生物学课程衔接程度比较弱。科学探究能力维度，前三门课程衔接程度皆非常强，在相邻历史阶段皆有所衔接；生物学课程衔接程度非常弱，仅在发展—深化阶段有所衔接。

第三，就中学理科课程隐性渗透方面而言，在受关注程度方面，科学精神维度，各门课程受关注程度皆非常低，其中，仅物理课程在深化阶段比较受关注。科学方法维度，物理、生物学课程受关注程度非常高，仅在探索阶段没有比较受关注的内容；化学课程受关注程度比较强，仅在探索阶段、深化阶段比较受关注；数学课程受关注程度非常低，仅在探索阶段比较受关注。科学态度维度，仅物理课程受关注程度比较低，仅在发展阶段、深化阶段比较受关注；其他课程受关注程度非常低。科学探究能力维度，各门课程受关注程度皆非常低，其中，仅数学课程在深化阶段比较受关注。逻辑思维能力维度，数学、物理课程受关注程度比较低；化学、生物学课程受关注程度非常低。

第五节 本章小结

一 文本总体情况

第一，进入21世纪以来，理科课程对于德育内容的重视程度达到前所未有的高度。

全面深化阶段中小学理科课程德育内容频次为220.7次/份，为频次最低历史阶段（探索阶段）频次的21.0倍，为频次次高历史阶段（深化阶段）频次的5.1倍。在课程标准文本四个部分（理念目标、课程内容、教学要求、其他）频次亦皆最高，分别为频次最低历史阶段频次的22.8倍、39.3倍、10.2倍、342.0倍；分别为频次次高历史阶段频次的5.6倍、4.4倍、4.0倍、20.1倍。

第二，中小学理科课程德育内容频次逐阶段曲折上升，主要呈现"N"形变化特征。

中小学理科课程德育内容频次曲折上升过程中，在探索阶段频次最低，在发展阶段频次有所下降，在深化阶段频次上升较快，在全面深化阶段频次陡升。在课程标准文本四个部分中，前三个部分变化特征与总体变化特征一致，呈现"N"形变化特征，且皆在发展阶段有所下降；其他部分则呈现"V"形变化特征，在初步发展阶段频次最低。

第三，各个学段理科课程德育内容频次皆呈现逐渐上升特征，其中，小学频次逐阶段上升，在全面深化阶段陡升；初中、高中、中学频次皆在所涉及的历史阶段呈现"N"形变化特征。

小学理科课程德育内容在探索阶段频次最低，在起步阶段、初步发展阶段、发展阶段频次逐渐升高，但是比较接近，从深化阶段开始频次大幅升高，在全面深化阶段频次陡升。初中理科课程共涉及发展阶段之外的其他五个历史阶段，高中理科课程共涉及六个历史阶段，中学理科课程共涉及全面深化阶段之外的其他五个历史阶段。初中、高中课程德育内容频次在初步发展阶段有所下降，在全面深化阶段陡升；中学课程德育内容频次在发展阶段有所下降。

第四，学科比较方面，各门课程德育内容频次在各个历史阶段的变化特征虽不尽相同，但皆在全面深化阶段陡升；数学、生物学课程在历史阶段中变化极端性较大；探索阶段学科差异性明显低于其他历史阶段，全面深化阶段则相反。

数学课程频次变化呈现"V"形趋势，在起步阶段频次最低；物理、自然课程频次变化呈现逐渐升高趋势，在探索阶段频次最低；化学、生物学课程频次变化呈现"N"形趋势，在发展阶段频次有所下降。数学在探索阶段、全面深化阶段理科课程中频次最高，而在起步阶段、初步发展阶段频次最低；生物学则与数学课程相反。探索阶段学科差异性指数仅为5.8，而全面深化阶段学科差异性指数为156.4。

第五，小学、初中、高中理科课程各门学科多呈现"/""V""N"形上升的特征，在全面深化阶段陡升；中学理科课程各门学科变化比较多样。

小学、初中、高中理科课程各门学科总体呈现直接上升或曲折上升的变化特征。但是中学理科各门课程中因为在全面深化阶段没有课程文本，所以除了"N""V"形特征，还有倒"V"形变化特征。

第六，具体学科方面，五门理科课程在多数历史阶段德育内容主要分布在文本的课程内容部分，较少分布在其他部分。

五门理科课程德育内容文本分布在历史阶段中课程内容部分的占比最大，其他部分则占比最小。其中，物理课程在其他部分各个历史阶段占比皆最小，化学、生物学课程在课程内容部分各个历史阶段占比皆最大。

第八章　中国中小学理科课程德育内容百年嬗变的总体分析

二　编码总体情况

第一，中小学理科课程编码频次逐阶段变化在隐性渗透方面呈现稳定上升的特征。显性呈现编码频次呈现曲折上升的变化特征，隐性渗透呈现逐渐上升的变化特征。探索阶段两个方面德育内容频次皆最低，全面深化阶段明显高于其他历史阶段。

在显性呈现方面，中小学理科课程编码总体频次呈现"N"形变化特征；在隐性渗透方面，中小学理科课程编码总体频次呈现逐渐升高的变化特征。显性呈现总体频次在探索阶段明显低于其他历史阶段，而在发展阶段略有下降；隐性渗透总体频次在深化阶段大幅上升，在全面深化阶段陡升。全面深化阶段频次分别是显性呈现、隐性渗透方面最低历史阶段的 56.9 倍和 31.8 倍；分别是次高历史阶段的 4.5 倍，8.3 倍。

第二，中小学理科课程编码总和呈现曲折上升的变化特征；显性呈现频次在各个历史阶段皆低于隐性渗透频次，符合理科课程自身基本特征。

中小学理科课程编码总和呈现"N"形变化特征，在探索阶段频次明显低于其他历史阶段，在全面深化阶段频次明显高于其他历史阶段；显性呈现频次在各个历史阶段皆低于隐性渗透频次，在探索阶段、起步阶段、初步发展阶段差异比较接近且较小，在全面深化阶段频次明显大于其他历史阶段。

第三，小学、初中、高中、中学理科课程德育内容编码总和呈现曲折上升的变化特征；小学、初中、高中除了初步发展阶段，其他历史阶段显性呈现频次皆低于隐性渗透频次，初步发展阶段隐性渗透频次皆为历史阶段中最低。在涉及的历史阶段中，中学阶段隐性渗透频次皆高于小学阶段。

小学、初中、高中、中学理科课程德育内容编码总和皆呈现"N"

形变化特征。小学、初中、高中学段在初步发展阶段频次皆为涉及历史阶段中的最低频次，分别为 10.3 次/份，2.0 次/份，2.0 次/份。其中，初中阶段仅生物学课程有课程文本且德育内容频次较低，高中阶段仅数学课程有课程文本且德育内容频次较低。

第四，学科比较方面，显性呈现除了自然逐渐上升，其他理科课程呈现曲折上升的变化特征；隐性渗透除了物理逐渐上升，其他理科课程呈现曲折上升的变化特征。自然有着比较丰富的显性呈现德育内容；数学在两个方面学科分布中极端性比较明显。历史阶段学科差异性指数皆在探索阶段最小，在全面深化阶段最大。

显性呈现中除了自然课程，其他理科课程呈现"N"形变化特征，皆在发展阶段频次有所下降；隐性渗透中化学、生物学、自然课程变化呈现"N"形特征，数学课程变化呈现"V"形特征。数学、自然课程在显性呈现方面极端性较大，数学、生物学课程中隐性渗透方面极端性较大。数学课程在显性呈现方面除了深化阶段，在其他历史阶段频次皆最低，在隐性渗透方面起步阶段、初步发展阶段、发展阶段频次皆最低，而在探索阶段、全面深化阶段频次皆最高。在两个方面探索阶段学科差异性比较小，皆在 0—10 的范围内；而在全面深化阶段则非常大。

第五，小学、初中、高中理科课程各门学科在两个方面多呈现"/""V""N"形的上升特征，在全面深化阶段陡升；中学理科课程各门学科在两个方面变化比较多样。学科差异性指数在两个方面的小学、初中、高中阶段皆在全面发展阶段明显大于其他历史阶段。

中学理科课程因为没有全面深化阶段课程文本，在显性呈现方面化学、生物学课程呈现倒"V"形特征，在起步阶段频次最高。全面深化阶段，在显性呈现方面，学科差异性指数在小学，初中，高中阶段分别为 34.0，27.7，80.4；在隐性渗透方面，学科差异性指数分别为 49.7，

299.4，225.7。

第六，具体学科方面，各门理科课程在多数历史阶段显性呈现频次皆低于隐性渗透频次，与理科课程基本特征相符。

数学课程在初步发展阶段之外的其他历史阶段显性呈现频次皆低于隐性渗透频次；物理、化学在各个历史阶段显性呈现频次皆低于隐性渗透频次；生物学课程在起步阶段之外的其他历史阶段显性呈现频次皆低于隐性渗透频次；自然课程在初步发展阶段、深化阶段之外的其他历史阶段显性呈现频次皆低于隐性渗透频次。

三 显性呈现情况

第一，中小学理科课程显性呈现主要维度频次皆呈现曲折上升的变化特征；主要维度频次总和亦呈现曲折上升的变化特征，且在全面深化阶段陡升。思想政治教育维度在大多数历史阶段的受重视程度皆较大；个人品德教育维度在大多数历史阶段的受重视程度皆较小。

中小学理科课程显性呈现主要维度频次皆呈现"N"形变化特征，在探索阶段频次皆最低，分别在发展阶段、初步发展阶段频次有所下降；主要维度频次总和亦呈现"N"形变化特征，在探索阶段频次最低，在发展阶段有所下降，在全面深化阶段陡升。思想政治教育维度在深化阶段之外的其他五个历史阶段频次皆最高，而个人品德教育维度在探索阶段之外的其他五个历史阶段频次皆最低。

第二，中小学理科课程显性呈现其他维度频次除了全面深化阶段皆比较接近且较小，尤其是发展阶段法制教育维度频次低于同一历史阶段的其他维度；全面深化阶段生态文明教育、心理健康教育维度频次明显高于其他维度频次。

中小学理科课程显性呈现其他维度中劳动教育、法制教育（发展阶段）、法制教育（深化阶段）、心理健康教育（深化阶段）频次皆比较小，在 0—10 的范围内，尤其是法制教育（发展阶段）频次只有 0.2。全面深化阶段"生态文明教育"维度频次为 28.4，心理健康教育维度频次为 46.5。

第三，小学理科课程显性呈现主要维度频次总和不同于其他学段，呈逐渐上升的变化特征；其他学段则变化趋势趋同，呈曲折上升的变化特征；思想政治教育、个人品德教育在各个学段的受重视程度与整体理科课程相同。

初中、高中、中学主要维度频次总和呈现"N"形变化特征，皆在初步发展阶段有所下降。思想政治教育维度在小学除起步阶段、深化阶段之外的其他历史阶段频次最高，初中、高中皆在探索阶段、起步阶段、全面深化阶段频次最高，中学在深化阶段之外涉及的其他历史阶段频次皆最高。个人品德教育在小学、高中、中学涉及的各个历史阶段频次皆最低，在初中起步阶段、深化阶段、全面深化阶段频次最低。

第四，学科比较方面，思想政治教育中数学变化特征不同于其他课程；自然在社会公德教育、个人品德教育维度变化比较复杂，没有明显的变化特征。数学主要维度受重视程度在多数历史阶段皆较低，自然在社会公德教育、个人品德教育维度重视程度在多数历史阶段皆较高。三个维度的历史阶段学科差异性比较接近。

思想政治教育维度数学课程频次呈现逐渐上升的变化特征，而其他四门课程频次呈现"N"形变化特征；社会公德教育维度除了自然课程，其他课程频次呈现"N"形变化特征；个人品德教育维度除了自然、生物学课程，其他课程频次呈现"N"形变化特征。数学课程在思想政治教育维度除了发展阶段、深化阶段，在社会公德教育维度除了探索阶段、深化阶段，在个人品德教育维度除起步阶段、发展之外的其他历史阶段，频次低于同一阶段其他理科课程。自然课程在社会公德教育维度

第八章 中国中小学理科课程德育内容百年嬗变的总体分析

除了起步阶段、初步发展,在个人品德教育维度除发展阶段、深化阶段之外的其他历史阶段,频次高于同一阶段其他理科课程。

第五,对于显性呈现的其他维度,自然课程仍然重视程度较高,数学、物理课程学科分布极端性较大。"生态文明教育"维度学科差异性明显大于其他维度,其次是心理健康教育维度(全面深化阶段)。

自然课程在劳动教育、生态文明教育、法制教育维度(深化阶段)频次皆最高;数学课程在心理健康教育维度(全面深化阶段)频次最高,而在生态文明教育、法制教育维度(深化阶段)频次最低,且在"生态文明教育"维度明显低于其他理科课程;物理课程在法制教育维度(发展阶段)频次最高,而在劳动教育、心理健康教育维度(全面深化阶段)频次最低,且在心理健康教育维度(全面深化阶段)明显低于其他理科课程。"生态文明教育"维度学科差异性指数为41.2,主要原因在于数学课程在此维度频次非常低。

第六,具体学科方面,数学、物理、化学课程显性呈现主要维度差异性在各个历史阶段比较接近且较小;数学、物理在其他维度中,劳动教育、法制教育在各门理科课程中,频次皆较低。

数学、物理、化学课程显性呈现主要维度差异性指数在各个历史阶段皆在0—10的范围内;数学课程在劳动教育、法制教育(发展阶段)、法制教育(深化阶段)维度频次分别为5.6、0.2、0.3;物理课程在劳动教育、法制教育(发展阶段)、法制教育(深化阶段)维度频次分别为2.0、1.0、3.3。

第七,TMME图方面,中小学理科课程在显性呈现主要维度和其他维度分布范围皆非常广,历史阶段衔接程度皆非常强;但是主要维度仅社会公德教育受关注程度比较低,思想政治教育、个人品德教育维度受关注程度非常低,其他维度仅在"生态文明教育"维度受关注程度非常高。

其中，生物学在思想政治教育维度，自然在社会公德教育维度受关注程度较高，在个人品德教育维度各门学科受关注程度皆非常低。其他维度中除了数学，其他理科课程在"生态文明教育"维度受关注程度皆非常高。

中小学理科课程在显性呈现主要维度和其他维度所有历史阶段皆有所分布，在每对相邻历史阶段皆有所衔接。主要维度中仅社会公德教育维度在深化阶段、全面深化阶段比较受关注，其他仅在全面深化阶段比较受关注；其他维度中生态文明教育仅在全面深化阶段有所涉及，且在此阶段比较受关注。

生物学课程在思想政治教育维度起步阶段、初步发展阶段、全面深化阶段比较受关注，自然课程在社会公德教育维度发展阶段、深化阶段、全面深化阶段比较受关注，个人品德教育维度各门学科仅在全面深化阶段比较受关注。其他维度中，除了数学，其他理科课程在"生态文明教育"维度受关注程度皆非常高，这与此维度仅在全面深化阶段分布有所关联。

四 隐性渗透情况

第一，除了逻辑思维能力维度，中小学理科课程隐性渗透其他维度频次皆呈现曲折上升的变化特征，且在全面深化阶段陡升。科学方法在大多数历史阶段受重视程度皆较大；科学探究能力分布极端性较大。探索阶段、起步阶段学科差异性比较小，全面深化阶段学科差异性明显大于其他阶段。

中小学理科课程在逻辑思维能力维度频次呈现逐渐上升的变化特征，全面深化阶段频次是探索阶段 36.7 倍；科学精神、科学方法、科学态度维度频次呈现"N"形变化特征，中途分别在发展阶段、初步发展阶段有所下降，全面深化阶段频次是最低历史阶段频次的 31.7 倍，

18.2倍，231.7倍；科学探究能力维度频次呈现"V"形特征，在起步阶段有所下降，全面深化阶段频次是最低历史阶段频次的111.8倍。科学方法维度在全面深化阶段之外的其他历史阶段隐性渗透维度中频次皆最高，科学探究能力维度分布极端性比较大，在探索阶段、起步阶段、发展阶段、深化阶段频次皆最低，而在全面深化阶段频次最高。探索阶段、起步阶段学科差异性指数比较接近且较小，皆在0—10的范围内；全面深化阶段学科差异性指数为28.7。

第二，小学、初中、高中、中学理科课程科学方法维度受重视程度较高，初中、高中理科课程科学探究能力分布极端性较大，中学理科课程科学精神维度受重视程度较低。除了中学，其他学段全面深化阶段维度差异性明显大于其他阶段，其他历史阶段维度差异比较接近。

科学方法维度在小学、初中、高中除全面深化阶段之外，中学涉及历史阶段频次皆为同一阶段隐性渗透维度中最高者；初中阶段科学探究能力维度在探索阶段、起步阶段、初步发展阶段频次皆最低，而在全面深化阶段明显高于其他维度；高中阶段科学探究能力维度在前五个历史阶段频次皆最低，而在全面深化阶段明显高于其他维度；中学阶段科学精神维度在起步阶段、初步发展阶段、发展阶段、深化阶段频次皆最低。小学、初中、高中在全面深化阶段维度差异性指数分别是：32.8，25.9，29.2。

第三，学科比较方面，生物学在科学精神、科学方法维度分布极端性较大，数学在科学精神维度分布极端性较大，物理在科学态度维度分布极端性较大；数学在科学方法维度受重视程度较低而在科学探究能力受重视程度较高，自然在科学态度重视程度较高，生物学在科学探究能力、逻辑思维能力重视程度较低。各个维度在全面深化阶段学科差异性皆明显大于其他阶段。

在科学精神维度，数学在中间四个历史阶段各个学科中频次皆最低,在全面深化阶段频次明显高于其他理科课程;生物学则在前五个历史阶段频次皆最高,在全面深化阶段频次最低。在科学方法维度,生物学在中间四个历史阶段频次皆最高,而在全面深化阶段明显低于其他理科课程;数学在中间四个历史阶段频次皆最低。在科学态度维度,物理在初步发展阶段、发展阶段、深化阶段频次皆最高,而在探索阶段频次最低;自然在探索阶段、起步阶段、初步发展阶段、全面深化阶段频次皆最高。在科学探究能力维度,数学在初步发展阶段之外的其他历史阶段频次皆最高,生物学在深化阶段之外的其他历史阶段频次皆最低。在逻辑思维能力方面,生物学在探索阶段、初步发展阶段之外的其他历史阶段频次皆最低。

第四,小学自然德育内容在前三个维度较数学丰富,在后两个维度相反;初中数学对科学态度、科学探究能力、逻辑思维能力重视程度较高;高中生物学对科学探究能力、逻辑思维能力重视程度较低;中学物理对科学精神、科学态度、科学探究能力、逻辑思维能力重视程度较高,生物学对科学探究能力、逻辑思维能力重视程度较低。

初中阶段数学课程在科学态度、科学探究能力、逻辑思维能力维度涉及历史阶段理科课程中频次皆最高。高中阶段生物学在科学探究能力维度除了深化阶段,在逻辑思维能力维度除了探索阶段,频次皆最低。中学阶段物理课程在科学精神、科学态度维度除了探索阶段,在科学探究能力维度除了深化阶段,在逻辑思维能力维度除了探索阶段、深化阶段,在涉及的其他历史阶段频次皆最高;而生物学课程在科学探究能力、逻辑思维能力维度涉及历史阶段频次皆最低。

第五,具体学科方面,物理、化学、生物学、自然维度分布范围具有一定的趋同性;数学课程对逻辑思维能力重视程度比较高,在科学精神重视程度比较低;物理、化学、生物学对科学方法重视程度比较高;自然对科学方法重视程度比较高,对科学探究能力重视程度比较低。

第八章 中国中小学理科课程德育内容百年嬗变的总体分析

数学课程在逻辑思维能力维度全面深化阶段之外的其他历史阶段隐性渗透频次皆最高，这与数学课程本身基本特征相符，在科学精神维度除起步阶段、全面深化阶段之外频次皆最低。物理、化学、生物学、自然在科学方法维度（化学、生物学除全面深化阶段之外）各个历史阶段频次皆最高。自然在科学探究能力维度探索阶段、全面深化阶段之外的其他阶段频次皆为最低。

第六，TMME 图方面，中小学理科课程在隐性渗透五个维度分布范围皆非常广，历史阶段衔接皆非常强；但是仅对科学方法维度关注程度非常高，在其他维度关注程度皆比较低或非常低。

中小学理科课程在隐性渗透五个维度所有历史阶段皆有所分布，在每对相邻历史阶段皆有所衔接。其中，科学方法维度在探索阶段之外的其他历史阶段皆比较受关注。

物理、生物学、自然课程对科学方法维度关注程度皆非常高；化学课程对科学方法维度关注程度比较高。

第九章 主要研究结论与启示

第一节 主要研究结论

2022年,教育部等十部门印发《全面推进"大思政课"建设的工作方案》的通知,其中提出将"全面推进课程思政高质量建设""加强中小学学科德育建设"作为拓展工作格局的渠道之一。2017年,教育部印发《中小学德育工作指南》,其中亦明确提及"充分发挥课堂教学的主渠道作用,将中小学德育内容细化落实到各学科课程的教学目标之中,融入渗透到教育教学全过程"。由此可见,学科德育一直以来皆为中小学德育工作的关注要点之一。基于德育内容视域下中国中小学理科课程六个历史阶段的阶段研究,以及百年嬗变历史的总体分析,得出以下主要研究结论。

第一,21世纪以来,我国中小学理科课程对于德育内容的重视程度达到前所未有高度。

纵观百年历史,21世纪以来,对理科课程德育内容重视程度达到前所未有的高度。基于中小学理科课程标准文本,全面深化阶段理科课程德育内容频次是最低历史阶段(探索阶段)频次的21.0倍,亦是较高历史阶段(仅次于全面深化阶段,即深化阶段)频次的5.1倍。德育内容编码频次中，显性呈现频次是最低历史阶段频次的56.9倍，是较高历史阶段频次的4.5倍；隐性渗透频次则分别是最低历史阶段频次的31.8倍，是较高历史阶段频次的8.3倍。

第二，在百年历史中，中小学理科课程德育内容频次在各个历史阶段主要呈现曲折上升的变化特征。

纵观百年历史，中小学理科课程德育内容频次呈现"N"形变化特征，在探索阶段频次最低，发展阶段频次略有下降，全面深化阶段陡升。中小学理科课程德育内容显性呈现频次变化特征与德育内容整体频次相同；隐性渗透频次呈现随历史阶段逐渐上升的变化特征。

第三，在百年历史中，相比五门理科课程，显性呈现方面，数学课程频次普遍较低，自然（科学）课程频次普遍较高；隐性渗透方面，数学、生物学分布极端性较大。

纵观百年历史，在显性呈现方面，中小学数学课程在深化阶段之外的其他五个历史阶段理科课程中频次皆最低，自然（科学）课程在起步阶段之外的其他五个历史阶段理科课程中频次皆最高，且在发展阶段、深化阶段、全面深化阶段频次明显高于其他理科课程，说明自然（科学）课程历来有着较为丰富的显性呈现德育资源。在隐性渗透方面，中小学数学课程在起步阶段、初步发展阶段、发展阶段频次皆最低，但是在探索阶段、全面深化阶段频次最高，且在全面深化阶段频次明显高于其他理科课程；生物学在探索阶段、全面深化阶段频次最低，且在全面深化阶段频次明显低于其他理科课程，但是在初步发展阶段、深化阶段频次皆最高，分布极端性较大。

第四，在百年历史中，中小学理科课程德育内容呈现各自为政的基本特征。

通过对百年历史的回顾，在各个历史阶段，中小学理科课程德育内容皆比较零散地分布在课程文本当中，无论是在共性特征的显性呈现方面，还是在个性特征的隐性渗透方面，德育内容皆比较缺乏明显的系统性特征，呈现出各自为政的样态，可以从课程文本当中窥见德育内容不管是在理科课程的整体统筹方面，还是各个具体学科的维度分布方面，均没有经过系统的筹划。

第五，在全面深化阶段，中小学理科课程标准文本在"课程内容"部分有着较为集中的德育要求。

在全面深化阶段，中小学理科课程德育内容频次在课程内容部分占比最高（50.1%），而在课程实施、附录部分比较接近且较低，占比分别为14.3%和14.1%。这在一定程度上说明中小学理科课程标准文本"课程内容"部分有着较为集中的德育要求。

第六，在全面深化阶段，初中理科课程尤其是物理、化学、生物学对德育内容的重视程度偏低。

在全面深化阶段，小学理科课程（数学、自然）德育内容频次（282.9次/份）明显高于初中、高中学段；而初中理科课程（数学、物理、化学、生物学）德育内容频次（188.6次/份）则明显低于小学、高中学段。在显性呈现、隐性渗透方面，亦有与德育内容整体频次相同的情况，其中，显性呈现在小学、初中、高中理科课程中的编码频次分别为142.0，110.5，122.8；隐性渗透在小学、初中、高中理科课程中的编码频次分别为498.9，316.1，369.0。这与小学科学课程标准中有着较为丰富的德育内容，同时初中物理、化学、生物学课程德育内容频次较低不无关系。

第七，在全面深化阶段，数学课程有着较为丰富的隐性渗透内容，但显性呈现内容偏低；生物学课程隐性渗透重视程度偏低。

在全面深化阶段，数学课程显性呈现频次（102.2）与物理课程显性呈现频次（104.2）比较接近且较小，明显低于其他理科课程；而隐性渗透频次（503.2）则明显高于其他理科课程。生物学课程隐性渗透

第九章 主要研究结论与启示

频次（240.7）明显低于其他理科课程。

第八，在显性呈现方面，当前数学课程对生态文明教育的重视程度偏低；物理课程中对心理健康教育的重视程度偏低。

在全面深化阶段，显性呈现方面，"生态文明教育"维度学科差异性明显大于其他维度，其中，小学科学课程频次（43.0）最高，数学课程频次（1.8）明显低于其他学科；"心理健康教育"维度学科差异性较大，其中，数学课程频次（59.8）最高，物理课程频次（30.8）则明显低于其他学科。

第九，在隐性渗透方面，当前生物学课程对各个维度的重视程度均偏低，尤其是"科学方法""科学探究能力"维度。

在全面深化阶段，隐性渗透方面，生物学课程在各个维度的频次皆为理科课程中最低，其中，在"科学方法"维度（47.3）、"科学探究能力"维度（56.0）更是明显低于其他理科课程（这两个维度理科课程频次均值分别为80.2和89.4）。

第十，在全面深化阶段，当前理科课程文本中课程实施部分没有过多涉及德育内容要求，这将直接影响到课程实施过程中对于德育内容的重视程度。

在全面深化阶段，课程标准文本尤其是当前课程标准文本并没有过多涉及德育内容的系统化要求，在"理想信念教育"维度尤为薄弱，这虽然与理科课程的学科属性有一定的关系，但是也反映出课程设置时并未充分考虑到课程的德育内容安排。在课程标准文本的课程实施部分，"教学建议""评价建议"直接影响着教师在教学过程中对于理科课程德育内容的重视程度，"教材编写建议"则能够直接影响理科教科书编写导向，从而间接影响着教师的课堂教学。因此，在课程实施部分对于德育内容的重视程度直接决定了中小学理科课程教学过程中对德育内容的重视程度，德育内容在文本当中的系统设置显得尤为必要。

第二节 基于主要研究结论的启示

第一，我国中小学理科教科书的编写以及课堂教学应该充分结合课程标准中相应的德育内容要求，积极开发具有理科课程特色的德育内容问题情境和教学案例。

21世纪以来，我国中小学理科课程对于德育内容的重视程度达到前所未有高度。相较于中小学理科课程标准中对于德育内容的重视程度，理科教科书以及课堂教学中对于理科课程德育内容的挖掘和应用则显得较为单一和薄弱，对于德育内容的理解更多地倾向于对显性呈现内容问题情境的探索，比如理科教学通常会通过科学史进行中华民族文化自信和爱国情感的渗透，但是对于问题情境多元化背景的开发，科学问题解决过程中科学精神、科学态度的渗透，科学方法的引导，科学探究过程的强化等往往容易忽略。因此，中小学理科课程的教科书编写以及课堂教学应该与课程标准中的德育内容及要求相呼应，从显性呈现和隐性渗透两方面进行，积极开发德育内容视域下中小学理科课程的育人功能优质问题情境和教学案例。

第二，当前中小学理科课程标准中对德育内容的重视程度非常高，但是需要尊重历史变化规律，循序渐进融入中小学理科教科书和课堂教学过程。

在百年历史中，中小学理科课程德育内容频次在各个历史阶段主要呈现曲折上升的变化特征。由此可见，中小学理科课程标准中对于德育内容的重视程度是持续升高的。德育内容具有明显的时代性特征，尤其是显性呈现方面内容，因此，在充分认识到当前中小学理科课程对于德育内容重视程度非常高的同时，也不能激进地片面地将其融入中小学理科课程，而应该尊重历史变化规律，循序渐进地融入中小学理科教科书和课堂教学过程。

第三，纵观百年历史，数学课程对于理科课程德育内容显性呈现方面的重视程度有待提高。

在百年历史中，相比五门理科课程，显性呈现方面，数学课程频次普遍较低，自然（科学）课程频次普遍较高；隐性渗透方面，数学、生物学分布极端性较大。因此，中小学数学课程德育内容分布相较于其他理科课程变化较大，进入21世纪以来，对于隐性渗透方面的重视程度大大增加；但是对于显性呈现方面的重视程度仍然较低。纵观百年历史，中小学数学课程对于显性呈现方面的关注程度相较于其他理科课程较低，对于显性呈现方面的重视程度有待提高。比如：可以增加问题情境的多元化，丰富问题情境的育人功能；在综合与实践的主题式学习或项目式学习过程中，有意识地强化跨学科主题学习的育人功能，充分挖掘数学课程的育人价值，尤其是德育价值。

第四，当前中小学理科课程既需要统筹德育内容的共性和个性内容，又需要具体到各门理科课程，考虑不同学段德育内容的阶段性和整体性。

在百年历史中，中小学理科课程德育内容呈现各自为政的基本特征。因此，当前我国中小学理科课程中德育内容的设置，既需要充分考虑到理科课程作为自然科学课程的基本特征，整体筹划理科课程在德育内容方面显性呈现和隐性渗透的具体任务，然后结合具体学科特点，再细分到诸如数学、物理、化学、生物学、科学学科当中；还需要考虑到学科的学段差异性，《工作指南》明确提出了德育内容在小学低年级、小学中高年级、初中学段以及高中学段的学段德育目标，在理科课程标准文本当中尤其是课程内容部分，应当适当体现德育内容的阶段性以及整体性。

第五，有待针对当前中小学理科课程标准文本课程内容部分进行深度挖掘，进一步指导中小学理科教科书编写以及课堂教学育人功能的有效实施。

在全面深化阶段，中小学理科课程标准文本课程内容部分有着较为集中的德育要求。由于课程内容紧扣中小学理科教科书编写以及课堂教学，所以对其中丰富的德育内容需要进行深度挖掘和理解，从而进一步指导中小学理科教科书以及课堂教学育人功能的实施。

第六，在全面深化阶段，初中理科课程尤其是物理、化学、生物学对德育内容的重视程度有待整体提高。

在全面深化阶段，初中理科课程尤其是物理、化学、生物学对德育内容的重视程度偏低。初中理科课程德育内容在整体频次、显性呈现频次、隐性渗透频次方面皆最低，其中数学课程的相应频次明显高于物理、化学、生物学课程频次。因此，初中阶段理科课程尤其是物理、化学、生物学课程对德育内容的重视程度有待整体提高。

第七，在全面深化阶段，数学课程有着较为丰富的隐性渗透内容，但显性呈现内容有待持续关注与深度挖掘；生物学课程隐性渗透重视程度有待提高。

在全面深化阶段，数学课程有着较为丰富的隐性渗透内容，但显性呈现内容偏低；生物学课程对隐性渗透的重视程度偏低。由此可见，在全面深化阶段，相比于其他理科课程，数学课程有较为丰富的隐性渗透内容，但是显性呈现内容明显较少，有待持续关注与深度发掘；生物学课程则在隐性渗透方面重视程度有待提高。

第八，在显性呈现方面，当前数学课程有待适度提高对"生态文明教育"维度的重视程度；物理课程有待适度提高对"心理健康教育"维度的重视程度。

显性呈现方面，当前数学课程对"生态文明教育"维度的重视程度偏低；物理课程对"心理健康教育"维度的重视程度偏低。由此可见，在全面深化阶段，数学课程在"生态文明教育"维度频次相较于其他理科课程过低，虽然课程自身的基本特征是造成频次过低的重要原因之

第九章　主要研究结论与启示

一，但是生态文明教育在当前的重要性不言而喻，数学课程有待适度提高对此维度的重视程度。物理课程在"心理健康教育"维度频次相较于其他理科课程过低，这与课程标准中通过合作学习建立良好人际关系，体会学科学习价值，进而爱学习、会学习等内容偏少有关，有待适度提高对此维度的重视程度。

第九，在隐性渗透方面，当前生物学课程有待适度提高对各个维度的重视程度，尤其是对"科学方法""科学探究能力"维度的重视程度。

在隐性渗透方面，当前生物学课程对各个维度的重视程度均偏低，尤其是对"科学方法""科学探究能力"维度的重视程度。由此可见，在全面深化阶段，生物学课程在隐性渗透方面各个维度频次皆较其他理科课程过低，尤其在"科学方法""科学探究能力"维度。当前生物学课程有待适度提高对各个维度的重视程度，尤其是"科学方法""科学探究能力"维度。

第十，当前在理科课程标准文本课程实施部分，尤其是"教学建议""教材编写建议"当中，应该凸显德育内容的系统性要求。

在全面深化阶段，当前课程文本中课程实施部分没有过多涉及德育内容要求，这影响到课程实施过程中对于德育内容的重视程度。因此，在课程标准文本当中，尤其是课程实施部分，需要明确增加对于课堂教学和评价当中德育内容呈现的具体要求，在"教材编写建议"当中应当明确教学编写当中德育融入的具体任务，而不是仅仅在科学文化、科学历史、科学发展前沿问题当中增强学生的爱国情怀和民族自豪感，使得德育内容过于单薄，显得片面化。

第三节　研究展望

第一，对于德育内容视域下学科课程的研究，有待从中小学理科课程扩展到全科课程。

"新文化运动的衍生,标志着近代中国社会变迁晋级到了文化心理层面,而此次文化演进的诸侧面,从孔教文体、家庭问题、妇女问题一直到社会改造问题、人生观问题,乃至文字和文学问题等,无不打上道德的烙印。正是在这种以'道德革命'为核心的文化革新浪潮中,德育课程发生了根本性转变。"① 五四运动之后开始强调道德教育的学科渗透,但是不同类别学科自身的基本特征不同,其隐性渗透方面亦会不同。

根据《工作指南》的相关要求,科学类课程要加强对学生科学精神、科学方法、科学态度、科学探究能力和逻辑思维能力的培养,促进学生树立勇于创新、求真求实的思想品质。另外,人文类课程要利用课程中语言文字、传统文化、历史地理常识等丰富的思想道德教育因素,潜移默化地对学生进行世界观、人生观和价值观的引导;体艺类课程要加强对学生审美情趣、健康体魄、意志品质、人文素养和生活方式的培养。

因此,对于学科德育的深入研究,仅仅局限于中小学理科课程是不够的,还需要进一步扩展到对人文类、体艺类课程的研究。

第二,对于德育内容视域下理科课程的研究,有待从中小学理科课程标准扩展到理科教科书,进而影响到理科课程课堂教学实践。

课程实施过程中如何结合课程标准和教科书渗透德育非常重要。本书囿于篇幅,仅以中小学理科课程标准作为研究对象进行德育内容历史研究。课程标准处于课程体系中的期望课程层面,是体现国家意愿的官方文件,亦是不同版本教科书编写的核心依据;而根据 TIMSS 项目中对于课程的划分,教科书作为课程体系中潜在的实施课程,在极大程度上影响着中小学课堂教学,影响着课程育人功能的实施效果。因此,在对于对中小学理科课程标准德育内容进行研究的基础上,可以进一步拓展

---

① 郑航:《中国近代德育课程史》,人民教育出版社2004年版,第162页。

第九章　主要研究结论与启示

到中小学理科教科书的深入研究。

第三，对于德育内容视域下理科课程的历史研究，有待进一步丰富全面深化阶段系列研究。

全面深化阶段研究在各个历史阶段中意义尤为重大，彰显了当前我国中小学理科课程德育内容的基本情况，对于我国中小学理科课程标准中德育内容的思考、理科教科书中德育功能的实现、教师课堂教学中理科课程德育价值的挖掘等皆有着非常重要的指导作用。因此，对于此历史阶段的研究还可以进一步丰富起来，比如对于当前德育内容视域下中小学理科课程标准与教科书的一致性研究，德育内容视域下中小学理科教科书例题习题的一致性研究，德育内容视域下中小学理科教科书的案例开发等。

第四，对于德育内容视域下全科课程的研究，有待进一步拓宽对学科课程与德育课程不同学段协同育人情况的研究，对学科课程德育内容中小学一体化情况的研究。

基于全科课程视角，基于学科横向，可以进一步延伸到对学科课程（人文类课程、科学类科学、体艺类课程）中的德育内容与德育课程中的德育内容在不同学段（小学、初中、高中）协同育人情况的深入研究；基于学段纵向，可以进一步深挖不同学科体系课程群在小学—初中—高中德育内容的一体化情况，从而实现由理科课程出发，进一步拓展到人文类课程、科学类课程、德育课程的基础教育阶段全课程德育内容的覆盖，有总有分，既有宏观层面德育内容在不同课程体系中的合理分布情况，又有中观层面不同课程体系中德育内容的分布情况，还有微观层面具体学科课程德育内容的文本分布情况，同时还可以实现学科课程德育内容中小学一体化的整体性和阶段性考量。

附　录

附录一　中小学理科课程德育内容显性呈现方面内容阐释

探索阶段理科课程德育内容显性呈现方面内容阐释

一级指标	二级指标	主要内容
1 国家民族意识	1.1 对国家的责任	地方自治(热忱、负责、急公、好义);政府(奉公、守法、勤慎、廉洁);国家(忠贞、共勇、建设、牺牲);领袖(尊崇、信仰、服从、贡献)。
	1.2 对世界的责任	国际(公平、信义、和平);人类(同情、自由、平等);万物(博爱、创造、善用)。
2 国民公德教育	2.1 对社会的责任	国民道德基础之公德要求: 朋友(信义、规劝);同学(尊敬、和爱);老幼(恭敬、爱护);邻里(和睦、互助);团队(乐群、合作);公众(秩序、协作)。
3 个人修养教育	3.1 对自己的责任	国民道德基础私德要求:明礼仪知廉耻;负责任守纪律。 对于自己的责任:身体(健康、整齐、清洁、刻苦、耐劳);品性(诚实、正直、弘义、谦和、纯朴);行为(敏捷、庄重、活泼、谦逊、礼节);学问(勤勉、专精、虚心、审问、思想);服务(勤俭、忠实、愉快、敬业、有恒);信仰(真诚、正确、专一、坚定、力行)。

续表

一级指标	二级指标	主要内容
3 个人修养教育	3.2 对家庭的责任	父母(孝顺);夫妇(敬爱);兄弟(友恭);子女(慈爱);宗族(敬睦)。

主要参考文献:

1. 蔡元培德育思想——1912年4月,蔡元培发表了《对于教育方针之意见》,力倡军国民教育、实利主义教育、公民道德教育、世界观教育、美感教育"五育并重"的教育方针。同年9月,教育部公布"民国教育宗旨",称:"注重道德教育,以实利教育、军国民教育辅之,更以美感教育完成其道德。"

——曾长秋、周含华编著《中国德育通史简编》,第298页。

2. 《青年训育大纲》(1938)
3. 《训育纲要》(1939)
4. 《小学训育标准》(1941)

起步阶段理科课程德育内容显性呈现方面内容阐释

一级指标	二级指标	主要内容
1 政治思想教育	1.1 政治常识教育	关于中华人民共和国的常识和中国共产党的常识。
	1.2 政治理论教育	关于社会发展史的常识(包括历史唯物论和政治经济学),中国共产党历史和毛泽东生平的事迹,关于马克思、恩格斯、列宁、斯大林的生平的常识。 关于马克思、恩格斯、列宁、斯大林的理论著作和毛泽东的理论著作。
	1.3 爱国主义教育	使儿童具有爱国思想。 发展学生为祖国效忠、为人民服务的思想。 尊敬国旗,尊敬人民领袖。
	1.4 唯物主义思想教育	辩证唯物论和唯物史观。
2 国民公德教育	2.1 爱祖国	详见徐特立《论国民公德(上)》,《人民教育》1950年第3期。
	2.2 爱人民	详见徐特立《论国民公德(中)》,《人民教育》1950年第4期。
	2.3 爱劳动	详见徐特立《论国民公德(中)》,《人民教育》1950年第4期。

续表

一级指标	二级指标	主要内容
2 国民公德教育	2.4 爱科学	详见徐特立《论国民公德（下）》，《人民教育》1950年第5期。
	2.5 爱护公共财物	详见徐特立《论国民公德（下）》，《人民教育》1950年第5期。
3 个人品德教育	3.1 文明礼貌教育	遵守学校规则；按时到校，按时上课；不迟到，不早退，不随便缺课。 尊敬校长、教师；同学友爱互助、互相帮助；敬爱父母，爱护兄弟姐妹；尊敬长辈，尊敬老人，爱护小孩，关怀体弱有病的人。 对人有礼貌；不骂人，不打架；不在公共场所吵闹。 注意清洁卫生。 遵守公共秩序；自觉遵守纪律。
	3.2 意志品格教育	诚实、刚毅、勇敢、团结、互助。

主要参考文献：
1.《中央人民政治协商会议共同纲领》（1949）
2.《教育部关于加强学校政治思想教育的领导的指示》（1950）
3.《中共中央关于加强理论教育的决定（草案）》（1951）
4.《小学暂行规程（草案）》《中学暂行规程（草案）》（1952）
5.《小学生守则》《中学生守则》（1955）

初步发展阶段理科课程德育内容显性呈现方面内容阐释

一级指标	二级指标	主要内容
1 思想政治教育	1.1 政治常识教育	关于中华人民共和国的常识和中国共产党的常识。
	1.2 政治理论教育	关于社会发展史的常识（包括历史唯物论和政治经济学），中国共产党历史和毛泽东生平的事迹，关于马克思、恩格斯、列宁、斯大林的生平的常识。 关于马克思、恩格斯、列宁、斯大林的理论著作和毛泽东的理论著作。
	1.3 爱国主义教育	培养学生具有爱国主义和国际主义精神。 教育学生拥护共产党，拥护社会主义，愿意为社会主义事业服务，为人民服务。

续表

一级指标	二级指标	主要内容
2 社会公德教育	1.4 工人阶级世界观教育	逐步对学生进行工人阶级的阶级观点、劳动观点、群众观点的教育,培养学生的共产主义道德品质和革命意志,反对现代修正主义,反对资产阶级思想和其他反动思想的侵蚀,逐步树立工人阶级的世界观。
	1.5 国防观念教育	要对学生进行社会主义建设总路线、"大跃进"、人民公社三面红旗的教育,进行加强国防观念的教育。
	1.6 唯物主义思想教育	逐步对学生进行辩证唯物主义观点的教育。
2 社会公德教育	2.1 爱祖国	要教育学生热爱祖国,热爱社会主义,热爱共产党,学习和继承革命传统,好好学习,天天向上,为准备建设社会主义祖国而努力。
	2.2 爱人民	要教育学生尊敬劳动人民,使他们懂得社会财富,包括自己的衣食住行,都是来自劳动人民的劳动成果;要教育学生学习劳动人民的勤劳、勇敢、诚实、俭朴等优良品质。要教育学生尊重兄弟民族的风俗习惯,加强民族团结。 要教育学生爱护集体,遵守纪律,对别人的错误敢于提出意见,对自己的错误敢于承认和改正。
	2.3 爱劳动	要教育学生热爱劳动,以正确的态度对待升学和参加劳动,使他们懂得小学毕业以后,升学或者参加劳动同样是国家需要的,同样是光荣的。
	2.4 爱科学	热爱科学。努力学习。
	2.5 爱护公共财物	要教育学生爱护公共财物,遵守公共秩序。
3 个人品德教育	3.1 文明礼貌教育	要教育学生尊敬教师和长辈,对同学、兄弟姊妹要互助友爱,对人要有礼貌。遵守纪律。

续表

一级指标	二级指标	主要内容
3 个人品德教育	3.2 意志品格教育	要教育学生不懒惰、不说谎,不自私自利,不奢侈浪费。
4 劳动教育	4.1 劳动教育	从小养成劳动习惯,培养爱劳动、爱劳动人民、爱护劳动成果的思想感情。 　加强对学生进行为农业服务的教育。要使他们懂得农业是国民经济的基础,进一步克服轻视农业劳动的错误观点,树立从事社会主义农业建设是光荣事业的思想,准备在需要的时候参加农业生产或者农村工作。

主要参考文献:

1. 《关于加强中学思想政治教育的几个问题的通知》(1957)
2. 《全日制小学暂行工作条例（草案)》《全日制中学暂行工作条例（草案)》(1963)

发展阶段理科课程德育内容显性呈现方面内容阐释

一级指标	二级指标	主要内容
1 思想政治教育	1.1 政治常识教育	关于中华人民共和国的常识和中国共产党的常识。
	1.2 政治理论教育	关于社会发展史的常识(包括历史唯物论和政治经济学),中国共产党历史和毛泽东生平的事迹,关于马克思、恩格斯、列宁、斯大林的生平的常识。 　关于马克思、恩格斯、列宁、斯大林的理论著作和毛泽东的理论著作。
	1.3 爱国主义教育	培养学生具有爱国主义和国际主义精神。 　热爱党,热爱社会主义祖国,树立强烈的爱国主义思想和民族自尊心、自信心,同时也要进行国际主义的教育。
	1.4 工人阶级世界观教育	逐步对学生进行工人阶级的阶级观点、劳动观点、群众观点的教育,培养学生的共产主义道德品质和革命理想,继承和发扬党的革命传统和优良作风,反对修正主义,反对资产阶级思想和其他反动思想的侵蚀,逐步树立工人阶级的世界观。

续表

一级指标	二级指标	主要内容
1 思想政治教育	1.5 国防观念教育	要对学生进行党在整个社会主义历史阶段的基本路线的教育和新时期的总任务的教育。要加强保卫祖国的国防观念的教育。
	1.6 唯物主义思想教育	逐步对学生进行辩证唯物主义观点的教育。
2 社会公德教育	2.1 爱祖国	要教育学生热爱祖国,热爱社会主义,热爱共产党,学习和继承革命传统,好好学习,天天向上,为准备建设社会主义祖国而努力。
	2.2 爱人民	要教育学生尊敬劳动人民,使他们懂得社会财富,包括自己的衣食住行,都是来自劳动人民的劳动成果;要教育学生学习劳动人民的勤劳、勇敢、诚实、俭朴等优良品质。要教育学生尊重兄弟民族的丰富习惯,加强民族团结。
	2.3 爱劳动	要教育学生热爱劳动,以正确的态度对待升学和参加劳动,使他们懂得,在毕业以后,升学或者参加劳动同样是国家需要的,同样是光荣的。 热爱劳动,自己能做的事自己做。
	2.4 爱科学	要教育学生热爱科学。 努力学习,准备为社会主义现代化贡献力量。
	2.5 爱护公共财物	要教学学生爱护公共财物,遵守公共秩序。
3 个人品德教育	3.1 文明礼貌教育	要教育学生尊敬教师和长辈,对同学、兄弟姊妹要互助友爱,提倡助人为乐,对人有礼貌,不骂人、不打架。遵守秩序、讲究卫生。
	3.2 意志品格教育	要教育学生不自私自利,不奢侈浪费。 诚实、正直、谦逊、宽厚、勇敢、开朗、有毅力、负责任、守时守信、自尊自爱。

一级指标	二级指标	主要内容
4 法制教育	4.1 法制教育	社会主义民主和法治观念教育。 遵守学校纪律,遵守公共秩序,遵守国家法令。 初步了解一些同日常生活密切相关的通俗浅显的法律常识,进行法制观念的启蒙教育,逐步培养他们辨别是非的能力,使他们从小养成遵纪守法的品德。

主要参考文献:
1. 《全日制小学暂行工作条例（试行草案）》《全日制中学暂行工作条例（试行草案）》(1978)
2. 《小学生守则》《中学生守则》(1981)
3. 《关于加强小学法制教育的意见》(1985)

深化阶段理科课程德育内容显性呈现方面内容阐释

一级指标	二级指标	主要内容
1 思想政治教育	1.1 政治常识教育	社会主义道德的基本准则、公民的权利和义务,了解社会发展的一般规律,了解我国国情和建设有中国特色的社会主义的有关知识,确立坚持中国共产党领导,坚持走社会主义道路的信念,树立国家观念以及阶级观点、劳动观点、群众观点、集体主义观点,具有社会责任感,提高分辨是非的能力。
	1.2 政治理论教育	进行马列主义、毛泽东思想、邓小平理论基本观点的教育。
	1.3 唯物主义思想教育	怎样正确看待周围常见的事物,初步学习全面地发展地看待问题的方法。 初步的辩证唯物主义和历史唯物主义常识教育和科学思想方法的教育。
	1.4 理想教育	学习目的的教育;初步的职业理想教育;社会主义共同理想教育。 职业理想教育和升学就业指导;正确的人生理想教育;建设有中国特色的社会主义理想信念教育。

续表

一级指标	二级指标	主要内容
2 社会公德教育	2.1 爱祖国	爱国主义教育。 培养学生热爱家乡、热爱祖国、热爱社会主义的感情和民族自尊心、自豪感;知道我国是一个多民族的国家,各族人民要互相尊重、平等相待,完成祖国统一大业是各族人民的共同心愿;爱护国家财产,立志保卫祖国,热爱和平,反对侵略战争。 初步的国家观念,尊重国家标志,维护国家尊严、荣誉的教育。
	2.2 爱人民	知道我人民创造了中华文明,了解我国人民勤劳勇敢、自强不息、不畏强暴、热爱和平传统美德,培养热爱人民的感情;要尊重各行各业的劳动者,向先进人物学习,初步培养为人民服务的思想;要孝敬父母、尊敬师长、尊老爱幼、友爱同学、同情和帮助残疾人、助人为乐,并与各族少年儿童、外国小朋友友好相处。 教育学生知道自己是集体中的一员,要热爱集体、关心集体,培养集体意识和为集体服务的能力。以集体主义为导向的人生价值观教育。 爱班级、爱学校、为集体服务、维护集体荣誉的教育。
	2.3 爱劳动	要热爱劳动,参加力所能及的自我服务劳动、家务劳动、公益劳动和简单的生产劳动,掌握一些简单的劳动技能,培养劳动习惯,爱护公物,勤俭节约,珍惜劳动成果;学习老一辈艰苦创业的优良传统,初步培养吃苦耐劳、艰苦奋斗的精神。 勤俭建国、勤俭办一切事业的教育;勤劳致富、用诚实劳动争取美好生活的教育。
	2.4 爱科学	教育学生知道学习是学生的主要任务,是公民的权利和义务;初步懂得建设祖国、保卫祖国离不开文化科学知识,从小把自己的学习与实现社会主义现代化的理想联系起来,启发学生的学习兴趣和求知欲望;培养勤学好问、刻苦努力、专心踏实、认真仔细的学习态度和良好的学习习惯;热爱科学、相信科学,反对迷信,不参加各种封建迷信活动。

· 481 ·

续表

一级指标	二级指标	主要内容
2 社会公德教育	2.5 爱社会主义	学习老一辈无产阶级革命家和优秀共产党员英勇奋斗、艰苦创业、大公无私、坚持真理、全心全意为人民服务等高尚品质,培养热爱中国共产党的感情。
3 个人品德教育	3.1 意志品格教育	教育学生要诚实、正直、谦虚、宽厚、有同情心、活泼、开朗、勇敢、坚强、有毅力、不怕困难、不任性、惜时守信、认真负责、自尊自爱、积极进取。
4 纪律法制教育	4.1 文明礼貌、遵守纪律	教育学生关心、爱护、尊重他人,对人热情有礼貌,说话文明,会用礼貌用语,不打架、不骂人;初步掌握日常生活礼节;自觉遵守学校纪律和规章制度;讲究个人卫生,保持环境整洁;爱护公用设施、文物古迹,爱护花草、树木,保护有益动物,环境道德教育。
	4.2 民主与法制观念	法律常识。知道国家有法律,法律是保护人民利益的,公民要知法、守法,学习和遵守部分法规中与小学生活有关的规定。我国公民基本权利和义务的教育;宪法及有关法律常识和法规的教育。 社会主义民主观念和守法教育。教育学生懂得在集体中要平等待人,有事和大家商量,少数服从多数,个人服从集体。知法守法,运用法律武器自我保护的教育。尊重宪法,尊重人权,维护社会稳定的教育;知法守法,抵制违法乱纪行为的教育。
5 心理健康教育	5.1 心理品质教育	青春期心理卫生、性道德和男女同学正常交往、真诚友爱的教育;健康的生活情趣和发展个性特长的教育;坚强的意志品格和自我约束能力的培养训练。 健康生活情趣和健全人格的培养教育;青春期心理健康、友谊、恋爱、家庭观的教育和行为指导;坚强意志品格和承受挫折能力的培养训练。 使学生不断正确认识自我,增强调控自我,承受挫折、适应环境的能力;培养学生健全的人格和良好的个性心理品质。

主要参考文献:

1. 《小学德育纲要》(1993)、《中学德育大纲》(1995)

2. 中共中央办公厅、国务院办公厅《关于适应新形势进一步加强和改进中小学德育工作的意见》(2000)

全面深化阶段理科课程德育内容显性呈现方面内容阐释

一级指标	二级指标	主要内容
1 理想信念教育	1.1 领会国家发展使命	引导学生逐步领会中国特色社会主义的基本理念，领会党中央治国理政的新理念、新思想、新战略，认识中国在促进世界人类文明发展中的伟大使命。
	1.2 树立远大奋斗理想	引导学生了解中国历史特别是近现代史，了解中国共产党党史和中国革命史，了解我国改革开放以来的社会发展历史和改革成就，树立为实现中国梦而奋斗的远大理想。
	1.3 坚定社会主义信念	引导学生深刻领会中华民族伟大复兴是中华民族近代以来最伟大的梦想，是通过全党和全国人民努力奋斗一定会实现的伟大梦想；培养学生对党的政治认同、情感认同、价值认同，不断树立为共产主义远大理想和中国特色社会主义共同理想而奋斗的信念和信心。
2 社会主义核心价值观教育	2.1 把握价值目标	引导学生感受社会主义祖国建设取得的辉煌成就，感知富强、民主、文明、和谐的社会主义祖国正在走向现代化的美好未来；使学生体验文明是社会进步的标志，认同、学习并传承中华优秀传统文化，感受社会和谐的重要意义；引导学生正确认识国情和国策，体会社会主义制度的优越性。
	2.2 理解价值取向	引导学生理解实现人的自由全面发展是社会主义的理想价值追求，实现社会平等是我国社会最重要的价值取向，公正、公平、正义是中国特色社会主义应然的根本价值理念，法治是我国治国理政的基本方式，依法治国是社会主义民主政治的基本要求；引导学生体验遵纪守法的重要意义，理解合作与竞争的辩证关系，树立规则意识和安全意识。
	2.3 遵守价值准则	引导学生理解爱国、敬业、诚信、友善是每个人的基本价值准则；使学生理解个人、家庭、社会、国家的内在关系，培养学生爱国家、爱人民、爱社会的情感，鼓励学生认真学习、努力工作，把个人前途命运与国家繁荣富强、人民幸福安康联系在一起，使爱国成为每个人的最高价值准则；理解敬业是基本的职业道德要求，激发学生干一行爱一行的职业情感；理解诚信是人之为人的基本道德准则，养成真诚待人、信守诺言的行为习惯，把诚实守信视为基本的行为准则；理解友善是处理人际关系的基本价值准则，是班集体生活的基本目标要求，是实现中华民族伟大复兴中国梦的价值支撑。

续表

一级指标	二级指标	主要内容
3 中华优秀传统文化教育	3.1 家国情怀	引导学生增强国家认同,形成爱国情感,树立民族自信;形成为实现中华民族伟大复兴的中国梦而不懈努力的共同理想追求;积极争做有自信、懂自尊、能自强的中国人。
	3.2 社会关爱	引导学生正确处理个人与他人、个人与社会、个人与自然的关系;形成乐于奉献、热心公益慈善的良好风尚;积极争做高素养、讲文明、有爱心的中国人。
	3.3 人格修养	引导学生明辨是非、遵纪守法、坚韧豁达、奋发向上;积极争做知荣辱、守诚信、敢创新的中国人。
4 生态文明教育	4.1 认识生态文明	引导学生感悟大自然的美好;了解大自然中的动植物等基本生物;知道人与大自然之间的密切关系。
	4.2 形成文明的自然观	引导学生尊重大自然的客观规律;敬畏大自然,不破坏大自然;积极保护大自然。
	4.3 形成健康文明的生活方式	引导学生了解人类自身行为对环境所产生的正面与负面的影响;有忧患意识,对影响环境的行为采取节能、环保等审慎的态度;自觉践行可持续发展理念,做力所能及的有关环境保护的事情。
5 心理健康教育	5.1 认识自我与尊重生命	引导学生全面认识自己的特点,接纳自我;认识生命,保障健全的生命过程;尊重生命,提升生命质量和生命价值;保护生命,关爱人类及其他生命体。
	5.2 人际交往与情绪调适	引导学生了解人际交往的基本道德规范,建立良好的人际关系;正确认识自己的人际关系状况,促进人际积极情感反应和体验;学会关心他人,尊重并包容每个人的差异;学会恰当地表达情绪,学会对情绪进行有效管理。
	5.3 升学择业与人生规划	引导学生提高学习能力;学习做人生规划、职业规划、学业规划,具有终身学习的意识和能力。
	5.4 学会学习与适应社会生活	引导学生了解自身条件,能正确认识和理解学习的价值,爱学习、会学习;学习适应社会环境,积极主动融入社会;学习适应社会生活,形成健康的生活方式;学习适应社会角色,把握人生发展定位;学习适应社会变化,积极主动做出应对。

主要参考文献:
《中小学德育工作指南实施手册》,教育科学出版社 2017 年版。

附录二 中小学理科课程德育内容隐性渗透方面内容阐释

一级指标	内涵	外延
A 科学精神	科学实现其社会文化职能的重要形式。科学文化的主要内容之一。包括自然科学发展所形成的优良传统、认知方式、行为规范和价值取向。求真务实、开拓创新是科学精神的最基本的内涵。①	理性精神、实证精神、求实精神、可重复和可检验、求真精神、探索精神、创新改革精神、虚心接受科学遗产的精神、严格精确的分析精神、协作精神、民主精神、开放精神、实践精神、批评精神等。
B 科学方法	人们所得科学认识所采用的规则和手段系统。揭示客观世界的性质和规律、获得新知识和探索真理的工具。②	等效法、理想模型法、控制变量法、实验推进法、转换法、类比法等。 比较、归纳、演绎；观察、试验、推理、假设、验证。③
C 科学态度	把科学的种种特性综合地体现到具体工作中去，按照客观事物的本质及其规律指导自己的实践活动。	尊重客观；尊重实践；善于思考；坚持真理；不断前进。 好奇心、尊重实证、批判地思考、灵活性、对变化世界敏感。④ 探究兴趣、实事求是、追求创新、合作分享。⑤
D 科学探究能力	基于观察和实验提出科学问题、形成猜想和假设、设计实验与制订方案、获取和处理信息、基于证据得出结论并做出解释，以及对科学探究过程进行交流、评估、反思的能力。⑥	提出问题、做出假设、制订计划、搜集证据、处理信息、得出结论、表达交流、反思评价。⑦

---

① 辞海编委会：《辞海（第六版）·普及本》，上海辞书出版社2010年版，第2142页。
② 辞海编委会：《辞海（第六版）·普及本》，上海辞书出版社2010年版，第2141页。
③ 课程教材研究所编：《20世纪中国中小学课程标准·教学大纲汇编 物理卷》，人民教育出版社2001年版，第7页。
④ 美国科学促进协会：《面向全体美国人的科学》，科学普及出版社2001年版，第157页。
⑤ 教育部：《义务教育小学科学课程标准》，北京师范大学出版社2012年版，第12—13页。
⑥ 教育部：《普通高中物理课程标准（2017年版）》，人民教育出版社2018年版，第5页。
⑦ 教育部：《义务教育小学科学课程标准》，北京师范大学出版社2012年版，第10—11页。

续表

一级指标	内涵	外延
E 逻辑思维能力	人在认识过程中借助概念、判断、推理反映现实的思维方式。它以抽象性为特征，撇开具体形象，揭示事物的本质属性。①	归纳与演绎、分析与综合、抽象与概括、比较、因果、递推、逆向。

附录三　中小学理科课程德育内容统计表（样表）

序号	理念目标	课程内容	教学要求②	其他③
1				
2				
3				
4				
5				
6				
7				
8				
9				
10				

---

① 中国社会科学院语言研究所词典编辑室编：《现代汉语词典》（第 6 版），商务印书馆 2012 年版，第 856 页。

② 全面深化阶段此部分名称改为"课程实施"。下同。

③ 全面深化阶段此部分名称改为"附录"。下同。

附录四 中小学理科课程德育内容编码表（样表）

序号	理念目标	显性呈现编码	隐性渗透编码
1			
2			
3			

序号	课程内容	显性呈现编码	隐性渗透编码
1			
2			
3			

序号	教学要求	显性呈现编码	隐性渗透编码
1			
2			
3			

序号	其他	显性呈现编码	隐性渗透编码
1			
2			
3			

附录五 中小学理科课程德育内容频次统计表①

探索阶段数学课程德育内容频次统计表

文本	颁布年份（年）	理念目标	课程内容	教学要求	其他
《新学制课程标准纲要小学算术课程纲要》	1923	2	0	1	2
《小学课程暂行标准　小学算术》	1929	1	0	2	3
《小学各科课程标准　算术》	1932	0	4	2	0
《小学算术课程标准》	1936	0	3	2	0
《小学算术科课程标准》	1941	0	6	3	0
《算术课程标准》	1948	1	9	0	0
《新学制课程标准纲要·初级中学算学课程纲要》	1923	2	0	0	0
《初级中学算学暂行课程标准》	1929	2	1	4	4
《初级中学算学课程标准》	1932	2	0	5	2
《初级中学算学课程标准》	1936	2	2	6	3
《修正初级中学数学课程标准》	1941	3	3	13	4
《修订初级中学数学课程标准》	1948	3	0	6	0
《新学制课程标准纲要·高级中学第二组必修的课程纲要》	1923	0	0	0	2
《高级中学普通科算学暂行课程标准》	1929	3	0	2	1
《高级中学算学课程标准》	1932	1	3	8	2
《高级中学算学课程标准》	1936	1	5	7	3

①　囿于本书篇幅，每个历史阶段仅以数学课程为例呈现德育内容频次统计数据。

续表

文本	颁布年份（年）	理念目标	课程内容	教学要求	其他
《修正高级中学数学课程标准》	1941	4	3	7	2
《修订高级中学数学课程标准》	1948	4	6	9	0
《六年制中学数学课程标准草案》	1941	3	4	17	4

注：

1. 囿于篇幅，德育内容统计表、德育内容编码表均未在本书附录中呈现。
2. 《新学制课程标准纲要》文本拆分为初级中学和高级中学两个部分。
3. 将中小学数学课程标准（教学大纲）按照文本结构分为理念目标（包括课程说明等，下同）、课程内容、教学要求和其他四个部分。
4. 以文本中每个内容条目为基本单位进行统计。

起步阶段数学课程德育内容频次统计表

文本	颁布年份（年）	理念目标	课程内容	教学要求	其他
《小学算术课程暂行标准（草案）》	1950	2	0	2	2
《小学算术教学大纲（草案）》	1952	9	0	0	0
《小学珠算教学大纲（草案）》	1952	1	0	0	0
《中学数学科课程标准草案·第一案》	1951	3	16	0	0
《中学数学科课程标准草案·第二案》	1951	3	11	0	0
《中学数学教学大纲（草案）》	1952	9	0	0	0
《中学数学教学大纲（修订草案）》	1954	8	0	0	0

初步发展阶段数学课程德育内容频次统计表

文本	颁布年份（年）	理念目标	课程内容	教学要求	其他
《小学算术教学大纲（修订草案）》	1956	4	2	2	0
《全日制小学算术教学大纲（草案）》	1963	3	8	2	0
《高级中学制图教学大纲（草案）》	1956	3	4	0	0

续表

文本	颁布年份（年）	理念目标	课程内容	教学要求	其他
《中学数学教学大纲（修订草案）(1956—1957学年度)》	1956	11	2	0	0
《全日制中学数学教学大纲（草案）》	1963	3	8	8	0

发展阶段数学课程德育内容频次统计表

文本	颁布年份（年）	理念目标	课程内容	教学要求	其他
《全日制十年制学校小学数学教学大纲（试行草案）》	1978	2	2	3	2
《全日制小学数学教学大纲》	1986	4	4	2	2
《全日制十年制学校中学数学教学大纲（试行草案）》	1978	2	5	3	2
《全日制十年制学校中学数学教学大纲（试行草案）》	1980	2	5	3	2
《全日制六年制重点中学数学教学大纲（征求意见稿）》	1982	1	3	4	1
《全日制中学数学教学大纲》	1986	2	26	3	1

深化阶段数学课程德育内容频次统计表

文本	颁布年份（年）	理念目标	课程内容	教学要求	其他
《九年制义务教育全日制小学数学教学大纲（初审稿）》	1988	5	21	7	0
《九年义务教育全日制小学数学教学大纲（试用）》	1992	5	29	13	2
《九年制义务教育全日制小学数学教学大纲（试用修订版）》	2000	6	41	16	3
《九年制义务教育全日制初级中学数学教学大纲（初审稿）》	1988	9	45	6	0

续表

文本	颁布年份(年)	理念目标	课程内容	教学要求	其他
《九年义务教育全日制初级中学数学教学大纲(试用)》	1992	9	45	5	0
《九年义务教育全日制初级中学数学教学大纲(试用修订版)》	2000	12	57	6	0
《全日制普通高级中学数学教学大纲(供试验用)》	1996	9	21	3	0
《全日制普通高级中学数学教学大纲(试验修订版)》	2000	9	22	6	0
《全日制中学数学教学大纲(修订本)》	1990	4	32	3	0

全面深化阶段数学课程德育内容频次统计表

文本	颁布年份(年)	理念目标	课程内容	实施建议	附录
《全日制义务教育数学课程标准(实验稿)》	2001	63	104	53	0
《义务教育数学课程标准(2011年版)》	2012	81	87	48	70
《义务教育数学课程标准(2022年版)》	2022	44	214	43	101
《普通高中数学课程标准(实验)》	2003	16	225	28	0
《普通高中数学课程标准(2017年版)》	2018	32	150	30	123
《普通高中数学课程标准(2017年版2020年修订)》	2021	32	150	30	123

注：因为21世纪以来课程标准文本结构名称与以往文本有较大不同，根据文本结构，将此阶段标准文本划分为理念目标、课程内容、实施建议、附录四个部分。下同。

其中，理念目标部分包括课程性质、基本理念、课程目标、核心素养、课程结构等内容，课程内容部分仅包括课程内容，实施建议包括学业质量、实施建议等内容，附录部分仅包括附录。

附录六　中小学理科课程德育内容编码统计表[①]

探索阶段数学课程德育内容编码统计表

阶段	维度	指标	理念目标	课程内容	教学要求	其他	合计
小学阶段（6份）	显性呈现	国家民族意识	0	2	4	0	6
		国民公德教育	0	2	4	0	6
		个人修养教育	0	0	0	0	0
	隐性渗透	科学精神	0	4	0	0	4
		科学方法	0	2	4	0	6
		科学态度	1	4	0	0	5
		科学探究能力	4	4	4	5	17
		逻辑思维能力	0	12	6	0	18
初中阶段（6份）	显性呈现	国家民族意识	0	0	1	0	1
		国民公德教育	0	0	0	0	0
		个人修养教育	0	0	0	0	0
	隐性渗透	科学精神	4	1	3	4	12
		科学方法	4	1	17	4	26
		科学态度	5	1	8	7	21
		科学探究能力	1	0	6	4	11
		逻辑思维能力	7	4	13	3	27

[①] 囿于本书篇幅，每个历史阶段仅以数学课程为例呈现德育内容编码统计数据。

续表

阶段	维度	指标	理念目标	课程内容	教学要求	其他	合计
高中阶段 （6份）	显性呈现	国家民族意识	0	0	0	0	0
		国民公德教育	0	0	0	0	0
		个人修养教育	0	0	0	0	0
	隐性渗透	科学精神	2	2	2	3	9
		科学方法	7	10	18	2	37
		科学态度	3	2	4	7	16
		科学探究能力	0	0	9	2	11
		逻辑思维能力	8	12	15	1	36
中学阶段 （1份）	显性呈现	国家民族意识	0	0	0	0	0
		国民公德教育	0	0	0	0	0
		个人修养教育	0	0	0	0	0
	隐性渗透	科学精神	1	0	3	2	6
		科学方法	2	2	10	1	15
		科学态度	1	0	3	4	8
		科学探究能力	0	0	2	1	3
		逻辑思维能力	1	2	7	0	10

起步阶段数学课程德育内容编码统计表

阶段	维度	指标	理念目标	课程内容	教学要求	其他	合计
小学阶段 （3份）	显性呈现	政治思想教育	4	0	0	0	4
		国民公德教育	4	0	0	0	4
		个人品德教育	2	0	0	0	2

中国中小学理科课程德育内容的百年嬗变

续表

阶段	维度	指标	理念目标	课程内容	教学要求	其他	合计
小学阶段（3份）	隐性渗透	科学精神	0	0	1	1	2
		科学方法	2	0	2	0	4
		科学态度	1	0	1	1	3
		科学探究能力	1	0	0	0	1
		逻辑思维能力	6	0	0	1	7
中学阶段（4份）	显性呈现	政治思想教育	6	3	0	0	9
		国民公德教育	6	0	0	0	6
		个人品德教育	3	0	0	0	3
	隐性渗透	科学精神	2	0	0	0	2
		科学方法	4	14	0	0	18
		科学态度	0	0	0	0	0
		科学探究能力	7	4	0	0	11
		逻辑思维能力	8	12	0	0	20

初步发展阶段数学课程德育内容编码统计表

阶段	维度	指标	理念目标	课程内容	教学要求	其他	合计
小学阶段（2份）	显性呈现	思想政治教育	1	2	1	0	4
		社会公德教育	2	2	1	0	5
		个人品德教育	1	0	0	0	1
		劳动教育	4	9	2	0	15
	隐性渗透	科学精神	0	0	0	0	0

续表

阶段	维度	指标	理念目标	课程内容	教学要求	其他	合计
小学阶段（2份）	隐性渗透	科学方法	0	0	1	0	1
		科学态度	0	0	0	0	0
		科学探究能力	1	0	1	0	2
		逻辑思维能力	2	1	2	0	5
高中阶段（1份）	显性呈现	思想政治教育	2	1	0	0	3
		社会公德教育	2	2	0	0	4
		个人品德教育	0	0	0	0	0
		劳动教育	0	0	0	0	0
	隐性渗透	科学精神	0	0	0	0	0
		科学方法	0	1	0	0	1
		科学态度	0	0	0	0	0
		科学探究能力	0	0	0	0	0
		逻辑思维能力	0	1	0	0	1
中学阶段（2份）	显性呈现	思想政治教育	4	1	0	0	5
		社会公德教育	4	1	0	0	5
		个人品德教育	2	0	0	0	2
		劳动教育	5	4	4	0	13
	隐性渗透	科学精神	0	0	0	0	0
		科学方法	2	4	1	0	7
		科学态度	1	0	0	0	1
		科学探究能力	3	0	0	0	3
		逻辑思维能力	5	3	4	0	12

发展阶段数学课程德育内容编码统计表

阶段	维度	指标	理念目标	课程内容	教学要求	其他	合计
小学阶段（2份）	显性呈现	思想政治教育	3	0	2	0	5
		社会公德教育	4	0	2	0	6
		个人品德教育	2	0	1	0	3
		法治教育	1	0	0	0	1
	隐性渗透	科学精神	0	0	1	0	1
		科学方法	0	6	0	4	10
		科学态度	1	0	1	0	2
		科学探究能力	2	0	1	0	3
		逻辑思维能力	3	4	2	0	9
中学阶段（4份）	显性呈现	思想政治教育	7	11	4	0	22
		社会公德教育	4	1	2	0	7
		个人品德教育	0	0	1	0	1
		法制教育	0	0	0	0	0
	隐性渗透	科学精神	0	0	1	0	1
		科学方法	1	10	3	6	20
		科学态度	2	0	1	0	3
		科学探究能力	4	6	4	0	14
		逻辑思维能力	3	23	6	0	32

深化阶段数学课程德育内容编码统计表

阶段	维度	指标	理念目标	课程内容	教学要求	其他	合计
小学阶段（3份）	显性呈现	思想政治教育	7	19	8	0	34
		社会公德教育	8	32	20	0	60
		个人品德教育	6	6	5	0	17
		纪律法制教育	3	0	0	0	3
		心理健康教育	0	0	4	0	4
	隐性渗透	科学精神	1	10	10	0	21
		科学方法	3	0	7	0	10
		科学态度	2	6	4	1	13
		科学探究能力	5	23	9	2	39
		逻辑思维能力	9	13	8	2	32
初中阶段（3份）	显性呈现	思想政治教育	8	25	3	0	36
		社会公德教育	6	12	9	0	27
		个人品德教育	1	0	3	0	4
		纪律法制教育	0	0	0	0	0
		心理健康教育	5	0	3	0	8
	隐性渗透	科学精神	4	3	3	0	10
		科学方法	6	31	5	0	42
		科学态度	8	26	2	0	36
		科学探究能力	7	23	5	0	35
		逻辑思维能力	14	67	9	0	90

续表

阶段	维度	指标	理念目标	课程内容	教学要求	其他	合计
高中阶段 （2份）	显性呈现	思想政治教育	6	14	2	0	22
		社会公德教育	2	0	4	0	6
		个人品德教育	0	0	0	0	0
		纪律法制教育	0	0	0	0	0
		心理健康教育	6	0	1	0	7
	隐性渗透	科学精神	3	1	4	0	8
		科学方法	5	0	1	0	6
		科学态度	3	1	5	0	9
		科学探究能力	4	23	3	0	30
		逻辑思维能力	10	13	2	0	25
中学阶段 （1份）	显性呈现	思想政治教育	2	11	1	0	14
		社会公德教育	2	1	2	0	5
		个人品德教育	0	0	1	0	1
		纪律法制教育	0	0	0	0	0
		心理健康教育	0	0	1	0	1
	隐性渗透	科学精神	0	0	1	0	1
		科学方法	1	5	1	0	7
		科学态度	1	0	1	0	2
		科学探究能力	1	13	1	0	15
		逻辑思维能力	1	12	2	0	15

全面深化阶段数学课程德育内容编码统计表

阶段	维度	指标	理念目标	课程内容	实施建议	附录	合计
义务教育阶段（3份）	显性呈现	理想信念教育	1	5	2	12	20
		社会主义核心价值观教育	2	6	7	13	28
		中华优秀传统文化教育	24	30	26	31	111
		生态文明教育	0	4	1	3	8
		心理健康教育	50	52	63	43	208
	隐性渗透	科学精神	66	178	68	73	385
		科学方法	50	74	40	42	206
		科学态度	77	118	66	75	336
		科学探究能力	84	143	64	48	339
		逻辑思维能力	75	121	41	68	305
高中阶段（3份）	显性呈现	理想信念教育	3	0	0	0	3
		社会主义核心价值观教育	4	9	9	2	24
		中华优秀传统文化教育	14	18	15	10	57
		生态文明教育	0	1	0	2	3
		心理健康教育	26	32	45	48	151
	隐性渗透	科学精神	25	146	36	50	257
		科学方法	22	196	24	88	330
		科学态度	17	61	26	46	150
		科学探究能力	42	208	33	98	381
		逻辑思维能力	35	171	22	102	330

附录七 中小学理科学科课程 TMME 绘制步骤及分析指标

以探索阶段数学课程为例进行绘制步骤说明。

步骤一 绘制探索阶段数学课程德育内容加权追踪图（数据版）

显性呈现	理念目标				课程内容				教学要求				其他			
	小学	初中	高中	中学	小学	初中	高中	中学	小学	初中	高中	中学	小学	初中	高中	中学
国家民族					0.3[①]				0.7	0.2						
国民公德					0.3				0.7							
个人修养																

隐性渗透	理念目标				课程内容				教学要求				其他			
	小学	初中	高中	中学	小学	初中	高中	中学	小学	初中	高中	中学	小学	初中	高中	中学
科学精神		0.7	0.3	1.0	0.7	0.2	0.3			0.5	0.3	3.0	0.7	0.5		2.0
科学方法		0.7	1.2	2.0	0.3	0.2	1.7	2.0	0.7	2.8	3.0	10.0	0.7	0.3		1.0
科学态度	0.2	0.8	1.0	1.0	0.7	0.2	0.3			1.3	0.7	3.0	1.2	1.2		4.0
科学探究	0.7	0.2			0.7				0.7	1.0	1.5	2.0	0.8	0.7	0.3	1.0
逻辑思维		1.2	1.3	1.0	2.0	0.7	2.0	2.0	1.0	2.2	2.6	7.0	0.5	0.2		

---

① 此数据表示小学阶段数学课程文本当中课程内容部分国家民族意识维度频次除以对应阶段文本份数，精确到小数点后1位。下同。

附 录

步骤二　　绘制探索阶段数学课程德育内容加权追踪图（图形版）

显性呈现	理念目标				课程内容				教学要求				其他			
	小学	初中	高中	中学	小学	初中	高中	中学	小学	初中	高中	中学	小学	初中	高中	中学
国家民族					○				○	○						
国民公德					○				○							
个人修养																

隐性渗透	理念目标				课程内容				教学要求				其他			
	小学	初中	高中	中学	小学	初中	高中	中学	小学	初中	高中	中学	小学	初中	高中	中学
科学精神	○	○	○	○				●					○	○		◉
科学方法		○	○	◉	○	○	◉	○	◉	●	●					○
科学态度	○	○	○								●		○	○		●
科学探究	○				○							◉				○
逻辑思维	○	○	○	◉	◉	◉	◉	○	◉	◉	●					

注：图释 ⊙ 表示出现频次小于 1 次/份课程文本；图释 ○ 表示出现频次大于等于 1 次/份，小于 2 次/份；图释 ◉ 表示出现频次大于等于 2 次/份，小于 3 次/份；图释 ● 表示出现频次在 3 次/份及以上。

步骤三　　绘制探索阶段数学课程德育内容加权追踪图（论文版）

显性呈现	理念目标				课程内容				教学要求				其他			
	小学	初中	高中	中学	小学	初中	高中	中学	小学	初中	高中	中学	小学	初中	高中	中学
国家民族					○				○	○						
国民公德					○				○							
个人修养																

· 501 ·

中国中小学理科课程德育内容的百年嬗变

续表

隐性渗透	理念目标				课程内容				教学要求				其他			
	小学	初中	高中	中学	小学	初中	高中	中学	小学	初中	高中	中学	小学	初中	高中	中学
科学精神	○	○		○		○		○		○	○	●		○		◉
科学方法	○	○		●	○	○		●	○	◉	●	●				○
科学态度	○				○					○		◉				●
科学探究	○				○					○		◉				
逻辑思维	○	○		○	●	○		●	○	◉	●	●		○		○

分析指标说明：

1. 分布情况：显性呈现（或隐性渗透）方面某个维度标志图形数量与文本各个部分所有学段数量占比为0%—25%，分布范围非常窄；占比为26%—50%，分布范围比较窄；占比为51%—75%，分布范围比较广；占比为76%—100%，分布范围非常广。比如，"国家民族意识"维度标志图形数量为3，文本各个部分所有学段数量为16，占比则为19%，分布范围非常窄。科学精神维度标志图形数量为12，文本各个部分所有学段数量为16，占比则为75%，分布范围比较广。

2. 衔接情况：显性呈现（或隐性渗透）方面某个维度某个相邻学段皆有分布文本部分数量与相邻学段至少有一个学段分布文本部分数量占比为0%—25%，衔接程度非常弱；占比为26%—50%，衔接程度比较弱；占比为51%—75%，衔接程度比较强；占比为76%—100%，衔接程度非常强。比如，"国家民族意识"维度，小学—初中学段，两个相邻学段皆有分布数量为1（教学要求部分），两个相邻学段至少有1个分布数量为2（课程内容、教学要求），占比则为50%，衔接程度比较弱。科学精神维度，小学—初中学段，两个相邻学段皆有分布数量为1（课程内容部分），两个相邻学段至少有1个分布数量为4（文本各个部分），占比则为25%，衔接程度非常弱。

3. 受关注程度：显性呈现（或隐性渗透）方面某个维度◉和●标志数量与文本各个部分所有学段数量占比为0%—25%，受关注程度非常低；占比为26%—50%，受关注程度比较低；占比为51%—75%，受关注程度比较高；占比为76%—100%，受关注程度非常高。比如，"国家民族意识"维度，◉和●标志数量为0，文本各个部分所有学段数量为16，占比则为0%，受关注程度非常低。科学精神维度，◉和●标志数量为2，文本各个部分所有学段数量为16，占比则为13%，受关注程度非常低。

附录八　中小学理科整体课程 TMME 绘制步骤及分析指标

以探索阶段理科整体课程显性呈现方面为例进行绘制步骤说明。

步骤一　绘制探索阶段理科整体课程德育内容加权追踪图（原始数据版）

显性呈现	理念目标 小学阶段	理念目标 初中阶段	理念目标 高中阶段	理念目标 中学阶段	课程内容 小学阶段	课程内容 初中阶段	课程内容 高中阶段	课程内容 中学阶段	教学要求 小学阶段	教学要求 初中阶段	教学要求 高中阶段	教学要求 中学阶段	其他 小学阶段	其他 初中阶段	其他 高中阶段	其他 中学阶段
国家民族意识	0.3	0.3	0.1		0.3 0.7 0.7 0.7	1.4 0.7 1.0	1.0 0.6 1.0	2.0 2.0 1.0	0.7 0.4	0.2 0.1	0.3		0.1	0.1	0.3	
		0.6	0.4	1.0												
		0.2	0.6	2.0							0.1			0.1		
国民公德教育	0.4	0.1			0.3 0.1 0.3				0.7 0.4 0.1			0.5	0.1			
		0.1		1.0												
个人修养教育	0.9	0.1 0.6 0.6	0.4 0.1		0.5		0.5		0.2	0.1			0.1			

注：每个维度小学阶段第1行为数学课程数据，第2行为自然课程数据；初中、高中、中学阶段第1行皆为数学课程数据，第2行皆为物理课程数据，第3行皆为化学课程数据，第4行皆为生物学课程数据。

中国中小学理科课程德育内容的百年嬗变

步骤二　绘制探索阶段理科整体课程德育内容加权追踪图（数据版）

显性呈现	理念目标				课程内容				教学要求				其他			
	小学阶段	初中阶段	高中阶段	中学阶段	小学阶段	初中阶段	高中阶段	中学阶段	小学阶段	初中阶段	高中阶段	中学阶段	小学阶段	初中阶段	高中阶段	中学阶段
国家民族意识	0.2	0.3	0.3	0.8	0.5	0.7	0.7	1.3	0.6	0.1	0.1		0.1	0.1	0.1	
国民公德教育	0.2	0.1		0.3	0.2		0.1		0.6		0.1	0.1				
个人修养教育	0.5	0.3			0.2	0.1		0.1	0.1							

注：每个维度小学阶段将原始数据求和除以2（数学、自然两门课程）；初中、高中、中学阶段皆将原始数据求和除以4（数学、物理、化学、生物学四门课程）。均值精确到小数点后1位，近似值为0.0的情况不计数。

步骤三　绘制探索阶段理科整体课程德育内容加权追踪图（图形版）

显性呈现	理念目标				课程内容				教学要求				其他			
	小学阶段	初中阶段	高中阶段	中学阶段	小学阶段	初中阶段	高中阶段	中学阶段	小学阶段	初中阶段	高中阶段	中学阶段	小学阶段	初中阶段	高中阶段	中学阶段
国家民族	○	○	○	○	○	○	○	◉	○	○	○		○	○	○	
国民公德	○	○		○	○		○		○		○	○				
个人修养	○	○			○	○		○	○							

注：图释○表示课程文本出现频次小于1次/份；图释○表示课程文本出现频次大于等于1次/份，小于2次/份；图释◉表示课程文本出现频次大于等于2次/份，小于3课程文本；图释●表示次/份出现频次在3课程文本及以上。

步骤四　绘制探索阶段理科整体课程德育内容加权追踪图（论文版）

显性呈现	理念目标				课程内容				教学要求				其他			
	小学阶段	初中阶段	高中阶段	中学阶段	小学阶段	初中阶段	高中阶段	中学阶段	小学阶段	初中阶段	高中阶段	中学阶段	小学阶段	初中阶段	高中阶段	中学阶段
国家民族	○	○	○	○	○	○	○	○	○	○	○	○	○	○	○	○
国民公德	○			○		○			○		○			○		
个人修养	○		○		○	○		○	○							

分析指标说明：

1. 分布情况：显性呈现（或隐性渗透）方面某个维度标志图形数量与文本各个部分所有学段数量占比为0—25%，分布范围非常窄；占比为26%—50%，分布范围比较窄；占比为51%—75%，分布范围比较广；占比为76%—100%，分布范围非常广。比如，"国家民族意识"维度标志图形数量为14，文本各个部分所有学段数量为16，占比则为88%，分布范围非常广。

2. 衔接情况：显性呈现（或隐性渗透）方面某个维度某个相邻学段皆有分布文本部分数量与相邻学段至少有一个学段分布文本部分数量占比为0—25%，衔接程度非常弱；占比为26%—50%，衔接程度比较弱；占比为51%—75%，衔接程度比较强；占比为76%—100%，衔接程度非常强。比如，"国家民族意识"维度，在小学—初中学段，两个相邻学段皆有分布数量为4（文本四个部分），两个相邻学段至少有1个分布数量为4（文本四个部分），占比则为100%，衔接程度非常强。

3. 受关注程度：显性呈现（或隐性渗透）方面某个维度◉和●标志数量与文本各个部分所有学段数量占比为0—25%，受关注程度非常低；占比为26%—50%，受关注程度比较低；占比为51%—75%，受关注程度比较高；占比为76%—100%，受关注程度非常高。比如，"国家民族意识"维度，◉和●标志数量为0，文本各个部分所有学段数量为16，占比则为0，受关注程度非常低。

参考文献

一　中文专著

《普通高中数学课程标准（实验）》，人民教育出版社2003年版。

《普通高中物理课程标准（实验）》，人民教育出版社2003年版。

《普通高中化学课程标准（实验）》，人民教育出版社2003年版。

《普通高中生物学课程标准（实验）》，人民教育出版社2003年版。

《义务教育数学课程标准（2011年版）》，北京师范大学出版社2012年版。

《义务教育物理课程标准（2011年版）》，北京师范大学出版社2012年版。

《义务教育化学课程标准（2011年版）》，北京师范大学出版社2012年版。

《义务教育生物学课程标准（2011年版）》，北京师范大学出版社2012年版。

《义务教育小学科学课程标准》，北京师范大学2017年版。

《普通高中数学课程标准（2017年版2020年修订）》，人民教育出版社2020年版。

《普通高中物理课程标准（2017年版2020年修订）》，人民教育出版社

2020 年版。

《普通高中化学课程标准（2017 年版 2020 年修订）》，人民教育出版社 2020 年版。

《普通高中生物学课程标准（2017 年版 2020 年修订）》，人民教育出版社 2020 年版。

《义务教育数学课程标准（2022 年版）》，北京师范大学出版社 2022 年版。

《义务教育物理课程标准（2022 年版）》，北京师范大学出版社 2022 年版。

《义务教育化学课程标准（2022 年版）》，北京师范大学出版社 2022 年版。

《义务教育生物学课程标准（2022 年版）》，北京师范大学出版社 2022 年版。

《义务教育科学课程标准（2022 年版）》，北京师范大学出版社 2022 年版。

课程教材研究所编：《20 世纪中国中小学课程标准·教学大纲汇编（课程（教学）计划卷）》，人民教育出版社 2001 年版。

课程教材研究所编：《20 世纪中国中小学课程标准·教学大纲汇编（数学卷）》，人民教育出版社 2001 年版。

课程教材研究所编：《20 世纪中国中小学课程标准·教学大纲汇编（物理卷）》，人民教育出版社 2001 年版。

课程教材研究所编：《20 世纪中国中小学课程标准·教学大纲汇编（化学卷）》，人民教育出版社 2001 年版。

课程教材研究所编：《20 世纪中国中小学课程标准·教学大纲汇编（生物卷）》，人民教育出版社 2001 年版。

课程教材研究所编：《20 世纪中国中小学课程标准·教学大纲汇编（自

然·社会常识·卫生卷)》,人民教育出版社2001年版。

檀传宝:《德育原理》,北京师范大学出版社2007年版。

檀传宝主编:《当代东西方德育发展要览》,人民教育出版社2013年版。

王炳照等编:《简明中国教育史》,北京师范大学出版社2008年版。

郑航:《中国近代德育课程史》,人民教育出版社2004年版。

张志勇:《中小学德育一体化原理》,山东教育出版社2019年版。

二 中文期刊

代保新、丁岚:《高中物理教学应加强德育渗透》,《中国教育学刊》2019年第4期。

杜时忠等:《德育研究70年:回顾与前瞻》,《教育研究》2019年第10期。

国家教委:《小学德育纲要》,《人民教育》1993年第9期。

国家教委:《中学德育大纲》,《人民教育》1995年第4期。

刘伟:《西方发达国家隐性德育的基本特征及其启示》,《教育科学研究》2012年第10期。

孙婧、张蕴甜:《新中国70年德育课程价值取向的演变——基于7套人教版初中德育教科书的文本分析》,《教育研究与实验》2019年第6期。

檀传宝:《简论"德育课程"的问题与特点》,《思想政治教学》2003年第10期。

王红:《在小学科学教学中实施德育》,《中国教育学刊》2018年第12期。

徐向东等:《中学生命科学学科德育优秀案例范式的实践研究》,《思想理论教育》2013年第5期。

袁洪亮:《论蔡元培〈中学修身教科书〉中的德育思想》,《道德与文明》2010年第10期。

杨俊铨、刘婉：《蔡元培的中学德育探索与启示》，《广西社会科学》2019年第8期。

袁琳、赵丽霞：《中小学学科德育存在的问题与优化策略》，《思想理论教育》2013年第7期。

张鲁川：《中小学实施学科德育的有效策略初探》，《思想理论教育》2019年第14期。

赵良杰、刘芳：《在初中物理教学中渗透德育》，《教育理论与实践》2009年第4期。

郑永廷：《论当代西方国家思想道德教育方法》，《学术研究》2000年第3期。

三　中文报纸

常燕：《中学生物教学中怎样进行德育渗透教育》，《延安日报》2011年11月2日第3版。

佟玉婷：《如何在数学教学中进行德育渗透》，《江苏教育报》2014年11月19日第7版。

杨泽典：《谈谈农村高中物理课堂中的德育渗透》，《贵州民族报》2012年5月2日第C03版。

四　外文专著

Australian Government Department of Education, Employment and Workplace Relations, *Giving Voice to the Impacts of Values Education: the Final Report of the Values in Action Schools Project*, Carlton: Education Services Australia Ltd., 2010.

DFEE&QCA, *The National Curriculum for England: Safement of Values by the National Forum for the Values in Education and the Community*, London: Crown Press, 1999.

M. Freakley, et al., *Values Education in Schools: A Resource Book for Student Inquiry*, Camber Well: Australian Council for Educational Research Press, 2008.

Ministry of Education Singapore, *Character and Citizenship Education Syllabus Primary*, Singapore: Student Development Curriculum Division, 2014.

Ministry of Education Singapore, *Character and Citizenship Education Syllabus Pre – University*, Singapore: Student Development Curriculum Division, 2016.

五 外文期刊

C. Riborg Mann, "Physics in the University's Courses", *Educational Review*, No. 34, 1910.

Jesse Macys, "Scientific Spirit in Politics", *American Political Science Review*, No. 11, 1917.

后　记

拙作《中国中小学理科课程德育内容的百年嬗变》作为本人国家社会科学基金项目"德育内容视阈下我国中小学理科课程的百年嬗变研究"的最终成果，自 2019 年 12 月动笔开始，迄今已经过去整整 4 年的时间。回溯 2019 年 7 月申请国家社会科学基金项目正式获批立项，在申请此项目之前，对于该选题的酝酿已一二年有余，从最初的民国时期中国中小学数学课程德育内容研究，到民国时期中国中小学理科课程德育内容研究，再到选定中国新民主主义教育开端时期为起点，以 1919—2023 年百年历史作为研究历史起始阶段，针对中国中小学理科课程德育内容进行百年历史研究，研究问题得以逐步清晰化和明确化。直至项目获批立项，选题的意义和价值从一定程度上得以肯定，心中难免窃喜，不过随之而来的是沉甸甸的压力。作为一名高校的一线普通教师，日常教学工作细碎烦琐，课程建设、教改论文、教材编写、日常教学、教育实习、毕业论文、指导硕士和博士研究生、在职教师培训、数学与跨文化数学教育研究所日常工作等，常常占据工作日整个白天；除了教师这一职业身份，母亲这一社会身份也占据了自己几乎全部的业余时间，陪玩和陪学使得业余时间完全碎片化。留给本书的写作时间几乎都是每天晚上 10 点以后，周末则带着笔记本和文本资料流连在不同兴趣班的家长休息区，虽然辛苦，但也充实。忙忙碌碌四年，终于在2023年10月项目结题，得知结题等级"优秀"之后，倍感欣慰，也算是为过去四年的研究画上一个比较完满的句号。

回顾整个研究过程，其中遇到的第一个困难是不同历史阶段理科课程德育内容理论分析框架的确定。由于德育内容具有时代性、科学性、实效性特征，不同历史阶段德育内容显性呈现维度不尽相同。在全面深化阶段、深化阶段以及发展阶段，由于国家层面对于中小学德育内容的要求越来越明晰，对理科课程德育内容显性呈现方面界定比较轻松；但是越往前追溯，初步发展阶段、起步阶段，尤其是探索阶段，与德育内容直接相关的官方文献比较匮乏，确定这三个历史阶段德育内容显性呈现理论分析框架花费了不少时间，查阅了大量相应历史阶段的文献，最终得以解决。第二个困难是如何合理利用学科课程TMME图量化分析理科课程德育内容的分布情况、衔接情况以及受关注程度，通过多次讨论和试分析之后，终于得出比较可行的数据分析指标。第三个困难是在完成六个历史阶段研究之后，在百年历史总体分析当中，如何保证纵向线索分析时德育内容尤其是显性呈现方面的可比性，最终从主要维度（思想政治教育、社会公德教育、个人品德教育）和其他维度两个方面分别进行比较分析。当然，本书撰写过程中还遇到了很多困境，这里就不予赘述，所幸最终得以一一解决。

从2019年年底正式书写，到2022年年底初稿完成，再到2023年年底书稿先后经历6次修改，四年的时间，一千多个夜晚，当周围宁静到只听得见自己的呼吸声时，思考和书写成为一种非常纯粹而又充实的奇妙感受。在本书最终定稿之际，想要感谢的人实在太多太多。感谢我的博士生导师曹一鸣教授在项目选题时为我提出宝贵的意见！感谢我的硕士生导师项昭教授一如既往给予我最无私的帮助，感谢吕传汉教授在我人生的各个重要阶段给予的关键引导！感谢中国社会科学出版社程春雨

后记

编辑对本书进行认真细致的编校工作!

最后,感谢我的先生邹智明,他对我的教学科研工作给予了最大支持,成为我此生强有力的后盾。特别感谢我家刚满 8 岁的柠檬姐弟,为我对于未来精彩人生的追求注入了源源不断的精神动力!

谢谢所有爱我的人和我爱的人!

严　虹

2024 年元月于贵阳